よくわかる
世界の地方自治制度

監修・著 竹下 譲
(四日市大学地域政策研究所長)

イマジン出版

はじめに

　いま、日本の中央政府は、未曾有の借金財政により、悪戦苦闘の渦中にある。中央政府の行政システムも、行き詰まり状況にあるといっても言い過ぎではない。年金システムは、改善に必死に取り組んでいるものの、次から次に構造的欠陥を表面化させているし、高齢者の医療システムもどこまで維持できるか、おぼつかない状況である。学童・生徒の学力低下も騒がれてはいるものの、ほとんど改善の兆しが見えていない。

　こうした状況下にある中央政府に、地方自治体がいままでのような形で依存していくのは無理というべきである。いまこそ、地方自治体の自立が必要だといわなければならない。それぞれの自治体が独自性を発揮し、住民の生活を安定させるための工夫をするべき時代に突入したわけである。

　とはいっても、この工夫はそれほど簡単にできるものではない。自治体職員の自覚はもちろんのこと、首長が適切なリーダーシップを発揮できるようなシステムにすることが必要である。議会も、いまのような"受け身"的な審議機関ではなく、もっと積極的な住民の"代表機関"に変身させることが必要であろう。住民も"顧客"ではなく、責任ある"主権者"として機能するようにし向けなければなるまい。こうした工夫は、それぞれの自治体が自分自身でしなければならないのはもちろんである。

　工夫というのは、空想で出来るものではない。試行錯誤を重ねることはもちろん必要であろうが、しかし、出鱈目に工夫しても、意味はないというべきであろう。いろいろな事例を調査し、ヒントをもらう必要があるといわなければならない。この場合、日本の国内に絞る必要がないのはもちろんである。たとえば、お隣の韓国の自治体は、20世紀の後半頃までは、日本の自治体運営を参考にしていたようであるが、21世紀に入ってからは、日本とは違う方式で運営するようになっている。済州島の「特別自治道」への変革はその端的な例であるが、ほかにも、議会の改革など、日本の自治体のこれからの運営のヒントになる事例が多い。ヨーロッパの国々や北欧の国々、あるいはアメリカの国々やオーストラリア・ニュージーラン

はじめに

ドの自治体の仕組みも、大いに参考になる。

　本書は、こうした国々の自治体の仕組みを解説したものであるが、形式的には、3回目の解説書である。第1回目は、1980年代・90年代前半の実情をもとに、『世界の地方自治制度』という書名で1999年に発行した。しかし、その頃、各国の地方自治制度が急激に変貌する過程にあったため、直ぐに改訂版を出す必要に迫られ、『新版　世界の地方自治制度』を発行することとなった。このときは、編集社との協議で、対象とする国も大幅に増やそうということになり、それぞれの国の実情に精通している執筆者を探すのに苦労したが、何とか2002年に発行することができた。

　監修者としては、これを最終版にするという気持ちであった。しかし、21世紀になってからも、地方自治制度を大きく変貌させた国が多く、結局は、改訂版を出す必要性を意識することとなった。これからの日本の自治体運営の参考にするということからいえば、20世紀末の各国の地方自治制度も十分に役立つことはもちろんである。そのため、改訂版を出す必要性はあまりないのではないかという気持ちもあったが、しかし、紹介している国々のシステムが変わっている以上、やはり最新のシステムを紹介するべきだという義務感もあった。こうして、いわば再度の改訂版（第3次改訂版）を出すこととなったが、ここで大きな問題に直面した。改訂版の重要な執筆者であった2人の著者（横田光雄氏、久保田治郎氏）が亡くなっていたのである。また、改訂版では、監修者（竹下）がいくつかの国の解説をしていたが、それ以後の追跡をしていないために、最新の解説ができないという問題もあった。

　こうした状況のもとに、今回の第3次改訂版では、著者を大幅に入れ替え、いまの時点で、それぞれの国にもっとも精通していると思われる方々に執筆してもらうこととした。監修者が担当した国もイギリスだけになったため、著者は大幅に増員ということになった。この結果、改訂版とは内容もスタイルもかなり違うようになったが、内容は改訂版と同様にレベルが高いと自負している。書名も少し変えようということで『よくわかる　世界の地方自治制度』と改名した。

　本書の出版についても、いつものように、原稿の執筆や校正が大幅に遅れたのはもちろん、いろいろと面倒な注文もさせてもらっ

た。それを大きな度量で受け止め、出版を引き受けてくれたイマジン出版の片岡幸三社長には感謝する次第である。とりわけ、青木菜知子編集長には、本の構成をはじめとして、著者のとりまとめ、監修者への叱咤激励、等々、すべての面倒を見てもらった。心の底から感謝する次第である。

  2008年10月   監修者； 竹　下　　譲

目　　次

はじめに ……………………………………………………………… 3

Ⅰ　イギリス ……………………………………………………… 13

イギリスは連合王国 ……………………………………………… 15
自治体制度の特色 ………………………………………………… 18
自治体自身で統治方式を決定 …………………………………… 27
　　―自治体で「憲法」制定―
地方議会が行政評価 ……………………………………………… 34
　　―税額の決定―
ある日の議会風景 ………………………………………………… 38
　　―ウィンチェスター市議会―
立候補するには面接試験 ………………………………………… 43
政治家の報酬は？ ………………………………………………… 46
課長も副知事も公募 ……………………………………………… 52
住民参加の果敢な実験 …………………………………………… 55
シティズンズ・チャーターの実施 ……………………………… 57
　　―行政から経営へ
首都ロンドンの政治行政は？ …………………………………… 62
ロンドン市長の選挙（2008年5月）……………………………… 71
　　―マニフェスト選挙の実態？―
警察の改革 ………………………………………………………… 76
　　―ロンドン警視庁の国からの独立？―
小中学校の運営者は住民 ………………………………………… 82

Ⅱ　スイス ………………………………………………………… 87

スイスを形づくるもの …………………………………………… 88
連邦制の国 ………………………………………………………… 92
個性豊かな州（カントン）……………………………………… 98
伝統のある市町村自治 …………………………………………… 100
国民・住民の政治参加（直接民主制）………………………… 103

連邦・州・市町村の財政の状況 ……………………………………………… 106

Ⅲ　アメリカ合衆国 …………………………………………………………… 109
　　はじめに ……………………………………………………………………… 111
　　住民による自治体の創出 …………………………………………………… 112
　　自治体を創出する市憲章 …………………………………………………… 115
　　地方政府の仕事 ……………………………………………………………… 118
　　地方政府形態の多様性 ……………………………………………………… 123
　　　―住民による選択―
　　開放的な議会 ………………………………………………………………… 129
　　　―市長、議会、議員の活動と実際―
　　地方選挙制度の多様性 ……………………………………………………… 135
　　地域経営の実際 ……………………………………………………………… 138
　　　―地域政治過程―
　　むすびにかえて ……………………………………………………………… 143

Ⅳ　デンマーク ………………………………………………………………… 147
　　はじめに ……………………………………………………………………… 148
　　1970年の地方自治制度改革 ………………………………………………… 150
　　自治体の組織 ………………………………………………………………… 152
　　計画策定と民主主義 ………………………………………………………… 157
　　2007年改革の意図 …………………………………………………………… 165

Ⅴ　ドイツ ……………………………………………………………………… 171
　　分権・多極分散モデルとしてのドイツ …………………………………… 173
　　州憲法制定による州のアイデンティティづくり ………………………… 175
　　連邦、州、自治体の役割分担 ……………………………………………… 182
　　自治体の3類型と90年代の改革 …………………………………………… 186
　　議席数まで投票できる選挙制度 …………………………………………… 191
　　財政自治権のための制度 …………………………………………………… 192
　　ユーロ・リージョンとNUTSで創る新しいEUの地域形成 ……………… 197

目次

Ⅵ ノルウェー ……………………………………………………… 201
- 地方福祉国家 …………………………………………………… 202
- 地方政府の発達は福祉国家の発展とともに ………………… 206
- 三層構造の地方行政 …………………………………………… 209
- 参事会制度と議院内閣制 ……………………………………… 214
- 残る特定補助金と財政登録団体制度 ………………………… 219
- 地方政治で活躍する女性 ……………………………………… 222
- 「自治」への道 ………………………………………………… 225

Ⅶ フランス ………………………………………………………… 229
- フランスを形づくるもの ……………………………………… 230
- 第五共和政の特色 ……………………………………………… 233
- フランスの地方自治体の特色 ………………………………… 236
- 市町村と広域行政組織 ………………………………………… 240
- 県と州 …………………………………………………………… 244
- 2003年の憲法改正と第二次地方分権改革 …………………… 247
- 多様な選挙制度 ………………………………………………… 250
- 自立性の高い地方財政 ………………………………………… 253

Ⅷ スウェーデン …………………………………………………… 257
- スウェーデンの地方自治制度 ………………………………… 258
- 地方行政 ………………………………………………………… 265
- 自治体議会 ……………………………………………………… 270
- スウェーデンの地方財政 ……………………………………… 274
- 地方財政調整制度（2005年改正）…………………………… 279
- 「スウェーデン型」道州制の動向 …………………………… 282
- スウェーデンの特色をまとめて ……………………………… 283

Ⅸ フィンランド …………………………………………………… 287
- 地方自治制度のしくみ ………………………………………… 289
- 自治体組合制度について ……………………………………… 297

自治体合併の状況	303
カイヌー地方特区の実験プロジェクト	305
地方自治制度の再編成	308

Ⅹ　イタリア　313

変革期のイタリア地方自治	314
—分権化とEU統合のはざまで—	
コムーネ（基礎自治体）	318
県	324
州	327
ヨーロッパ統合と地方自治	331
—地域政策と地域開発	
現代イタリアにおける中央・地方関係の変化と地方自治のゆくえ	332

Ⅺ　韓国　337

地方制度の変遷	338
直接請求制度の導入	341
済州特別自治道	344
地方議会の変貌	347

Ⅻ　オーストラリア　355

政府の姿	356
地方自治体の姿	359
地方自体体の仕事	362
地方自治体の組織	364
地方自治体の選挙制度	367
地方公務員制度	369
地方財政制度	371
連邦・州・地方自治体の政府間関係	374
地方自治体改革	379

目次

XIII　ニュージーランド ……………………………………… 383
　ニュージーランドの概要 ………………………………… 384
　地方自治の歴史 …………………………………………… 389
　地方自治制度 ……………………………………………… 393
　住民へのアカウンタビリティ …………………………… 397
　資源管理法 ………………………………………………… 401
　その他の関係機関 ………………………………………… 404

XIV　スペイン ……………………………………………… 409
　「連邦制」的秩序へ ……………………………………… 410
　二重の分権化 ……………………………………………… 413
　「自治州国家」体制 ……………………………………… 418
　さらなる分権化に向けて ………………………………… 424

XV　ポルトガル …………………………………………… 431
　単一制国家の伝統と分権化 ……………………………… 432
　地方制度の概要 …………………………………………… 436
　地方自治の今日的課題 …………………………………… 443

XVI　オランダ ……………………………………………… 453
　背景 ………………………………………………………… 454
　地方自治の歴史 …………………………………………… 456
　オランダの行政構造 ……………………………………… 459
　基礎自治体数の変化 ……………………………………… 463
　選挙制度 …………………………………………………… 465
　基礎自治体の財政構造 …………………………………… 467
　社会保障・社会福祉改革 ………………………………… 469
　自治体改革をめぐる主な課題 …………………………… 472

XVII　カナダ ………………………………………………… 477
　はじめに …………………………………………………… 478

カナダの州と地方政府	479
自治体の層と政府形態	486
地方議員の選挙制度	494
―対立している3つの論点―	
地域経営の実際	498
―政策形成過程―	
広域的自治体からメガ・シティへ	506
―自治体内分権としてのコミュニティ議会の設置―	
著者紹介	513

イギリス

I

イギリス

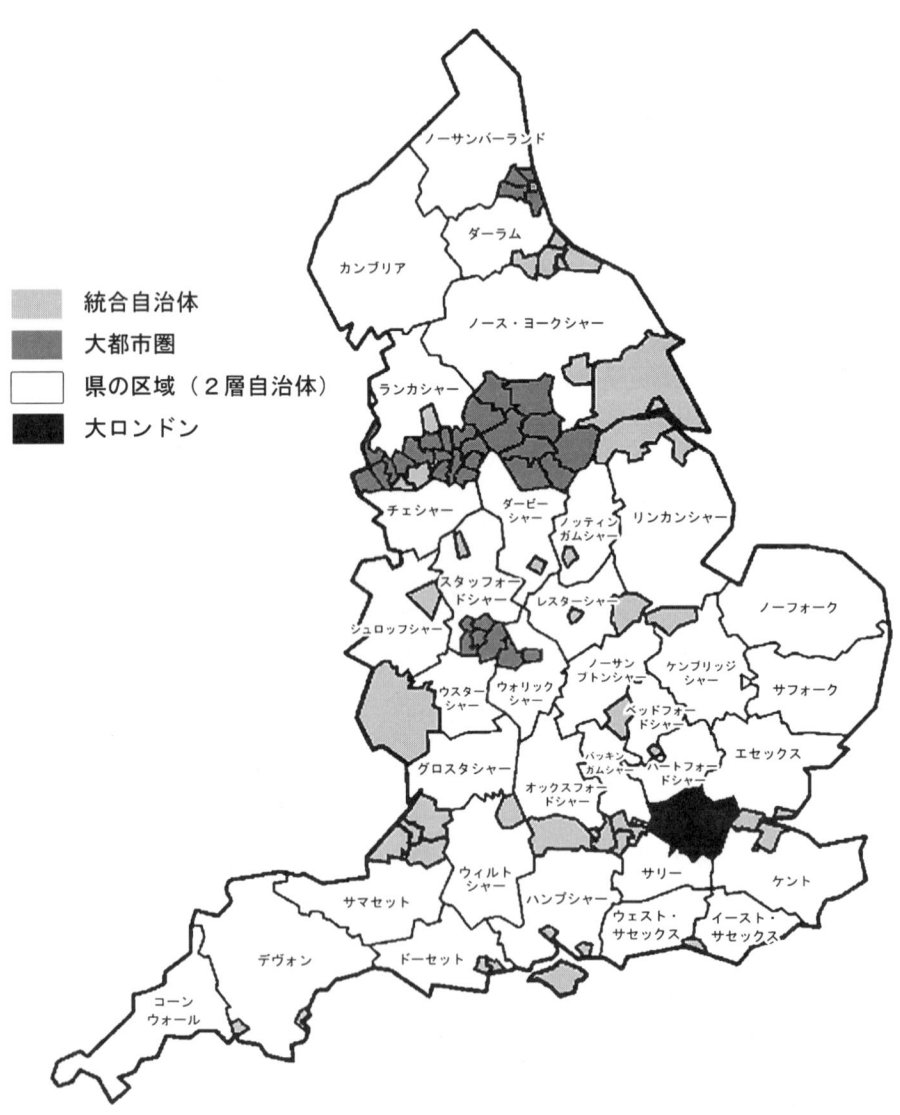

14

イギリスは連合王国

イギリスは日本と違う

　イギリスは日本と同じように島国である。政治家のトップも、アメリカのような大統領ではなく、首相である。国会も2院制を採用している。日本に天皇や皇族がいるように、イギリスには女王陛下および皇族がいる。首都ロンドンには首相官邸があり、国会があり、最高裁判所もあるというのも東京と同じである。各省庁もロンドンの中心部のホワイトホールにあり、日本の「霞ヶ関」と同じように、新聞などでは「ホワイトホール」が行政の中心地を示す言葉として用いられている。

　このように、日本とイギリスには共通点が多いためであろうか、われわれ日本人は、イギリスを日本と同じように「ひとつの国」すなわち単一国であると考えているものが多いようである。しかし、正確に言えば、イギリスは単一国ではない。イングランド、ウェールズ、スコットランド、北アイルランドの4つの国からなっている国である。オリンピックなどでイギリスは「ユナイテッド・キングダム（United Kingdom）」と呼ばれているが、これは「連合王国」という意味であり、まさに4つの王国からなっていることを意味する。

4つの国の法律は別

　イギリスの中心となっている国はイングランドである。他の3つの国はイングランドに征服統合された結果、連合王国となったのであるが、ウェールズの場合は16世紀の半ばに統合されたということもあって、現在では、イングランドの一部として扱われていることが多い。それでも、義務教育のなかでウェールズ語が教えられるなど、イングランドとは若干の違いがある。また、国会に準ずるウェールズ議会が設置され、独自の予算策定をするようになっている。

　スコットランドや北アイルランドの場合、適用される法律もイングランドとは別の法律である。とくに、北アイルランドの場合、1972年まで独自の国会があり政府があったというように、別の国で

あるという色彩が濃厚であった。この北アイルランドの国会と政府は、1960年代から70年代にかけて北アイルランドの内紛が激しくなったために、また、それに伴ってテロリズムが横行したために、廃止されてしまった。ロンドンにあるイギリス政府（連合王国政府）の統治を受けることになってしまったわけであるが、それでも、イングランドと同じ法律が適用されることはなかった。イングランドとは別の法律、すなわち北アイルランド独自の法律が制定され続けてきた。行政機構もロンドンにある中央省庁によって管轄されたのではなく、北アイルランド独自の省、すなわち"北アイルランド省"がロンドンの中央政府の中に設置され、この省が北アイルランドの農林行政、教育行政、経済開発、保健医療行政、財務などの内政を一手に担ってきた。現在では、1998年に北アイルランド議会（Northern Ireland Assemply）が再び設置され、独自の立法権を行使し、また、首相、副首相など12人の閣僚をもつ自治政府も設置されている。

スコットランド国会の設置

スコットランドは、スコットランドの紙幣を発行し、裁判制度や教育制度さらには地方制度もイングランドとは別であったというように、その独自性は強く、スコットランドの行政事務は、北アイルランドと同じように、"スコットランド省"によって処理されてきた。ただし、1707年にイングランドに統合されて以来、独自の国会をもつということはなかった。

こうした状況が約300年続いたが、しかし、スコットランドにはイングランドから独立したいという風潮が強く、1997年の国民投票によって、スコットランド国会（Scottish Parliament）を設置することが決定された。議員129名を擁するこの国会は、スコットランドに関連する立法権および課税権をもつこととされ、1999年5月にオープンした。その開会のセレモニーを当時の新聞（The Guardian, 1999年5月12日）は次のように報道していた。

「スコットランドの新しい歴史が今日はじまった。選挙で選ばれたスコットランド国会議員が300年ぶりに宣誓式を行ったのである。最初に英語で宣誓し、次いでゲール語（スコットランド人の言葉）

で宣言をしたのは、新国会の最年長議員、スコットランド国民党のユイング（Mrs. Ewing）議員であった。69歳のユイング夫人はエディンバラの暫定国会議事堂で9時30分に宣誓した。友人や同僚が見守るなかで、ユイング夫人は女王に忠誠を誓った後、ゲール語で宣言をし、それからサインをした。その後、128人の国会議員がつぎつぎと宣誓した」。

各王国への"分国"

このようなスコットランドや北アイルランドさらにはウェールズの動きを指して"地方分権"と説明されることが多い。しかし、日本で一般に考えられている"分権"とは全くといってよいほど様相を異にするものであり、むしろ"分国"というべき内容である。要するに、イギリスは連合王国であるという点に、しかも、20世紀末から、それぞれの王国の独自性がますます強くなってきたという点に注意しなければならない。このことからいうと、イギリスの地方制度を説明するためには、4つの国のシステムを説明することが必要ということになるが、ここでは、イングランドに焦点を合わせて説明していくことにする。イングランドは、たとえば1998年にイギリス（連合王国）人口の84％を擁していたなど、圧倒的に大きな国であり、4つの国から1つを選ぶとなれば、イングランドを選ぶのが妥当ということになると思われるからである。

イギリス

自治体制度の特色
―コミュニティも自治体？

自治体は2層制といわれるが……

　イギリスの地方自治体について解説する場合、地方圏では2層制、大都市圏では1層制になっていると説明するものが多い。確かに、地方圏に県（カウンティ；county）と日本の市町村に当たるディストリクト（市；District）という自治体があるのが普通である。また、大都市圏では、1986年以後、区と呼ばれる基礎自治体しか目につかない。このことからいえば、これは、当然の説明のようにも聞こえる。

　しかし、1990年代の後半から、県とディストリクトの統合が行われ、"統合自治体（unitary authorities）"になるなど、状況が変わっていることに注意する必要がある。ロンドンの場合も、状況は大きく変わっている。

　県と市（ディストリクト）の統合などというと、われわれ日本人は、県（カウンティ）が市（ディストリクト）を吸収することを連想するのではなかろうか。しかし、このイギリスの統合は、そうではない。県が市（ディストリクト）を吸収したところもあるが、逆に、市（ディストリクト）が県の機能を吸収したところもある。この統合が行われたのは1995年以後のことであり、2005年現在、47の統合自治体が出現している。しかも、まだ終わってはいない。現在も、統合が企図され、現実にも行われている。たとえば、2009年から、ウィルトシャー（Wiltshire）、コーンウォール（Cornwall）などで、県が市（ディストリクト）をすべて吸収する統合が行われることになっているし、チェシャー（Cheshire）などのように、県が2つに区分され、県内のすべての市（ディストリクト）がこの2つの自治体に統合されるというところもある。その一方では、統合が試みられたものの、成功しなかったところも少なくない。たとえばサマーセット（Somerset）県の場合、2007年の住民投票で82％の住民の反対に遭遇し、結局、統合に失敗したとのことである。（図

イギリス

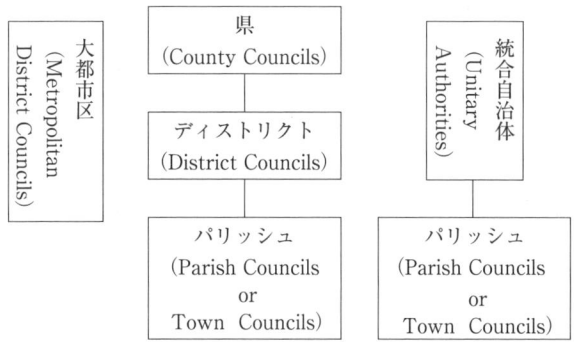

図Ⅰ-① イギリスの自治体
（ロンドンを除く）

Ⅰ-①参照）。

　こうした統合とは逆に、ロンドンのように、1層制であったところが、2層制の自治体制度に変貌したところもある。ロンドンは、以前は2層制の自治体を持っていたが、1986年に大ロンドンを管轄する自治体が廃止されるという歴史があった。それ以後、ロンドン区（boroughs）とロンドン市（City of London）という元々の基礎自治体だけが自治体として位置づけられてきたのであるが、2000年に大ロンドン市（Greater London Authority）が創設された。再び、2層制となったわけである。

　このように、いまでは、地方圏は2層制、大都市圏は1層制という説明は適切な説明ではない。いずれの地域においても、2層制のところがあり、1層制のところがあるのである。

　しかし、自治体の制度が、2層制もしくは1層制であるという説明については間違いとはいえはない。イギリス人の解説書をみても、この説明は共通している。中央政府の白書も、そうした説明しかしていない。

　となると、これを信じるしかないが、われわれ日本人がこの説明を鵜呑みにすると間違った理解をしかねないという危険性もある。日本の都道府県と市町村という2層制と同じように考えてしまうからである。しかし、イギリスには、もう一つ別の基礎自治体があり、この基礎自治体が住民参加や議会制民主主義の側面で非常に大きな働きをしている。これを無視して、市（ディストリクト）や県

（カウンティ）のことを理解しようとしても、あるいは、地方議会の機能を理解しようとしても、表面的な理解しかできないのである。

　言い換えれば、このもう一つの基礎自治体を理解しない限り、イギリスの地方自治が分からないと言うこともできる。とくに住民自治という面で、この自治体は、非常に大きな働きをしているといわなければならない。また、イギリスの議会制民主主義の意味を理解しようとすれば、やはり、この自治体の機能を知ることが必要である。

　この自治体、公式にはパリッシュ（parish）と呼ばれている自治体であるが、以下、このパリッシュについて、みることにしたい。

自治体としてのパリッシュ

　イギリスの大都市以外の地域（地方圏）にはパリッシュと呼ばれる自治体がある。なお、ウエールズでは、パリッシュは「コミュニティ」と呼ばれており、スコットランドにはこういう自治体がない。

　イギリスのパリッシュは、一般に非常に小さな自治体である。住民の数が数十人とか数百人というところもある。その一方では、人口が1万人とか、2万人というところもあり、人口数千人以上のパリッシュも少なくない。このような規模の大きなパリッシュは、一般に、"タウン（town）"と呼ばれている。公式の文書などでも、"タウン"とされているようである。これに対して、人口の少ないところでは、地元の住民は"ビレッジ（village）"と呼んでいるが、公式の文書はパリッシュとしている。

　このほか、公式の文書で、Local councilという名称が使われることもある。市（ディストリクト）や県（カウンティ）もcouncilという言葉を使うのが普通である。たとえば、ウインチェスター市の公式名称はWinchester City Councilである。そして、"私たちの市は……"という意味で、"わがCouncilは……"とすることが多い。この結果、日本人のなかには、local council（すなわちパリッシュ）を市（ディストリクト）や県（カウンティ）とごっちゃにしてしまっているものもいるはずである。

　それはともかく、イギリスには、2004年現在、パリッシュが

8,700ほどあるといわれている。人口1,000人未満のところが圧倒的に多い。パリッシュが法律上の基礎自治体として認められたのは1894年のことである。それ以後、パリッシュは、スポーツ施設や図書館を設置したり、水道を供給したり……等々と様々な業務を処理する自治体として機能してきた。そのための税金を徴収しているのはもちろんである。

こういう小さな自治体は、日本人の常識から言えば、減少していって当たり前ということになるのであろうが、イギリスのパリッシュの数は年々増えているという。これは、パリッシュが存在しない地域で、新たにパリッシュが設置されはじめているためである。

権限はパリッシュ自らが獲得

パリッシュは法律上の自治体として定められてから100年以上経過したが、この間に、その権限は大幅に増えてきた。しかし、これは、中央政府がパリッシュの権限を拡大する法律をつくってきたからではない。1894年にパリッシュが自治体として法制化されたときには、中央政府がその必要性を認めたのであるが、それ以降、中央政府が率先してパリッシュの権限拡充を試みるということはなかった。それどころか、逆に、パリッシュの権限縮小の試みはたびたびあった。それにもかかわらず、パリッシュの権限が拡充したのは、パリッシュ自身がその努力をし、工夫をしたからであった。パリッシュの全国組織である「全国パリッシュ協会」が自分で権限拡充の"法案"をつくり、それを、国会に提出し、法律にしてきたのである。もちろん、パリッシュ自身が提出したわけではなく、国会議員の手を借りて、国会に提案したのであったが……。この「全国パリッシュ協会」の努力は、もちろん、現在でも続いている。たとえば、前述したように、現在、県と市（ディストリクト）の機能を統合する統合自治体が多数出現しているが、この統合自治体の制度を導入したときには、パリッシュの廃止ももくろまれていた。それを「全国パリッシュ協会」の努力で覆し、そのまま存続することができるようになった。

パリッシュの権限は、すべてのパリッシュがそれを実行しているというものではない。実際にパリッシュが処理している業務は、パリッシュによってバラバラである。人口規模の大きなパリッシュ──

イギリス

すなわち、タウン（town）—のなかには、市（ディストリクト）に匹敵するような仕事をしているところもあるが、小さなパリッシュ（すなわちビレッジ）の場合には、ほとんど何もしていないというところもある。このようにバラバラなのは、どういう仕事をするかを、パリッシュ自身が決めているからである。

もちろん、好き勝手に仕事ができるというわけではない。法律が許す範囲内で、各パリッシュが何をするかを決めているのである。現在は、道路の管理や運動公園の管理、あるいは、図書館の運営などをしているパリッシュが多いが、なかには、パリッシュ自身の警察官を持っているところもある。パリッシュが仕事を担当しない場合は、それらの仕事を市（ディストリクト）や県（カウンティ）が担当することになる。パリッシュが仕事を担当するときには、税金の徴収権もそれに付随する。住民は、その分の税金を市（ディストリクト）や県（カウンティ）に治めずに、パリッシュに納めるわけである。

パリッシュ議会と住民総会

パリッシュの意思決定機関は、ほとんどの場合、議会である。しかし、なかには住民総会で意思決定をしているパリッシュもある。こういうパリッシュは、parish meetingといわれているが、人口は少なく、その数もわずかである。また、こういうパリッシュは活動もほとんどしていない。そもそも法律で認められている権限も非常に少ないといってよい。住民総会で意思決定するパリッシュは、1人前のパリッシュとみとめられていないわけである。

これに対して、議会を有するパリッシュは parish council といわれているが、権限は大きい。そして、大部分のパリッシュはこうしたパリッシュである。本稿でパリッシュという場合には、この議会を有するパリッシュを前提としている。

パリッシュ議会の議員は、もちろん、住民の選挙で選ばれる。数は5～9人というのが一般的である。多くのパリッシュが住民1,000人以下のパリッシュであることを思い出してもらえれば、住民とパリッシュ議員は、ほとんどの場合、顔見知りであるということが理解できよう。こうした議員が集まってパリッシュの意思決定をしているのであるが、住民が非常に少ないパリッシュが、議事堂

などもっているはずはない。通常は、日本の公民館のようなところが議会として利用されているが、小学校の教室が夕方から議会に変わるというところもある。最近は、ほとんど見られなくなったが、教会で開かれることもあり、さらに、10数年前までは、パブといわれる居酒屋の一隅で議会が開かれているというところもあった。

ところで、パリッシュが実際に処理している仕事、あるいは行使している権能は、パリッシュによってバラバラであることは前述したが、ほとんどすべてのパリッシュが行使しているという権能もある。市（ディストリクト）から相談を受け、住民の意向をまとめたうえで、回答するという権能である。

この権能は、最初は、法律上のものではなく、慣例的なものであったが、1972年の地方自治法改正で法律上の権限となった。もちろん、これは、中央政府がそうすべきだと考えたからではない。それどころか、この法律を制定したとき、中央政府はパリッシュの制度を廃止しようと考え、その趣旨の法案を立案していたのである。パリッシュの多くは、当然、廃止されることに反発した。そのため、「パリッシュ全国協会」は、国会審議の過程で、積極的に反対の法案を（国会議員を通して）提出し、見事に、パリッシュを存続させた。それだけではなく、逆に、権限強化にも成功した。そのなかの代表的なものが、市（ディストリクト）から相談を受けるという慣習的な権限を、法律上の権限にしたことであった。

パリッシュ議会はオープン

この結果、住宅建設を許可したり、道路を整備したりする場合には、市（ディストリクト）は関係のあるパリッシュに相談しなければならないということになった。この相談を受けるか否かはパリッシュの自由であるが、この権能だけは、どのパリッシュも行使しているといってよい。

市（ディストリクト）から相談があった場合、パリッシュは、議員が集まって議会を開き、どのように回答するかの審議をすることになる。パリッシュとして、住宅建設を許可することに賛成するか否か等々を決めるわけである。これらの議案は、どこのパリッシュでも、事前に、すべての住民に配布される。

日本の場合、議案の内容を事前に住民に知らせるなどということ

をすれば、「議会軽視」ということで非難する議員が多いと考えられている。(実際は、どうなのか定かでないが……)。そのため、議会にかけるまでは、議案の内容は秘密ということになる。そして、議会では、議員の判断だけで審議をする。それが議会制民主主義であると考えられている。

イギリスは全く逆である。議員は、住民の代表である以上、住民の意向を反映して審議するべきであり、そのためには、住民の意見を聞かなければならない。そして、住民の意見を聞くためには、住民に情報を提供しなければならないという考えのもとに、すべての住民に議案内容があらかじめ知らされている。この議案内容を見て、関心がある住民は身近なパリッシュ議員に意見を展開するようになる。なかには、パリッシュ議会に出席して、自分の意見を言いたいという者もいることであろう。しかも、議会は、公民館や学校など、住民が出入りしやすい場所で、夜開かれるのが普通である。

その上、パリッシュの議員は住民にごく親しい人たち、隣のおじさん、おばさんという人たちである。筆者も何回かパリッシュ議会に出席したが、議員だということで特別扱いをしているようなところは皆無であった。

こういう状況から言えば当然のこととも言えるが、パリッシュ議会のなかには議会を"オープン"しているところが圧倒的に多い。"オープン"というのは傍聴自由ということではない。議会にいる者は誰でも発言できるという意味である。採決に住民が参加するというところも多い。こうしたパリッシュ議会では、議員と住民の間には、議員は出席が義務づけられるが、住民の出席は自由だという違いがあるだけとも言える。パリッシュに基盤を持つ市議や県議も、一般的には、パリッシュ議会に出席している。

こういうパリッシュ議会の審議で結論を出し、それを市(ディストリクト)に回答しているわけであるが、もう一つ注意する必要があるのは、この回答を市(ディストリクト)の行政機関にするのではなく、市(ディストリクト)議会にしているという点である。しかも、市議会にパリッシュ議会の代表者が出席し、直接、その回答を口頭でしているケースが多い。(たとえば、後述の「ある日の議会風景―ウインチェスター市議会」参照)。市議会は、これらのパリッシュの回答(すなわち、パリッシュ住民の意向)を聞き、それ

をもとにして論議をし、最終的な結論を出しているわけである。しかも、市議会レベルでも、住民の意見を直接聞くことにしているところが多い。

　要するに、イギリスの議会制民主主義は、議員の意見だけで審議するというものではなく、市（ディストリクト）議会も、県（カウンティ）議会も、パリッシュ議会の審議を基にして、ひいてはそこに参加する住民の意向を基にして、審議しているのである。これを理解せずに、イギリスの地方制度を単純に2層制だと判断するのは正確ではないといわなければならない。日本人の誤解を招かないためには、イギリスの地方制度は県―市―パリッシュの3層制だと説明するほうが妥当のようである。

パリッシュのないところは？

　こうしたパリッシュが、現在のような自治体として、法的に認められたのは1894年のことである。このときに、ロンドンなどの大都市では、教会の管轄区域、いわゆる"教区"として、パリッシュという名称が残ったところもあるが、自治体としてのパリッシュは設置されなかった。地方圏の場合も、すべての地域に設置されたわけではなく、都市部では、むしろ設置されないところのほうが多かった。その結果、1974年に市町村の統合が大々的に行われたとき、旧市部にはパリッシュがなく、郊外部にはパリッシュがあるという状況が、多くのディストリクトに出現するようになった。

　これは、同じ市民であっても、発言権に差をもたらすものであった。パリッシュがある区域では、市民たちは、それぞれのパリッシュ議会で地域の総意をまとめ、ディストリクト（市）や県さらには国に"もの申す"ことができるのに対し、パリッシュのない区域では、市民は、そういう機会がないという事態が発生したわけである。こうした事態は、とくに20世紀末の頃から問題視されるようになり、それぞれのディストリクト（市）で様々な対策が講じられるようになった。たとえば、ウインチェスター市の状況を見ると……。

　ウインチェスター市はロンドンから列車で1時間ほどのところに位置し、2008年現在、約11万人の人口を擁する市である。この市には、50近いパリッシュがあり、住民の意向を代弁するという機能を

果たしている。パリッシュ議会が住民の意向をまとめあげ、それを市や県に伝えているのである。しかし、これらのパリッシュが設置されているのは、すべて、1974年に統合された区域であり、旧市の区域にはパリッシュが存在しない。そのため、旧市の区域にも、郊外部のパリッシュと同じような、住民の意向を代弁する機関を創ろうということになり、2002年に、「ウインチェスター・タウン・フォーラム（Winchester Town Forum）」が設置された。この区域から選出されている18人の市議を中心にしたフォーラムを設置し、そこに、その地区の市民が自由に参加して旧市部に関連する予算や施策を論議することになったわけである。このフォーラムの結論はウインチェスター市の内閣（執行部）に送付され、内閣はそれをもとにして、予算案や施策案をつくっているという。

イギリス

自治体自身で統治方式を決定
―― 自治体で「憲法」制定 ――

自治体運営組織の改革（2000年）

　2000年7月にイギリスの地方自治法が改正された。これは、多くの県やディストリクトにとって、ある意味では大変に迷惑な内容を有する改正といえた。それまでイギリスの自治体では議会が議決機関でもあり、同時に執行機関でもあった。言い換えれば、日本の首長と議会双方の役割を担っていたが、その仕組みが原則として廃止され、議会と執行機関を分離することになったのである。

　それまでイギリスでは、自治体の議会のなかに設置された委員会が、たとえば建設委員会が建設部局の職員を指揮し、福祉委員会が福祉部局の職員を指揮する等々、日本の首長のような役割を果たしていた。この委員会方式による自治体運営は、どのような大きさの自治体にも適用できるとか、柔軟性に富むといった評価を受けていたが、その反対に、委員会方式では誰が政策決定者なのか分からないといった批判、あるいは、議員が行政事務に多くの時間を費やさなければならず、住民の代表として機能しにくいなどといった批判もあり、とりわけ20世紀の終わり頃になると、そうした批判が強くなっていた。

　このため、1990年代の中頃から、中央政府が自治体の運営機構の改組を主張するようになり、労働党のブレア政権によって委員会方式の廃止が公式に打ち出された。1997年のことであり、次の3つのタイプから、新しい運営機構を選定するようにとブレア政権は勧告した。

　① 議院内閣型：議員のなかから選任されたリーダーが内閣を組織する方式。閣僚は議員のなかから、リーダーもしくは議会によって選ばれる。
　② 公選首長・内閣型：行政権を持つ知事や市長を住民の直接選挙で選ぶ方式。知事や市長は議員のなかから閣僚を任命し、内閣を組織する。

③ シティ・マネージャー型：知事や市長が住民の直接選挙で選ばれ、政治的リーダーシップを発揮する。しかし、政策決定や日常の業務は議会が選任するシティ・マネージャーに委託するという方式。

　このブレア政権の指示のもとに、直ちに委員会方式の改組を検討する自治体も出はじめたが、ほとんどの自治体は改組に消極的であった。委員会方式を継続する自治体が多かったのである。しかし、ブレア政権も、2000年7月に地方自治法を改正し、運営機構の改組を強制するようになった。このため、2001年になると、自治体はしぶしぶ運営機構の改組をはじめたが、そうした自治体の多くは「議院内閣型」の運営機構を選択した。「議院内閣型」はそれまでの委員会方式に近かったからである。人口85,000人以下の自治体の場合は法律で委員会方式を継続してもよいとされたため、規模の小さな自治体のなかには改組しないところもあった。

公選首長の登場

　とはいっても、この機構改革により、「公選首長・内閣型」を採択した自治体もあった。たとえばロンドンのルイシャム区は公選首長制の導入を決定し、2002年5月に最初の市長選挙が行われた。しかし、2000年5月に、「公選首長・内閣型」の導入を決定した自治体は5〜7程度と、ごくわずかであった。公選首長制を採用しようと試みた自治体当局は2001年5月から2002年1月にかけて22自治体あったが、この制度を導入するためには、住民投票で賛成してもらう必要があり、結局、この住民投票で15自治体が否定されてしまうということもあった。ブレア首相の選挙区であったセッジフィールド市も、住民投票で市長公選は"No"となってしまった。
　住民投票の多数で公選市長制を採用したドンキャスター市の場合は、過去に汚職があったために、市民は公選市長の強力なリーダーシップに期待をしたのではないかといわれている。「シティ・マネージャー型」の導入を図った自治体はいまのところ皆無である。

議院内閣制の採用

　これに対して、「議院内閣型」を導入した自治体は、あるいは導

入しようとしている自治体は多い。たとえば、ケンブリッジ大学があるケンブリッジシャー県をみると、この県には5つの市（ディストリクト）、それに県から独立して県と市（ディストリクト）双方の機能をもつ統合自治体（Unitary Authority）となったピーターバラー市の合計6つの市（ディストリクト）があるが、このうち委員会方式をそのまま踏襲しているのは東ケンブリッジシャー市だけである。残りの5市および県は「議院内閣型」を2001年5月頃に採用した。

　しかし、「議院内閣型」といっても、すべての自治体の制度が同じというわけではない。名称も自治体によって違うこともある。たとえばケンブリッジ市は「内閣（Cabinet）」という名称ではなく、「市理事会（City Board）」という名称を使い、その中身も、従来の委員会方式に非常に近いようである。ほかの4市とケンブリッジシャー県は「内閣」と命名しているが、しかし、内容は自治体によって異なる。たとえば、ハンティンドンシャー市や県の「内閣」は、リーダー以下すべての閣僚が多数党の議員で占められているが、南ケンブリッジシャー市の場合、当初は保守党3人、自民党2人、労働党1人、無所属2人というように、議会の勢力にしたがって、閣僚が選出されていた。

　しかし、それ以後、情勢が変わり、2008年5月現在では、南ケンブリッジシャー市の閣僚もすべて保守党の議員になっている。これは、同市の57人の市議のうち、保守党議員が32人と絶対多数を占めるようになったためである。

ケンブリッジシャー県の「内閣」

　ケンブリッジシャー県は、2001年5月、議院内閣型の運営機構を導入した。首相にあたる"リーダー"は総勢59議員の県議会によって選出された。この時の議会の勢力は保守党議員34人、自民党議員16人、労働党議員9人であり、多数党である保守党のリーダーが"リーダー"となったのはいうまでもない。この"リーダー"により、閣僚10人が選ばれた。全員が保守党の議員であった。保守党が政権党となり、リーダー以下11人によって保守党「内閣」が構成されたわけである。

　この「内閣」の構成はそれまでの委員会方式における「政策委員

会」とほとんど同じであった。しかし、「政策委員会」は事実上の中枢委員会すなわち内閣として生まれたものであったが、今回の「内閣」は2000年の地方自治法にもとづくものであり、また、ケンブリッジシャー県が制定した「憲法（Constitution）」にもとづくものという違いがあった。

　リーダーを含む閣僚は、財政担当、教育担当、福祉担当などというように、それぞれが担当部局の責任者となり、職員を監督して日常の執行業務をこなしている。とはいっても、職員のトップである事務総長に助けられているのはもちろんである。

　「内閣」は予算や地方税あるいは政策を立案し、それを議会にかける。このため、閣僚は月に一度集まり、これらの立案をしている。また、議会で決定された予算や政策の範囲内で、具体的な予算の執行方法、政策の実現方法を決定するのも「内閣」である。このような「内閣」の決定は必ずしも閣僚全員が出席する閣議で行われるわけではない。2・3人の閣僚が出席するサブ委員会で決定されることも多い。担当閣僚に決定が任されているということもしばしばある。これらの「内閣」としての決定はすべて公表される。

地区委員会（Area Committee）への権限移譲

　ケンブリッジシャー県には、「内閣」のほかに、執行機関として、特定の分野の業務を担当する特別委員会もある。たとえば開発許可や土地利用規制の業務は「内閣」から切り離され、「開発規制委員会」という特別委員会に任されている。この「開発規制委員会」は全政党の議員代表をメンバーとする委員会である。

　また、ケンブリッジシャー県内の5つの市（ディストリクト）を管轄区域とする「地区委員会」という独特の委員会もある。この委員会はそれぞれの区域の環境規制や交通規制の内容を定める権限が付与されているが、その構成メンバーには、県議員だけではなく、市（ディストリクト）の議員、それにパリッシュ議員も加わっている。たとえば、南ケンブリッジシャー市の区域の「地区委員会」は、県議5人、市議5人、パリッシュ議員5人が構成メンバーである。ただし、ケンブリッジ市にはパリッシュが存在しないため、6人の県議と6人の市議で委員会が構成されている。（ディストリクトやパリッシュについては『自治体制度の特色』を参照）。

いずれにしても、運営機構の選択を自治体の裁量に任せている制度、また、「地区委員会」のような執行機関の設置は、地方分権を目指すこれからの日本にとって大いに参考になるといわなければならない。

自治体が「憲法」を制定

公選市長制を採用するか否か、「内閣制」にするか否か、公選市長にどれだけの権限を与えるか、議会の権限をどのようなものにするか、議会に委員会を設置するか否か、委員会の権限をどのようなものにするか、職員のシステムをどうするか、どういう部や課を設けるか、等々を決めているのは、それぞれの自治体の「憲法」である。

ただし、大ロンドン市（Greater London Authority：GLA）だけは法律で定められている。とはいっても、中央政府の意向だけで、大ロンドンの仕組みが変えられるわけではない。少なくとも法律を改正するときには、大ロンドン市の意向が組み込まれるようになっている。たとえば、2007年10月に「大ロンドン市法（Greater London Authority Act）」が大幅に改正され、大ロンドン市長の権限が強化されたが、このときも、大ロンドン市の意向に従ったようである。

大ロンドン市以外のイングランドの自治体（県や市）は、それぞれ独自の「憲法」を制定し、そのなかで、どういう統治形態にするか、2元代表制にするか、議院内閣制にするか、等々を定めている。「憲法」が自治体自身によって制定されるため、その内容は自治体によって異なる。しかし、どの自治体でも、住民の権利を真っ先に定め、そして、統治の仕組みをどうするかを定めているという点は共通しているようである。

議会の運営をどうするか、議員にはどういう義務があるか、住民は議員に何を要求できるか、議員は職員に何を望めるか、等々を定めている「憲法」も多い。公選市長や議員の報酬を、「憲法」で定められているところもある。むしろ、そういう自治体が多いようにみえる。

日本との対比でいえば、日本では、国の憲法や地方自治法で定められていることを、イギリスでは自治体自身の「憲法」で定め、さ

イギリス

らに、それに加えて、日本の議会の会議規則で定めていることを、イギリスでは「憲法」で定めているわけである。これは、議会の運営の仕方については、日本ではあまり問題にされることがないけれども、イギリスでは、住民の基本的な権利に匹敵するものと考えているためといってよいであろう。

誰が「憲法」を制定？

イギリスの自治体が「憲法」を制定するようになったのは、2000年の地方自治法（Local Government Act 2000）によって、地方自治体の経営をもっと透明なものにして、住民が議員や職員の責任を追及しやすくなるようにするべきであると定められ、それを具体化する方法として「憲法」の制定が義務づけられたからである。そのため、具体的な内容については自治体の裁量に任されているが、「憲法」の大枠については、法律で示されている。

したがって、「憲法」の制定作業は、一般に、職員が、法律に定められた大枠に従いながら、それまでの自治体運営の仕方や議会運営の仕方を整理するということからはじまったようである。たとえば、ウインチェスター市の場合でみると……。

幹部職員の1人に、「憲法」案を策定する全責任を担わせるということからはじまった。この幹部職員のもとで、数人のスタッフ（職員）が最初にしたのは、それまでウインチェスター市がどのように運営されてきたかを詳細に調査し、その結果から、誰に責任があるかを明確にするということであった。その調査のなかには、政策決定の仕方、監査の仕方、また、幹部職員の職務や責任、等々、ウインチェスター市の運営のすべてが含まれていたため、その作業量は膨大であり、集まった規則集や文書の量も膨大であった。最終的には、それを住民に分かりやすい形で、また、責任を明確にする形で整理し、一冊の文書にまとめ、それを「憲法」案とした。

その重要な柱として、どういう統治形態にするかを明記したのはもちろんである。この原案では、統治形態として、議院内閣制を採用することとしたが、それに伴い、内閣に入らない一般の議員の職務と責任をどうするか、委員会の機能をどうするか、住民が議会にどのように参加するか等々の点についても、かなり詳細に規定した。住民の投票権や自治体経営のチェック権、等々の権利につい

て、詳細に決めたのはもちろんである。

　こうした作業の後、この原案を住民に示し、住民の意見を求めたが、実際には、あまり反応がなかったという。ついで、職員が原案の内容を議員に詳細に説明し、その後、議会の本会議で、その内容の検討があった。原案を作成した幹部職員の話では、ウインチェスター市には57人の議員がいるが、果たしてどれだけの議員が内容を理解していたのか、大いに疑問であるという感想をもらしていた。

　結局は、何の修正もなく、この原案がそのまま「憲法」となった。とはいうものの、それ以後、毎年、「憲法」は改正されている。これは、議会及び委員会の運営の仕方、内閣の閣僚の名前、議員の報酬、等々が、この「憲法」で明示され、それが変わることが多いためでもある。この本の読者のなかには、「憲法」がそういうものでいいのかという印象を抱く読者もいることであろう。「憲法」はもっと基本的なことを定める簡潔なものにすべきではないか、という考えの読者も多いに違いない。しかし、ウインチェスター市の「憲法」が、このように市の運営に関するあらゆることを含めているのは、住民が、この「憲法」さえみれば、ウインチェスター市のいまの運営の仕方、責任者の名前、責任者の報酬、等々をすぐに理解できるようにしているためである。こういう「憲法」の定め方も、市政運営の責任を明確にするという点で、高く評価しなければなるまい。

イギリス

地方議会が行政評価
―― 税額の決定 ――

自治体が税額を決定

　日本にはさまざまな地方税がある。住民税、事業税、固定資産税、都市計画税、自動車税、たばこ税、ゴルフ場利用税、入湯税……等々、数え上げるときりがないほどである。あまりにも種類が多いために、どれだけの地方税を納めているのか、住民にはさっぱり分からない。それだけではない。これらの地方税は種類も額も法律で定められているため、地方議会は、住民の代表機関であるにもかかわらず、地方税の額を定めることができないというのが日本の実情である。

　これに対して、イギリスの地方税はカウンシル・タックスと呼ばれている税金だけであり、住民は、どれだけの地方税を納めているか、すぐに知ることができる。しかも、地方税の税額は地方議会で定められているため、地方議会に対する住民の関心も強い。地方税額が地方議会で確定されるのは毎年2月頃であるが、この頃になると、地方議会の審議状況を地方紙が連日のように報道している。このためでもあろうか。イギリスでは地方紙が多い。住民が一般に愛読しているのもそれぞれの地方紙である。地方税額が定められるときには地方議会に傍聴に行く住民も増えるといわれている。議会側も、住民に分かりやすいように、議員と同じ資料を傍聴者に配布するのが普通である。税額が高めに定められたときには、それに反発して多数の住民が議会に行くのはいうまでもない。

　日本の地方議会に対する住民の関心が薄いのは、地方議会に税額を決定する権限がないためともいえそうである。

税額は予算で決定

　日本の地方税額は、地方自治体がどれだけのサービスをするかに関係なく、法律であらかじめ定められている。収入が先に定められ、その収入をどのように使うかが、予算の最大の内容となるわけ

である。これとは逆に、イギリスの場合は自治体がどれだけのサービスをするかによって地方税額が決まるという仕組みとなっている。

　イギリスの地方自治体も、実際には、国の補助金がどれだけあるかを見積もり、そこからサービスの内容を決めているが、原則的には、支出のほうが先に定められ、その支出に見合うお金を捻出するという形で、地方税額が定められている。言い換えれば、予算編成の最終段階として、地方税の税額が定められているわけである。

　従来の委員会方式の自治体では、議会の本会議が政権党（多数派）のリーダーを委員長とする「政策委員会」に予算案の作成を委任するのが一般であった。「政策委員会」が予算案を作成し、それを議会の本会議が審議・承認するという形で、予算が編成されていたわけである。現在でも、この委員会方式を採用している自治体があるが、前述したように、21世紀になってからは、「議院内閣制」を採用する自治体が多くなってきた。これらの自治体では予算案の編成は「内閣」によって行われ、議会はその承認権をもっているだけである。

　予算案の作成は、如何なるサービスをするか、人件費をいくらにするか、どういう投資をするか……等々の支出額の検討から始められる。それが決まると、次は、それでは収入がどれだけあるかの検討に入る。この段階では、まず、国からどれだけの財源が交付されるかの検討をする。イギリスではそれぞれの地方自治体がどれだけの地方交付税や地方譲与税を受けることができるかを簡単にはじき出すことができ、また、補助金の額も実施するサービスさえ決まれば簡単に計算することができる。

　もちろん、自治体の支出予定額のすべてを国から交付される財源だけで賄うことはできない。当然に収入が足らないということになるが、この不足分が住民の負担する金額、すなわち地方税額ということになる。したがって、レベルの高いサービスをすれば、それだけ税金が高くなり、サービスをほとんど何もしなければ税額は限りなくゼロに近くなる。これを決断するのが、委員会方式の場合は議会であり、「議院内閣制」の場合は「内閣」ということになる。もちろん、議会の承認が必要であるが…。

イギリス

議会が「内閣」の政策を点検・評価

「議院内閣制」を採用している自治体には、「内閣」の政策を点検・評価する委員会が設置されている。議会のもっとも重要な働きがこの委員会に集中しているといっても言い過ぎではない。公選市長制を採用する自治体にも同様の委員会がある。

たとえば「議員内閣制」を採用しているケンブリッジシャー県の場合、環境・交通、社会福祉、教育・文化、政策の4つの分野に「評価委員会（Scrutiny Committee）」が設置され、それぞれ内閣の政策をチェックしている。必要な場合には政策の改善を要求する。「評価委員会」には県議会の本会議に種々の報告をするという任務もある。また、監査機関としての役割も担っている。国や民間機関と協働して県民の利益を図るのもこの委員会である。

「評価委員会」のメンバーは議会で選出されるが、委員長と3人以上の委員で構成されることになっている。3人以上の委員となったのは、「評価委員会」をはじめて設置した2001年時点に各会派（保守党34人、自民党16人、労働党9人）から少なくとも1人の代表者を委員会に送り込むということで、各会派の議員が合意したためであった。「内閣」の閣僚となった議員は、この「評価委員会」の委員になることはできない。このような「評価委員会」の最重要な任務は「内閣」のチェックにあるといってよいが、このチェックは2通りの方法で行われることになっている。

ひとつは、「内閣」が採択した政策、個々の閣僚の決断などをチェックし、必要がある場合には、それが実施に移される前に、再考を促すというものである。このチェックは「コール・イン」と呼ばれ、「評価委員会」の委員の判断で行われるが、議員の要請にもとづいて、あるいは後述のアドバイゾリー・グループの助言にもとづいて行われることもある。

いまひとつは、「内閣」によって実施された政策の達成度の評価である。この政策評価が「内閣」に報告されるため、その後の「内閣」の政策に影響を及ぼすことは確かと思われる。また、議会の本会議で報告され、本会議はこの委員会の報告にもとづいて審議をすることになっている。これが「評価委員会」の力の源泉になっていることも確かといえるであろう。

アドバイゾリー・グループ

　ケンブリッジシャー県議会は種々のアドバイゾリー・グループも設置している。これは「内閣」や「評価委員会」にアドバイスをする機関である。たとえば、学校教育アドバイゾリー・グループは7人の議員で構成され、学校教育について「内閣」にアドバイスしている。「内閣」の政策決定に賛同できない場合には、「評価委員会」に対して「内閣」に「コール・イン」をしてくれるように要請することもある。

　アドバイザー・グループのなかには、たとえば鉄道グループ（4人の議員で構成）のように、鉄道会社と連絡調整をはかりながら県内の鉄道問題について「内閣」にアドバイスするグループもあり、また、公文書アドバイゾリー（3人の議員で構成）のように、県内の市（ディストリクト）と協議しながら住民にたいする公文書の提示方法やその他の広報の方法について「内閣」や「評価委員会」にアドバイスしているグループもある。2002年4月に、こうしたアドバイゾリー・グループが20以上設置されたが、これは2008年時点でもほとんど変わっていない。これらのグループの最大の特色はフォーラム（討論の場）を設けるというところにある。議会は、「内閣」や「評価委員会」を経由して、これらのグループの意見を聴取し、それにもとづいて予算や地方税額、あるいは教育計画や児童サービス計画、等々を決定しているわけである。

イギリス

ある日の議会風景
――ウインチェスター市議会――

開発規制委員会（2008年3月13日）

　ここで説明するのは、筆者が2008年3月13日に実際に傍聴したウインチェスター市議会の状況である。この日のウインチェスター市議会で開発規制委員会（Planning Development Control Committee）が開かれるということは、かなり前から、公表されていた。議題は、ウインチェスター市内でのいくつかの開発（あるいは住宅建設）の申請を認めるか否かであり、審査の対象となった案件（申請）は8件あった。開発規制委員会は、1年に18回ほど開かれるが、審査する案件は通常7〜8件である。

　日本では、自治体の議会に設置される常任委員会は議会の内部機関あるいは予備的審査機関であり、委員会の決定は対外的には何の効果もないという解釈が全国的にまかり通っている（どこから、こういう解釈が出てくるのか不明であるが……）。しかし、イギリスの自治体では、委員会が設置される限り、そこでの意志決定は、議会の最終的な意志になるのが普通である。とはいっても、委員会が本会議に諮ると決定した場合は、当然、本会議に提案することになる。

　議会（あるいは委員会）で審議される内容が、あらかじめ、市民にかなり詳しく公表されているためであろう。午前9時の開始にあわせて筆者が到着した時には、すでに10数人の人々が傍聴席に座っていた。メーンテーブルで声高らかに談笑しているのは、恐らく議員だろうと想像できた。傍聴席に座っている人々は静かであった。何人かは、緊張でこわばっているようにみえた。そのなかを、2人の職員が、書類を配り歩いていた。議員、市民の区別なく……。その日の議案を説明する配付資料であった。

会議室を見渡すと……

　この日の会議は、ギルド・ホール（市役所）の2階で開催され

た。部屋は小学校の教室くらいの広さであり、一方に広い窓、残りの3方は壁であった。正面の壁には、中世の頃のウィンチェスターの街らしき風景画が飾られ、窓の下には、細長いサイドテーブルが置かれていた。部屋の中央に大きな長方形のテーブルがあり、そのテーブルの正面に、風景画を背にしながら委員長が着席した。その左隣に副委員長、右隣に職員（都市計画部長）が座った。そして、テーブルの側面に、4人ずつ、向かい合う形で議員が着席した。コの字の形に座ったわけである。テーブルの残りの面に椅子が2脚置かれていたが、会議が始まった時には、着席者はいなかった。誰が座るのか、不思議であったが、これは後に判明した。

午前9時、委員長が委員会の開催を宣言。最初に、2人の委員が欠席だという報告があった。それから、委員以外に、5人の議員が出席しているとのことであったが、それらしき席は見あたらなかった。どうも傍聴席に座っているようであった。

テーブルの直ぐそば、副委員長が座っている席の左側に、小さな立ち机（演壇）が置かれていた。ここで職員が議案を説明するとのことであった。側面の壁際にベンチが置かれ、1人の男性が足を組んで座っていた。議員（委員）をはじめ、傍聴席の市民はきちんとした服装を身につけていたが、この男性はジャンパーを着ているような感じであり、どういう人なのか、見当がつかなかった。審議の

ウィンチェスター市役所

この建物は1835年に建設されたもので、議会もこの中で開かれる。

途中で、職員だということを理解したが……。

傍聴席は、ドアを入ると直ぐのところに設置されていた。左右に3列に並べられたベンチが傍聴席で、そこに座っていると、委員長の顔を正面から見ることができた。

審議の始まり

「開会の宣言」に続いて、委員長がこの日の議案のなかから3つの議案を指摘し、「私はこの議案の利害関係者なので、審議から外れることになる。そのため、これらの議案は後回しにする」という発言をした。委員長の奥さんが、議案に関連する地元の「タウン議会」(パリッシュ議会ともいい、コミュニティの公選の議会である)の議長だというのであった。

9時5分、職員がテーブルのそばの演壇の前に立ち、最初の議案の説明がはじまった。ある空き地に何軒かの住宅を建設するという開発業者の申請をどうするかという議案であった。市や県の計画に整合しているけれども、環境保全の面で、市の環境部が反対しているという説明であった。住民の反応については、「3人の住民から開発反対の訴え、9人の住民から賛成の意思表示があった」という説明をしていた。都市計画部としての結論は、開発申請を拒絶したいというものであった。

この後、4人の議員の質問、それに対する職員の回答があり、そして、委員長の「地元の市議の意見は？」という発言があった。この声に応じて、傍聴席から1人の男性が立ち上がり、テーブルの前の椅子に着席した。意味不明の椅子は、こういう発言者のための椅子だったのである。委員長から、「発言時間は5分です」という指示があり、地元の市議は早口で意見の陳述をはじめた。内容は、「3人の住民が反対」という職員の説明に関して、「その後、1人が賛成に回った」というものであった。また、ほかにも何人かの住民から、賛成の手紙が議員のところにきているという説明があり、その手紙を示していた。結論は、「開発を許可してほしい」というものであった。

続いて、「開発は環境を損なうものではない」という業者の説明、それに対する職員の反論があった後、議員の間での討論がはじまった。が、それほどもめることはなかった。環境部の反対を根拠に、

「開発申請を許可しない」という結論を採択した。ウインチェスター市の第1議案に対する議会の決定が下されたわけである。

長引いた議論

　第1の議案の後、第2議案、第3議案がそれほどもめることなく、都市計画部の勧告通りの結論が下されていった。ところが、第4の議案にはいると、雲行きが変わった。都市計画部の職員の「開発を許可したい」という提案に、傍聴席からブーイングの声がわき起こったのである。小声ではあったが……。

　この議案は、ちょっとした空き地に、住宅とガレージを建てたいという申請であった。問題は、この土地の横を"散歩道（footpath）"が通っており、住宅建設によって、この"散歩道"が暗くなるというところにあった。"散歩道"を所有・管理しているのは、地元のパリッシュ議会（タウン議会）であり、そのパリッシュ議会がこの住宅建設に反対していた。

　ウインチェスター市の都市計画部は建設に賛成であった。環境部も、景観を損なうものではなく、問題はないとしていた。これに対して、住民2人が反対の意向を示し、意見の陳述を委員長に認められた。住民の発言時間は3分しかなかった。2人の住民は、要領よく発言するために練習してきたようであるが、実際には、1人につき1分ほどオーバーしてしゃべっていた。傍聴席で緊張していたのは、この発言者の女性であった。

　それに続いて、パリッシュ議会の議員から反対の発言があった。発言時間として、市議と同じ5分が認められていた。それから、この地区から選出されている市議が5分間発言したが、内容は住宅建設に反対というものであった。パリッシュ議員と地元市議のいずれもが、如何に多くの住民が反対しているかを説明したのである。

　これに対して、賛成意見は、住宅を建設することになっている業者だけであった。しかし、住民やパリッシュ議員、あるいは地元市議の反対意見に、都市計画部長が反発した。また、数人の職員も、「反対住民のほとんどは、当該の物件からかなり離れた地区の住民だ」という反論をしていた。なかでも、住宅建設の必要性を強硬に主張したのは、壁際のベンチに座っていたラフな服装の職員であった。（ここで、初めて、この男性が職員であることが分かった）。

イギリス

　こうしたやりとりを聞いた後、議員の間での議論がはじまったが、これが紛糾した。住宅建設に賛成の議員と反対の議員がほぼ同数であり、しかも、お互いに、相手を屈服させようとして弁をふるった。このため、議論は延々と続き、決着がつくのだろうかと、心配になるほどであった。しかし、最終的には、7対1で反対派の勝利となった。職員（事務局）側ではなく、住民側に与したわけである。

　時間は13時を過ぎていた。そのため、委員長が、暫時の休憩を宣告。窓際のサイドテーブルに、お茶やサンドイッチが運び込まれ、それを飲みながら、議員たちの談笑がはじまった。日本から見学者が来ているということが伝えられていたため、私も、この立食パーティ（？）に参加させられた。そして、委員長から「日本の市議会と違うか？」という質問があり、「日本では、議員はこういう議論をしない」と答えると、委員長の次のような感想があった。「日本は、イギリスよりも、ジェントルマンの国でしたか？」……。

　こうした休憩を30分ほどした後、また、審議の続きがはじまった。終わったのは3時15分であった。

イギリス

立候補するには面接試験

外国人にも選挙権・被選挙権

　日本では、外国人が日本に住み、税金を納めていても、地方議員の選挙権は与えられていない。イギリスでも、日本人の場合は選挙権をもっていない。アメリカ人も選挙権がない。しかし、インド人やパキスタン人の場合は、あるいはケニア人やガーナ人の場合は、選挙権が与えられている。カナダ人やオーストラリア人の場合も、イギリスに上陸して選挙人名簿に登録さえすれば、選挙権を行使することができる。これは、イギリスではコモンウエルス（英連邦）の50数カ国の国民に選挙権が与えられているためである。また、隣国のアイルランドの国民も選挙権を与えられている。これらの外国人は、投票するだけではなく、議員に立候補することもできる。実際にも、かなり外国人が議員に当選しているようである。たとえば1992年の数字であるが、バーミンガム市の市会議員（ディストリクト議員）117人のうち、17人がインド人やアフリカ人などの少数民族であった。このなかには純粋のイギリス国籍を持っている者もあり、全てが外国人というわけではなかったが、かなりの者は外国人だったといわれている。また、この数字には、カナダ人やニュージーランド人などの白人も含まれていないので、実際には、このほかにも、外国人が含まれていた可能性はある。いまのイギリスでもこうした状況は変わっていない。

　現在のイギリスは、特にイングランドの地方レベルでは、保守党、労働党、自民党の三党がしのぎを削っている。また、選挙区はほとんどが小選挙区である。このため、地方議員になるためには、この三党から立候補するのが普通であるが、各党の候補者はそれぞれの選挙区の中で、それぞれの政党の党員によって選定されている。この候補者を決定する場合、各選挙区の党員が何人かの立候補"希望者"の面接試験をして決めるというところが多い。候補者になるためには、知識が豊富でなければならず、説得力も必要であり、さらに、事態に適応した分析力を備えていなければならず、洞察力も必要である。それらの能力を多数の党員が質問することによ

って確かめようというわけである。もちろん、人当たりも良くなければならず、臨機応変の対応も必要とされている。

このように立候補者の選定が厳しいのは、行政サービスの内容や地方税の額を実際に議員が決定しているなど、地方議員の行動・判断が住民生活に大きな影響を及ぼしているからである。生半可な人を議員として送り込めないと住民が意識しているためであると言ってもよい。政党のなかには、立候補者を決める最終段階で、各選挙区の党員による投票を行なっているところもある。このため、立候補者は、自分で積極的に立候補を決意するのではなく、各選挙区の党員の説得を受けて、いわば受け身的に決意することが多い。

選挙運動

こうして、各党の立候補者が決まると、いよいよ選挙運動ということになるが、イギリスでは、候補者が車の上に立ち、白い手袋をして名前を連呼するという情景はみることができない。ポピュラーな選挙運動は"個別訪問"である。候補者はもちろん戸別訪問をするが、ほとんどの場合は、正真正銘の手弁当の応援団（政党員）がドアからドアを訪ね歩くという運動をしている。これは、各党の支持者の確認という意味もあり、また、どの政党のメンバーでもない（あるいは、支持者でもない）有権者の票を獲得しようという狙いもある。このような選挙運動には、費用はほとんどかからず、法定費用内で十分だといわれている。法定費用は、一選挙区ごとに192ポンド、それに有権者一人につき3.8ペンスである。たとえば有権者が5万人の選挙区の場合、

3.8ペンス×5万人＋192ポンド＝2092ポンド（約41万円）

が選挙費用の上限ということになる。いまでも、この額はほとんど変っていない。

選挙システム

選挙権は18歳以上の者に与えられている。ただし、無条件に与えられるわけではなく、有権者の登録をしなければならない。この登録を10月10日までにしている者は、翌年の選挙権を行使できる。

被選挙権、すなわち立候補できるのは21歳からである。選挙権・被選挙権は、上述したように、イギリス人に限定されているわけで

はなく、アイルランド人をはじめ多くの外国人にも与えられているが、立候補するには、当該の自治体で12ヵ月以上住んでいるか、働いていなければならない。

　議員の任期は4年である。しかし、これらの議員は4年に1度の選挙で一斉に改選されるというわけでは必ずしもない。そういう自治体も多いけれども、議員が3分の1ずつに区分され、順繰りに選挙されるところもある。このような自治体では、選挙は4年に3度行なわれる。たとえば、地方圏の（日本の市町村に該当する）ディスクリクトの場合は、2006年、2007年、2008年の選挙で議員が3分の1ずつ選ばれ、1年飛んで、2010年から、2011年、2012年と選挙が行なわれることになる。

　このように、3分の1ずつ、議員が選挙されるところでは、各選挙区は形式的には3名の定員であるが、実際には、小選挙区で1名ずつ議員が選ばれている。

　これらの地方選挙の投票率は一般に非常に低い。イギリスでは昔から地方選挙の投票率は低かったが、現在でも、50％を越えることはめったになく、大体は40％以下である。たとえば、2002年の地方選挙の投票率は33％、2004年40％、2006年は36％であった。2008年も35.8％と状況に変化はなかったが、年齢別に見ると、18-24歳の有権者は46％と投票率が高く、25歳-34歳になると34％と急激に低くなり、35歳を超えると再び投票率が上がっていくという特色があった。

　なお、2008年には、大ロンドン市でも選挙が行われ、この選挙では市長選が45.33％、議員選挙が45.28％と、他の地方選挙に比べて、際立って投票率が高かった。これは何を意味しているのであろうか……。恐らくは、今回の市長選挙が"打倒現職市長！"でマスコミが異常に燃え、それに住民が影響されたためではないかといわれている。

イギリス

政治家の報酬は？

国会議員は名誉職か？

　イギリスの政治家は名誉職であるという理解が一般に浸透しているようである。確かに、20年ほど前までは、イギリスの政治家は、国会議員であれ、地方議員であれ、ほとんど報酬をもらっていなかった。それでも、国会議員の場合は、1911年以後、手当が出ていたが、1960年代末の頃までは、その額は微々たるものであった。

　ところが、1970年代以後、次のグラフにみるように、報酬は急激に増額されるようになり、21世紀にはいると、ついに年俸で6万ポンドを超すこととなった。正確に言えば、2008年4月現在で61,820ポンドである。この時点の為替相場でいうと、これは約1,320万円ということになる。日本の国会議員に比べると、非常に少なく、また、イギリス中央省庁の幹部職員の給与と比較しても、少額であることは確かであるが……。しかし、これで、名誉職といえるかどうか。ちょっといいにくいのではなかろうか。

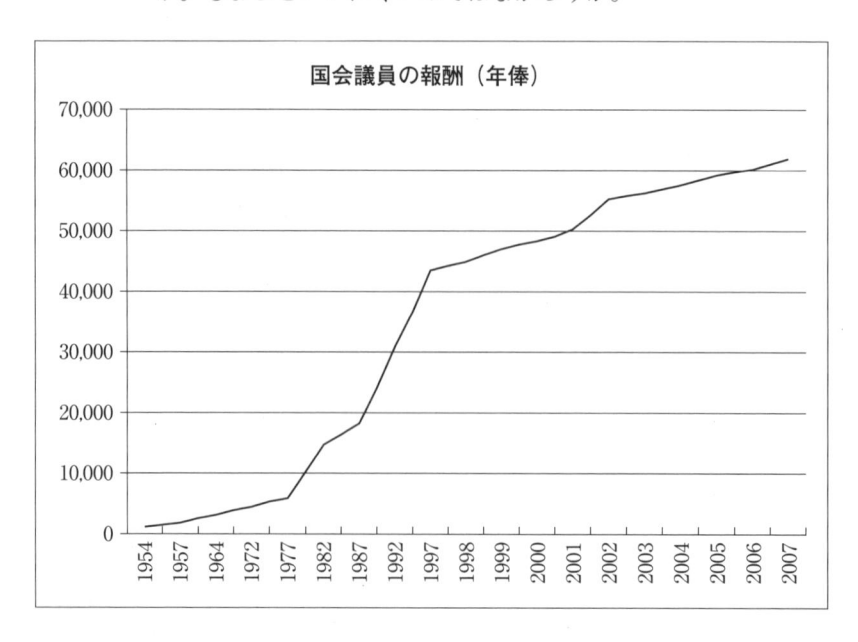

国会議員の報酬（年俸）

さらに、この議員報酬に加えて、ほかの手当も交付されている。これも、日本の国会議員に比べれば、少ないといえるが、しかし、実際にはかなり多い。これらの手当の中で、もっとも額が大きいのは「秘書（スタッフ）手当（Staffing Allowance）」である。一般に、イギリスの国会議員は、こうした公費で給与を払うスタッフを3人抱えているようであるが、それらのスタッフの給与分が議員手当として計上されているわけである。ただし、これは、国会議員がもらって、それをスタッフに支払うというのではなく、国からスタッフに直接交付している。そして、その給与には限度があり、2008年4月現在は、最高額が総計で93,854ポンド（約2,065万円）となっている。

ほかに、国会議員に交付される手当として、選挙区やロンドンの事務所費（最高額は22,193ポンド；約488万円）、ロンドンでの滞在費（最高額24,006ポンド；約528万円）、通信費（最高額100,400ポンド；約220万円）、それに、選挙区とロンドンの交通費などがある。これだけもらっていれば、国会議員が名誉職であるとはいいにくかろう。

大ロンドン市（GLA）の政治家は？

20世紀末まで、イギリスの地方議員の報酬は、全体的に、非常に低かった。しかし、21世紀にはいると、たとえば大ロンドン市（Greater London Authority：GLA）の市長のように、年10万ポンドを超す給与をもらう政治家も現れてきた。2008年6月現在では、ロンドン市長の年俸は137,579ポンド（約3,026万円）である。ロンドン市長は、イギリスでは初めて、住民の直接選挙で選ばれることになった市長であるため、また、その権限と責任が非常に大きなものとされたため、当時の中央政府（労働党政権）が特別に、高額の報酬を支払うことにしたのだと説明されることが多い。しかし、このロンドン市長の報酬にあわせたためであろうか、大ロンドン市（GLA）の議員も、少なくともイギリスの相場でいえば、非常に高額の報酬をもらっている。

たとえば、副市長は、議員の中から選任されているが、この副市長の報酬は、2008年4月現在で90,954ポンド（約2,000万円）である。一般の議員も50,582ポンド（約1,112万円）もらっている。議長

イギリス

となると、60,675ポンド（約1,335万円）にはねあがる。これを低いとみるか、高いとみるか、人によって違うであろうが、しかし、これだけもらっていれば、名誉職とはいいにくいであろう。

一般の地方議員は？

2007年3月23日に公表された調査結果を見ると、地方議員の報酬は平均すると、年俸で5,648ポンド（約124万円）であった。大ロンドン市（GLA）の議員と比べると、10％ほどの報酬しかなく、あまりの低さに驚かされる。しかし、これでも、ここ数年の間に急増しているのである。この本の旧版でも1998年の平均年俸を示していたが、その時点ではわずか3,125ポンドであった。それと比べれば、倍近くに増えているわけである。

しかも、これはイングランドの地方議員の全国平均であり、自治体によっては、もっと高額のところがある。とくに、大都市圏の議員は、一般に、年俸が高い。たとえば、バーミンガム市の議員の年俸は2008年5月現在で15,436ポンド（約340万円）もある。もちろん、日本の地方議員と比べれば、わずかであるが、イギリスの全国平均と比べれば、3倍近い報酬である。大ロンドン市の区域内にあるウエストミンスター市（国会議事堂や首相官邸、中央省庁、宮殿などの政府関係施設はここにある）の議員も、10,250ポンド（約225万円）の年俸をもらっている。

これに対して、地方圏の場合は、一般に、非常に低い。前述の2007年3月公表の調査結果で見ると、地方圏のディストリクト（日本の市町村に該当する自治体）の議員の平均年俸は3,991ポンド（約89万円）である。日本の県に相当するカウンティの場合はもう少し高く、議員は平均で8,941ポンド（約197万円）の年俸をもらっているが……。これらの地方圏の議員の場合も、自治体によってバラバラであり、たとえばウインチェスター市の議員の報酬は年5,946ポンド（約130万円）である。ウインチェスター市はハンプシャー県の中にあるが、このハンプシャー県の議員の報酬は11,565ポンド（約254万円）というように、ウインチェスター市の議員よりも高い。（いずれも2008年5月時点の報酬）

イギリス

役職の議員は高額

　同じく議員とはいっても、イギリスでは、内閣制度（Cabinet）を採用している自治体が多く、この内閣のメンバーとなっている議員、とりわけ、自治体の"首相"ともいえる"リーダー"になっている議員の報酬は、一般に、高額である。自治体の内閣は執行機関としての機能を担っており、内閣のメンバーは責任が大きいだけでなく、実際に、自治体の各部局の"長"としての職務を担当しており、他の議員に比べて、多くの時間を費やしているからである。

　たとえば、地方圏のウインチェスター市のリーダーは23,778ポンド（約523万円）、内閣のメンバーは14,052ポンド（約309万円）の年俸を受けている。ハンプシャー県のリーダーは27,913ポンド（約614万円）、また、その内閣のメンバーは16,747ポンド（約368万円）というように、ウインチェスター市よりも少し高い。市レベルよりも、県レベルの方が高いという傾向があるわけである。

　大都市圏の自治体の場合はもっと高く、たとえば、バーミンガム市のリーダーは63,506ポンド（約1,507万円）、内閣のメンバーも45,155ポンド（約993万円）もらっている。ちなみに、ウインチェスター市とバーミンガム市の議員の報酬を比較してみると、次表のようになる。

議員の報酬と役職手当（2008年5月）(単位：ポンド)		
	ウエストミンスター市	バーミンガム市
議員報酬（基本報酬）	5,946	15,436
役職手当		
リーダー	17,832	53,070
副リーダー	9,729	39,802
内閣メンバー	8,106	29,719
評価委員会委員長	8,106	20,803
開発許可委員会委員長	8,106	15,603
その他委員長	3,243	13,373
野党リーダー	8,106	13,373

イギリス

公選市長は"強力"で高額

　バーミンガム市は、現在、議員内閣制度を採用しているが、公選市長を求める動きもある。とくに、最近は、地元紙が公選市長を求めるキャンペーンを張っているように、その動きが活発である。中央政権も、この動きを支持しているといってよい。たとえば、2008年3月に地方自治大臣のブレアズ氏（Ms Hazel Blears）が「大都市では責任ある強力な指導者が必要であり、そのためには市長を公選にしなければならない」と、バーミンガム市民に薦めていた（Mar.3 2008, Birmingham Mail）。公選市長を採用するか否かは、最終的には、市民の"住民投票"になるが、こういう動きをみると、バーミンガム市でも近い将来、公選の市長が登場しそうな気配にある。

　公選市長が実際に強い指導力を発揮できるのかどうか。日本の市長や知事をみる場合には、若干の疑問もあるが、「大ロンドン市」の公選市長が辣腕をふるったことなどをみる場合には、議院内閣制のリーダーよりは現実に強力な指導力を発揮しているようである。もっと小さな自治体でも、そうした事例がある。たとえば、ロンドンから北に向かって列車で20分ほど行くと、人口8万人のワットフォード市に到着するが、ここの市長が、その端的な事例だといえる。

　2002年に公選市長制を採用したワットフォード市は、当時、財政的にイギリスで最悪の自治体であると噂されていた。その市長候補に、それまで25年間にわたって教員をしていた女性（Dorothy Thornhill）が、「この町を、20数年かけて、住民が誇りに思う町、住んでみたい町、働きたい町、訪問したい町に変える」というビジョンを示したマニフェストを掲げ、名乗りをあげたのであった。そして、見事に当選。2004年に再選され、現在、マニフェストで示したビジョンの実現に向かって着々と成果をあげているという。この市長は、多くの住民を市の運営に巻き込むことに、非常に優れているが、これは公選で選ばれているためだとコメントするものが多い。この市長は、2008年5月時点で61,820ポンド（約1,360万円）の報酬をもらっている。かなりの高給取りである。市長だけではない。ワットフォード市はこの市長を長とする内閣をつくっている

が、その内閣のメンバーになっている議員も報酬の増額があり、2008年には22,348ポンド（約492万円）もらうようになった。バーミンガム市に比べても、少なくとも市長の場合はそれほど遜色がない報酬をもらっているわけである。

　日本の市議とは比較にならないであろうが……。それはともかくとして、業績を上げた場合には、報酬の増額に関しても、有権者は寛容になるということを、これは示しているといえよう。

イギリス

課長も副知事も公募

求人広告

『求む！財政課長、年俸3万6千ポンド！』。これは、イースト・サセックス県が1995年末に出した"課長公募"の広告である。イギリスの新聞や雑誌には、このような求人広告が頻繁に掲載されている。しかも、募集している職種・地位は色とりどりである。たとえば、地方自治関係のある雑誌の最近の求人広告をみると……『来たれ！総務課職員、1万2千ポンド（年）支給』（ウインチェスター市）、『求む！法律担当職（弁護士資格必要）、年俸3万9千ポンド』（ワーウィックシャー県）、『監査部長募集！給与2万9千ポンド（年）。赴任手当て4千ポンド支給』（ヨーク市）等々、様々な職種の公務員が募集されている。

日本の副知事や助役にあたる（機能的には知事や市長にあたるともいえる）チーフ・イグゼキュティブ（事務総長）を次のように募集している広告もある。

『チーフ・イグゼキュティブ募集！"3,500人の職員のリーダーとして、また、政策決定の責任者として、腕をふるってみませんか？"年俸は6万8千ポンド以上』（モンマウスシャー県）。

このような求人広告からも想像できるように、イギリスの自治体の職員は、一般に、空席ができるごとに、公募によって採用されている。すでに地方公務員になっている者でも、課長や部長になりたい者は、すべてその公募に応募し、試験を通らなければならない。そのかわり、試験を受けてパスさえすれば、平職員からいきなり課長になることも、課長から部長を通り越して（副知事に該当する）事務総長に就任することもできる。実際にそういう事例もあり、また、銀行マンや証券マンが財政課長になったり、弁護士が事務総長になったという事例もある。

イギリス

募集例（ワーウィック・ディストリクトの事務総長の募集）

CHIEF EXECUTIVE

Package：c£60,000　　　　　　　　　　　　　　Royal Leamington Spa

Exciting things are happening in Warwick District Council. After four years of Organisational Development the Council has a real capability to recognise and address the key strategic issues affecting in citizens.

We are now poised to implement a new organisation structure with a complementary revisior of council committes which will build on the achievements of recent years. The aim is to further sharpen our strategic fosus and to facilitate joinc working with other agencies to better meet the needs of local people.

We are looking for a Chief Executive who shares our vision and has the drive to Implement the new structure and lead the change in culsure.

Enerzy, vision and the ability to make things happen are paramount qualities.

Benefits include ease car and refocation package to this very attractive part of South Warwickshire which is an economicaily btoyant area with excallent communication links.

WARWICK DISTRICT COUNCIL

For an information pack please comtact the Personnel Unit, Warwick District Council, Town Halt, Leamington Spa CV32 4NW.
Telephone (01926) 884607.
Closing date: Tuesday 7th May 1996.
An equal opportunities employer.

注）　給料は6万ポンド、約12百万円。これは1996年4月19日号のLocai Government Chronicleという自治体の職員や議員に一般に購読されている雑誌に掲載された。

天下りはなし

　　これらの試験の方法は自治体によって異なる。しかし、多くは面接試験で人選されているようである。上司になる者と人事担当者が応募者の面接をし、口頭で人物評価をして適切な人を選ぶという試験である。事務総長の場合は、上司がいないため、議会の多数党（政権党）のリーダーや幹部クラスの議員が面接するということが多い。

　　こうした形で地方自治体の人事が行われているため、職員の業績を上げようという意欲は一般に非常に強い。部課長になるためには、面接試験で誇示できる業績が必要だからである。事実、イギリスでは、X市で平職員として業績を上げた地方公務員がB県の課長になり、ついでB県の業績によってC県の部長になり、そこで業績を上げた後、Y市の事務総長になるというような事例が一般的な昇進形態になっている。また、給与は地位と結びついており、昇進しない限り、言い換えれば、公募に応じない限り、昇給するということもない。給与を上げたければ、仕事を積極的にし、時代に適応した創意工夫をしなければならないわけである。このような人事にな

イギリス

っているため、中央省庁から国家公務員が副知事や部課長になって地方に天下っているということもない。国家公務員が天下ってきても、能力を発揮する場がないともいえる。

要するに、職員の人事だけをみても、イギリスは、地方の独自性を発揮する体制、地方分権の体制となっているといわなければなるまい。

なお、一般に職員に期待されている能力を、議員との比較で整理してみると、次のようになるといわれることが多い。

職員と議員の能力の違い

職員（officers）	議員（councillors）
・自治体業務の専門的な知識、訓練、資格	・政治的な手腕、経験、議員各自の分野における訓練、知識、資格
・自治体業務上のネットワーク、記録の保持、会議の利用技術	・政党活動のネットワーク、記録、会議
・自治体業務のフルタイムの勤務、生活保障（給与）の受給―勤務していれば、生活できるため、精神的には総ての時間を自治体業務にそそぎ込む必要。	・職員の雇用者側である議会のメンバーとしての誇り、週平均20時間の自治体業務への勤務、それによる知識の取得
・全部局の機能を活用できる可能性と能力	・議会での全議員の能力を活用できる可能性と能力
・他の自治体での勤務経験、そこで取得した知識（イギリスの職員は、年功序列で出世できず、業績主義で、しかもポスト毎の公募のため、いくつかの自治体を渡り歩いて出世していくのが一般）	・同じ自治体内での長期間の活動、同じ選挙区内での長期間の活動、それに伴う住民の実情への精通。および、サービスのユーザーの満足度に関する精通。
・法的価値の重視。行政的な観点から見た価値・水準への傾倒。国全体の画一性を重視	・人間的価値、政治的価値への傾倒。地方及びコミュニティの重視
・意思決定者としての議員にアドバイスする能力。また、議員が決定した政策を実施するための能力	・選挙で選ばれる。政策決定のための公約に基づいて選挙で選ばれる。その意味での、数百もしくは数千の住民（およびサービスのユーザー）の代表者として機能する能力

資料）　David Wilson and Chris Game, Local Government in the United Kingdom, 1998, p284の説明を整理

イギリス

住民参加の果敢な実験

住民参加の実態（日本）

　日本でも、市民参加とか住民参加などと銘打っているものを実施している自治体が多い。しかし、これらの住民参加で住民に求められているのは、意見を聞くというだけである。たとえば「審議会」や「委員会」に典型的に見られるが、行政側が示した計画案や政策案に意見を言うだけであり、計画案を住民が作成するなどということはほとんどない。ましてや、その決定権をもつことは皆無といってよい。しかも、これらの審議に参加できる住民も、行政によって指名され、その結果、自治会や婦人会の代表などに限定されているのが通常である。「首長への手紙」や「住民懇談会」などのように、一般の住民も参加できるのは、行政に対して苦情を訴えるということだけである。要するに、住民の意見を補足的に採り入れるという意味での住民参加はそれなりに実施されているとしても、住民に政策決定を任せるというような住民参加は全くといってよいほど行われていないのが日本の実態であろう。最近は若干の自治体で公募などの住民に決定を任せる動きも見られるが…。

　これに対して、外国には、住民の意思決定のほうがむしろ中心になり、行政はそれを補足するだけというような住民参加を実行している自治体が少なからずある。たとえば、オランダのロッテルダムなどでは、何人かの住民が自分達の住んでいる区域の街づくりを計画し、それがある程度まとまった段階で、行政も参加し、住民の指示に従ってまちづくりをしている。

ウエストミンスター市の住民参加

　イギリスでも、住民の発意（イニシアティブ）にもとづいて政策を決定し、住民自らの力でそれを実現する、そして、行政はその手伝いをするにすぎないという事例をいくつかの自治体で見ることができる。たとえば、ロンドンの中心部あるウエストミンスター市では、ある市民が身近に「緑」をつくりたいと市当局に手紙で申し出ると、すぐに担当職員が出かけていって、当該市民を中心にした市

民グループの形成を働きかけ、その市民グループにどのような「緑」をどのようにつくるか、費用負担をどうするか、行政は何をするか、等々を決めてもらうという住民参加を実施している。「イニシアティブ」と呼ばれている住民参加である。これによって、ウエストミンスター市の緑化、美化、環境改善が飛躍的に進んだといわれているが、この住民参加で、行政が果たしている役割は、市民グループ結成の手伝いをすること、その市民グループの要請に基づいて、検討材料を提供したり、技術を提供したり、使うことのできる公費の額を示すことなどである。中心になっているのは、あくまでも市民グループである。行政はそれを側面から補助するという役割を果たしているに過ぎない。地方自治が問題にされる場合、『住民自治』ということがよく言われるが、この住民参加は文字通り『住民自治』を実現するものということができる。

ブレア政権の住民参加の重視

　1997年の総選挙で労働党が政権を獲得したが、この政権は住民参加に非常に大きな熱意を示している。イギリスでは、とくに地方圏においては、前述したように、パリッシュという非常に小さなコミュニティの自治体があり、そこを経由して県やディストリクト（市）さらには中央省庁にまで、住民が意見をいうことができるため、従来は、住民参加を特別にとりあげるということはあまりなかった。県やディストリクトとしては、住民の意見をパリッシュ経由で聞いているため、住民参加制度を独自に編成する必要を感じていなかったわけである。

　しかし、大都市には自治体としてのパリッシュがなく、その結果、ウエストミンスター市のような事例が出てきたわけであるが、ブレア政権は、もっと積極的に住民参加の道を開くべきであるとして、その充実に力を注いでいる。

イギリス

シティズンズ・チャーターの実施
——行政から経営へ

住民はサービスの受け手

　1980年代の後半の頃から、とりわけ1990年代に入ってから、地方自治体における住民の位置づけが急激に変わるようになった。住民をサービスの消費者として、あるいは、主権者というか主人公として捉えるようになったのである。

　もちろん、それ以前においても、住民の意向は重んじられていた。多くの場面で、住民の意向が調査され、その意向に基づいて、公共サービスの内容や水準が定められていたことは確かである。しかし、如何なるサービスをどのように実施するかの裁量権はあくまでも自治体当局（もしくは議員）の手中にあった。住民の意向は、自治体当局を拘束するものではなく、自治体当局の判断材料のひとつに過ぎなかった。住民は公共サービスの受身の存在、いわば"受け手（recipient）"であった。ときには、積極的に特定のサービスの実現を要求する住民もいたが、そして、このような要求に従う自治体も多かったが、しかし、この場合も、住民はあくまでも要求者に過ぎず、その要求に従うか否かはすべて自治体当局の裁量であった。そのため、自治体が計画などに明示していたサービスを実施しない場合でも、住民に対して責任を負う必要はなかった。議会で責任を追及されることはもちろんあったが……。

　ところが、住民をこのような受身の位置づけではなく、もっと積極的に意見をいえる存在、あるいは、意思決定に参加できる存在として、いわば取引相手（customer）として位置づけようという動きが1980年代にいくつかの自治体でみられるようになってきた。これを決定づけたのが1991年にメージャー首相が打ち上げたシティズンズ・チャーター（Citizen's Charter）であった。

住民は"消費者"

　このシティズンズ・チャーターは住民を"消費者（customer）"

イギリス

として位置づけるものであった。イギリスの新聞の論説によれば、それは次のような狙いをもっていた。

「現在、公共サービスの提供者である中央政府や地方自治体が公共サービスのことを最もよく知っているという考え方のもとに、公共サービスは中央政府や地方自治体の裁量で提供されているが、これが結果的に、大きな弊害あるいは非能率をもたらし、サービスの質の貧弱さをもたらしている。これを改善するためには、民間の"自由市場（free market）"の考え方を導入する必要がある、というのがシティズンズ・チャーターの考え方である」）Financial Times 23 July 1991)。

言い換えれば、シティズンズ・チャーターは住民を公共サービスの主人公にしようというものであったが、この点については、当時のメージャー首相自身が「シティズンズ・チャーターは、人々がサービス内容について知る権利を持っており、サービスを選択する権利を持っているという我々の信念を示す誓約書であります」と明言しているところでもあった（The Citizen'z Charter; Cmnd 1599, HMSO 1991, p.2)。

住民を消費者として位置づけるためにシティズンズ・チャーターが具体的に示したのは、サービスの水準の設定であった。この水準を設定するに際して、住民の意向を充分に考慮する必要があることは当然とされたが、もっと重視されたのは、この水準の設定は、消費者にどの程度の水準のサービスを受ける権利があるかを明確にするものであるという点であった。いわば、一種の"契約"としてサービスの水準が設定されることとなったわけである。したがって、この水準が守れなかった場合には、サービスの提供者である自治体当局や中央省庁は契約違反者として何らかの制裁を受けることとなるというものであった。

自治体のシティズンズ・チャーター

このようなシティズンズ・チャーターが1990年代はじめに中央省庁によって導入された。そして、それぞれの省庁がサービスの水準を示すチャーターを公表しはじめた。これは、首相の発案ということからいえば当然であるが、それだけではなく、地方自治体のレベ

ルでもすぐに導入され、多くの自治体がシティズンズ・チャーターを導入するようになった。自治体のなかには、ヨーク市やロンドンのルイシャム区あるいはハートフォードシャー県のように、メージャー政権がシティズンズ・チャーターを打ち出す前から、同種の施策を実施していたところもあった。

　自治体のシティズンズ・チャーターはそれぞれの自治体が財源や環境さらには住民の意見をもとにして定めるものである。したがて、具体的な内容は自治体によって異なっている。しかし、形態は似通っていることが多い。とりわけ、住民が期待できるサービスを明示するという点を強調し、サービスが履行されない場合に何らかの救済を定めているという点は共通している。救済の内容・程度は自治体によってバラバラであるが……。

　たとえば、ケンブリッジ市のチャーターは、「住民の知る権利」や「意見をいう権利」、「サービスを平等に受ける権利」や「職員から助言を受ける権利」を総論的に定め、それに加えて、「住民の救済を受ける権利」と題して次のような約束をしている。

　「われわれは水準の高いサービスの実施を目標として定めていますが、時として、その履行に失敗することもあります。われわれの失敗だと判断される場合、あるいは、サービスが約束した水準に達していないと判断される場合には、われわれに知らせてください。われわれに苦情をどのように伝えるか、その苦情をわれわれがどのように扱うかという点については、別に定めています。そして、われわれが間違っていた場合には、何らかの形で謝罪し、次回には適切な対応をするように心がけます」。

　ケンブリッジ市の場合、シティズンズ・チャーターでは個々のサービスの水準を定めていない。しかし、別の文書で、しかも"サービス保障（Service Guarantee）"と名づけているように、"契約"という性格をもっと濃厚にした文書で、個々のサービスの水準を示している。たとえば「福祉サービス」、「ごみ収集サービス」あるいは「開発規制サービス」や「環境保護サービス」等々の"サービス保障"の文書を住民に示しているのであるが、自治体のなかには、これらの水準についても、チャーターという名前をつけて公表しているところが多い。

> イギリス

今後は住民主導のシティズンズ・チャーター

　メージャー保守党政権がシティズンズ・チャーターの構想を打ち上げたとき、1990年代の最重点施策とするとしていたが、1997年の総選挙で政権を獲得したブレア労働党政権はそれをそのまま受け継ぐことはしなかった。その全面的な見直しに取りかかったのである。しかし、結果は、名称を"サービス・ファースト"と変更したものの、全面的な踏襲であった。ただし、「保守党政権下で策定された自治体のシティズンズ・チャーターには、トップ・ダウンで策定されたものが非常に多く、内容も漠然としたものが多かった。要するに、ユーザーである住民を第1にしていなかった」と批判し、自治体に対して次のような観点からチャーターを改善するべきであると要請した。

- チャーターを策定する際には、ユーザーである住民と当該サービスの前線にいる職員を巻き込まなければならない。
- サービスの質の改善に重点を置くべきである。
- ユーザーの目でサービスを分析してチャーターを策定しなければならない。行政組織の都合で水準を決めてはならない。
- チャーターに定める水準を満たしているか否かを効果的に監視し、その結果を公表しなければならない。
（公共サービス大臣であるPeter Kilfoyleの説明。Carinet Office, Best Practice：How to draw Local Charter, 1998, Foreword）。

　当時の自治体には労働党が政権をとっているところが多かった。ということは、中央のブレア労働党政権にしたがって、チャーターの水準を高めたところが多かったと推測できる。今は保守党政権や自民党政権の自治体が多くなっているが、これらの自治体もサービスの水準はあがっているようである。

イギリス

チャーター策定の手続き（モデル）

```
┌─────────────────────────────────────────────────┐
│         チャーター策定を計画する                 │
│  経営陣（行政幹部）の支持を得て誰がチャーターを  │
│  策定するか？どれだけの財源を使うか？を決定する  │
└─────────────────────────────────────────────────┘
                     ↓
┌─────────────────────────────────────────────────┐
│     ユーザー（住民）および職員との協力体制を作る │
│  チャーターを策定するためのプランをつくる。ユー  │
│  ザー（住民）と職員にチャーターを策定する旨を伝  │
│  え、彼らに如何に参加してもらうかを伝える        │
└─────────────────────────────────────────────────┘
                     ↓
┌─────────────────────────────────────────────────┐
│              関連情報を集める                    │
│  入手した情報から、また、ユーザーへの問い合わせ  │
│  から、ユーザーにとって、サービスのどの点が最も  │
│  重要なのかを確立する                            │
└─────────────────────────────────────────────────┘
                     ↓
┌──────────────────────┐        ┌──────────────────────┐
│  チャーター草案の配布 │   ⇒    │      草案の改正      │
│ チャーター案を策定し、│        │ 意見を組み入れて、草 │
│ ユーザーおよび職員に  │        │ 案を改正。その改正の │
│ 配布する。これに対す  │        │ 内容をユーザーおよび │
│ るユーザーおよび職員  │        │ 職員に通知           │
│ の意見をどのように取  │        └──────────────────────┘
│ り入れるかを定める    │              ↕ 必要な場合には、
└──────────────────────┘                再度住民の意見
                                         を聞く
                     ↓
┌─────────────────────────────────────────────────┐
│           チャーターの策定および公表             │
│     職員にチャーター公表の心構えをさせる         │
└─────────────────────────────────────────────────┘
                     ↓
┌─────────────────────────────────────────────────┐
│              チャーターの配布                    │
│  チャーターを記載した文書を充分にそろえ、全ての  │
│  住民がその文書を手にいれることができるようにする│
└─────────────────────────────────────────────────┘
                     ↓
┌──────────────────────┐        ┌──────────────────────┐
│ チャーターの定期的な  │   ⇒    │  チャーターの見直し  │
│ 監視                  │        │ ユーザー、潜在的ユー │
│ チャーターに定めたサ  │        │ ザー職員などの参加の │
│ ービスの水準が履行さ  │        │ 下にチャーターを見直 │
│ れているかを監視する。│        │ す                   │
│ その監視の結果を定期  │        └──────────────────────┘
│ 的に公表する。チャー  │
│ ターを時代に合わせる  │
│ ように情報を集める。  │
└──────────────────────┘
```

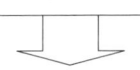

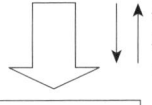

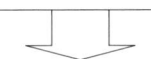

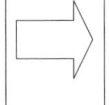

イギリス

首都ロンドンの政治行政は？

2人のロンドン市長

　ロンドンには2人の市長がいる。この2人は全く別の"自治体"の市長であるが、どちらも、"ロンドンの市長"という名称を持っている。正式には、1人は"Mayor of London（ロンドン市長）"であり、もう1人は"Mayor of the City of London（ロンドン市の市長）"である。しかし、どちらも、"ロンドン"という地域の"市長"であるため、この2人の市長をごっちゃに考えている者が少なくない。公文書でも、この2人を「混同するな」と注意しているところである。

　最初の"Mayor of London（ロンドン市長）"は、「大ロンドン市（Greater London Authority）」という自治体の市長であるが、この「大ロンドン市」は、一般に、多くの日本人（イギリス人も同じだと思うが）が漠然と首都"ロンドン"だと思っている区域の自治体である。人口は750万人を超え、日本人が観光などでよく訪れるバッキンガム宮殿や大英博物館、あるいはウィンブルドン（テニスコート）やグリニッチ時計台、ヒースロー空港などもこの区域の中にある。

　これに対して、後者の"Mayor of the City of London（ロンドン市の市長）"は次の図をみれば明らかなように、「ロンドン市（City of London）」という狭い区域、「大ロンドン市」のほんの一部を管轄する自治体の市長である。この区域は、一辺が1マイル（約1.6 km）の4角形であるところから、"スクエアー・マイル（Square Mile）"と呼ばれることが多い。また、City of Londonを省略して"シティ（City）"といわれることもある。人口も非常に少なく、8千人くらいである。面積は2.6 km^2。東京の中心にある千代田区と比較してみても（千代田区の人口は4万人を超え、面積は11.64 km^{3}もある）、「ロンドン市」が非常に小さな自治体であることが想像できよう。

　このことから考えれば、"ロンドン市の市長"はあまり重要でないように思うかもしれない。しかし、実際には、たとえば、通常の

"Mayor（市長）"ではなく、格の高い"Lord Mayor"という称号を特別に与えられているように、とくに重要な"市長"として扱われている。ほかに、"Lord Mayor"の称号が与えられているのは、ウインチェスター市の市長と、ヨーク市の市長だけである。また、「ロンドン市」は昔から「世界の金融センター」として機能してきたために（もちろん、いまもそうであるが）、市長がその特別の"市長官邸（Mansion House）"で晩餐会を開き、外国の首脳を招くことが多い。外国を訪問することも多いようである。形式的にいう場合には、「大ロンドン市」の"ロンドン市長"よりも、"ロンドン市の市長"のほうが、格付けが高いとすらいえる。

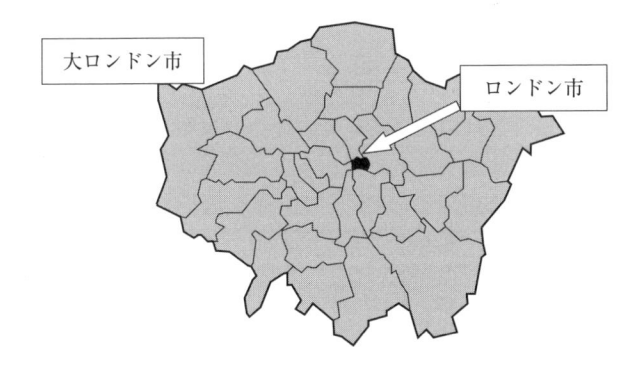

大ロンドン市　　　ロンドン市

「ロンドン市（City of London）」とは？

「大ロンドン市（Greater London Authority）」の区域の中には、「ロンドン市」のほかに、ロンドン区（London Borough Councils）と呼ばれる32の基礎自治体がある。「ロンドン市」もこれらの32のロンドン区と同じレベルの自治体であるとされているが、他のロンドン区とは別の位置づけもされている。たとえば、32のロンドン区の住民は"ロンドン警視庁（Metropolitan Police Authority）"という「大ロンドン市」の警察の管轄下にあるが、「ロンドン市」は"ロンドン市警（City of London Police）"という独自の警察をもっているという違いがある。しかも、この"ロンドン市警"は、一般の県警と比べると、格付けも高く、その警察官のトップには"コミッショナー（Commissioner）"という名称が与えられている。（イギリスには"コミッショナー"が2人いるが、もう1人の"コミッ

イギリス

ショナー"はもちろんロンドン警視庁のトップである）。

　また、「ロンドン市」の統治機構も独特のものである。選挙の仕方も他の自治体とは違っている。住民でなくても、市内のビジネスマンは、選挙権をもっているのである。市内にある企業も、その従業員の規模に応じて、10人未満の企業は1人、10人の企業は2人、25人の企業は5人、100人の企業は10人というような形で、投票者を任命できることになっている。投票者になるのは、イギリスの国籍を有する者であるが、それに加えて、アイルランド人、EU諸国の国民、また、カナダ・ニュージーランド・南アフリカ連邦・インド、等々のコモンウエルスの国民も投票者になることができる。これらの住民でない「ロンドン市」の有権者は、2008年現在、約32,000人いるといわれている。約8,000人の住民よりも、はるかに多い数である。（なお、アイルランド人やEU諸国、コモンウエルスの国民が選挙権を持つのは「ロンドン市」に限ったことではなく、イギリス全体に共通する現象である。）

　これらの有権者によって、「ロンドン市」の統治機構が選出されるが、この統治機構も、イギリスの他の自治体とは異なる。たとえば、他の自治体には議会は一つしかないが、「ロンドン市」には2つの議会がある。市民議会（Court of Common Council）と参事会（Court of Aldermen）である。この二つの議会の中で、意志決定機関として、重要な機能を果たしているのは、市民議会のほうである。市民議会は4週間に一度の割合で開かれている。この市民議会の構成メンバーは、選挙で選ばれた100人の議員（Common Councilmen）である。が、参事会の25人の参事会員（Aldermen）も、この市民会議の審議に参加することができる。発言権も市民議会の議員と同じである。この125人の議員でいくつかの常任委員会を構成し、これらの常任委員会が「ロンドン市」の日常的な意志決定をしている。市民議会は、これらの委員会の提案に基づいて必要がある場合に審議するだけである。

　市民議会の議員に立候補できるのは、21歳以上のイギリス国民であるが、EU諸国の国民、コモンウエルスの国民、アイルランドの国民も、立候補することができる。ただし、「ロンドン市」の選挙人名簿に登録されているか、もしくは、「ロンドン市」内に土地を所有もしくは借用しているか、あるいは、立候補する直前の12ヶ月

間「ロンドン市」に住んでいるという条件を満たすことが必要である。別に厳しい条件ではないが、現実には、立候補する者はあまりいない。2005年5月14日に行われた選挙でも、選挙区25のうち、投票が行われたのは、わずか6区（20議員）に過ぎず、残りの19選挙区（80議員）は無投票当選であった。これらの議員の任期は4年で、次回の選挙は2009年5月に行われる。なお、イギリスの地方議員は、保守党・労働党・自民党の3大政党の候補者として立候補するのが普通であるが、「ロンドン市」の議員は政党から立候補してはならないという決まりがある。全議員が無党派の議員というわけである。

　市民議会では、市長（Lord Mayor）が議長となる。しかし、市長を選ぶのは市民議会ではない。参事会員のなかから市長が選出されており、その選挙をするのは参事会である。参事会の構成メンバーは25人で、市民議会と同じ選挙区から、1人ずつ選挙で選ばれる。市民議会の各選挙区の定数は、少ないところで2議員、多いところでは10議員とバラバラであるが……。また、市民議会の議員とは違い、選挙人名簿などに登録されている必要はない。しかし、実質的には、下級裁判所の判事（普通の人格識見のある人が下級裁判所の判事となる）のみが立候補できることになっているので、立候補は非常に難しいといえる。現実には、世界の金融センターである「ロンドン市」内でのビジネスで立派な業績をあげた人々のみが参事会員となっているようである。任期は原則的にはない。終身議員というわけであるが、いまは、6年ごとにそれぞれの参事会員の意志で選挙するという慣習になっている。参事会員として相応しいか否か、チェックしてもらうためである。また、70歳になると、自らの意志で辞表を出すという慣習もできている。参事会は年9回開催され、市長（Lord mayor）が議長を務める。この参事会で、毎年、市長を選出しているが、これは13世紀から続いている形態である。ほかに、市長官邸運営の監督などの業務をこなしているという。

　このように「ロンドン市」は、住んでいる住民は少ないけれども、イギリスの経済的な中心地として機能し続けてきたために、さらには、「世界の金融センター」として機能しているために、特異な統治組織を有し、また、その市長も非常に高い格式を持っている。しかし、実質的に大きな権限を持っているのは、何といって

> イギリス

も、「大ロンドン市」のほうであり、また、市長として大きな権限をふるっているのは、この「大ロンドン市」の市長であるといわなければならない。

首都ロンドンの広域自治体

　現在の「大ロンドン市（Greater London Authority）」が設置されたのは、2000年のことである。「そんなに新しいのか」と驚く読者も多いのではなかろうか。しかし、これは、イギリスの首都であるロンドンに、日本の東京都のような自治体がなかったということを意味するものではない。

　イギリスで首都ロンドンを管轄する広域自治体が最初に設置されたのは、いまから、120年ほど前の1889年のことである。このときは、「ロンドン県（London County Council）」といわれたが、ロンドンという都市が実質的に拡大したことに伴い、1963年、編成のし直しがあった。いくつかの県を統合し、「大ロンドン都（Greater London Council：GLC）」が設置されたのである。このとき、ロンドン区の再編もあり、それまで28あった区が12に統合され、周辺から「大ロンドン都」に吸収された区域で新たに20区がつくられた。「ロンドン市」はそのまま存続し、ロンドンの基礎自治体は32区と「ロンドン市」という現在の形態が形成されたのである。

　この「大ロンドン都（GLC）」には、市長はいなかった。議会（カウンシル；council）が執行機関と議決機関の両方の機能を担っていた。実際には、議会の常任委員会が執行機関の役割を果たしていたが、その委員会のなかに、常任委員会の委員長で構成される中枢委員会があり、その中枢委員会がほかの常任委員会の上位にあった。"内閣"のような働きをしていたわけである。中枢委員会の中で"首相"のような役割をしていたのは、多数の議員を擁する政党のリーダーであった。

　そして、1980年代に、「大ロンドン都（GLC）」の"内閣"を構成していた労働党が、当時の中央政府（保守党政府）と真っ向から対立し、結局、1986年に中央政府によってつぶされてしまった。「大ロンドン都」が担当していた業務のうち、計画策定など戦略的なものは中央政府の管轄に移され、消防などはロンドン区の組合に、そのほかのサービスは原則的にロンドン区に移管された。

こういう形態が10数年続いたものの、次第に、マスコミなどで広域自治体の必要性が主張されるようになってきた。そして、1997年の総選挙で政権をとった労働党政府（ブレア首相）によって、「大ロンドン市（Greater London Authority; GLA）」が創設された。これは、「大ロンドン都（GLC）」と区域が同じであるという意味では、"復活"ともいえた。しかし、その機能の遂行の仕方が全く異なり、その意味では、"創設"であった。

　たとえば、「大ロンドン都（GLA）」は日本の東京都と同じような形で住民にサービスをする自治体であり、そのため、職員数も非常に多かった。これに対し、「大ロンドン市（GLA）」は"計画官庁"というべき自治体であり、サービスを自ら行うという自治体ではない。そのため、職員数は非常に少数である。2000年にスタートしたときの職員数は300人であった。現在（2008年5月）は700人に増えているが、そのかなりの人数は、テロを防ぐためのガードマンなどの職員である。

「大ロンドン市（GLA）」の市長と議会

　「大ロンドン市」は、その統治機構として、市長（Mayor）と議会（Assembly）の2元代表制を採用した。議員数は25人で、任期は4年である。このうち、14人は選挙区で選ばれ、11人はロンドン全域から選ばれている。議員の職務は、市長の決定をチェックすることである。このチェックがもっとも活発に行われているのは、「市長に対する質問（Mayor's Question Time）」だといってよい。これは、市長が意志決定した事柄をレポートの形で1か月後に議会に報告し、それをもとにして、議員が質問するという形で行われる。このクエスチョン・タイムは、25人の議員に対して、市長が1人で立ち向かうという形で行われているが、実際には、市長の回答は職員の手でつくられ、市長はそれを読むだけといわれている。とはいうものの、これを傍聴していると、議長の司会の仕方が融通無碍であるということもあって、市長がその場で自分1人の判断によって即答しなければならない場面も多い。なかなか面白い見物である。細かな数字を問うというような質問をする議員はいないようであり、その点で、市長が立ち往生することはないようであるが……。

イギリス

　議会のチェック機能の中で最も重要なのは予算のチェックだといわれている。そして、議会には予算の修正権もある。しかし、修正するには議員総数の3分の2の賛成が必要であり、現実には、不可能だという。25人の議員は本質的には比例代表制で選ばれているため、多数の政党が乱立となり、市長に立ち向かう3分の2の議員をそろえることが難しいからである。2008年5月の選挙では、選挙区選出の14議席のうち8議席を保守党が獲得したというように、保守党が圧勝したのであるが、それでも、最終的に獲得した議員は11人であった。ほかの議員は、労働党が8人、自民党が3人、緑の党が2人、イギリス国家党1人であった。

　現在では、「大ロンドン市（GLA）」と同じように、市長と議会をもち、しかも、その市長を選挙で選んでいる自治体がいくつかある。しかし、2000年5月に行われた「大ロンドン市」の市長選は、イギリスでは最初の市長選挙であった。この市長選挙は、投票用紙に明記された候補者の名前に「×」をつけるという形で行われている。しかも、一枚の投票用紙に、第1選択と第2選択の2つの「×」をつけるという特異な投票である。まず、第1選択が集計され、ある候補者が投票総数の50％以上を獲得していれば、その時点で当選者が確定する。半数を獲得した者がいない場合は、上位の2人が残され、第2選択でこの2人に投票された数が加算され、第1選択と第2選択の合計数で多い方が当選するということになる。これまで、ロンドン市長選は2000年、2004年、2008年の3回行われたが、いずれも第1選択では当選者が出ず、第2選択の上積みに持ち込まれた。

「大ロンドン市」の機能

　2008年4月現在、「大ロンドン市」に勤務している職員は700人である。日本の都道府県の職員数と比較しても、その数が非常に少ないといわなければならない。しかし、「大ロンドン市」が果たしている機能は決して小さくはない。「大ロンドン市」の機能には、交通、経済開発、警察、消防という4つの大きな機能が含まれているのである。ほかにも、たとえば土地利用に関して、ロンドン計画といわれている計画を策定し、それによって、32区と「ロンドン市」を拘束し、調整するというような機能ももっている。実際には、区

の強い抵抗に直面しているようであるが……。

　交通や警察、消防は、「大ロンドン市」が直接的には担当していない。警察機能はロンドン警視庁が担っており、交通はロンドン交通局が担っているというように、「大ロンドン市」とは別の機関がその機能を担っている。「大ロンドン市」はそれらの機関の人事権と予算策定権をもつことで、統制しているのである。実際には、警察や交通局は、ほぼ完全に、「大ロンドン市」というよりも、市長の指揮下にあるといわれている。

市長の意志決定の仕方

　「大ロンド市」の市長は、2000年―2008年4月まで、ケン・リビングストン（ken Livingstone）であった。2008年5月1日の選挙で、このリビングストンを破って、保守党のボリス・ジョンソン（Boris Johnson）が市長に当選した。このジョンソン市長のもとで市長スタッフの仕組みが変わる可能性があるが、ここでは、2008年3月時点での市長のスタッフについて、すなわち、リビングストン市長時代の職務遂行形態について説明することにしたい。

　リビングストン市長は12人のアドバイザーを任命していた。この中の1人は全分野のアドバイスをする主席アドバイザー（chief staff）であり、残りはそれぞれが専門分野を担当するスタッフである。たとえば交通担当スタッフ、住宅担当スタッフといった具合に……。

　これらのアドバイザーはそれぞれ数人の部下をもち、市長にアドバイスするだけではなく、それを実現するという責務も担っている。

　この12人のアドバイザーがどのような形でその任務をこなしていたかを、たとえば交通局の仕事についてみると、まず、市長と12人のアドバイザーが集まって交通政策の検討をし、そこで決めた方針や施策が、毎週月曜日の午後に開かれる交通局の会議で、具体的に検討され、その結論が交通局の政策（施策）となる。これが、通常の形態である。交通局は、ロンドンの地下鉄やバスを運行し、また、ロンドンの交通規制を行っている機関である。そのため、10万人を超す職員が働いており、そのトップにいるのがコミッショナーである。このコミッショナーはロンドン交通の責任者であると同時

に専門家（実際に専門家として卓越した人々が任命される）でもあり、そのため、市長の意見に反対することも多い。また、市長を説得するのは常であるという。このことからもわかるように、毎週の月曜日の午後は、実質的には、市長のスタッフとコミッショナーの激論になることもあるといわれているが、ここに参加するのは、市長とコミッショナー、主席アドバイザー、交通問題アドバイザーである。しかも、たとえばロンドン地下鉄での車いす使用者の対策を検討するときには、障害者担当のアドバイザーもこの会議に出席する。このような市長スタッフの数の多さからいって、市長側の意見のほうがコミッショナーの意見よりも強いということが推測できる。その上、コミッショナーを任命するのは市長であり、予算を策定するのも市長である。現実には市長のスタッフの意見で交通局が運営されているとみるべきであろう。

　12人のアドバイザーと市長の打ち合わせ、そして、コミッショナーとの月曜日の会議は、すべて、非公式に行われていた。このため、会議で何が検討されたのか、市長の決定がどういう経緯でなされたのか、明らかではなく、2008年5月の市長選挙では、この不透明さがかなりの問題となった。

　この12人のアドバイザーのもとで、市長のスタッフとして働いている職員は約100人。一方、市長の意志決定をチェックしている25人の議員を補佐しているスタッフも約100人である。

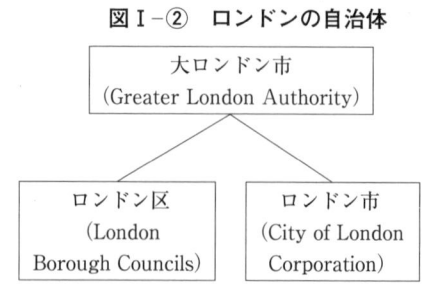

図Ⅰ-②　ロンドンの自治体

```
        大ロンドン市
   (Greater London Authority)
        ┌──────┴──────┐
    ロンドン区         ロンドン市
    (London         (City of London
  Borough Councils)   Corporation)
```

イギリス

ロンドン市長の選挙（2008年5月）
―― マニフェスト選挙の実態？――

日本のマニフェスト選挙

　ここ数年の首長選挙の状況を見ると、とくに都道府県の知事選や大中都市の市長選挙をみると、必ずといってよいほど、「マニフェスト」という用語が飛び交っている。いまでは、ほとんどの有権者が、少なくとも「マニフェスト」という言葉は知っているといっても言い過ぎではない。しかし、それでは「マニフェストとは何なのか」ということになると、どうも理解がいまひとつのようである。候補者自身も、理解が曖昧なまま、「マニフェスト」を打ち出しているのではなかろうか。

　一般には、「マニフェスト」とは選挙公約のことであるという理解が行き渡っているように思える。その結果、昔から選挙の際に候補者が打ち出していた「公約」と同じものだと考え、そういう扱いをしている候補者が多い。ほとんどの「マニフェスト」が従来の「公約」と変わりがないといっても言い過ぎではないほどである。

　「公約」は選挙の際のリップ・サービスで守らなくてもよかったのに対し、「マニフェスト」は実行を前提とした"約束"であり、具体的な数値目標、財源、そして期限を示しているという違いがあるという点を強調する者はもちろんいる。しかし、「公約」は実際に実現しなければならないという意識は、どの候補者にも、ほとんどなかったことは確かだとしても、しかし、「公約」も公的な約束であり、本来は必ず守らなければならいものであったはずである。したがって、マニフェストは数値目標や財源などを明示するものだというような説明では、「マニフェスト」と従来の「公約」に本質的な違いが浮かび上がってこないということになろう。「マニフェスト」とは如何なるものかという点を、改めて、考えてみる必要があるといわなければならない。いまのままでは、従来の「公約」と同じ運命に、言い換えれば、選挙の時の"リップ・サービス"になってしまうおそれがある。

「マニフェスト」選挙はイギリスの選挙を参考にして、日本でも、そうした選挙をするべきではないかという運動から生まれてきたものである。したがって、「マニフェスト」選挙の意味、あるいは「マニフェスト」のあり方を考えるためには、イギリスでは、どういう選挙が行われているのかという事例をみるのが、もっとも適切な方法をいえよう。ここでは、2008年5月1日に投票されたロンドン市長選を事例に、選挙戦の状況を見ることにしたい。

ロンドン市長選

ここでロンドン市長選というのは、一般に、ロンドンと呼ばれている広域の地域を管轄している自治体、いわゆる「大ロンドン市（Greater London Authority）」の市長選のことである。ほかにも、「ロンドン市（City of London）」という自治体があり、ここにも市長がいるので、注意する必要があるが……。

それは、ともかく、この大ロンドン市は8年前の2000年に設置され、その市長に、ロンドン警視庁の予算策定権や統制権、交通規制の権限、バス・地下鉄の運行権、等々、数多くの重要な権限（それまで中央政府の大臣の権限であったもの）が与えられた。そして、イギリスでは初めてのことであったが、その市長が住民の選挙で選ばれることとされた。従来のイギリスの自治体は2元代表制ではなく、議会が日本の首長と議会の両方の役割を担う1元代表制だったのである。

2000年5月に実施されたロンドン市長選は、「ロンドン市長は国の首相に次ぐポストだ」とマスコミが報道したこともあって、大きな注目を浴び、各政党が候補者を選ぶ段階から熱気を帯びたものとなった。イギリスでは、労働党、保守党、自民党という3大政党から立候補しない限り、議員や市長に当選するのは不可能に近いといわれている。しかし、この選挙では、ケン・リビングストン（Ken Livingstone）が無所属で立候補し、圧勝した。これは、リビングストンが、「政党ではなく、ロンドン人の手でロンドンを運営しよう」というビジョンを内容とする「マニフェスト」を示して選挙し、それが有権者に支持されたためだと解説する新聞記事が多かった。4年後の2004年に2回目の市長選挙が行われたが、このときは現職のリビングストンが労働党の候補になったこともあり、文句な

しに再選された。

現職市長の苦戦（2008年選挙）

　2008年5月1日、3回目のロンドン市長選が行われた。現職のリビングストン市長は早くから立候補を表明していたが、実際に、選挙に没頭するようになったのは3月の中旬であった。対立候補の面々は、もう少し早くから、選挙運動をはじめていた。そこに、現職候補が加わり、本格的な選挙戦に突入したわけである。

　もっとも、選挙戦に突入とはいっても、ロンドン市長の選挙は、車で名前を連呼しながら走り回るというわけではない。ロンドンにどういう問題があるか、それをどのように解決するか、ロンドンをどのような街にするか、等々の構想やビジョンを示し（これが、マニフェストである）、それを説明して歩くという選挙運動である。たとえば、今回の選挙でもっとも早くに名乗りを上げ、選挙運動を展開した保守党のボリス・ジョンソン（Boris Johnson）候補は、若者がナイフなどを用いて路上で脅すという類の犯罪が増えている点を問題点とし、「ロンドンを安全な街にする」というビジョンを、広場や街頭で説明していた。もちろん、拡声器は使わず、口頭で……。

　一方、現職市長の選挙運動は、選挙戦の前半は、ロンドンをいかに改善したかという実績を示すものであった。確かに、リビングストン市長の8年間の業績は、都心部の交通混雑の大幅な緩和、重犯罪の減少、2012年のオリンピックの招聘、等々、素晴らしかった。しかし、それを誇示するだけでは、選挙運動としての迫力がなかったようである。テレビで、現職候補と保守党候補、自民党候補の3人が討論会を開くということがしばしばあったが、その討論でも、対立候補の批判の方が面白かったといわれている。現職のリビングストンの説得力は圧倒的であったが……。

　マスコミも保守党候補の「マニフェスト」に好意的なものが多かった。なかでも、イブニング・スタンダード（Evening Standard）というポピュラーな夕刊紙は、現職市長を露骨に、しかも、連日のように、批判していた。ただし、その批判は「マニフェスト」に対するものではなく、時代遅れの極左が市長のスタッフになっているという批判であった。

こうした状況の下に、前半のレースでは、保守党候補に現職が大きく引き離されていた。

マスコミ（新聞）の力

3月26日、10人の候補者の名前が正式に公表された。労働党、保守党、自民党という3大政党に加えて、6つの政党から候補者が名乗りをあげ、無所属候補は1人であった。そして、4月早々に、選挙管理官により、『候補者：誰が候補者か？　候補者の政策は？』と題するパンフレット（選挙公報）が公表された。このなかに、各候補者が工夫を凝らした「マニフェスト」（それぞれ1頁）が掲載されたが、すべての「マニフェスト」が、ロンドンの問題点を指摘し、それを解決するためのビジョンや戦略を示していた。財源、期限、数値目標を示しているものはなかった。この選挙公報に「マニフェスト」を掲載してもらうために、候補者は1万ポンド（約230万円）の費用を負担しなければならず、そのためと思われるが、無所属候補の「マニフェスト」は掲載されなかった。

「マニフェスト」はこの公報に示しただけで終わるものではない。それどころか、多くの候補者にとっては、この広報への掲示がスタートであり、それ以後、選挙戦の過程で、より詳細な「マニフェスト」を公表するのが普通である。その「マニフェスト」のなかで、自分が市長になれば、どういう構想のもとに、「大ロンドン市」を運営していくかというビジョンを示すわけである。

この2008年の選挙でも、保守党の候補や自民党の候補は、いくつかの分野の異なる「マニフェスト」を順次公表していた。その他の候補は、資金不足のためか、あるいは人材不足のためか、「マニフェスト」の追加はなかったようであるが……。現職候補は、もちろん、矢継ぎ早に「マニフェスト」を打ち出した。とはいっても、有権者である住民が「マニフェスト」を熟読するということはほとんどないと言われていた。有権者が「マニフェスト」の内容を知るのは新聞報道を通じてであった。しかも、各新聞の報道は、各候補者の「マニフェスト」を公平に横並びで報道するということはなかった。特定の「マニフェスト」を支持する記事を書き、一方、気にくわない「マニフェスト」を酷評する記事を書くというのが一般的であった。有権者はそれを読んで態度を決めるわけであり、したがっ

て、候補者にとっては、新聞に如何に支持されるかが、重要であった。新聞記事は、支持する候補者を先に決め、その上で、その候補者の「マニフェスト」を支持し、対立候補の「マニフェスト」を批判するということはあまりなかった。それよりは、「マニフェスト」の内容を見て、支持する「マニフェスト」、反対する「マニフェスト」を決める新聞がほとんどであった。2008年の選挙では、ポピュラーな夕刊紙であるイブニング・スタンダードが、現職市長のアドバイザーやスタッフを問題にし、そこから、現職市長の批判を繰り返すということがあったが…。しかも、その影響力は非常に大きかったようであるが、これは、例外といわなければならない。

　事実、そのほかの新聞は「マニフェスト」をみて、どれを支持するかを決めていた。その結果、現職候補が矢継ぎ早に「マニフェスト」を打ち出すようになった後半戦になると、それを見て、現職候補を支持する新聞記事も増えはじめた。そして、その結果だと思われるが、投票日直前になると、現職候補が急激におい迫り、世論調査では、保守党候補と接戦という状況にすらなった。

　しかし、現職候補の追跡もここまでであり、5月1日の投票では、保守党候補が当選し、新しいロンドン市長となった。

新市長のマニフェストの実践

　この当選が、「マニフェスト」によって、もたらされたものかどうかは定かではない。投票日のかなり前から、「保守党候補が当選するとしたら、それは（夕刊）イブニング・スタンダードのおかげだ」（The Guardian, March 21, 2008）という新聞報道も多かった。しかし、現職候補が活気のある「マニフェスト」を示さなかったのが、現職候補の敗因であるとコメントする報道もあった（たとえば、Tony Travers, Evening Standard, May 6, 2008）。

　いずれにしても、ボリス新市長は、就任すると直ぐに、活動をはじめた。5月5日には、若者の事件を担当する副市長を任命し、5月7日には、列車、地下鉄などでのアルコール飲用を禁止するという具合であった。アルコール飲用は2008年6月1日以後、警察の取り締まりの対象になったという。これは、「マニフェスト」で示したロンドンを安全にするという構想の具体化であるが、このように直ぐに具体化するのが「マニフェスト」なのである。

イギリス

警察の改革
―― ロンドン警視庁の国からの独立？ ――

一般の警察は自治体警察

　連合王国には全部で52の警察本部があり、そのうち43の警察本部はイングランドとウェールズにある。残りの警察本部はスコットランドと北アイルランドに配置されている。これらの警察本部はお互いに密接に結びついているが、それぞれの警察本部は独自の警視総監（Chief Constable）を有し、その警視総監のもとで自主的に運営されている。この警視総監を任命しているのは各県の警察当局（Policy Authority）である。

　1995年まで、この警察当局の構成メンバーは県の議員の代表と治安判事（magistrates）であった。警視総監はこの警察当局の管轄下にあったわけであり、警察の運営費も県の予算で賄われていた。ただし、警察官は県の職員（すなわち地方公務員）ではなかった。身分的には国家公務員であった。このため、警察の運営費については、多額の補助金が中央政府から県に交付されていた。そして、各地の警察本部の警視総監は定期的に内務大臣（the Home Secretary）にそれぞれの警察の活動や人事に関して報告する義務を負っていた。警察官の昇格や階級もイギリス全体に共通していた。とはいうものの、各地の警察本部はそれぞれの地域の警察当局の意向にしたがって運営されるのが普通であった。このため、イギリスの警察は、国家警察ではなく、自治体警察（すなわち県警）として位置づけられることが多かった。

ロンドン警視庁は国家警察？

　しかし、ロンドンではかなり事情が違っていた。まず、ロンドンには2つの警察本部があった。現在も同じであるが、ひとつは、スコットランド・ヤードという名称や"007"の映画で知られていたロンドン警視庁（Metropolitan Police）であり、もうひとつは、シティと呼ばれるごく狭いもともとのロンドンを管轄しているロンド

ン市警（City of London Police）であった。このうち市警のほうは、「ロンドン市」（シティ）の議会の委員会が警察当局になっており、警視総監を任命していた。したがって、他の地域の県警と実質的にそれほど変わりがなく、少なくとも国家警察でなかったことは確かといえた。

　ところが、ロンドン警視庁の場合は、2000年まで、内務大臣の直接の管轄下に置かれていた。また、ロンドン警視庁の警視総監は、他の警視総監がチーフ・コンスタブル（Chief Constable）と呼ばれているのに対し、コミッショナー（Commissioner）と呼ばれ続けてきた。このコミッショナーを任命してきたのも、他の警視総監とは違い、内務大臣であった。形式的には女王陛下によって任命されたが、これは内務大臣の薦めにしたがったものであった。ロンドン警視庁のなかには、007で有名な情報部も設置されていた。こうしたことからいえば、ロンドン警視庁は少なくとも2000年7月の機構改革までは、国家警察としての機能も担っていたといえそうである。

2000年7月の警視庁改革

　ロンドン以外の警察本部は1995年にその仕組みが変えられた。警察を監督する警察当局の構成メンバーが変更されたのである。これにより、地方の警察当局は9人の県議会の議員、3人の治安判事、それに、この12人のメンバーによって選出される5人を加え、総計17人で構成されることになった。この制度改革の目的は、当時の保守党政権の説明によれば、警察の経営を改善すること、そして、中央政府の干渉を少なくし、警察の権限と意思決定をもっと地方レベルに降ろすというところにあった。ところが、このときはロンドンの警視庁は何も改革されなかった。相変わらず、内務大臣の直接の管轄下に置かれたままであった。

　しかし、2000年5月に大ロンドン市が創設され、公選の市長が選出されるとともに、同年7月、ロンドン警視庁の運営の仕方も抜本的に改革されることとなった。内務大臣の権限が新設の首都警察委員会（Metropolitan Police Authority）に移されたのである。この首都警察委員会は23人のメンバーで構成された。そのうち、12人は大ロンドン市の市長により、大ロンドン議会の議員のなかから任命

された。このなかには大ロンドン市の副市長も含まれている。メンバーの4人は治安判事（magistrates）、残りの7人がそれ以外の人々から選出された。内務大臣が任命したのは、この7人のなかの1人だけである。なお、"治安判事"という名称から、日本人は専門の裁判官を連想しがちであるが、治安判事は"判事"とはいっても、普通の住民から選ばれる判事、人格が高潔ということで選ばれるアマチュアの判事である。イギリスではこうした治安判事が住民のなかから多数選ばれており、実際に下級の裁判をしているが、これらの治安判事は"良識（コモンセンス）"で裁判をすることが期待されているといってよい。法律の知識を持っているのは、治安判事が所属する下級裁判所の職員で、これらの職員の助言を受けながら、治安判事は"良識"で判決するということになっている。いずれにしても、ロンドン警視庁は、2000年7月から、こうした治安判事や議員によって構成される首都警察委員会によってコントロールされることとなった。

警視総監の任命権は？

首都警察委員会（Metropolitan Police Authority; MPA）は、警視庁の警察官幹部の人事権を握っている。警視庁の予算の執行権をもっているのも、首都警察委員会である。警視庁の効率的な運営、効果的な運営に関して、警察幹部に注文をつける権限もある。警察官の行動に最終的な責任も負っている。このように首都警察委員会は警視庁に対して非常に大きな力を有しているが、しかし、実際に、警察官を指揮し、統率しているのは、コミッショナー（警視総監）である。しかも、そのコミッショナー（警視総監）の任命権は首都警察委員会にない。

女王陛下がコミッショナー（警視総監）を任命するのである。もちろん、女王陛下は自分で人材を捜すということはない。内務大臣の助言にしたがって、コミッショナー（警視総監）を任命することになっている。となると、実質的にコミッショナー（警視総監）を任命するのは、内務大臣だということになる。その結果、警視庁の運営にもっとも大きな力を発揮しているのは、結局は、内務大臣ではないかということにもなりかねない。

しかし、内務大臣は女王陛下にコミッショナー（警視総監）を推

薦する場合、大ロンドン市の市長の意見を聞かなくてはならず、また、首都警察委員会の意見も聞かなくてはならないことになっている。したがって、警視総監の任命について、大ロンドン市長も、首都警察委員会も、かなりの力を持っているとみるのが妥当である。事実、これまでのコミッショナー（警視総監）は、すべて、大ロンドン市長の意見にしたがって任命されてきたといわれている。もっとも、これは、2008年4月までの大ロンドン市長が労働党の市長であり、また、中央政府も労働党が握っていたためであるともいえる。2008年5月の市長選挙で保守党のボリス・ジョンソン（Boris Johnson）が市長になり、中央政府の政権は2008年6月現在はまだ労働党が握っているため、いわば"ねじれ現象"が生じているため、次回の警視総監の任命の際には、大ロンドン市の市長の意見にしたがうかどうか、定かでない。

市長が首都警察委員会の委員長？

　市長には、首都警察委員会の委員の指名、コミッショナー（警視総監）の推薦権だけではなく、ほかにも大きな力をもっている。警視庁の予算を組む権限である。内務大臣にも、警視庁の予算の最低限を決める権限があるが、これまではずっと、この最低限の予算ではなく、それをはるかに上回る予算が組まれてきた。しかも、この予算の財源は、ほとんどが国の財源である。言い換えれば、大ロンドン市長は、国の財源を使って、ロンドン警視庁の予算を決めているわけであるが、これを承認しているのは、大ロンドン議会である。実際に、予算を組むときには、大ロンドン市長が財務省と交渉して内容を決めているようであるが、財務省は、ほとんどの場合、大ロンドン市長の主張にしたがってきたといわれている。

　このように、大ロンドン市長は警視庁の運営に非常に大きな影響力を発揮しているといえそうであるが、しかし、実際に、その予算の執行に関して、権限を握っているのは、市長ではない。首都警察委員会である。首都警察委員会の23人の委員のうち12人は大ロンドン市長によって任命されている。しかし、この12人の委員が市長の意向にしたがって、（あるいは、市長の意向を忖度して）、予算の執行をするという保証はない。また、コミッショナー（警視総監）以外の警察幹部の任命権も首都警察委員会にあるが、この任命も、市

長の指示を仰ぐことなく、行われているようである。これは、市長は12人の委員を勝手に選べるというのではなく、大ロンドン議会の議員のなかから選ばなければならないからである。

首都警察委員会の委員のなかで委員長がもっとも大きな力を発揮しているのはもちろんであるが、この委員長は首都警察委員会の23人の委員の互選で選ばれてきた。その結果、首都警察委員会は、大ロンドン市の市長や議会の意向にしたがわず、独自の判断で行動することが多かった。この点がテロの取り締まりとの関連で大きな問題となり、2007年の法律改正により、大ロンドン市の市長は、市長自身を首都警察委員会の委員長に選任してもよいことになった。

2008年5月の大ロンドン市長選挙で当選した保守党のジョンソン市長は、選挙のマニフェストで、市長自身が首都警察委員会の委員長になり、ロンドンの安全を確保するとロンドン市民に誓約していた。しかし、2007年の法律改正が実施されるのは2008年10月1日であるため、現時点（2008年6月）では、これは実現していない。が、当選した直後に大ロンドン議会の議員のなかから任命した12人の委員は2008年9月30日までという期限付きの委員になっていることからいえば、市長自身が委員長になるのは確実といえそうである。

ロンドン警視庁は、20世紀の時代の「国家警察」としての性格がますます薄くなり、名実ともに、自治体警察に変貌しつつあるといえよう。

ボランティアの警察官

イングランドとウェールズには、2001年現在、125,500人の警察官がいる。これらの警察官はいわゆる制服組の警察官である。警察官には、このほかに、警察の内部で種々の事務を処理している事務官、および駐車違反などを取り締まっている交通取締官（traffic wardens）がいる。事務官はイングランドとウェールズで54,600人いるといわれている（2001年）。ロンドン警視庁の場合、制服組の警察官は2002年3月現在で25,500人、事務官は10,800人、交通取締官は844人である。

これらの警察官は常勤の公務員であるが、イギリスには、このほかに、ボランティアの警察官もいる。これらのボランティアの警察

官は無給である。余った時間を警察官として働き、もっぱら常勤警察官の補助をしているが、警察官としての制服を着用し、勤務の仕方も常勤警察官と外観的には異なるところがない。2001年現在、イングランドとウェールズで、ボランティア警察官は12,700人いるとのことである。ボランティアの警察官が活躍できる背景には、イギリスの警察官は拳銃をもたず、警棒だけで事件を解決しているということがあるかもしれない。もっとも、凶悪な事件が発生した場合には、警察官が武器を搭載した車で出動し、武器を実際に使っているが、こうしたときには、ボランティアの警察官は除外されるようである。

イギリス

小中学校の運営者は住民

義務教育は5歳から16歳まで

　イギリスの学校教育は日本と比べるとかなり複雑である。義務教育の年齢も、たとえば北アイルランドでは4歳から義務教育がはじまり、イングランドやスコットランドでは5歳からはじまるというように、地域によって異なっている。

　イングランドでは子供が5歳になると小学校に入学する。小学校での最初の2年間は、読み書きの基本および簡単な計算を学ぶが、教育の中心はもっぱら子供たちが仲間とつきあえることになるという点に力点が置かれており、幼児教育（infant schooling）と呼ばれている。7歳になると、子供たちは小学校教育（primary schooling）のコースに移り、学校生活はもっと組織的になる。個々の科目（たとえば算数や国語、理科など）についても勉強をしはじめる。

　このようにイギリスの小学校は日本の幼稚園と小学校を合わせたような形になっているが、3歳児・4歳児についても、修学前の幼稚園に入れている親が多い。この幼稚園も、公立の幼稚園に通わせる場合には、小学校や中学校と同じように、授業料（保育料）は無料である。

　ほとんどの子供は11歳になると中学校（secondary school）に進むが、イングランドのなかでも場所によっては、小学校が5歳から8歳までの子供を受け入れ、8歳からミドル・スクール（middle school）と呼ばれる中学校に進むというところもある。また、11歳から中学校に進む子供たちは、多くの場合、総合中学校（comprehensive school）と呼ばれる中学校に進むが、なかには、別の仕組みの学校に進むものもいる。そうした中学校のなかには、たとえば、2000年3月に出現した技術専門学校（City Technology Colleges）がある。この学校は税金で賄われ、そのため、生徒の授業料を払う必要がないが、経営は私立で、都市に設置され、数学や技術など自然科学に重点を置いた教育をしている。

　イギリスには私立学校も多い。私立学校のなかには歴史の長い名

門校があり、大学に進学を希望する子供たちが集まっているという。こうした名門校は「パブリック・スクール」と呼ばれている学校が多い。

経営は父母や地域住民が中心

公立学校の経営主体は地方教育機関（Local Education Authority; LEA）である。これは多くの場合は県（County Council）を意味するが、大都市のように県がないところではディストリクトが教育機関（LEA）となり、また、統合自治体（unitary authority）では統合自治体が教育機関となっている。これらの自治体が小中学校の予算の決定など学校教育を管理しているのであるが、個々の学校は運営委員会（Governing Body）によって運営されている。

運営委員会のメンバーはガバナー（governors）と呼ばれる人々である。ガバナーはいくつかの範疇から選出されている。第1は、父母の代表である。一般には、自分で立候補し、その経歴や考え方などが生徒の父母に示され、それをもとにして選挙で選ばれる。選挙は定期的に行われるのではなく、空席ができ、しかも、立候補者が空席よりも多い場合に行われる。少ない場合は、無投票で選出されるわけである。第2は、教員代表のガバナーで、同僚の教員から選出される。第3は職員代表で教員以外の職員から選ばれるガバナーである。

第4は、教育機関（LEA）である自治体当局が任命するガバナーであるが、自治体当局はガバナーを任命する場合、学校がある区域から選出されている自治体議員に相談することになっている。議員が自分自身でガバナーになることも多い。しかし、議員がガバナーになれるのは2つの学校までであり、既に2つの学校のガバナーになっている場合には、適切と思われる住民を推薦し、この住民が教育機関によってガバナーに任命される。このほかに、第5の範疇として、ガバナーが特定の住民を推薦し、ガバナー全員の合議で、すなわち運営委員会の意思で選出されるガバナーもいる。

このようにガバナーにはいくつかの範疇のガバナーがあるが、その権限には差異がない。

イギリス

運営委員会の実例

　運営委員会には、これらのガバナーのほかに、校長もメンバーとなるが、実際に、どのような範疇のガバナーで運営委員会が結成されているかをみてみると、たとえば、ケンブリッジシャー県のカルデコート小学校の場合、運営委員会のメンバーは全部で12人いるが、このうち父母代表のガバナーは4人、教員の代表が1人、職員代表1人、教育機関であるケンブリッジシャー県によって任命されたガバナーが3人、ガバナーによって選出された第5の範疇に属するガバナーが3人である。これらの11人のガバナーに校長が加わり、運営委員会を構成しているが、第5の範疇のガバナーが委員長となっている。

　同じくケンブリッジシャー県のバーヒル小学校の場合、運営委員会の定数は18人であるが、2002年3月現在、2人が欠員で、15人のガバナーと校長の16人で構成されている。ガバナーの構成は、父母代表5人、教員代表2人、職員代表1人、ケンブリッジシャー県によって任命されたガバナーが4人、第5の範疇のガバナーが3人である。県によって任命されたガバナーのうち1人はパリッシュの議員から選ばれるのが、この小学校の慣例となっている。

　ガバナーのなかには長期にわたってガバナーを続けるものが少なくないが、これらのガバナーは最初は父母代表として立候補してガバナーになり、その後、子供が卒業してからは、県によってガバナーに任命されるという場合が多いようである。

ガバナーの権限と研修

　これらのガバナーで構成される運営委員会の権限は広範囲に及ぶ。何人の教職員に働いてもらうか、その給料をいくらにするか、どういう施設をつくるか、等々、学校の予算を取り仕切るのもガバナーたちであり、校長先生を誰にするかを決定するのも運営委員会である。生徒をどのように教育するかも運営委員会が方針を立て、また、教育内容についても運営委員会が取り仕切る。

　このようにガバナーの権限は大きく、その任務は重要である。これは、ガバナーがその業務をこなすにはそれなりの良識と能力・知識が必要であるということを意味する。このため、教育機関

(LEA)である自治体当局は、ガバナーのためのさまざまな研修を実施している。そして、ほとんどのガバナーはこれらの研修に自主的に参加し、自己研鑽に励んでいるという。カルデコート小学校の場合、2001年度はケンブリッジシャー県が実施した12種類の研修（教科に関する運営委員会の役割、学校運営の財政、教育の基礎、管理業務などの研修）にほぼ全員のガバナーが参加したとのことである。

日本でも地域の住民が学校経営に参加する機運がでてきているが、経営に参加するためには、こうした自己研鑽が必要というべきであろう。

参考文献

John Stewart, Modenising Local Government（Hampshire; Palgrave Macmillan）2003
Mark Sandford, The New Governance of the English Regions（Hampshire; Palgrave Macmillan）2005
David Wilson and Chris Game, Local Government in the United Kingdom, Thire Edition（Hampshire; Palgrave Macmillan）2003
National Statistics, UK 2005 The Official Yearbook of the United Kingdom of Great Britain and Northern Ireland,（London; TSO）2005
竹下譲、『パリッシュに見る自治の機能』（イマジン出版）2000
竹下譲、横田光雄、稲沢克祐、松井真理子、『イギリスの政治行政システム』（ぎょうせい）2002

スイス

II

スイス

スイスを形づくるもの

　アルプスの山間で育まれた自由と自治を重んじる小さな共同体が、長い年月の末、州にまとまり、やがて州同士が結びついて連邦国家のスイスが形成されたのである。

　文化的多様性、永世中立国、レフェレンダムに代表される直接民主制などスイスの特徴を紹介しながら、スイスの地方自治制度のあらましを以下に述べる。

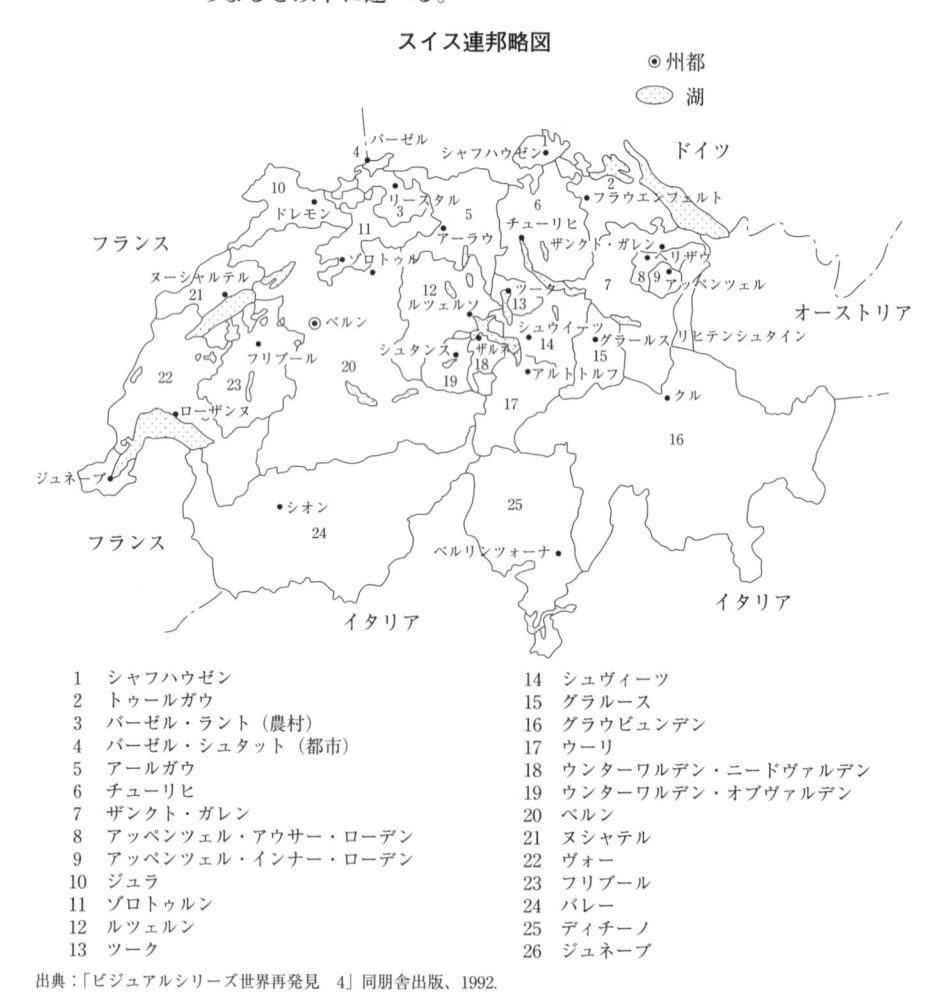

スイス連邦略図

⊙ 州都
◯ 湖

1	シャフハウゼン	14	シュヴィーツ
2	トゥールガウ	15	グラルース
3	バーゼル・ラント（農村）	16	グラウビュンデン
4	バーゼル・シュタット（都市）	17	ウーリ
5	アールガウ	18	ウンターワルデン・ニードヴァルデン
6	チューリヒ	19	ウンターワルデン・オブヴァルデン
7	ザンクト・ガレン	20	ベルン
8	アッペンツェル・アウサー・ローデン	21	ヌシャテル
9	アッペンツェル・インナー・ローデン	22	ヴォー
10	ジュラ	23	フリブール
11	ゾロトゥルン	24	バレー
12	ルツェルン	25	ティチーノ
13	ツーク	26	ジュネーブ

出典：「ビジュアルシリーズ世界再発見　4」同朋舎出版、1992.

スイスの国土・人口・経済

　スイスは、西ヨーロッパのほぼ中央にあって、北はドイツ、西はフランス、南はイタリア、東はリヒテンシュタイン、オーストリアと国境を接する内陸国である。面積は約4万1千km^{2}で、日本の9分の1、九州本島を少し上回る大きさである。地理的には、アルプス山脈、ジュラ山脈、ミッテルラントと呼ばれる中央台地の三つからなる。

　スイスの人口は746万を数える（2005年末現在）。そのうち外国人が154万と2割を占めている。外国人は、旧ユーゴスラヴィア人、イタリア人、ポルトガル人、ドイツ人、トルコ人の順で多い。

　可住地面積が小さいため、人口密度は比較的高い。人口10万以上の都市は、チューリッヒ（36万）、ジュネーヴ（19万）、バーゼル（18万7千）、ベルン（12万7千）、ローザンヌ（11万7千）の5都市である。首都はベルンである。

　これらの都市には、各種の国際機関の本部が数多く設置されている。国際労働機関（ILO）、世界保健機関（WHO）、世界貿易機関（WTO）、国連難民高等弁務官事務所（UNHCR）、国際赤十字（以上、ジュネーヴ）、国際サッカー連盟（FIFA、チューリッヒ）、万国郵便連合（UPU、ベルン）、国際オリンピック委員会（IOC、ローザンヌ）などである。

　スイスは、織物、次いで機械工業を中心に、欧州でも早くから工業化を成し遂げた国である。その一つに、フランスのユグノー（カルヴァン派のプロテスタント）のジュネーヴ亡命を契機とした時計産業がある。また、中立国であるが故に、世界中から逃避資金が流入した結果、スイスの金融業は、第二次世界大戦後には欧州有数の金融センターに成長している。

　現在の主要な産業は、精密機器、化学・医薬品、観光、金融などであるが、近年は、高い教育水準に支えられたバイオテクノロジー、医療技術などの先端産業も盛んである。主な貿易相手国は、ドイツなどの欧州連合（EU）諸国である。1990年代に経済不況に見まわれたが、厳しい構造改革路線を推進した結果、1997年以降は回復基調にある。一人当りのGDP（国内総生産）は5万ドルを超え、世界5位である（日本は3万4千ドルで18位、2006年）。

スイスの言語・宗教

　スイスは多言語国家であり、ドイツ語、フランス語、イタリア語及びロマンシュ語の4つの国語を持つ。このうち前3つが一般的な公用語となっている。

　地域により言語圏が分かれており、ドイツ語はスイス人口の6割、フランス語は2割、イタリア語は7％の国民により使用されている。ラテン語系の少数言語であるロマンシュ語は、特定の州のごく一部で使用されているに過ぎない。

　以上のような事情を反映し、スイスの国名もSchweiz（ドイツ語）、Suisse（フランス語）、Svizzera（イタリア語）、Svizra（ロマンシュ語）と異なるから、特定の国語の優先を避ける意味合いでラテン語表記の国名 Confoederatio Helvetica（略号：CH）も使用される。CHは、自動車のナンバープレートの国名標示、スイスフラン（CHF）の標示などに使われている。なお、スイスの英語名はSwitzerlandである。

　このような多言語国家の形成は、この地域の先住民族であるケルト人に加え、ローマ人、次いでゲルマン人が侵入してきた歴史的な経緯による。加えて、この地域に、フランスのような強力な言語統制を行う中央集権国家が出現しなかったことにもよる。

　スイスの宗教は、カトリック（42％）及びプロテスタント（35.3％）の二つの勢力が拮抗している。これにイスラム教（4.3％）、キリスト正教会（1.8％）が次いでいる。

　1517年にドイツで始まった宗教改革は、スイスにも広がった。チューリッヒを中心としたツヴィングリ、次いでジュネーヴを中心としたフランス人のカルヴァンの宗教改革運動は、内戦を挟みながら、それまでローマ・カトリック一色であったスイスの諸州を、カトリック（農村地域が中心）とプロテスタント（都市地域が中心）に二分させることとなった。

　このように言語・宗教が異なる諸州同士が、時には互いに抗争を繰り広げながらも、周辺諸侯からの侵略に対しては、その独立を守るため大同団結するのが常であった。このように、諸州の文化的多様性を認め合いながら、統一家を形成する方途として、スイスは1848年に連邦国家を選択したといえよう。

スイスの国際関係

　スイスの「永世中立国」としての地位は、ナポレオン没落後の1815年のウィーン条約により列強から認められたものである。スイスはその後も中立国としての立場を貫き、第一次・第二次の両大戦にも参戦していない（しかし、1990年代に入り、ナチの金塊購入などにより、対ナチ協力が疑われた）。他方、自国のみで安全を確保する必要から、国民皆兵制をとっており、スイスはいわば武装中立の国である。

　スイスは、この中立国としての伝統を生かし、人道主義的立場から、他国における災害救助、難民支援、医療援助には、積極的に参加してきた。

　このように、中立の立場を堅持しつつ孤高を誇ってきたスイスも、近年にける東西冷戦の終結、経済のグローバル化などの進展に応じ、次にみるように徐々に国際協調路線に転じている。

　スイスは、1992年には国際通貨基金（IMF）に加入し、また1995年には、EU型の付加価値税（現在の税率7.6％）を導入するなど、EU加盟の準備をしてきている。しかしながら、スイス国民のEUに対する警戒心は強く、2001年には、EUへの早期加盟交渉の開始を求める国民投票は、圧倒的多数で否決されている。このため、スイスは経済分野を中心にEUと二国間協定を締結し（1999年及び2004年）、EUとの関係強化を図って、その不利を補っている。

　安全保障に関しては、スイスは北大西洋条約機構（NATO）には加盟していない。しかし、ベルリンの壁崩壊後において、NATO諸国と旧ワルシャワ条約機構諸国間における「平和のためのパートナーシップ」の枠組みには、フィンランドなど他の中立国とともに参加している。さらには、NATOの要請を受け、1999年以降、コソヴォに国連平和維持活動（PKO）の後方支援（輸送の確保、水・燃料の補給など）を行うため、軍隊を派遣している。

　また、長年の懸案であった国際連合への加盟は、2002年、僅差ながらも国民投票の多数を得て、190番目の加盟国として実現している。

　地方自治との関連では、1963年以来、欧州評議会に加盟しており、また、2004年には欧州地方自治憲章を批准している。

スイス

連邦制の国

連邦制の意義・歴史

　国家連合とは、それを構成する諸州（諸国家）が主権を保有したまま、互いに対等な立場で協約（条約）を締結し、共通目的を達成するために連携する諸州間（国家間）の協力の仕組みである。合意した共通目的の達成は、主権を担うそれぞれの州（国）政府を通じて実施される。これに対して、連邦国家は、それを構成する諸州（諸国家）が主権の一部を連邦に移譲し、州（国）と連邦の間で主権を分有する統治の仕組みである。

　近代国家のうちで最初に連邦制を採用した国は、1787年のアメリカ合衆国である。アメリカの東部13州は、1776年に独立宣言を行い、次いで連合規約を締結して、各州の主権を残したままのゆるやかな諸州連合（国家連合）を成立させた。この諸州連合には課税権がなく、また、重要事項の意思決定には3分の2以上（9州以上）の州の賛成を必要としていた。

　しかし、このような連合組織は円滑な運営を欠いたため、国全体としての外交・軍事の一元化、財政基盤の確立、通商の拡大などの必要性から、新たな統治機構の創設が求められた。その結果、この諸州連合は合衆国憲法を定めて、一部の主権を各州から連邦に移譲し、残余は各州に留保してその自治権を確保しつつ、より統一的な国家体制としての連邦国家に移行したのである。

諸州連合から連邦国家への移行

　スイスが、連邦国家となったのは1848年であり、スイスもアメリカにならって国家連合から連邦国家に移行している。しかし、スイスの国家連合としての歴史は、550年もの長きにわたる。すなわち、神聖ローマ帝国を継いだハプスブルク家に対抗し、1291年に森林地帯の3州（「原スイス」と呼ばれる）が、相互援助による共同防衛を期して締結した「永久同盟」が、その始まりとされる。この永久同盟がスイス誓約同盟の起源であり、伝承上同盟を締結したとされる8月1日が、今日のスイスの建国記念日となっている。

その後16世紀初頭には、同盟関係を結んだスイス諸州の数は13に増加した。このような同盟にもとづく諸州連合は、各州の代表者からなる同盟者団会議により運営された。17世紀初頭には、宗教改革後のドイツの新旧両教徒の争いに欧州諸国が干渉して30年戦争が起こったが、その講和条約として締結された1648年のウエストファリア条約の下で、スイスは神聖ローマ帝国から正式に独立を認められた。

しかし、18世紀末にはスイスにおいても、フランス革命の影響を受けた自由主義的な体制改革運動が起こり、ナポレオンの支持を得て、1798年にヘルヴェチア共和国が成立した。この共和国は、法の前の平等、信教の自由などの共和制的理念を掲げたが、州の自治権を否定したフランス型の中央集権国家であった。そのため、多くの保守的な州の反発を受け、1803年にはもとの諸州連合に戻ることとなった。その後、1815年8月には増加した22州間において、復古主義的な同盟協約が締結された。

1830年のフランスの七月革命は、再びスイスに自由主義的な運動を勃興させた。他方、各州バラバラな関税、度量衡、郵便制度などが、スイス全体の経済発展を阻害していた。このような背景の下、国民の政治参加の拡大、同盟の統一国家化などを目指す自由主義急進派の諸州が台頭し、分離同盟を結んで州の独自性に固執するカトリック保守派の諸州との間で内戦が勃発した。内戦に勝利した急進派は、1848年にスイス連邦憲法を制定し、一部の主権を連邦に移譲して、州と連邦が主権を分有する連邦国家に移行したのである。

この憲法は、国民の権利や連邦の強化を図る観点から、1874年に全部改正された。その後憲法は、毎年のごとく140回以上もの部分改正が加えられ、連邦は次第に多くの権限を持つようになった。さらに、1999年には、それまでの憲法の基本的性格を保持しつつ、幾度もの改正により複雑化した条文の再編を主目的とした憲法の全部改正が行われ、2000年1月から施行されている。改正にあたっての国民投票においては、国民の賛成が59.2％、州の賛成が13州（2つの半州を含む）と過半数を超えていたが、国民の投票率は35.3％と低かった。フランス語系の国民の方がドイツ語系の国民より、賛成の割合が高かった。

連邦と州の権限配分

現在のスイス連邦は、26の州（Canton：カントン）からなる。各州はそれぞれ州憲法を持ち、州ごとに市町村制度を定めている。

26州のうち、20が州、6つが半州である。半州は都市・農村間、宗派間の争いなどにより、州が2つに分かれたものである。州では上院議員を2名選出できるのに対し、半州では1名しか選出できず、また、国民投票の際には、州は1票と計算するところ、半州は0.5票と計算する（したがって、全票は23）。これらの点を除けば、半州も州と同等の権限を有する。

連邦憲法3条は、「州は連邦憲法により主権が制限されていない限り主権を有し、連邦に移譲されないすべての権利を行使する。」と規定し、連邦と州との関係について補完性の原則を掲げている。したがって、連邦が新たな権限を持つためには、必然的に連邦憲法の改正が必要であり、前述のように実際にも多くの改正が行われている。このため、1848年憲法当時の州の主権中心主義は、次第に後退し、連邦の権限強化が図られてきている。

他方、連邦憲法は、連邦憲法または連邦法に異なる規定がない限り、連邦法の執行は州が行うものとしている（連邦憲法46条1項）。これは「執行連邦主義（fédéralisme d'exécution）」と呼ばれるものであるが、幾度もの憲法改正によって、州にあった多くの権限が連邦に移譲されてきたことを踏まえ、その執行は州自身が行うことを担保したものである。別の角度からみると、連邦政府はその権限を行使するにあたり、自らが各州に地方出先機関を設け、直接執行する官治分権の形態を選択しなかったということであり、州にその執行権を付与するという、いわゆる融合型を採用したものといえる。

連邦と州の間の権限配分に関しては、連邦の権限については連邦憲法に規定されているものの、その多くを連邦法の規定に委ねているため、非常に複雑であり、網羅的に提示するのは難しい。そこで立法権と執行権に区分して、連邦と州の権限配分を例示すると、次表のようになる。

連邦と州の権限配分（例示）

1　立法権の配分
(1) 連邦に立法権が専属する分野 　①関税、②郵便・電気通信、③金融・通貨、④国防、⑤外交
(2) 連邦と州の立法権が競合するが、連邦が全般にわたり立法する分野 　①私法（民法、商法など）・刑法・労働法、③社会保障、④原子力エネルギー、⑤水質汚染防止、⑥農業の保護
(3) 連邦と州の立法権が競合するが、連邦が原則だけを定める分野 　①水力資源・森林保護、②漁業・狩猟、③大規模な公共工事、④都市計画・地域開発
(4) 連邦と州の立法権が並立する分野 　①税の徴収、②大学の設置、③環境保全、④国道整備
(5) 基本的に州が立法権を持つ分野 　①市町村制度、②民事・刑事の訴訟手続、③公衆衛生・病院、④社会福祉施設・公的扶助、⑤公教育、⑥公共事業、⑦警察・消防、⑧建築許可・歴史的建造物の保存
2　執行権の配分
(1) 連邦憲法により執行が連邦に付与されている権限 　①外交・軍隊、②郵便・電気通信、③通貨政策
(2) 連邦憲法により執行が州に委任される権限 　①軍隊の装備、②度量衡、③食料品の規制、④老齢保険、⑤労働法の施行、⑥水質汚濁防止、⑦国道の建設・維持管理、⑧民間防衛
(3) 連邦法により執行が連邦に付与される権限 　①付加価値税、②税関、③原子力エネルギー
(4) 連邦法により執行が州に委任される権限－多数

備考：「スイスの地方自治」（自治体国際化協会、2006年）から作成。

連邦の統治機関

　連邦議会（国会）は、国民を代表する国民議会と州を代表する上院からなる二院制を採っている。両院の権限は対等である（連邦憲法148条2項）。

　国民議会の定数は200で、州を選挙区とした比例代表制により選挙される。各州の定数は、原則として州の人口に比例して配分される。上院の定数は46で、20の州から2人ずつ、6つの半州から1人ずつ選挙される。その選挙方法は、州法により決められるが、ジュラ州の比例代表制を除き、他のすべての州は多数代表制を採用している。両院とも任期は4年である。

　連邦の行政権は、両院合同会議により選出される7名の閣僚から

スイス

なる合議制の連邦内閣が行使する。この7名は、連邦議会の主要4政党の勢力に応じて選出される（国民党（2名）、社会党（2名）、急進民主党（2名）、キリスト教民主党（1名））。この主要4政党の勢力は比較的安定しており、いわば恒常的な保革共存内閣の形態をとっているとみることができる。

連邦内閣の議長を務める連邦大統領は、副大統領とともに任期1年で7名の閣僚のうちから連邦議会が任命する。実際には、閣僚経験の長い順に輪番制で就任し、副大統領が翌年に大統領になる慣例がある。したがって、大統領は特別の権限を持たず、合議体である連邦内閣の同位者中の筆頭に過ぎない（2008年現在の大統領は、急進民主党のパスカル・クッシュパンである）。連邦内閣のもとには7つの省があり、7名の閣僚は一つの省の長となる。

連邦内閣の政策決定においては、言語、宗教、都市・農村、イデオロギーなども踏まえた利害調整を行い、全会一致の合意形成を目指すが、場合によっては多数決が用いられる。議員内閣制を採らないため、不信任よる内閣総辞職、あるいは内閣による議会の解散は行われず、したがって連邦内閣は安定的であり、長期的な課題に取組みやすい。

しかしながら、スイスでは、後述するように直接民主制による国民発議や国民投票の制度が発達しており、代議制による国会や政府を監視・牽制する仕組みとして機能している。

スイスの最高裁判所は、ローザンヌにある連邦裁判所である。ルツェルンにあった社会保障関係の訴訟を取り扱う連邦保険裁判所の機能は、2007年から連邦裁判所に統合されている。

連邦裁判所は、連邦裁判所の下級審が下した判決及び州裁判所の下した判決の上訴審かつ最終審の裁判所である。判事は両院合同会議により、言語及び地域を考慮して任期6年で選出される。2004年には連邦裁判所の管轄に属する刑事事件（テロリズム、マネーロンダリングなど）の下級審として連邦刑事裁判所が創設され、また、2007年には、それまで連邦行政機関内部において審理していた行政事件を裁くため、連邦裁判所の下級審として連邦行政裁判所が創設されている。

なお、連邦裁判所は、連邦法の合憲性を審査する権限はないが、州法については、連邦憲法に照らした合憲性を審査し、効力を失わ

主要な政党

　現在までに、両院とも単独で過半数を占める政党はない。2003年に引続き、2007年の国民議会選挙においても、国民党が第一党（議席数62）、次いで社会党（43）、急進民主党（31）、キリスト教民主党（31）、緑の党（20）の順となっている。2003年以降、国民党と緑の党が党勢を拡大している。上院ではキリスト教民主党（15）、急進党（14）、社会党（9）、国民党（8）の順である。

　両院を通じた統一会派（groupe）が形成されており、国民党系（70）、社会党（52）、キリスト教民主党系（52）、自由・急進系（47）となっている。

　連邦内閣を構成する主要4政党の政治的傾向は、次のとおりである。国民党（UDC：Union Démocratique du Centre）は、最も保守的な政党で、移民の受入れには消極的である。ドイツ語圏を中心とした農民、中小企業者などの中産階級、プロテスタント右派などを主な支持層としている。社会党（PSS：Parti Socialiste Suisse）は、労働組合を主な支持層とし、中央集権的な社会民主主義の立場から、社会保障の充実による社会的・経済的な平等の実現を目指す左派政党である。急進民主党（PRD：Parti Radical-Démocratique Suisse）は、スイスで最も古い政党の一つで、経済的自由主義に立脚しつつ、公共目的のための公的介入を認める中道よりの保守政党である。進歩的中産階級のアッパークラスが主な支持層である。キリスト教民主党（PDC：Parti Démocrate-Chrétien Suisse）は、州に立脚した地方分権的な中道政党であり、保守的な農村部に固い基盤をもつ。特にカトリックの多いヴァレー州、フリブール州に多い。

スイス

個性豊かな州（カントン）

さまざまな州

　スイス連邦は26の州（20の州と6つの半州）からなる。各州はその歴史、地理的環境などの相違から独自の個性をもっており、前述したように言語、宗教も多様である。人口はチューリッヒ州が127万と最大であるが、最小の内アッペンツェル半州は1万5千に過ぎない。また、面積もグラウビュンテン州の7100 km²に対し、都市バーゼル半州では37 km²と小さい。また、市町村数もベルン州では400あるが、都市バーゼル半州では3つしかない。歴史的にも1291年の「永久同盟」に関わった3州もあれば、1979年にベルン州から分離したジュラ州もある（前記のスイス連邦略図参照）。

州の統治機関

　このように多様性をもつ州が、それぞれの主権にもとづき憲法を制定し、固有の州議会、州政府及び州裁判所を組織している。

　まず、州議会はすべての州に設置されており、どの州も一院制を採っている。定数は州により49〜200名で、1州を除き任期4年である。選挙は21州で比例代表制、4州で多数代表制、1州で両方の混合式により、州民から直接選挙される。また、内アッペンツェル半州（人口1万5千）及びグラルス州（人口3万8千）には、州民総会が設けられている。

　ジュネーブ州を例に州議会の権限をみると、恩赦の決定、法案・予算の議決、税率・借入金等の決定、不動産譲渡の承認、決算の確定、公務員の給与の決定などとなっている。

　次に、州参事会（州政府）が州の行政を行う。その構成、権限は各州の法令の規定により様々であるが、連邦政府の場合と同様に、5〜7名の参事で構成される州参事会が合議制により意思決定を行う。

　ジュネーブ州参事会を例にとると、7名の参事で構成され、各参事は多数代表制により任期4年で、州民により直接選挙される。参事は、国民議会または上院のいずれか一つの国会議員と兼職が可能

である。
　参事の中から任期1年で、互選により州知事を選出する。州知事である参事と他の参事の間に権限の差はなく、州知事は同僚の代表に過ぎないのは、連邦内閣と同様である。州参事会の主な権限は、法の公布と執行、州議会への予算の提出と決算の報告である。各参事は、州の行政機関の1つの局の長となる。
　司法制度に関しては、各州がそれぞれ独自の裁判機関を組織している。ジュネーヴ州を例にとると、裁判官は、労働裁判所を除き住民による直接選挙で選ばれる。任期は6年で再選することができ、州を選挙区とする多数代表制で選出される。民事（初審裁判所、後見裁判所、労働裁判所など）、刑事（警察裁判所、少年裁判所、重罪裁判所など）及び行政（行政裁判所、州保険裁判所）の分野ごとに多数の裁判所がある。
　なお、各州及びそれぞれの州内の市町村にも連邦と同様に、州憲法により住民発議や住民投票の制度が設けられているが、これらについては、後にまとめて紹介する。

市町村に対する州の監督

　市町村に対する州の監督の制度は、州により様々であるが、市町村は州の一般的監督を受ける。これに対し、市町村は自治権を憲法上認められており、法定の範囲を超える州の監督権の行使に対しては、連邦裁判所への提訴権などの防御手段をもっている。
　ジュネーヴ州を例にとると、州内の市町村議会のすべての議決は、州参事会（州政府）に報告され、州参事会は法令違反があれば、これを取消すことができる。また、一定額以上の補正予算、基金の設置等は、州参事会の承認を得なければならない。さらに、州参事会には、ジュネーヴ州市町村行政法により、予算の収支均衡、義務的支出の予算への計上など市町村予算に対する財政監督権、また、法令逸脱を繰り返す市町村議会の解散権、職務拒否などを理由とした市町村参事の免職処分などの権限が与えられている。

スイス

伝統のある市町村自治

市町村制度は州法で

　市町村の自治権は、歴史的にみれば、まず市町村が州を構成し、その後に州が集まって国家連合を形成し、次いで統一国家としての連邦に移行したという経緯から、1848年憲法にも1874年憲法にも特段の規定は無く、不文の慣習法により保障されているものとされてきた。しかし、欧州評議会の欧州地方自治憲章の制定（1985年）などの影響もあり、1999年に連邦憲法を全部改正したときに、その50条に次のような規定が設けられた。

　１　市町村の自治は、州法の定める範囲内において保障される。
　２　連邦は、その活動に関し、市町村に及ぼす影響を考慮する。
　３　連邦は、特に、都市、都市圏及び山岳地帯の特殊事情に配慮する。

　また、連邦裁判所の権限を定めた連邦憲法189条は、その１項e号において、「市町村の自治」が侵害された場合における連邦裁判所への提訴権を認めている。

　このような憲法による市町村自治の保障の下で、各州は州法により、市町村の組織、権限の大綱を定めている。地域別にみると、市町村自治の強い州は、チューリッヒなどを中心としたスイス東部の州、中程度の州はベルンなどを中心としたスイス北西部の州、もっとも弱い州は、ジュネーヴなどを中心としたスイス西部の州に分類できる。

　市町村は、おおむね教育（幼稚園、小学校）、保健衛生、電気・ガス、上下水道、ごみ処理、建築規制、交通（地方道路、バス輸送）、安全確保（消防、交通規制、営業監督など行政警察業務）、文化・スポーツなどの分野を担当するが、あわせて連邦及び州の委任事務として、学校事務、司法警察事務、戸籍事務、連邦税・州税の徴税事務、連邦及び州の選挙事務も行っている。なお、市町村の司法権は、極めて限定的である。

合併及び広域行政

　スイスの市町村数は、1950年には3101、1990年には2955、2000年には2896、2005年には2763と、合併により穏やかな減少傾向にある。半分以上の市町村は、人口1千未満であり、人口1万以上の市町村数は全体の4％に過ぎない。

　合併と並行し、消防、教育、ごみ処理、エネルギー供給、地域開発などの分野において市町村間の広域行政組織もつくられており、2000年には、85％の市町村が、およそ1500の広域行政組織に所属している。

市町村の統治機関

　立法機関としては、住民総会と市町村議会の2つがある。約8割の市町村では、住民総会を1年に最低1回開催し、重要事項を決定している。大きな市においては、住民総会に代わり、市町村議会を置いて、多くの事項の決定を議会に委ねている。しかし、大きな市においても、予算などの重要案件については、住民投票が行われる。地域別には、フランス語圏の州において市町村議会を設ける場合が多く、ヌシャテル州、ジュネーヴ州においては、人口規模にかかわらず議会が設置されている。

　執行機関は、3、5、7または9人の市町村参事による合議制の市町村参事会である。参事会の議長が市町村長となる。市町村長と参事は、一般的には住民による直接選挙で選ばれるが、次に述べるジュネーヴ州内の市町村のような例外もある。

　ジュネーヴ州内の市町村を例にとると、市町村議会の議員の任期は4年で、比例代表制により住民から選挙される。議員定数は、人口段階別に9名（人口600までの村）から37名（人口3万を超える市）であるが、ジュネーヴ市議会は80名となっている。人口800を超える市町村では、議長は議員から互選される。

　執行機関である市町村参事会の定数は、ジュネーヴ市が5名、人口3千を超える市町村では3名である。それ以外の町村では参事に替えて1名の町村長及び2名の助役が置かれる。参事、町村長及び助役の任期は4年で、多数代表制により住民から選挙される。

　参事会制度をもつ市町村（人口3千を超える）では、参事から互

選された議長が、任期1年の市町村長となる。市町村長職の参事と他の参事との間には権限上の差はなく、ジュネーヴ州参事の場合と同様に同僚の代表に過ぎない。各参事は、市町村の行政部局の長に就任する。

特別な市町村

　これまで述べてきた市町村は、日本の地方自治制度に照らすと普通地方公共団体ともいうべきもので、スイスにおいては政治的市町村と呼ばれるものである。これとは別にスイスには、歴史的、文化的な理由から、特別の分野に限って組織化されている特別な市町村がある。市民市町村（commune bourgeoise）、教会市町村、学校市町村などである。

　市民市町村は、農村では共有地を管理する自治組織から、都市では自由市民の自治組織から発展した団体である。構成員は市民権（bourgeoisie）をもち、その資格は次第に世襲されるようになった。1798年のヘルヴェチア共和国は、おおむね教区（paroisse）単位に、市民的特権の廃止などを含む近代的な政治的市町村の制度を誕生させた。この政治的市町村が、19世紀の半ば以降に定着するにしたがい、各州は政治的市町村と市民市町村との関係をどう清算するかを決める必要に迫られた。その結果、フランス語圏のヌシャテル州、ジュネーヴ州及びヴォー州は、市民市町村を政治的市町村に一本化し、他の州は両者の共存を認めることとなったのである。現在、特定の構成員からなる市民市町村は1500ほど存在し、世襲された財産を管理し、また、その利益をもとに社会・文化面での公共活動を行っている。小規模の市町村（政治的）では、その参事会が市民市町村の職務を代行しているところも多い。

　カトリックあるいはプロテスタントの信徒をメンバーとする教会市町村は、教会財産、その他の教会活動を管理するもので、約2600ある。また、ドイツ語圏のチューリッヒ州、ニトヴァルデン半州、グラルス州、内アッペンツェル半州、ザンクト・ガレン州及びトゥールガウ州には学校市町村が、1200ほどある。

国民・住民の政治参加（直接民主制）

直接民主制の意義

　スイス政治における大きな特色は、連邦、州、市町村のすべてのレベルにおいて導入されている「イニシアティヴ（initiative）（国民・住民発議）」と「レフェランドム（rérerendum）（国民・住民投票）」による直接民主制である。

　イニシアティヴとは、国民・住民に対して、その発議により、憲法あるいは法律の改正案などを通じた政策提言を認める制度である。また、イニシアティヴは、その政策提言そのものを指す場合にも用いられる。イニシアティヴは、国民・住民が立法あるいは行政の決定過程に直接的にかかわれるだけに、レフェランドムよりも意義の深い政治参加の仕組みと考えられる。

　レフェランドムは、議会で議決した憲法、法律等について、国民・住民の賛否を問うものである。国民・住民に対し、議会の決定に対する拒否権を与えるものといえよう。レフェランドムには義務的なものと、任意的なものがある。

　スイスがこのような直接民主制を採用している理由は、次のように考えられる。スイスにおいては、昔から山岳地帯の地域共同体が、共同で意思決定を行ってきた伝統に根ざし、連邦、州、市町村のどのレベルにおいても、常に執行部は合議体である。しかも、この合議体には主要な政党が常に一緒に加わるという、いわば制度化された保革共存体制の伝統が出来上がっている。このような代議制機関による翼賛的な意思決定の仕組みに対し、これを監視、批判する対立軸として、国民・住民の直接的な意思表明の仕組みが、重要なものとなっているのである。

イニシアティヴ

　連邦レベルにおいて、イニシアティヴが認められるのは、憲法改正の場合のみである。すなわち、有権者は、18ヶ月以内に集めた有権者10万の署名により、連邦憲法の一部または全部改正を提案することができる。全部改正の場合は、イニシアティヴは、レフェラン

ドムにかけなければならない。一部改正の場合には、連邦議会は有権者に対し、承認または否決を勧告したり、あるいは対案を作成して、当初案とともにレフェランドムにかけることもできる。

州レベルのイニシアティヴに関しては、州憲法の改正はすべての州において、イニシアティヴの対象であるが、州法その他の議決事項をどこまで対象にするかは、州により異なっている。また、イニシアティヴに必要な署名数は、州ごとに有権者の数、あるいは有権者の一定割合により定められ、一様ではない。例えば、ベルン州では州憲法の一部改正及び州法の改正には、有権者1万5千の署名が必要であるが（州憲法の全部改正のみは3万の署名が必要）、州民総会を設置している内アッペンツェル半州では、1人でも可能である。

市町村レベルのイニシアティヴは、州のそれよりもさらに多様である。ジュネーヴ州内の市町村のイニシアティヴについてみると、必要な署名数は、次表のとおりである。

ジュネーヴ州内市町村のイニシアティヴに必要な署名数

市町村の有権者数	必要な署名数
500人以下	有権者の30%
501人～5,000人	有権者の20%かつ150人以上
5,101人～30,000人	有権者の10%かつ1,000人以上
30,001人以上（ジュネーヴ市を除く）	有権者3,000人
ジュネーヴ市	有権者4,000人

備考：ジュネーヴ州憲法68条Bによる。

また、ジュネーブ州内の市町村では、その権限外の事項に関する提案を回避するため、イニシアティヴの対象を、市町村道の供用開始、公共目的のための基金の設置、社会・文化・スポーツ施設の整備等に限定している。

州、市町村のイニシアティヴは、それぞれの議会が一部または全部の採否を決定する。議会で否決されたイニシアティヴは、それが取下げられない限り、レフェランドムの対象となる。

レフェランドム

　連邦レベルでは、憲法改正、集団的安全保障のための組織または超国家的共同体（EU、国連など）への加盟などは、義務的なレフェランドムの対象になっている。また、義務的なレフェランドムの採択には、国民と州の「二重の賛成」が必要である。すなわち、国民の過半数及び州の過半数の賛成が必要である。任意的なレフェランドムは、5万以上の有権者または8州以上の州の請求にもとづいて行われ、その対象は連邦法、国際機関への加盟条約、国際条約などである。任意的なレフェランドムの採択には、国民の過半数の賛成のみでいい。

　州レベルにおいては、州憲法の改正は義務的なレフェランドムの対象である（連邦憲法51条1項）。州法、一定限度を超える財政支出などは、義務的あるいは任意的なレフェランドムの対象とされるが、その要件は州によって異なる。

　ジュネーヴ州においては、税目の新設、税率・課税標準の変更、また、同一の事業に対し1回の支出が12万5千フランまたは毎年の支出が6万フランスを超える場合は、義務的レフェランドムの対象である。また、州法の制定・改正に関しては、有権者7千の署名によりレフェランドムを請求することができる。

　ジュネーヴ州内の市町村では、市町村議会の議決に対するレフェランドムに必要な署名数は、イニシアティヴの場合と全く同じである（ジュネーヴ憲法59条）。

スイス

連邦・州・市町村の財政の状況

連邦と地方（州・市町村）の歳出規模は、およそ1対2であるが、連邦の歳出には州への補助金が含まれるため、実際の歳出ではその比率は1対3まで広がる（表1参照）。

次に目的別歳出に関しては、連邦が社会保障（27%）、交付金（19%）、交通（16%）の割合が高いのに対し、州および市町村はおおむね同様の傾向にあり、教育（州25%、市町村22%）、保健衛生（州18%、市町村21%）、社会保障（州19%、市町村16%）の割合が高い。

表1　連邦・州・市町村の歳出・歳入（億スイスフラン）

	2001年				2005年			
	歳出	歳入	収支	P（注1）	歳出	歳入	収支	P（注1）
国	511	494	−17	12.1%	526	530	4	11.5%
州	639	652	−13	15.1%	703	706	3	15.4%
市町村	417	430	13	9.9%	451	458	8	9.9%
合計（注2）	1299	1309	−9	30.8%	1401	1416	14	30.8%

出典：Finances publiques en Suisse 2005
（注1）　国内総生産に占める割合。（注2）　国、州、市町村間の重複を除く純計。

税制の概要

連邦は第一次大戦頃までは、関税に加えて印紙税を主な財源としていたが、その後はそれまで州が課税していた直接税に新たな税源を求めることとなった。1940年には国防税（直接税）が導入され、これが現行の連邦直接税（所得税、法人税）の起源となっている。現在はこの連邦直接税および付加価値税（TVA）が国税収入の二本柱となっている。すなわち、国税収入475億スイスフランのうち、連邦直接税は26%、TVAは38%の割合を占めている（2005年、以下同様）。

州は歴史的には資産税が中心であったが、1840年にバーゼル州が資産税を軽減し所得税に切り替える改革を行った。1945年までには

10州が追随し、1970年にはグラルス州を最後に全州が同様の税制改革を行った。州税収入226億スイスフランのうち、所得税の占める割合は72％である。また、同様に市町村税収562億スイスフランに占める所得税の割合は66％である。

　連邦と州の権限配分と同じく、連邦が課税権を持つ税目を連邦憲法で列挙し、それ以外は州が自由に税について定めることができる。

　連邦の連邦直接税は、執行連邦主義により州が徴収する。市町村の税制は、州憲法により定められる。連邦、州および市町村の主な税目を概観すると表2のとおりである。

表2　連邦、州および市町村の税目の概要

	直接税	間接税
連邦	所得税、法人税、予納税（注1）、兵役免除税	TVA、印紙税、石油関係税、タバコ税、関税、カジノ税
州	所得税、財産税（注2）、利益・資本税、不動産税、不動産取得税、利子・配当税	自動車税、興行税、犬税、水力税
市町村	所得税、財産税（注2）、利益・資本税、不動産税、不動産取得税、利子・配当税、職業税（個人）	興行税、犬税

出典：Un aperçu du systéme fiscal Suisse（Département fédéral des finances, 2007）
(注1)　予納税は、利子、配当、宝くじの賞金、保険金に課される。
(注2)　財産税は、不動産、有価証券、自動車などの全財産から負債等を除いた純資産を課税標準として課税される。

　近年、「財政調整並びに連邦及び州間の事務配分に関する改革（RPT）」が進められ、このための憲法改正が2004年11月に国民投票により承認された。RPTの一環としての財政調整制度の改革に関しては、所要の連邦法の改正により、補助金の整理合理化、交付金の平衡化部分の拡大、州間の水平的調整制度の導入が実現している。

参考文献

「スイスの地方自治」（自治体国際化協会、2006年）
「分権と連邦制」（岩崎美紀子著、ぎょうせい、1998年）
「現代スイスの都市と自治」（岡本三彦著、早稲田大学出版部、2005年）
「Swissworld.org」（http://www.swissworld.org/jp/）
「swissinfo.ch」（http://www.swissinfo.ch/jpn/index.html）
「スイス歴史事典（Dictionnaire historique de la Suisse（commune））」
　（http://www.hls-dhs-dss.ch/textes/f/F10261-3-5.php）
「スイス連邦憲法（Constitution fédérale de la Confédération suisse）」
　（http://www.admin.ch/ch/f/rs/101/index.html）
「ジュネーヴ州憲法（Constitution de la République et canton de Genéve）」
　（http://www.admin.ch/ch/d/sr/131_234/index.html）
「ジュネーヴ市町村行政法（Loi sur l'administration des communes）」
　（http://www.geneve.ch/legislation/rsg/f/s/rsg_b6_05.html）
Nicolas SCHMITT,《Le mythe de la démocratie (semi-) directe en Suisse》,*Annuaire 2001 des collectivités locales*, CNRS EDITIONS
「Finances publiques en Suisse 2005」（Administration fédérale des finances, 2007）
「Un aperçu du systéme fiscal Suisse」（Département fédéral des finances, 2007）
スイス連邦議会のホームページ：
　（http://www.parlament.ch/f/Pages/welcomepage.aspx）
スイス連邦内閣のホームページ：
　（http://www.admin.ch/br/index.html?lang=fr）
ジュネーヴ州のホームページ
　（http://www.ge.ch/）

アメリカ合衆国

III

アメリカ合衆国

カナダ
ワシントン
モンタナ
ノースダコタ
ミネソタ
ウィスコンシン
ミシガン
メイン
ニューヨーク
ペンシルバニア
オレゴン
アイダホ
ワイオミング
サウスダコタ
アイオワ
オハイオ
ウェストバージニア
バージニア
ネブラスカ
インディアナ
イリノイ
ネバダ
ユタ
コロラド
カンザス
ミズーリ
ケンタッキー
ノースカロライナ
テネシー
サウスカロライナ
カリフォルニア
アリゾナ
ニューメキシコ
オクラホマ
アーカンソー
アラバマ
ジョージア
ミシシッピ
フロリダ
テキサス
ルイジアナ

アメリカ合衆国
メキシコ
キューバ

アラスカ

1. ニューハンプシャー
2. バーモント
3. マサチューセッツ
4. ロードアイランド
5. コネチカット
6. ニュージャージー
7. デラウェア
8. メリーランド
9. ワシントンD. C.

ハワイ

110

はじめに

　アメリカ合衆国は、「人種のるつぼ」をもじって、「地方自治のるつぼ」といってよい。「人種のるつぼ」は、自由の女神除幕式で高らかに謳われた「うみ疲れし者、貧しき者、自由の息吹に飢えたる群衆、その浜辺にうち捨てられし哀れなる者たちを我々に与えよ、家なき人々、嵐にもてあそばれし者たちを我がもとへ送れ」という自由の精神に基づいていることは事実である。無理矢理つれてこられたアフリカ系アメリカ人を思うと軽い言葉ではないが…

　「地方自治のるつぼ」は、「地方政府のシステムの欠如」「統一性の欠如とある程度の混乱」「複合性」「複雑性」であろうとも、その制度設計の基本は住民自治の精神に裏づけられている。ようするに、アメリカ合衆国の地方自治は、全国一律に決められてはいない。そもそも、一般的には市町村の設立は住民の意志による（したがって、市町村のない地域（空白地帯）も存在する）。また、地方政府形態（日本で採用されている二元代表制もその1つ）やその政府の権限、運営が多様であることに留まらず、議員や長などの選挙制度も多様である。その多様性を生み出しているのが、住民の自己決定、住民自治である。

　「地方自治のるつぼ」は、住民自治の結果であるとしても、アメリカ合衆国の人々のみならず、世界の自治を求める人々にとっての「実験室（laboratory）」（ブランダイス）として追体験できる。

　アメリカ合衆国は連邦国家であり、当然、州（state）は地方政府ではない。地方政府や地方自治制度については連邦憲法に明記されていない。そのために、州ごとに地方自治の充実度が異なり、その制度の多様性が生み出されてきた。日本国憲法第8章に地方自治を挿入することによって地方自治を充実させる志向とは対照的である。

　各州が地方政府の創始者なのであり、どのような地方政府を創出するかは自由である。これに連邦政府は規制を加えることはできない。その際、地方政府と州の法的関係については、固有説（地方自治権は国家によって与えられたものではなく固有の権利としての理解）と伝来説（国家の統治権から伝来するものとしての理解）があ

アメリカ合衆国

るが、「州の優位」を打ち出した伝来説の流れ（ディロンのルール（Dillon's Rule））が通説となっている。しかし、自治拡充運動（とくに自治憲章獲得運動）によって、ディロンのルールが厳格に適用されることはない。地方政府が州の創造物であるとはいえ、実際には少なくとも市町村（自治体）は住民の創造物となっている。

多様性を有する地方政府を概観するために、地方政府の種類、自治の発想、地方政府の規模をめぐる議論と動向、地方政府形態の類型と公職者の役割、選挙制度、実際の政治過程を確認しよう。

住民による自治体の創出

アメリカ合衆国の地方政府（Local Government）は多様であり、全国一律に二層制が構造化されるような画一的な構造にはなっていない。しかも、自治体（Municipality、市町村）が住民によって自己選択され、地方政府形態や議員の選出方法も多様である。住民自身が自治体成立にあたって重要な役割を果たす。

アメリカ合衆国の地方政府は、多様で複雑であることは、日本でもさかんに紹介されている。1つの連邦政府、50の州政府のもとで、5種類の地方政府が存在している。

この地方政府の区分として一般に2つの分類が用いられている。1つは、事務の範囲による区分である。一般目的の普通地方政府（General-purpose Local Government）と特定目的の特別地方政府（Single-purpose Local Government）がある。この分類では、前者は日本の普通地方公共団体に近い。カウンティ（County、3,034）、自治体（市町村、Municipality、19,429）、タウンシップあるいはタウン（Town、16,504）である。後者は、学校区（School District、13,506）、特定区（Special District、35,052）である（表1参照）。

もう1つの区分は、地方政府の設立目的および設立経緯による分類である。自治体と準自治体（quasi-municipality）とに区分される。前者は、住民が行政サービスを確保するために政府を樹立するものである。州から憲章をあたえられ、法人格を有する自治体の創設が認められる。具体的には、自治体（City, Borough, Village）である。それに対して、後者は住民の意志とは直接には関係なく州によって創設されるもので、憲章を有せず、州の出先機関の性格を持

っている。カウンティ、タウンシップあるいはタウン、学校区、特定区である。とはいえ、カウンティでは憲章を持つところが増えてきていること、タウンの中には法人格を持つものもあること、さらに学校区や特定区は住民の要請があって設立されることを考えれば、この規定からこぼれ落ちる現実があることには注意したい。

表1　地方政府の種類ごとの変化

年	カウンティ （普通、準）	自治体（市町村） （普通、自治体）	タウン （普通、準）	学校区 （特別、準）	特定区 （特別、準）	合計
1932	3,062	16,112	19,978	128,548	14,572	182,602
1942	3,050	16,220	18,919	108,579	8,299	155,067
1952	3,049	16,778	17,202	56,346	12,319	105,694
1962	3,043	17,997	17,144	34,678	18,823	91,685
1972	3,044	18,517	16,991	15,781	23,885	78,218
1982	3,041	19,076	16,734	14,851	28,078	81,780
1992	3,043	19,279	16,656	14,422	31,555	84,955
2002	3,034	19,429	16,504	13,506	35,052	87,525

注：Bureau of the Census（U. S. Department of Commerce, Economics and Statistics Administration), Census of Government, Volume 1), Number 1（Government Organization）に加筆。括弧内の普通は普通地方政府、特別は特別地方政府、自治体は自治体、準は準自治体をさしている。

州は一般にカウンティに分割されていると理解してよいが例外もある。カウンティを、ルイジアナ州はパリッシュと、またアラスカ州はバラと呼んでいることだけではなく、カウンティ政府の機能を有していない州、具体的にはコネチカット州（州の「従属機関」）とロードアイランド州（単なる「地理的区画」）がある。ヴァージニア州では自治体はカウンティの枠外にある（一般的にはカウンティの中に自治体の属する地域と属さない地域（空白地帯）がある）。市の中にカウンティが「埋没」しているニューヨーク市のケースがある。後述するように、カウンティと市とが一体となった政府（City-County Consolidation）が存在していることも、地方政府をより複雑にしている。フィラデルフィア、ホノルル、インディアナポリス、サンフランシスコなどである。

　カウンティ（郡と訳される場合もあるが、名実ともに地方政府で

アメリカ合衆国

あるという点で日本のものとはまったく異なる）は、州政府の補助機関の役割を果たす。とはいえ、自治体として法人化せず、なおかつタウンシップやタウンが存在しない南部や西部諸州では、カウンティは自治体と並んで「最も基本的」な地方政府である。カウンティは、公選の代表者によって運営される。カウンティにも憲章（ホームルール・チャーター）が認められるようになり（28州、そのほか政府形態の選択が認められているところを入れると38州）、1990年代初めには117のカウンティで憲章が採用されている（8.9%）（小滝　2004：163）。

　自治体（市町村）は、すでに指摘したように住民の要請により設立される。したがって、住民の要請がないところには存在しない。

　タウンシップは、中部大西洋沿岸および中西部の諸州に見られる。「アメリカ政治の真の基礎」（M.D.アブレス）ともいわれるが、合衆国全域にあるわけではない。タウンシップは、自治体として法人化されたり、既存の自治体に合併されるかして減少してきている。

　タウンは、ニュー・イングランド地域の6州（メイン州、ヴァーモント州、ニューハンプシャー州、マサチューセッツ州、ロードアイランド州、コネチカット州）に存在している（それ以外にミネソタ州、ニューヨーク州、ウィスコンシン州にもある）。ニュー・イングランドの諸州は、タウンの役割が大きくカウンティの機能は弱い。ニューイングランド地域の6州とニューヨーク州のタウン、およびニュージャージー州とペンシルヴェニア州のタウンシップは州法上自治体法人である（ICMAでは、自治体にではなくタウンシップで集計されている）（小滝　2004：177）。

　学校区は、公立学校の管理運営を担う独特の制度である。公選による理事者によって運営される。特定区は特定の目的のために設立される。

　自治体は全域にあるわけではない。自治体法人化区域は、人口で6割、面積で2-3割、逆に未法人化区域は人口で4割弱、面積で7-8割となっている（小滝　2004：150-151）。むしろ自治体は住民が獲得するものである。獲得したところに自治体が存在する。また、学校区や特定区は、自治体の領域と重なるところもあるが、むしろ境界を越えたり、自治体内であったり、領域は自治体に拘束さ

れるものではない。学校区と特定区は、市町村を基礎としていないという意味では、日本の特別地方公共団体とはまったく異なる。

　カウンティと自治体といったように地方政府の二層制が制度化されているところもある。しかし、二層制の場合も、カウンティと自治体だけではなく、カウンティとタウンもある。逆に、自治体やタウンが制度化されていない地域、その意味ではカウンティの一層制のところもある。奇異に感じられるかもしれないが、人が住んでいても、住民自らが創設する意欲がなければ自治体が存在しない。

自治体を創出する市憲章

　地方政府のこうした相違にもかからず、法的には地方政府はすべて州から「借用した」権限に依存しているという点では同様である。権限は、州政府に帰属している。地方政府単位は「州のエージェンシー」としてのみ存在しているのであり、州政府がそれらの地方政府に付与した特別の権限だけを行使するのである。また、これらは住民が税金を支払い、住民がリーダーを選出するという点でも共通点を有している。

　しかし、それぞれの地方政府には相違がある。一般にカウンティは州の下部機関であり全域を分割した管轄地域を持っている（「一般に」と記したのは、カウンティが基礎自治体化されている場合もあるし、憲章を有していることもあるからである）。それに対して、自治体は住民によって設立される。自治憲章（Home Rule Charter）、市憲章（City Charter）によって、市は「設立（編入、incorporation）」されるのである。一般に、憲章には特別憲章（都市ごとに州議会による特別法で明文で授与）、一般憲章（州議会による一般法で画一的に授与）、分類憲章（人口規模や面積などを基礎に1級都市、2級都市といった等級に分類し、その等級に応じた憲章を授与）、選択憲章（州議会が定める憲章の中から住民が選択する）などもある。これらの4つの憲章の内容は州議会によって決められている。それに対して、自治憲章は住民自ら起草し採択するものである。1875年のミズーリ州憲法ではじめて導入され、現在では大半の州が採用している。数の多さと、煩雑さを避けるために、自治憲章だけをとりあげよう。

アメリカ合衆国

表2　アメリカ合衆国の市憲章・自治憲章の概要

モデル市憲章第7版 (1989)	ニューヨーク市憲章改訂版 (1989)	ロスアンゼルス市憲章第7次改訂版	サンフランシスコ市憲章 (1996年制定)	フォーレスト・グローブ市憲章改訂版 (1985年)	ポーツマス町の自治体憲章 (1983年)
(1) 市の権限	序文 (12) 市の責務	(1) 市の併合、権限	序文	(4) 市の権限	(101) 町の権限と義務
(2) 市議会の権限と仕事 (3) 市支配人の権限と仕事	(3) 市町、議会の権限と仕事 (4) 議会の権限と仕事 (5) 会計検査官の権限と仕事	(3) 議会の権限、仕事 (6) 市職員の権限と仕事（市長、市法務官、市初期、会計検査官、市行政官、購買庁、出納官、など）	(1) 市長、議会など市の市の機関の権限と仕事（業務）	(6) 政府形態 (7) 権限の帰属する季刊 (20) 議会の責務 (10) 市長 (21) 市長の責務 (23) 市支配人	(201) 政府形態 (207 議会の権限)
	(2) 地区コミッション (4) 区長 (69) コミュニティ地区とサービス (70) コミュニティ地区の市役所	(30) 区	(6) 市の中の区やコミュニティ地区とその権限、仕事		
(4) 行政各部署の組織、権限と仕事	(16) 行政各部局の長の権限と仕事	(6)～(26) 行政各部署の組織、権限と仕事	(2) 行政各部署の組織、権限と仕事	(11) 選挙される及び指名される公職者 (12) 公務員	(303) 町行政官の権限と義務 (304) 町行政官の義務 (501)～(511) 公務員 (601)～(606) 町の部局 (801)～(807) 人事担当部局
(5) 財務手続	(6)(9)(10) 予算 (11) 独立予算室 (13) 購買、(14) 財務 (15) 市の財産	(28) 財務（予算、支出計画、ファンド、契約、売却その他） (29) 予算と効率	(3) 財政・財務手続		
		(5) 給与、雇用契約 (34) 年金等	(4) 職員の人事、給与、年金		
(6) 選挙 (6) イニシアティブ、レファレンダム等の直接参加制度	(46) 選挙、選挙広報	(27) 選挙、選挙広報 (27) イニシアティブ、レファレンダム、リコール	(5) 選挙 (6) イニシアティブ、レファレンダム、リコール等の直接参加制度	(28) 選挙 (29) 選挙規則 (30) 選挙期間 (32) 立候補	(401) 選挙 (911) イニシアティブ
(7) 一般規定 (8) 憲章の改廃手続 (9) 経過規定	(45) 行政手続法 (45) 行政訴訟 (47) 会議と情報の公開 (7) タックスアピール (51) 経過規定 (52) 一般規定 (68) 利害衝突に関する規定	(35) 倫理規定 (31) その他の規定 (32) 経過規定	(7) 一般規定や経過規定 (8) 憲章の改廃手続	(49) 憲章の改正	(1101) 憲章の改正

注1　表中の番号は、条文番号を示す。なお、ポーツマス町（自治体）の自治憲章のみ、3桁目以上は章を表し、下2桁が章内の条文番号となる。

注2　モデル市憲章、ニューヨーク市憲章、ロスアンゼルス市憲章は、木佐茂男編『自治立法の理論と手法』ぎょうせい、1998年（表2-1、74頁）、から転載した。大都市を取り上げているので、小規模（アメリカ合衆国では小規模という印象はない。）自治体の市憲章・自治憲章をそれに追加した（フォーレスト・グローブ市人口約15,000人、ポーツマス町人口約17,000人）。区分の仕方のずれが想定できるが、傾向を理解するには活用できるであろう。

アメリカ合衆国

　各種の憲章方式の中で最も主要なものである自治憲章は、次のような制定手続きである。住民が憲章起草委員を選び（裁判所による任命もある）、その委員会が自治憲章案を作成し、住民を対象とした一定期間の閲覧の後で住民投票にかけられ、一定の割合（一般には過半数）の賛成によって制定される。なお、住民投票に加えて州議会の同意を必要とする州もある。

　自治体の政府形態を定め、政府の主要機関を明記しその権限を明確にしている。政府と住民との取り決めといえる。そのために、政府自身が勝手に変えることはできず、一般的には住民投票のような住民の承認が必要となる。まさに、自治憲章は自治体の憲法ということができる。

　自治憲章の1つである市憲章モデルが、全米市民連盟（NCL）から出されている。実際の憲章も同様な項目が条文に挿入されている。市（行政という意味での「市」ではなく、市政府としての「市」）の権限、市議会の権限と仕事、市長・市職員（法務官、書記等、市支配人）の権限と仕事、地区委員会の権限（大都市において）、行政各部の組織・権限・仕事、財務手続、選挙、イニシアティブ・レファレンダム、一般規定、憲章の改廃手続、経過規定、などの項目である（表2参照）。

　ここで議論している憲章の内容は、日本の場合、地方自治法や公職選挙法で画一的に規定されているものが多い。したがって、自治体が目指す抽象的なビジョンを宣言している日本の都市憲章・市民憲章とは意味を異にしている。最近では、自治のルール、最高規範として自治基本条例を制定する自治体が増加している。自治法や公選法の規制密度が強いとはいえ、自治基本条例は自治憲章の理念と通じている。なお、日本国憲法制定の際に提出されたマッカーサー草案第87条では、住民は、法律の範囲内において、みずからの憲章（charter）を作成する権利を奪われることはない、という内容のものがあった。ちなみに、現行日本国憲法では、住民ではなく地方公共団体の権利で、しかも憲章ではなく、条例（regulation）となっている（日本国憲法第94条）。

117

アメリカ合衆国

地方政府の仕事

　地方政府によって提供される機能には重複があるが、また同じレベルの政府でも異なっている。とはいえ、それぞれには特徴がある。

　カウンティは、刑務所、課税・徴税、警察、検屍、生活保護、道路、裁判、農業関係、保健、医療、検察、小・中学校、図書館の事務などである。自治体のサービスは、一般的には教育、警察、保健衛生、福祉、道路、消防、さらに水道，下水道、交通事業などの公営企業も行なっている。タウンシップの事務の範囲は制限されていて、道路、生活保護、教育、警察、消防等の事務である。徐々にカウンティや州にその事務が吸い上げられている。タウンは、自治体が担う事務を担当していることも珍しくはない。カウンティが担当している裁判所、刑務所、道路など以外は、タウンが主体的に担っている。学校区は、当然ながら公立学校の管理・運営を担っている。自治体やカウンティが教育を担うこともあるが、学校区が担う場合が多い。特定区は、消防、土壌保全、水道、下水道、住宅、都市再開発や中心市街地活性化など特別の事務を担っている。

　地方政府の事業を財政の側面から見ると次のようにいうことができる（表3参照）。カウンティ政府は、社会サービスに大きな予算を投資しているが、再開発にはほとんど関わっていない。自治体は都市の治安や都市社会資本の整備を行っている。学校区は公教育に、特定区は自治体とともに再開発や社会資本整備に主要には関わっている。

　社会サービス（福祉、医療、保険、刑務所）支出（575億ドル）は、カウンティ60.2％、自治体26.4％、タウンシップ0.6％、特定区12.8％、学校区0％。社会資本整備（高速道路や道路、下水処理、上水道、パークとレクリエーション施設、図書館）支出（699億ドル）は、カウンティ22.0％、自治体55.2％、タウンシップ5.7％、特定区17.1％、学校区0％。他の伝統的な市政府サービス（警察、消防、公衆衛生）支出（383億ドル）は、カウンティ20.2％、自治体70.9％、タウンシップ6.1％、特定区2.8％、学校区0％。再開発（公共交通整備、住宅コミュニティ開発、空港整備）支出（255億ド

表3　地方政府の責任の分割―地方政府別支出の割合（1986-87）―

(単位10億ドル　(括弧内％))

サービス類型	カウンティ	自治体	タウンシップ	特定区	学校区	総計
社会サービス	34.6 (60.2)	15.2 (26.4)	0.3 (0.6)	7.4 (12.8)	0 (0)	57.5 (100.0)
社会資本整備	15.4 (22.0)	28.6 (55.2)	4.0 (5.7)	11.9 (17.1)	0 (0)	69.9 (100.0)
他の伝統的な市政府サービス	7.7 (20.2)	27.2 (70.9)	2.3 (6.1)	1.1 (2.8)	0 (0)	38.3 (100.0)
再開発	24 (9.6)	9.1 (35.7)	0.2 (0.7)	13.8 (54.0)	0 (0)	25.2 (100.0)
教育	14.0 (8.4)	13.4 (8.0)	3.9 (2.3)	0.3 (0.2)	135.6 (81.1)	167.2 (100.0)

注：J. J. Harrigan, *Politics and Policy in States & Communities*, 6th ed., Longman, 1998, Table 7-2,を抜粋（原資料は Bureau of the Census, *Census of Government*, Volume 4）。

ル）は、カウンティ9.6％、自治体35.7％、タウンシップ0.7％、特定区54.0％、学校区0％。そして教育支出（1672億ドル）は、カウンティ8.4％、自治体8.0％、タウンシップ2.3％、特定区0.2％、学校区81.1％となっている。

　地方政府の数は、1970年代まで減少してきた（前掲表1参照）。この意味では、日本と共通である。学校区やタウンが減少した。しかし、それ以降全体として地方政府は増加に転じている。市町村の「大合併」の動きがなかったからである。連邦主義の採用、総務省のような地方自治を所管する省庁の不在、革命・敗戦といった「大事件」が国内にないこと、があげられている（辻：55）。より積極的な理由は、特定区が急増したことである。消防・上下水道・火葬等に加えて、住宅開発、市街地活性化や図書館建設といった大規模プロジェクトのための特定区が地方政府数の増加の大きな要因になっている。事業単位で受益と負担が明瞭な小さな規模の信頼が「健在」なのである。

地方政府の規模をめぐる2つの方向

　地方政府といっても、人口規模は異なっている。地方政府の人口規模は、日本の感覚でいえば決して大きいとはいえない。たとえ

アメリカ合衆国

ば、自治体（市町村）総数2万のうち、1,000人以下が約半数にも及んでいる。1万人未満で86.2%である。30万人を超える58市（0.3%）、20万人から30万人までは30市（0.2%）、10万人から20万人未満153市（0.8%）、1万人から10万人未満2,440市（12.6%）、となっている（2002年、表4参照）。カウンティやタウンシップも同様に小規模である。

地方政府の規模については、全体としてみれば小規模といえるし、急激な大規模化も進んでいない。しかし、アメリカ合衆国でも民主主義の重視と効率性の重視というそれぞれの視点から地方政府の規模をめぐる議論や制度改革もある（以下、辻：62-71、参照）。

まず、一方の大規模化への改革について確認しよう。小規模の自治体の「乱立」の問題が指摘されている。行政サービスの非近代化・不十分さ、小さな地域共同体による改善の困難さ、自治体間格差の存在、有権者が属する地方政府の多さ（連邦、州、カウンテ

表4　人口規模別の地方政府の数（2002年）

実数（括弧内%）

人口規模	カウンティ（総数3,034）	自治体（総数19,429）	タウンシップ（総数19,429）
30万以上	161（5.3）	58（0.3）	3（0.0）
20万—30万未満	84（2.8）	30（0.2）	3（0.0）
10万—20万未満	228（7.5）	153（0.8）	30（0.2）
5万—10万未満	383（12.6）	364（1.9）	97（0.5）
2.5万—5万未満	638（21.0）	643（3.3）	273（1.4）
1万—2.5万未満	869（28.6）	1,436（7.4）	773（4.0）
5千—1万未満	385（12.7）	1,637（8.4）	1,085（5.6）
2.5千—5千未満	173（5.7）	2,070（10.7）	1,909（9.8）
1千—2.5千未満	84（2.8）	3,677（18.9）	3,679（18.9）
1千未満	29（1.0）	9,361（48.2）	8,652（44.5）

注1：Bureau of the Census（U. S. Department of Commerce, Economics and Statistics Administration), Census of Government, Volume 1), Number 1 (Government Organization) より作成。

注2：市—カウンティ連合政府は、自治体として分類、6つのニューイングランド地域の州と、ミネソタ州、ニューヨーク州、ウィスコンシン州のタウンは、タウンシップに含めている。

ィ、市、学校区、特定区など6-8の異なる政府に属している（E. グリフス））による個々の地方政府への関心の低下、これらを解決する方向として大規模志向がある。市町村合併がなかなか進まない現状で、次の3つの方向が模索されている。

　1つは市町村の廃止である。ジョージア州では、憲章の剥奪（revoke）が行なわれた。市町村が提供していたサービスをカウンティによる提供も可能とした（州憲法修正第19条、1972年）。また、市町村合併等のための基礎調査・計画策定への補助制度を導入した（1993年）。さらに、不活動自治体法を制定している（inactive municipalities、1994年）。その法律では、警察、消防、道路建設維持、廃棄物処理、上水道事業、下水道事業、雨水処理、電気・ガス、建築規制、都市計画、レクレーション施設といった11の分野のうち少なくとも3つ以上を自治体存立の条件とした。その条件を満たさない自治体から憲章を剥奪した。この手続きによって、192の自治体が憲章を剥奪された（1994年—2001年）。このうち189は憲章が残っていたもののすでに活動していなかった自治体だった。一方的に州が剥奪したのは3自治体だけである。

　もう1つは、すでに指摘したカウンティと市の統合である。二重課税、二重サービスの解消として提起された制度である。人口10万人以上の市が約3分の2を占める。2万人以下は15.6%である。小規模自治体の解消とはいいがたい。

　そして、もう1つはカウンティの基礎自治体化である。メリーランド州では、カウンティの基礎自治体化は自治体の権限と財源をカウンティに集中することによって、カウンティを住民にとって身近な政府として再編している。初等中等教育、警察、消防、土地利用といった自治体の主要業務は、23のカウンティとボルティモア市が実施している。「その存在を知らないのが普通」なカウンティの基礎自治体化は、自治体の「既得権の強固さ」に阻まれて広がってはいない。

　こうした地方政府の大規模化の傾向とは逆に、小規模化の動向もある。1つは、市の設立である。1990年代にはいると、市の設立が盛んになっている。たとえば、ワシントン州キングカウンティでは、1970年代、80年代には0だったものが、1990年代には9市が設立されている。市の設立にあたっては、住民投票による。カリフォ

アメリカ合衆国

ルニア州でも90年代には市の独立が相次いだ。そのなかの1つキャニオンレイク市は、周囲を壁で囲まれている。3つの門には守衛がいてチェックをする。住民か招待客でなければ入れない。こうした「ゲイティッド・コミュニティ」だけではないにせよ、裕福な地域が「独立」することによって、カウンティ政府の収入が激減し、サービス低下に追い込まれているところもある。「独立したいと考える背景には、市民が政治とのつながりを失っていると感じていること」がある。「結局、連邦や州などの政治家たちが市民の信頼を取り戻すほかはない」といった論評もある（J.トーマス、朝日新聞特別取材班『政治家よ』朝日新聞社、2000年、211頁）。

もう1つは、自治体内分権である。ニューヨーク市のコミュニティボード（地区住民委員会）がある。大規模になった市の権限を、市を分割した59のコミュニティボードに委譲した（改正市憲章（1975年）、1989年改正で環境監視の権限を付与、人口12万人程度毎に設置）。都市計画や土地利用規制の意見反映、行政サービスのモニタリング、行政サービスに対する住民の苦情処理、地域に適した予算優先順位の設定と市予算編成への参加などをおこなっている。また、ニューヨーク州の特徴的な制度として、タウンの下に引き続きあって独自の警察や消防などのサービス提供や独自の都市計画・土地利用計画を行うための「村（Village）」の設置（村法）がある。人口（500人以上）、面積（5平方マイル以上）、住民による発議の要件がある。なお、自治体内分権は、ニューヨーク市、シアトル市、セントポール市をはじめ、10万人以上の市では多数派となっている制度である。

そして、もう1つは特定区の創設である。増加している特定区の主要なものがビジネス改善特定区（Business Improvement District: BID）である。ニューヨーク、ミルウォーキー、シカゴ、デンバー、ヒューストン、ロサンジェルス、ニューオリンズ、フィラデルフィアなど各市で設置されている。1980年代に中心市街地活性化のために創設された。州法に組織運営等が規定されている。この特定区は、一般的に開発業者、不動産所有者、商業者、商店街等が設置を要求することから出発し、設置には関係事業者、商業者の50-70％の同意が必要である。「清潔と安全」（ゴミ収集、公園管理、警備）や基盤整備（街路灯、街路整備、植樹）のほか、イベント・

アメリカ合衆国

お祭り・セールの開催、マップや広報レターの作成、などの活動を行っている。

地方政府形態の多様性
―住民による選択―

　地方政府は、多層で複雑であるとともに、その政府形態も多様である。カウンティは、委員会形態を基本にして、その弱点（執行部の弱さ）を克服するための制度改革が進んでいる（カウンティ管理者形態、カウンティ支配人形態、公選の執行部形態）。また、タウンには、6種類の政府形態がある。町民総会・理事会、代議制町民総会・理事会、予算総会・理事会、議会・議会（議会が立法権・行政権を持つ）、議会・町長、議会・支配人、である（小滝2004：180）。タウンシップでは半数がタウンシップ総会を有している。その有無にかかわらず公選の理事会を設置している。総会がある場合には執行の役割に限定されるが、総会のないタウンシップの場合には立法の役割も担うことになる。

　ここでは自治体政府（以下市政府）の形態を確認することにしたい。市政府形態には、市長―議会形態（Mayor-Council、構成比38％、以下同じ）である強市長形態と弱市長形態、それに議会―マネージャー（市支配人）形態（Council-Manager、53％）、委員会形態（Commission、1％）、タウンミーティング形態（6％）、代表的タウンミーティング形態（1％）がある（表5参照）。5つの政府形態が所与のものとして設定されているわけではない。別のデータでは「無回答9.4％」の他に、政府形態が「不確実（Not sure）」（0.2％）という市もある（ICMA, 1998）。政府形態自体が、市憲章に明記されている場合とされていない場合がある。また、市においても政府形態としてタウンミーティング形態を採用しているところもあることにも注意したい。

　なお、「伝統的カテゴリーにはきちんと落ちない構造的複合によって統治されている多くの自治体がある」（ICMA, 2003）。とはいえ、人口などの相違によってある程度規定されることになる。市長―議会形態は大規模市（後に述べる強市長形態）と小規模市（弱市

アメリカ合衆国

表5　最近の地方政府形態

分類	総数	市長―議会 数	%	支配人 数	%	委員会 数	%	タウンミーティング 数	%	代表制タウンミーティング 数	%	無回答 数	%
Total	4,244	1,611	38	2,248	53	49	1	236	6	38	1	62	2
人口													
1,000,000以上	4	2	50	2	50	0	0	0	0	0	0	0	0
500,000―1,000,000	8	7	88	1	13	0	0	0	0	0	0	0	0
250,000-499,999	23	12	52	11	48	0	0	0	0	0	0	0	0
100,000-249,999	104	29	28	75	72	0	0	0	0	0	0	0	0
50,000-99,999	226	60	27	161	71	2	1	0	0	3	1	0	0
25,000-49,999	487	164	34	302	62	1	*	5	1	11	2	4	1
10,000-24,999	996	326	33	562	56	18	2	59	6	11	1	20	2
5,000-9,999	973	353	36	503	52	13	1	81	8	8	1	15	2
2,500-4,999	938	448	48	396	42	10	1	63	7	4	*	17	2
2,500未満	485	210	43	235	49	5	1	28	6	1	*	6	1
地域													
New England	474	64	14	134	28	1	*	233	49	23	5	19	4
Mild-Atlantic	486	242	50	206	42	19	4	1	*	4	1	14	3
East North-Central	848	425	50	397	47	8	1	2	*	8	1	8	1
West North-Central	529	292	55	218	41	14	3	0	0	0	0	5	1
South Atlantic	569	131	23	427	75	5	1	0	0	0	0	6	1
East South-Central	201	148	74	48	24	2	1	0	0	0	0	3	2
West South-Central	391	119	30	266	68	0	0	0	0	2	1	4	1
Mountain	278	106	38	169	61	0	0	0	0	1	*	2	1
Pacific Coast	468	84	18	383	82	0	0	0	0	0	0	1	*
都市化													
Central	317	115	36	200	63	1	*	1	*	0	0	0	0
Suburban	2,484	912	37	1,323	53	30	1	144	6	34	1	41	2
Independent	1,443	584	41	725	50	18	1	91	6	4	*	21	2

注：総数が100％とならない場合がある。＊は0.5％未満。
出所：International City/County Management Association, *The Municipal Year Book 2003*（以下 ICMA, 2003と略記）。

長形態）で、市支配人形態は中規模市で採用されることが多い。委員会形態とタウンミーティング形態は、大規模市では採用されていない。

　政府形態の採用には当然ながら歴史的な特性がある。弱市長形態が一般的であった政府形態に、市支配人形態や強市長形態といった新たな制度が導入された。それは「20世紀初頭の革新的な政治改革運動の直接的産物」だった（カウンティ支配人形態の創出もこの産物）（Harrigan：163）。弱市長形態は権限が分散していて、工業化

や移民による人口増加に伴う新たな問題の発生には対応できなかった。そこで、強力なリーダーが必要となった。そこで、登場したのが政党である。大都市の多くで市政に政党が深くかかわり、政党による構造的汚職が広がった（マシーン政治）。それに対抗する市政改革運動が台頭することになった。市政改革運動は、非政党選挙制などの選挙制度改革を行ない、イニシアティブやレファレンダムの導入といった直接民主主義を再生させた。それとともに、政府形態の多様性、正確にいえば市支配人（シティ・マネージャー）制度も発見した。行政の脱政治化を狙った。

市政改革運動自体は、ボス支配、マシーン政治から腐敗のない非党派的な政治へと転換させようとしていたが、それ自体バイアス（偏り）を有していた。マシーン政治は、労働者や低所得者のためのバイアスがあったのに対して、「改革政治は、上層や中産階級上層の人々が市政に影響力を行使することをより容易にした」（Harrigan：169.）。こうした人口規模や歴史的な特性を注意した上で地方政府形態について確認しておこう（図1参照）。すでに指摘したように、混合形態もある。典型例として理解してほしい。

①市長―議会形態。この形態は、もっとも一般的な形態である。通常は1院制であるが、2院制を採用している市もある（エバレット、マサチューセツ）。議員の数は2名から51名程度までさまざまである。5,000人以上の市では7名程度である。市長の権限の相違によって、強市長―議会（強市長）形態、弱市長―議会（弱市長）形態に分けることができる。

強市長形態の市長は、予算を計上し執行するとともに、行政上のすべての権限を有している。その市長は、拒否権および市の管理職を指名し解雇する権限を有している。強力な権限の正統性は住民である。この市長は一般に住民から直接に選出される。

弱市長形態では、市長の指名権限は制限されており、議会全体が立法と行政の両者の権限を有している。管理職の多くは直接住民から選出されることが多い。市長は、行政運営を行う上で議会の同意を獲得しなければならない。市長は拒否権を有してはいない。正統性の根拠は直接住民ではなく議会にある。つまり、「市長はしばしば住民によって直接というよりも選挙された市議会議員から選出さ

アメリカ合衆国

図1　多様な地方政府形態

〔弱市長形態〕

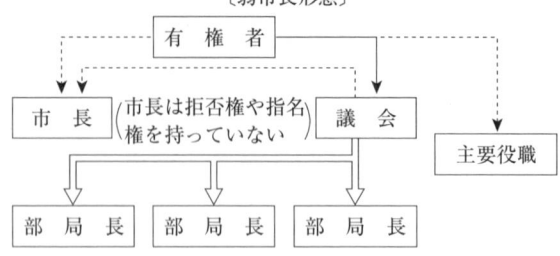

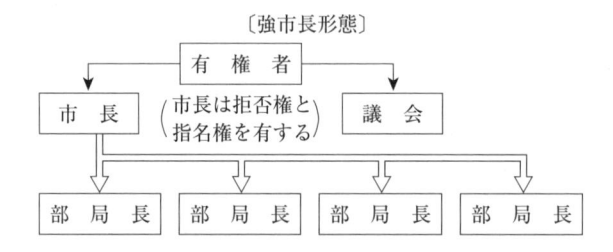

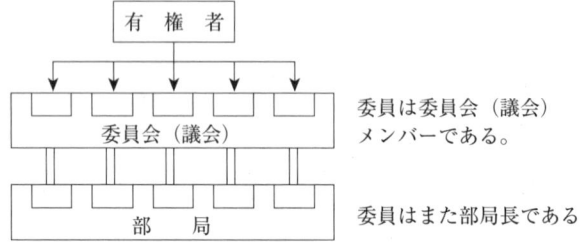

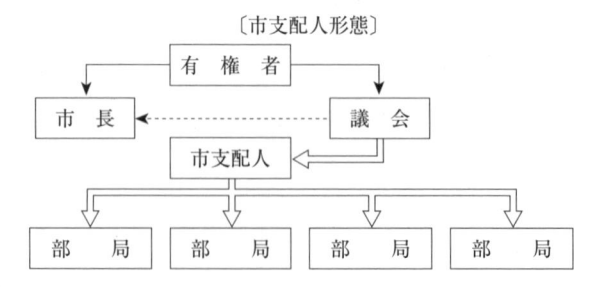

```
              有 権 者
         ┌──────┼──────┐
         ↓      ↓       ↓
       市 長  （市長は拒否権や指名  議 会      主要役職
              権を持っていない）
         ↓      ↓       ↓
       部局長  部局長   部局長
```

〔強市長形態〕

```
              有 権 者
         ┌──────┴──────┐
         ↓              ↓
       市 長  （市長は拒否権と    議 会
              指名権を有する）
         ↓   ↓   ↓   ↓
       部局長 部局長 部局長 部局長
```

〔委員会形態〕

```
              有 権 者
         ↓  ↓  ↓  ↓
       委員会（議会）          委員は委員会（議会）
                              メンバーである。
       部　局                  委員はまた部局長である
```

〔市支配人形態〕

```
              有 権 者
         ┌──────┴──────┐
         ↓              ↓
       市 長  ←------   議 会
                         ↓
                       市支配人
         ↓   ↓   ↓   ↓
       部局  部局  部局  部局
```

〔凡例〕
──→　選挙あるいは選出　　------▶　選挙あるいは選出の場合あり
⇒　　指名あるいは指揮監督

れる」という議論もある（Burns et al.：188.）。市長は議会議員によって互選されるのである。しかし、別のテキストには、弱市長形態でも市長は直接住民によって選出されることになっている（手元のテキストはどれでもよいが、たとえば、R. D. Bingham and D. Hedge, *State and Local Government in a Changing Society*, 2nd ed., 1991：220, 参照）。弱市長形態を、市長の権限が弱い形態という意味で理解することが妥当であろう。

　弱市長形態は、小都市の時代に構想されている。それに対して、都市が大規模化し、政治的行政的リーダーシップが必要になると、「市長は、政策形成へ関与するようになってきており、市の行政は市長の指導下で集権化されてきている」（Burns et al.：189）。

　②委員会形態。この形態は、危機管理への対応からうまれた。1900年に、テキサス州ガルベストンは暴風雨に襲われ、6,000人以上の人命と多くの財産が失われた。市長や議員は、こうした事態に対応できず、港を改善しようとしていた経営者が、権力を握るようになった。かれらが構想したのが、5人に政府権力すべてを集中させる政府形態である。

　この形態の委員（議員）は通常5人、時には7人である。かれらは集合的には議会を構成するが、個別的には行政の管理者（ある議員は都市計画部長、ある議員は公園管理部長といったように）となっている。したがって、多くの委員は常勤として勤務することになる。委員の1人が互選によって市長となるが、市長であっても権限は他の委員と同様である。市長の権限は弱いにせよ、数人に権限を集中させることは権力分立の観点からすれば危険という考えもある。そこで、イニシアティブ、レファレンダム、リコールや、非政党選挙を導入している市もある。

　委員会形態は、急激な人口増加のなかでその魅力は失われ、政党リーダーや市政改革運動家はその形態に失望していった。たしかに、委員会形態は、弱市長形態よりは統合化された形態であるが、「責任ある1人の長のいない」形態だからである。「結果として、委員会〔形態〕の市は5人あるいは7人の市長を有している」（Burns et al.：189.）。1917年には500市以上あったが、1995年には約170市に、2001年には約50に減っている。多くの市は、強市長形態や、市支配人形態に移行している。大都市では、強市長形態に移行

することが多い。

③市支配人形態。市政府形態としては最もおそく立ち現われたのが市支配人形態である。議会が市支配人を指名し、その支配人の活動を監督する形態である。「いくつかの教科書が示していることとは反対に、市支配人〔形態〕の市長は、時には強力な政策上および政治上のリーダーであるとともに政治権力の執行に際しては支配的な影響力を行使する場合もある」(Burns et al.: 191)。

1908年に、バージニア州の小都市スタウントン市が、行政運営を担うマネージャーを指名したのに興味を示し、R. チャイルドが考案したといわれている。この構想は、市政改革運動家にも、経営界のエリートにも受け入れられた。議員は、ビジネス感覚を有した一種の部局として活動し、専門家がこれらの政策が効果的に運営されるかどうかという観点から検討し、行政を運営することになる。

市支配人形態は、中規模市では一般的な傾向となっている。

④タウンミーティング形態。市政府形態として、タウンミーティング形態もあげておきたい。ニューイングランド地域のタウンのタウンミーティングは有名である。メーン州では約400のタウンのほかに22市で、バーモント州では、約200のタウンのほかに8市がタウンミーティングを利用している。タウンミーティングは、直接民主制として知られている。市民が、直接に政策形成に参加する制度である。実際に、政府の行政を運営しているのは部局であるが、それを選出するのがタウンミーティングの参加者なのである。タウンミーティングは、直接民主制の理想にもかかわらず、「一般的には、政治的、政策形成上のリーダーシップを発揮するのはベテランの活動家たちである」(Burns et al.: 181. なお、タウンミーティングを「代表的タウンミーティング」に修正しているものもある)。

タウンミーティングは、衰退してきているといわれている。実際に、数も減少したり、議論だけの場としてミーティングを利用するように修正したりしている。しかし、メーン州では、引き続き重要な制度である。

政府形態等の変更はある。政府形態の変更は、1986年承認67（提案129、以下同じ）、1991年42（105）1996年106（216）、2001年81（180）。議員数の増加は、1986年48（75）、1991年53（100）、1996年146（78）、2001年35（60）。市長選挙の方法の変更は、1986年44

アメリカ合衆国

表6　地方政府形態の変化

いままでの形態	総数	市長−議会 提案	市長−議会 承認	支配人 提案	支配人 承認	委員会 提案	委員会 承認	タウンミーティング 提案	タウンミーティング 承認	代表制タウンミーティング 提案	代表制タウンミーティング 承認
市長−議会	55			55	25	0	0	0	0	0	0
支配人	20	19	2			0	0	1	0	0	0
委員会	7	1	1	6	5			0	0	0	0
タウンミーティング	8	1	1	7	3	0	0			0	0
代表制タウンミーティング	5	2	1	2	2	0	0	1	0		

出所：International City/County Management Association, *2008 The Municipal Year Book.*

(81)、1991年38（72）、1996年33（55）、2001年15（38）、大選挙区から地区選挙への変更（後の議論とは異なるようではあるが、大選挙区制からの変更が進んでいる。なお、詳細は別途検討しなければならないがこの移行には「混合」も含まれていると思われる）は、1986年68（214）、1991年86（169）、1996年74（140）、2001年23（66）。このように、政府形態は一定ではないことがわかる（ICMA, 2003）。政府形態の変化を、政府形態別にみると、市長―議会形態が支配人形態に、また、委員会形態が支配人形態に移行するものが多い（表6参照）。支配人形態が市長−議会形態（恐らくは強市長形態）に移行する提案は多いが、承認はほとんどされていない。

開放的な議会
―市長、議会、議員の活動と実際―

　自治体（市町村）政府は、すでに指摘したように、消防、警察、道路とその維持、上下水道、ごみ収集、建築許可、図書館、駐車場、レクリェーション施設、その他の社会サービス、などに従事している。さらに市政府は、土地利用に関する膨大な権限を有している。市支配人あるいは市行政管理者（City Administrator）および地方公務員は政策形成過程に参加しているが、その第一義的な役割は自治体の効率的サービスの実施や計画に責任を持っている。重要

な権能を有し条例（ordinances）を議決し、地域の統治や市民の福祉についての議論を行うのは、議会なのである。なお、議会 Council が一般的な名称ではあるが、人口の小規模な市では、Board、Selectmen、Trustees という用語が用いられる場合もある。

　アメリカの市議会は、議員の討議が中心となっている。討議の途中で住民が手を上げて質問し意見を述べる時間が設けられている議会もある。市長や議員は聴きっぱなしというわけではなく、意見表明を行った者に質問もする。議場は開放型議場ともいってよい。高校の教室を想定するとよい。パネルデイスカッションのように、前方に議員が座り（高くなっていることが多い）、生徒席に住民が座る。それは、傍らで聴く（傍聴）というイメージではなく、参加者としての住民席なのである。市長が議会の構成員の場合、市長は議員の真ん中に座る。議場は、傍聴席の一番前には発言席がある。そこには、議員席（演壇）に対するように、机と椅子、それにマイクが設置されている。議員席の側面に、市支配人、法務担当者、レコーダーなどの席がある議会が多い。議場は、フィラデルフィア、テキサス州のダラス、ボストンなど立派なものがあるが、総体的に見て会議室・ホールといったものである。

　なお、ユタ州ノース・バントフルカウンティの自治体では、正式な議会では、住民による発言は極力避けている。それにもかかわらず、別途公聴会が開催され、そこで住民の声を聴くというシステムが採用されている。ここでも、住民が議会の議論にかかわる空間となっている。住民が直接に意見を述べることのできる議会は、間接民主制にのみ位置づけることはできない。

　地方自治の実際を概観したい。とはいえ、地方政府形態の相違によって、その実際には大きな開きがある。たとえば、首長が公選となっている市と、議員から市長を選出している市とでは、当然常勤と非常勤の割合が異なる。また、市支配人形態では、市長の常勤比率が下がる。こうした、地方政府形態の相違のほか、人口規模、地域（結局は歴史）、地域特性（都市と農村）といった要因にも影響されている。本章は、あくまで概観を主たる目的としている（詳細については、その都度指示している参考文献を参照してほしい）。

①重要な議会の役割
―3分の2が市長も討議に加わり議決に参加する議会の構成員―

議会の権限は、多様だといってよい。強市長形態は市長の権限が強い。また当然ながらタウンミィーティング形態は総会に決定権限がある。それら以外は、都市憲章に明記されているもの以外、市のあらゆる権限は、議会に付与されていると考えてよい。その際、一般に議会は市の法律を制定し、必要とあればそれを変更する。また、市の政策を決定し、基準をセットする。常任委員会を設置している市は54％である（ICMA, 2008）。

また、議会の構成も多様である。市長が議会の構成員である場合も、そうではない場合もある。市長が議会の構成員である市は65.0％にのぼる（ICMA, 1998）。構成員としての市長は常時議会に出席して、議員とともに議論し、程度の差はあれ、その後議決権を有することを意味している。

②市長の活動―常勤の市長は15％―

市長といっても、政府形態の相違によって、また選出方法によって、その権限はさまざまである。議会に対して拒否権を有している市長は28.1％である。強市長形態では拒否権を持つ傾向がある。73.7％の市長は直接選挙で、23.3％の市長は、議員のなかから選出される（ICMA, 1998）。市長を直接選挙する市すべてが強市長形態であるわけではないことは注意してほしい。

市長はボランティア政治家がほとんどである。市長の常勤（フルタイム）は15.0％に対して、非常勤（パートタイム）は85.0％にのぼる。しかし、強市長形態が多い大都市では、常勤が多い。100万人を超える市では100％、50万人から100万人までの市でも85.7％が常勤である（ICMA, 1998）。

任期は、4年間かそれ以上が最も多く48％、2年間は33％である。1年間は15％、3年間は6％である。実際の任期は、平均5.4年（最高36.0年（市支配人形態））（ICMA, 1994）。なお、市長の任期制限は9％だけで導入しているにすぎない。任期を導入する改革運動は1990年代に高揚している。

市長の社会的経済的属性について確認にしたい。男性87.0％、女性13.0％、人種では白人が圧倒的に多い（95.6％）。アフリカ系アメリカ人2.1％、ヒスパニック1.8％、アメリカインディアン0.3％、ア

ジア系アメリカ人0.2%、である（ICMA, 1993）。少し古いデータなので、いまでは女性やマイノリティが増えているであろう。

アメリカ合衆国の典型的な市長の特徴を確認にしたい（Burns et al.:192-193）。大学卒業で、草の根の政治家の経験があり、経営か法律の専門家で、年代では40歳から50歳である。性別では、ほとんどは男性であるが、大都市では女性の市長も増大している。ピッツバーク、ヒューストン、ダラス、サンヂィエゴ、サナアントニオ、ワシントンDC、などである。3万人以上の自治体政府の約20%の市長は女性である。また、300以上の市長は、アフリカ系アメリカ人である。アトランタ、バルチモア、デンバー、デトロイト、オークランド、サンフランシスコ、セントルイス、シアトル、ニューアーク、ワシントンDC、などである。大都市の市長では、85,000ドルから160,000ドルの、中規模都市では40,000ドルから80,000ドルの年収を得ている。

政党政治は市政府の特徴としては、今日衰えている。しかし、市長が政党リーダーである場合、候補者指名、組織内部対立にかかわるとともに、市の政党組織を支配している。市長は、議会との関係でいえば政治的である。議会の支持を得るために政党組織を利用する場合もある。市長が十分な政治的人格的な影響力をもっていないならば、市長は弱体化することになる。

③専門家と議会との関係—支配人の任免権は議会に属する—

市支配人形態の市支配人と議会との関係がまず問われなければならない。任免権は議会に属する。市支配人は、議会によって議会の政策を継続するために、市の行政管理者として採用される。市部局の調整、市の条例（law, ordinance）の執行と政策の適用、予算の執行、議会への勧告、情報提供、公務員の指名・停職・解職、不平の調査などを行う。

支配人は、男性（88%）で、40歳代（24%）・50歳代（24%）、修士号取得者（60%）、17年の就任期間（移動を含めて）、が標準形である（ICMA, 2001）。

④議会の開催—定期に開催される通年議会—

議会は、月2回69.1%が最も多い。1週間に1回以上7.0%、月3回3.4%、その他は月1回かそれ以下である（ICMA, 1998）。一般に、議会の開催日は、月々の第何週の何曜日と決まっている。開催

日、開催時間が決まっているがゆえに、住民は関心をもちやすい。

　大都市は別として（小さな市のオレゴン州キングシティは昼間開催であるが、その理由は住民が極端に高齢化しているためである）、議会や公聴会は通常夜間開催される。議員自身が職を持っている人が多いためである。ホーム・ページの情報量にはかなりの開きがある。次回の議題や前回の議題を含めて大量の市議会情報を入手することのできるホームページもある。さらには、市長や議員に意見を書くことのできる場が提供されているものもある。なお、議会だより（議会報）は、議題の紹介だけのものや、市報との合同、コミュニティ新聞への掲載という場合もある。ヒスパニッシュ系住民が多い市では、英語とスペイン語が併記された議会報を発行しているところもある。

　また、オレゴン州ヒルスボローでは、ホームページで、視聴覚身障者の傍聴（参加）者のための支援制度を利用するように呼びかけている。さらに、議会開催の48時間前までに申請をすれば、手話通訳や2か国語の説明が無料で提供される。

　経験則的にいえば、議会の傍聴（参加）人数（議会の平均）は、実際にはけっして多いとはいえない。傍聴（参加）者は、議題によって当然変化する。土地利用計画や税金を対象とした議会には傍聴（参加）者も多くなるとともに、住民の発言も活発となる。

　⑤議員の人数—平均6人という小規模議会—

　議員数も多様であるが、一般に少ない。すでに指摘したように委員会形態は5人ないしは7人、市長—議会形態は2人から51人といったように市憲章などで決めている。平均では6人（男5人、女1人）である（ICMA, 1998）。シカゴ（50人、人口290万人）、ニューヨーク（51人、人口800万人）が例外だと考えてよい。

　人口段階別では、100万人以上で14人、50-100万人未満で14人、25-50万人未満で9人、10-25万人未満で7人、5-10万人未満で7人、2万5千人-5万人未満で7人、1万人-2万人5千人未満で6人、5千人-1万人未満で6人、2千5百人-5千人未満で6人、2千5百人未満5人である（小滝2005：73）。

　女性は、議員数が多い方が当選しやすい（ICMA, 1993）。定数10人以上では女性議員の構成比が20.8％であるのに対して、定数4人未満では14.9％と激減する。

⑥議員の報酬―無報酬や実費弁償程度が多い―

大都市の議員の報酬は別として、大半の議員は無報酬か少額しか支給されていない。無報酬（完全無給）15.4％、報酬（salary）ないし手当（stipend）の支給が84.6％である。それでも、全国平均で50万円程度が支給されているに過ぎない（小滝2005：73-74）。

ボランティア政治家が多い。そもそもボランティア政治家とは、経歴を積もうとしている職業的政治家ではなく、市民的義務として活動している選挙される公職者を指している。都市近郊地域では一般的な傾向といえる。

⑦議会事務局―議会支援の制度―

議会事務局を設置していないのは3分の1程度である。設置している議会では、平均して常勤2名、非常勤1名である。人口100万人以上平均156名（すべて常勤）、50万人-100万人未満32名（うち常勤28名）、25万人-50万未満17名（うち常勤12名）、10万人-25万人未満5名（うち常勤3名）となっている（小滝2005：73）。人口規模が多くなるほど、事務局体制が充実している。

⑧議員の社会的経済的属性―圧倒的に多い白人―

女性議員は22.3％となっている（ICMA, 2003）。人種では、白人が圧倒的に多い（87.5％（括弧内1986年93.6％））。アフリカ系アメリカ人5.6％（4.0％）、ヒスパニック2.6％（1.8％）、アメリカインディアン4.0％（0.3％）、アジア系アメリカ人0.3％（0.2％）、である。徐々にではあれ、マイノリティが増加している。年齢別では、18-39歳13.1％（22.9％）、40-59歳60.3％（58.2％）60歳以上26.6％（18.8％）となっている。議員の世界では高齢化が進んでいる。弁護士や企業幹部が比較的多い。

⑨議員の任期、および任期制限―任期制導入は1割程度―

任期は、4年以上が最も多く（71％（大選挙区）、59％（選挙区））、ついで2年間（22％（大選挙区）、37％（選挙区））で、3年間（7％（大選挙区）、4％（選挙区））である（選挙区では1年間0.2％）（ICMA, 1994）。規模が大きくなるに従って4年以上が多くなる。

任期制限は、全体の9％にある（ICMA, 2003）。支配人形態では13％であるのに対して、市長―議会形態では5％となっている。また、大規模市ほど任期制を導入している。25万-50万人未満44％、

50万人-100万人未満29％、100万人以上100％である。権力集中への危惧によるものであろう。なお、導入率が低いのは、転職率が高いためだといわれている（D．サッフェル）。

地方選挙制度の多様性

　市議会議員や市長の選挙制度の一端を見ることにしたい。さまざまな選挙制度で選挙が行われていることが理解できる。その選挙制度は、一般に市憲章などで住民自身が決める。アメリカ政治学は、選挙研究を発展させてきた。その研究は、国政の選挙に向けられ、「地方選挙タイプは、いままでは徹底的には研究されてはいなかった」（J. W. Smith and J. S. Klemanski, *The Urban Politics Dictionary*, ABC-CLIO, Inc., 1990, p. 177.）。とはいえ、市の選挙制度を理解する上での基礎知識を従来の研究業績から得ることは可能である。歴史的に見た選挙制度の変化、選挙制度類型から地方選挙制度の一端を確認しよう。

(1) 改革選挙制度―非政党（nonpartisan）選挙、大選挙区（at-large）選挙―

　市の選挙を含めて地方レベルの選挙システムは、さまざまである。しかし、一般に政党（partisan）選挙、地区（wardあるいはdistrict）選挙から、非政党（nonpartisan）選挙、大選挙区（at-large）選挙へと移ってきている。こうした転換は、20世紀初頭の市政改革運動と関連がある。市政改革運動は、政治マシーンに対抗するために、パトロンのやり方とは異なる方法でのサービス提供、競争入札、市支配人形態の導入、これらとともに非政党、大選挙区選挙を提唱し実践していたからである。このような視点にたてば、「改革選挙制度」と「改革なき選挙制度」に区分して、選挙制度を理解することは順当である（Harrigan : 123）。

　すでに指摘したように、大選挙区からの改革が行なわれている。大選挙区制度導入60.9％、である。たしかに、大選挙区制度導入市の数は多いが、小選挙区を併用した混合も22.3％となっている（小選挙区16.8％）（ICMA, 1998、時系列ICMA, 2003）。非政党選挙制度導入は76.0％となっている。

「改革選挙制度」は、非政党で大選挙区の選挙制度として特徴づけられるが、さらに「投票登録、投票、そして計算の際の投票のごまかしを防止してもいる」。反対に、「改革なき選挙制度」は、政党選挙で地区選挙として特徴づけられる。投票のごまかしに対する保護策は欠如している。前者は、近郊都市や西海岸で、後者は東部、中西部、南部の中心都市で支配的である。「改革選挙制度」の現実は、投票者を減少させたことだといわれている。「投票しない傾向は、貧困層の間で非常に高くなる傾向があるが、改革選挙制度の1つの不可避的な偏向は、選挙過程への貧困層の影響を減少させた」ことである（Harrigan：123）。結果として、「非政党選挙は、政党選挙よりもよりステイタスの高い議員を生み出す。大選挙区制をともなった非政党選挙は、地区選挙をともなった政党選挙に対して、この相違を拡大している」。

(2) 選挙制度類型—多様な選挙制度—

「改革選挙区制度」は、すでに指摘したように非政党・大選挙区として、「改革なき選挙制度」は、政党・地区選挙として特徴づけられる。

一方で、地区選挙は、マシーン政治と結びつきやすく、マシーンは政党組織として定義でき、票と利益との交換政治なのである。つまり、マシーンは「小さな地区政治と同様な原理に基づいている」(E. C. Banfield and J. Q. Wilson, *City Politics*, Vintage Books, 1963, p. 92.)。それに対して、大選挙区は「市『全体』のために活動する」議員を選出することになる (*Ibid.*)。そこでは、「議員は政党事務所の『つかいばしり』ではもはやない」(*Ibid.*, p. 93.)。したがって、非政党選挙が妥当することになる。

以下、選挙制度を地区選挙と大選挙区の細分化によって理解することにしたい（括弧内の数字は構成比、S.A. Macmanus, "City Council Election Procedures and Minority Representation : Are they Related ?", *Social Science Quarterly*, 59（June 1978), pp. 154-155.）。

①居住区域の制限のない大選挙区選挙制度（44.0％）。得票総数の上位から、必要な議員数までが当選となる。

②ポジションによる制限のある大選挙区選挙制度（2.5%）。議員はそれぞれあるポジションを争う。たとえば、3議席をめぐる選挙だとすれば、ポジション1、2、3ごとに選出される。その場合、市全体で選挙が行われるが、選挙者はそれぞれのポジションごとに1候補者ずつを投票する。強力な議員のポジションには、その他の者は立候補しにくい。逆に弱い議員、問題のある議員のポジションには、その他の者は立候補しやすい。

③全議席に地区居住条件が付与されている大選挙区選挙制度（6.6%）。市は地区ごとに分割され、候補者は地区に居住していることが条件となる。つまり、地区ごとの選挙戦ともいえるが、投票者は地区ごとの居住者（選挙者）ではなく、市全体の住民（選挙者）である。

④地区居住とポジションとが結合した大選挙区選挙制度（2.8%）。いくつかの議席は、地区居住条件のないポジション議席であるが、他の議席は、地区居住条件が付与されているが、どちらも市全体選挙である。

⑤混合選挙制度（23.5%）。いくつかの議席は市全体の大選挙区で選出され、その他の議席は、居住条件が付された地区から選出される。

⑥小選挙区制度（14.8%）。地区ごとに1人ずつ選出される制度である。候補者は地区居住が条件となり、その地区居住の住民（選挙者）だけから選出される。

⑦部分的に混合した選挙制度（5.8%）。議長は議会の構成員で、市全体で選挙されるが、議員は地区から選挙される。

(3) 部分改正選挙と完全連記

　選挙制度類型とはいえないまでも、選挙を理解する上で必要な基礎知識を確認したい。1つは、部分改正選挙制度（Staggered System）についてである。任期が1年あるいは2年の場合、一括選挙（全議席改正）が一般的であるが、任期4年の場合2年ごとに議席のほぼ半数の議員選挙を行なうという部分改正選挙という制度もある。たとえば議員が6人ならば2年ごとに3人ずつ入れ替わる制度である。

　第2は、完全連記制度の導入である。居住区域の制限のない大選

挙区選挙制度の場合、3議席をめぐる選挙ならば、選挙者はそれぞれ3人ずつ支持し投票することができる。ポジションや居住地区による制限のある選挙でも、大選挙区制度の場合には、選挙者は、それぞれにつき1人ずつ、ポジションや地区の数だけ選出する。

第3は、選挙登録制度である（投票の前提としての選挙登録）。アメリカ合衆国の選挙を行うためには、有権者は選挙登録をしなければならないことは周知のことである（ノースダコタ州はその限りではない）。登録は州ごとに行われるので、登録用紙は州によって異なる。たとえば、オレゴン州では、オレゴン州の住民、アメリカ合衆国の国籍の保有、18歳以上（選挙日までに）が登録の条件となる。これらを確認するほか、住所、氏名、生年月日、支持政党を明記する。したがって、投票は、登録した者による投票となる。すべての登録者が投票するわけではない。投票率は、登録者に対する投票者の割合となる。

なお、稀ではあるが、累積投票制や優先投票制も採用されている（小滝　2005：71）。累積投票制は、5議席改選の場合、有権者は5票持つが、この5票を同一候補に投じることも、あるいは分散して（5人でも、2-3人でも）投票することができる。テキサス州アンドレーやイリノイ州ペオリアで採用されている。また、優先投票制は、有権者が候補者に優先順位を付けて投票する。マサチューセッツ州ケンブリッジで採用されている。

地域経営の実際
―地域政治過程―

　　　　アメリカ合衆国の地方政府の運営の実際を2つの自治体から確認しておこう。この2つを取り上げた理由は、全国町村議会議長会が調査した詳細な報告があること、しかも同じ州（ニューヨーク州）の中でも相違があることを確認したいためである。

　　　　政府形態、首長や議員の選挙制度、議会の役割と政治過程、議員の役割、議会・議員活動の支援などを中心にそれぞれの市町村の地域経営を考えることになる。

(1) キングストン市の地域経営
　① キングストン市の政府形態
　キングストン市の政治過程を具体的に見ておこう。市長―議会形態（強市長形態）を採用している。議会の下に4つの常任委員会がある。
　議会は10名の議員よって構成されている。そのうち議長は住民から特別に選出される。別に選挙された市長（Mayor、憲章上はPresidentでありCEOの役割を担う）は、議会の構成員ではなく、議会に対して毎年一般教書演説を行なう。市長は、議会が決定した条例を拒否する権限を持っている
　選挙区選挙であり、9の選挙区から各1名ずつ、および市内全域から1名（議長）を選出する。議長以外の議員（選挙区選挙）の任期は2年で、議長は4年でそれぞれ直接選挙である。予備選挙、部分改正選挙は行なっていない。被選挙権は、18才以上で選挙区選挙の議員はその選挙区内、議長はキングストン市内に居住が要件である。
　② 議会の役割と政策過程
　議会の法律上の主な役割と機能は、条例制定、市長・議長・会計監査役の年俸の決定および改正、市行政・職員の監督、市職員の給与の規定、市行政の各部門の事務規定（Administrative Code）の作成および組織改正時の規定修正、条例・規則・公示等の公式発表を行う新聞を1紙指定、特別選挙の開催、といった事項である。市の広報あるいは議会だよりを発行せず、地元のコミュニティ新聞に掲載するといった興味深いことも行なっている。
　会期制度はなく、年間を通じて議会活動が行われる。本会議の開催は月1回の定例で第1火曜日午後7時30分に開催される。委員会は平均月1回程度開催される。定例日はなく委員会が決定する。
　議案提出権は、議員個人、市長、一般市民（請願書による）にある。すでに指摘したように可決された議案に対する長の拒否権はある。条例の立法過程を追ってみよう（図2参照）。「議会にて審議・投票が行われ、通過した条例案は、市長のもとに送られる。市長は、これらの条例案を承認または拒否するという意思を書面にて示す。拒否された条例案は、議会に差し戻され再度投票が行われるが、全議員の3分の2以上が承認した場合、市長の意思に関わら

アメリカ合衆国

図2　キングストン市の立法過程

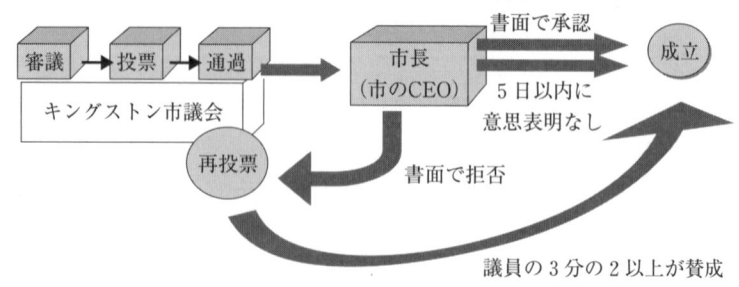

審議 → 投票 → 通過 → 市長（市のCEO） → 書面で承認 → 成立
キングストン市議会
5日以内に意思表明なし
再投票 ← 書面で拒否
議員の3分の2以上が賛成

出所：全国町村議会議長会の調査報告書『米国及びカナダの州及び自治体の議会制度について』。

ず、条例として設立する。また、市長による意思表示が5日以内（日曜を除く）にない場合は、市長は条例案を承認したものとみなされる。」「議案の審議は本会議中心となっており、読会制度は特に設けられていない。質問・答弁は議長の指示によって行われる」。

立法過程における議会と住民との関係では、すでに指摘したように、一般市民は請願書による議案を提出することはできる。そもそも、本会議では住民が意見を述べることのできる時間が30分間設けられている。住民はどのような議題についても意見を述べることができる。その他公聴会で意見表明ができる。

③　議員の役割

議員の法律上の権限として、議案提出権、発言権、動議提出権、動議撤回権、表決権、特別会議招集権がある。発言権では、制限というか権利というかは微妙であるが、「議員は会議中、15分にわたる発言を2回行うことができる」。

④　議員活動の支援

議会事務局は設置されず、秘書制度もない。議員の報酬は6,500ドル（約70万円、年俸）。議長は8,500ドルである。市長は常勤のため生活給として6万ドルである。

(2) ニューロシェル市の地域経営

① ニューロシェル市の政府形態

ニューロシェル市の政治過程を具体的に見ておこう。支配人形態である。委員会制度は採用していない。

議会は7名の議員よって構成されている。議長を兼ねた市長も議

会の構成員である。6の選挙区から各1名ずつ、および市全域から1名（市長兼議長）を選出する。任期はすべて4年間で直接選挙である。予備選挙、部分改正選挙は行なっていない。被選挙権は、18才以上でニューロシェル市内に1年以上、選挙区に6か月以上居住していることが要件となっている。

　市長を長とする議会は市支配人を指名・罷免する。市支配人が市の行政府の管理をする。市支配人は、議会に対して行政に関する提言・財政状況の報告をし、予算案の提出等を行なう。市長は儀礼上の行政府トップとなっている。

② 議会の役割と政策過程

　議会の法律上の主な役割と機能は、市支配人の任免権のほか、市職員の給与額決定、議員の選挙権および資格審査の実施、議会規則の制定、審議の順番、及び違反議員への懲罰、市の問題解決・市行政の運営・政策実行・市の財政状況に関する年間計画・目標の策定、市長の不在の際の市長代行の任命（議員の中から）、選挙に関する規則の策定、といった事項である。

　会期制度はなく、年間を通じて議会活動が行われる。本会議の開催は月2回の定例で第2・3火曜日（第2火曜日午後4時に、第3火曜日の開催時間は第2火曜日に決定）に開催される。

　議案提出権は、議員個人、市長、一般市民にある。市長は議長であるとともに、市の代表となり、毎年教書演説を議会で行なう。立法過程を追ってみよう（図3参照）。「議員、シティーマネージャー、もしくは一般市民（請願書による）は条例・修正案を提出することができる。一旦提出された条例案等は、1度インフォーマルな

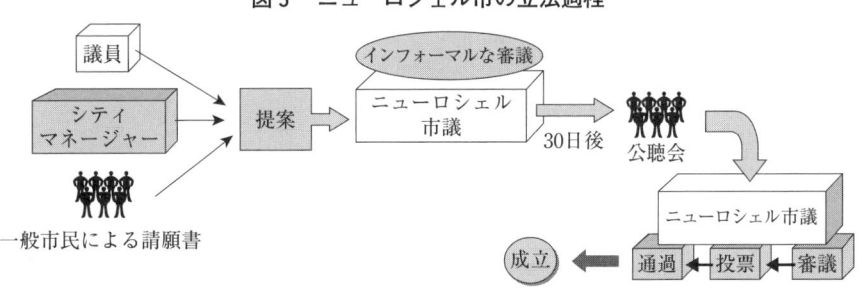

図3　ニューロシェル市の立法過程

出所：全国町村議会議長会の調査報告書『米国及びカナダの州及び自治体の議会制度について』

形で議会によって審議され、通常会議の会議事項に記載されるか否かが決定される。会議事項に記載されるよう決定された条例案については、公聴会が30日後に開催され、次の通常会議で審議・投票が議員によって行われる。議会を通過した条例に対して市長は拒否権を持たないため、条例はそのままシティーマネージャーによって執行される。/公聴会を開き、正式な会議で審議・投票を行う前に、インフォーマルな審議の場を設けるという制度は、全米でみて稀なケースとなっている」。

「議案の審議は本会議中心となっており、読会制度は設けられていない。議員は議長の承認を得て質問し、答弁は該当の議員もしくは議長が行う」(ティモシー・イドーニ氏とのインタビュー(全国町村議会議長会調査2004年8月17日))。

立法過程における議会と住民との関係では、一般市民は請願書によって議案を提出することはできる。そもそも、毎月第2火曜日の会議では、公聴会が実施される。公聴会の開催告知は、議決予定の条例案とその説明文を併せて市の公式新聞に公聴会開催の5日までに掲載される。

③ 議員の役割

議員の法律上の権限として、表決権、動議提出権、特別会議招集権、議案提出権、修正権、発言権(ただし、長時間に渡る演説などによる議事妨害(Filibuster)は禁止)、質問権がある。

④ 議員活動の支援

議会事務局は設置されず、秘書制度もない。ただし、支配人やクラーク(総務部長)が援助する。ちなみに、市支配人とクラークの任免権は議会にある。議員の報酬は23,000ドル(約250万円、年俸)。議長(市長)は63,500ドルである。そのほか、広報・印刷のために各議員は2,500ドルを受け取る。また、毎年各議員は、2,000ドルを割り当てられ、秘書やスタッフを採用することができる。市長には常勤の秘書がつく。

政策形成を支援するために、ピース大学自治体法研究所(Municipal Law Institute at Peace University)、ニューヨーク市長会(New York Conference of Mayors)に調査を委託することがある。また、環境関連の政策についてはコンサルティング会社に調査を委託することがある。

むすびにかえて

　多様な自治制度を持つアメリカ合衆国の地方政府を概観してきた。「実験室」といわれる理由も了解できたように思われる。住民自身の意欲がこの自治制度の多様性を創りだしているといってよい。

　とはいえ、その地方選挙への関心はそれほど高くはない。地方レベルの投票は、参加の重要な要素にもかかわらず、アメリカ合衆国でも、イギリスでも地方選挙への関心は低い。住民は、地域政治には関心がないのか、そして地域政治にかかわっていないのだろうか。「このような様相は、現代都市が参加の不毛の地であることを意味しない」。なぜならば「実際、投票以外の政治参加の形態が集中しているのは地方レベル」だからである（V. Lowndes," Citizen and Urban Politics", D. Judge, G. Stoker, and H. Wolman eds., *Theories of Urban Politics*, SAGE Publications, 1995, p.166.）。

　まず、地方政府は、教育、道路、公園といったサービス提供に責任があり、住民の「標的」となっているのである。地方政府に対して、住民が要求し、苦情をいい、ロビー活動を行う。しかし、この地方政府と住民とのかかわりだけが、地方レベルの参加ではない。サービス自体を計画し、動かし、監視することへの参加がある。いわゆる実質的な住民参加である。

　もう1つは、直接民主制度の系であるイニシアティブ、レファレンダムやリコールなどが整備されていることである。アメリカ合衆国では、州レベルにとどまらず、地方政府レベルでも、住民投票が行われているところもあるという認識を有しているからである。

　イニシアティブ（直接請求によって必ず住民投票（直接イニシアティブ）と、議会が否決した時にのみ住民投票（間接イニシアティブ）にわけられる）は、58％の自治体で採用されている。任意的レファレンダム（議会レファレンダム（議会が必要とする時に議決し実施））は72％、拘束的レファレンダム（義務的レファレンダム（憲章や条例で規定される事項へのレファレンダム））は47％で、そして、リコールは61％で採用されている（ICMA, 2003）。こうした、直接民主制が導入されていることと、頻繁に活用されているこ

とは同じではない。むしろ、これらは最終的な担保として、議会も含めた自治体への日々の住民参加が基本である。

　選挙制度は多様であり、その多様性は住民によって選択されている。地方選挙に対しては、中央レベルよりも投票率が低いという現象をもって、地方レベルでの民主主義が枯渇しているわけではない。むしろ、地方レベルにこそ、参加の多様性は存在しているといえる。その参加は、政策形成への参加だけではなく、公共サービスをめぐる参加でもある。アメリカ合衆国のNPOの活発化の精神と通じるものがある。

参考文献

小滝敏之『アメリカの地方自治』第一法規、2004年（本文では、小滝　2004）。

同「アメリカの地方議会」自治体国際化協会『欧米における地方議会の制度と運用』2005年（本文では、小滝　2005）。

自治体国際化協会『米国のコミュニティ協議会』2003年（このほか自治体国際化協会の出版物『ニューヨーク州地方自治ハンドブック』（ニューヨーク州政府発行の翻訳）、および同『米国の地方公共団体の種類と機能』1991年（Clair Report No.29）、同『タウンミーティング—住民自治の原型』1998年（Clair Report No.174）、『アメリカにおけるホームルール』1999年（Clair Report No.180）など、アメリカ合衆国の地方自治の制度や政策を知る上での文献がHPから容易に入手できる）。

全国町村議会議長会『米国及びカナダの州及び自治体の議会制度について』（この成果の一部は、第2次地方（町村）議会活性化研究会『分権時代に対応した新たな町村議会の活性化方策—あるべき議会像を求めて—』2006年（赤版）、にまとめられ掲載されている）。

辻琢也「新しい自治の枠組み」森田朗ほか編『分権の自治のデザイン』有斐閣、2003年。

ジョセフ・F・ツィンマーマン（神戸地方自治研究会訳）『アメリカの地方団体—州と地方団体』勁草書房、1986年。

中邨章『アメリカの地方自治』学陽書房、1990年。

横田清『アメリカにおける自治・分権・参加の発展』敬文堂、1997年。

International City/County Management Association, *The Municipal Year Book*（2007年版の場合、以下ICMA,2007と略記、実際の調査年はそれより2年前が多い）（これらの数値は、調査回答市の結果である。なお、この調査は、人口2500人以上の市にはすべて回答を求めているが、それ以下の市にはすべてではない）。

J. M. Burns, J. W. Peltason, Th. E. Cronin, and D. B. Magleby, *State and Local Politics: Government by the People*, 9th edition, Prentice Hall, 1998.（本文では、Burns et al.）

J. J. Harrigan, *Politics and Policy in States & Communities*, 6th ed., Longman, 1998.（本文では、Harrigan）

デンマーク

Ⅳ

デンマーク

はじめに

　デンマークは、小さな国である。面積は約4.3万平方km^2（フェロー諸島とグリーンランドを除く）、人口は約543万人（2007年デンマーク統計年鑑。日本の外務省のHPによる）。これを日本の北海道と比べると、人口で同程度、面積は半分強である。その小国がつい先頃まで、13のアムトコムーネ（amtskommune 以下アムトと略す）と271の基礎コムーネ（primærkommune 以下コムーネと略す）に分割されていた。つまり、デンマークの地方自治は、アムトとコムーネの2層から成っていたのである。それが2007年1月1日以降、従来のアムトが5つのレギオンに再編され、コムーネも合併により98まで数を減らされることとなった（2005年6月24日に成立した「レギオンについての定め、ならびにアムト・コムーネ、首都圏開発委員会および首都圏病院公社の廃止に関する法律」と「コムーネの分割の見直しに関する法律」に基づく）。

　従来は、デンマークの地方自治はこのアムト・コムーネの2層制を前提にして説明されていた。それを今回レギオンの仕組みを踏まえたものに書き替える必要が生じている。しかし、改革後まだ間もないことでもあり、外国人であるわれわれには未だ判然としないところが多い。改革の評価となれば、本国においてもおそらくもう少し先のことになるであろう。そこで、本稿では、旧来のアムト・コムーネ体制を前提としてデンマークの地方自治制度の特色を描出し、必要に応じ可能な範囲で2007年改革の内容を付加するという形を採ることにする。

　まず、アムトとコムーネについて簡単に説明しておく。アムトはコムーネよりも広域の自治体であり、「地域の利益」（regional interesse：この場合の「地域」は空間的にはアムトの区域を指す）に関する事務を処理し、コムーネは「地元の利益」（lokal interesse：この場合の「地元」は空間的にはコムーネに相当する区域を指す）に関する事務を扱う。日本では、アムトは県、コムーネは市という日本語の呼称で紹介されることが多いが、本稿では、アムト、コムーネとカタカナで表記して、デンマークらしさを出したい。ただし、それぞれの長に言及する際には、知事ないし市長と

デンマーク

いう馴染みのある語を用いる。

デンマーク

1970年の地方自治制度改革

1970年改革の背景

　アムトは1662年にはじめて設立され、1793年に20のアムトが確立した。その後いくつか数を減らしたものの、大体において安定していた。他方、コムーネの方は、1970年の地方自治制度改革前の時点では、農村部におよそ1300の教区コムーネ（sognekommune）、都市部に86の交易都市コムーネ（købstadskommune）が存在した（英語文献を通した紹介では、前者がパリッシュ、後者がバラと表記されていることがある）。従来農村部と都市部の区別は明瞭であったが、都市部の建築物が越境して拡がったために次第に不明瞭となった。このことが改革の最大要因であったと言われている。

　もう1つの決定的要因は、教区コムーネのほとんどが極小で、住民のための役務の担い手たり得ず、他のコムーネと協働せざるを得なかった。たとえば、学校教育について見ると、小規模コムーネでは日常の管理を行う職員がおらず、議員たちがその活動に従事していたという。このような状況によって自治が制約され、国が金を出し益々多くの決定を行うようになった。そこで、1970年に自治体の再編が図られ、アムトは14に削減され、コムーネは275となった。それが大きな変動なしに維持され、2006年末の時点では、アムト13、コムーネ271となっていた。

　1970年の改革は、アムトについては、1つのアムトが十分に病院の運営できるだけの後背人口を有するようにすることと、社会経済的に密接な関係のあるコムーネが1つのアムトの中に収まるようにすることを目的としていた。他方、コムーネの方は、1つのコムーネが十分に初等教育学校を運営できるだけの後背人口を有することと、街区、教区とその周辺地域が同じコムーネに含まれるようにすることが基本方針であった。

　アムトとコムーネの事務の割り振りは、「コムーネでできることはコムーネに」という原則に従ってなされた。したがって、アムトの事務は、地域の利益に関わることが明らかな事務に限られる。その典型例が病院の経営であった。

地方自治の基礎となる法律

　今述べた改革が1970年改革と呼ばれるのは、その枠組みを示す法律が1970年4月1日に発効したからである。その法律というのは、1968年5月31日のコムーネ統御法のことである（「統御」という語については後述）。この法律が、その後何回かの改正を経つつも、2007年改革までデンマークの地方自治を支えてきたのである。本稿で2007年改革前の仕組みを説明する際には、2003年5月28日最終改正の法文を参照した。

　ここで地方自治の法制を過去に遡ってみると、淵源とされる法律は、農村部のコムーネについては1867年に、交易都市コムーネについては1868年に制定された。これを1933年3月25日の農村コムーネの統御に関する法律および交易都市コムーネの統御に関する法律が引き継いだ。このように、この段階でも、制定日こそ同じであるが、農村部のコムーネと交易都市コムーネについて別々の法律が用意されたのである。それが、1968年のコムーネ統御法では、その区別がなくなった。このことは、建築の範囲の拡大により両者の境界が不分明になったという状況を反映している。なお、この法律の標題には単に「コムーネ」と記されているが、アムトにも適用されるものであることが第1条に定められていた。

1970年代の計画法改革

　1970年という年の前後は、同時に計画法改革の時期でもあった。都市区域および農村区域に関する法律（1969年）、全国・地域計画策定に関する法律（1973年）、それにコムーネの計画策定に関する法律（1975年）といった法律がこの時期に制定された。これらの法律は、新たに整備されたアムトとコムーネの力量を前提として、それらの議会が物的計画（土地の利用に関わる計画）の策定作業に自治体の住民を可能な限り広範に取り込むよう誘導することを要請していた。ただし、立法者はその取込みの方法を法律で厳格に縛ることはせず、各自治体に選択の自由を与えたという。デンマークの自治体にとって、計画の策定はきわめて重要な事務であるから、後で改めて説明する。

デンマーク

自治体の組織

コムーネの「統御」について

　先に、1970年改革以降の地方自治を支える法律が1968年のコムーネ統御法であることを明らかにした。その原語は、lov om kommunernes styrelseである。lov は「法律」、om は「〜に関する」、kommunernes は「コムーネの」という意味である。では、styrelse をどう訳すか。この語は名詞であるが、元の styre という動詞に戻して丁英辞典を調べてみると、steer（ボートを「操縦する」）、govern（国を「治める」）、manage（大農場を「管理する」）、keep a check on（支出を「確かめる」）、control（怒りを「抑える」、コンピューターで「制御する」）と言った英語に対応することが判る。同じ地方自治の文献の中に、「議会がコムーネを styre する」という文章と、「中央政府がコムーネを styre する」という文章とが出てくることは大いにあり得るが、日本語にしようと思えばやはり styre という語は訳し分けなければならない。後者について言えば、「指揮監督する」とするのが適切であろう。そこで懸案の法律名における styrelse であるが、「方向付け」と「制御」の意味が出るように、「統御」という訳語を充てることにする。

　ここで大切なのは、統御を行うのは政治家だということである。政治家と言っても、アムトやコムーネの議員のことであり、職業的な政治家ではない。住民により選挙で選出された者が統御するというところに意味がある。地方自治に関するデンマークの専門書によれば、コムーネの統御とは、コムーネのために案件の決定の準備を行い、かつ決定を行うことを意味する。この統御の下に、案件の直接的な執行（umiddelbar forvaltning）という機能があり、さらにその下に決定の実施（udførelsen af beslutninger）という機能がある。これを組織と対応させると、統御権を行使するのが議会、直接的な執行を行うのが委員会（udvalg）、決定を実施するのが行政部（administration）という図式になる。この組織の構成については、この後順に説明して行く。

　この区別は、それぞれの段階の決定に具わる政治的色彩の濃淡に

基づくものである。学校の建設を例に取れば、建設すること自体の決定と予算の議決は政治的色彩が強い。それゆえ、その決定は議会が行う。しかし、最後の工事の段階は決定された事柄の単なる遂行でしかないから、行政部において実施すればよい。その中間になおいくつかの決定があると考えられるが、それらが委員会の権限に属するのか行政部に属するのかは必ずしも明瞭ではないと言われている。しかし、判別の基本は、政治的評価の要素が残っていれば委員会の任務であり、そうでなければ行政部において実施するということである。このことから、委員会の機能が直接的な執行であるというときの「直接的」というのは、それなりに政治的な要素の残る判断を「議会の決定を承けることなく」行うことを言い表したものと考えられる。

コムーネの議会

(1) 議会の役割

以上述べたところから窺われるように、デンマークの自治体の組織は、選挙で選ばれた者、すなわち政治家が行政活動に関わるべきだという発想で構成されている。まず、コムーネ選挙法の規定に従って選出されたコムーネ議会（kommunalbestyrelsen）こそが、コムーネのためにその名において決定する機関、すなわちコムーネの事項について統御を行う機関だというのがコムーネ統御法の出発点である。このことから、統御という概念が政治的な方向付けの決定を意味することが確認できよう。そのような方向付けは、政策決定や予算の議決のほか、命令、計画策定、不服申立てに対する決定、職権による変更、および他機関の案件の引受け（他機関からの付託による）ないし引取り（議会の発意による）といった手段を通して行われる。

ところで、これまでのところ、アムトの語を出さずにコムーネ議会一本で説明してきた。アムト議会は amtsrådet という別個の名称を与えられていたが、とくに区別を要する場合以外は、コムーネ議会という語のうちにアムト議会も含めて語るのが通例であったからである。

(2) 議員の選挙

議会の議員は4年ごとに直接比例選挙で選ばれる。その数は各コ

ムーネにおいて独自に定めることができるが、コムーネ統御法で範囲が決められていて、2007年改革前は最少9人最多31人（ただし、コペンハーゲン・コムーネは最多55人）となっていた（奇数でなければならない）。

2007年の改革で多くのコムーネが合併したわけであるが、その際の基本方針は最低2万人の人口を確保するということであった。この方針に沿って合併を行い人口2万人以上となったコムーネについては、議員定数は最少25人最多31人となる。合併に関与しなかったが2万人以上の人口を擁するコムーネの場合は、最少19人最多31人である。そして、人口2万人未満のコムーネは、従前どおり最少9人最多31人である。

なお、2007年改革で創設されたレギオンの議員定数は一律に41人である。改革前のアムト議員の全国総数は357人であったが、それがレギオンへの移行により205人（41人×5レギオン）に減少することになる。

(3) 議長の二面性

当選した議員たちは、最初の議会で、議員のなかから議長を選出する。議長は、議会の議長であると同時に、行政部の長の職務をも担う。実質的には行政部の長としての機能が優位するようであり、コムーネ議会のそれは市長（borgmesteren）と呼ばれている。アムト議会の議長は知事（armborgmesteren）と呼ばれていた。

なお、知事とは別に地方長官（statsamtmand）という職がある。地方長官は中央で選任されて各地に散り、管轄区域の自治体の活動を監督している。従来アムトを舞台に知事と地方長官とが並び立つ構図になっていたが、そこには、自治体の長としての機能は知事が担い、国による監視機能は地方長官が果たすという明確な役割分担があった。2007年改革によってアムトがレギオンに移行した後も、この関係は存続している。

コムーネの委員会

(1) 財政委員会とその他の委員会

コムーネ議会は、自らの事務を実施するために、財政委員会（økonomiudvalget）および1つないし複数の常置委員会を設置するものとされている。財政委員会の長は市長であり、委員は議員の

なかから選ばれる。財政委員会は、その名から察することができるように予算案の調製、会計報告書の作成、人事・給与に関する事務などを行うが、それに限らずコムーネの全行政領域における財政的および一般行政的事項を監視するという任務を負っている。その関係で、それらの事項に関係する案件を議決案件としてコムーネ議会に上程する前に、必ず財政委員会の意見を聴取することになっている。コムーネの計画策定の提案と調整も財政委員会の役割の1つとして明示されていることをとくに指摘しておく。

(2) 常置委員会体制

多くのコムーネでは、財政委員会のほかにも社会福祉委員会、技術・環境委員会あるいは教育・文化委員会というような常置委員会を設けることによって、「常置委員会体制」を執っている。各常置委員会の委員も議員のなかから選ばれる。それぞれの常置委員会に事務を割り当てるのは市長である。

先に委員会の機能は直接的な執行であると述べたが、それと同時に、コムーネ議会に上程される案件について、必要な準備を行うことも委員会の責務である。ただし、どのような資料が必要であるかはコムーネ議会自身が決める。つまり、議会が、自らの調査によって案件の準備作業を方向づけるのである。具体的な準備作業に入れば、市長が、当該案件が適切な範囲で解明されるよう配慮する義務を負う。市長は、遅くともコムーネ議会の会議の4日前までに議事日程を全議員に送付し、遅くとも3日前までには議事日程に記載された事項に関する判断に必要な資料を送付することになっている。また、各委員会およびコムーネ議会の長すなわち市長は、コムーネ議会に対し、議会が要求する情報を提供しなければならない。

(3) 執行委員会体制

コムーネ統御法によれば、フレデリクスベア、コペンハーゲン、オーデンセ、オールボーおよびオーフスの5つのコムーネは、コムーネに関する事項の統御への参加のために、執行委員会（magistrat）を設ける旨の独自の定めをおくことができる（2007年改革後の変化は不知）。執行委員会というのは、市長と何人かの委員から成る委員会であるが、その委員は議員ではなく、執行委員会の委員として住民によって選挙された者である。この執行委員会が直接的な執行について責任を負う。議員とは別個の形で民主主義的

な正統性を与えられた者が責任をもつというところに、この体制の特色がある。

執行委員会体制をとるコムーネにも常置委員会は存在するが、常置委員会体制をとるコムーネのそれとは違って、直接的な執行には携わらない。もっぱら、コムーネ議会から付託された案件を検討し、それについて態度を表明することがその責務である。

コムーネの行政部

デンマークにあっても、現代の複雑な行政活動を政治家たる議員のみですべて処理できるものではない。当然、コムーネの行政には、政治家ではない行政職員も数多く従事している。これまでの説明では行政部という語を用いてきたが、それは政治家ではない行政職員が配置されている場所という意味であり、次のように3つに区分される。①市長に結びついた総務的な行政部局。②一連の専門行政部局。常置委員会体制を執るコムーネでは、それぞれの専門行政部局は、各常置委員会の所管領域に対応している。③学校、病院、養老院、青少年のデイセンターなどコムーネの様々な施設。

行政部をどのように構成するかについての詳細な規定はコムーネ統御法にはない。コムーネ議会が行政部の整備に配慮し、コムーネ職員の任命と解職に関する規則を定めるということになっている。

では、これらの行政職員を統御するのは誰であろうか。前に述べたように、デンマークでは、コムーネ議会の議長が市長として行政部の長の職をも担うことになっている。他方上記②に分類される専門行政部局の場合は、対応する常置委員会にも指揮権があると考えられる。したがって、そこに命令系統の二重性の問題が生じるけれども、実際には、行政職員が処理する事項の実体面については常置委員会が、資源配分を含む行政管理については市長が統御を行うという形での切り分けがなされているようである。

計画策定と民主主義

計画策定の主体としての議会

　自治体の組織について概略を示したところで、自治体による計画策定の仕組みを紹介したい。計画策定の手続にデンマークの地方自治の特色がよく顕れていると思うからである。「計画策定に関する法律」（lov om planlægning　以下「計画法」と略称）の定めに沿って、計画の種類や策定手続のあらましを見て行くことにする。計画法と言っただけでは何の計画なのかと訝られもしようが、この法律に目を通すと、そこに、国土利用の全体的な有り様という観点と各地域の特性に応じたまちづくりという観点をともに取り込んだ総合的な制度設計を見出すことができる。

　この法律で、実際の計画策定の主体として位置付けられているのは、自治体の議会である。これは2007年改革後も同様である。日本にも計画の決定を議会の議決案件にするという発想は見られるが、デンマークでは議会自らが計画を作るのである。もっとも、議会は自らの判断だけで計画の内容を決定するのではなく、住民に情報を提供して討論を促す。それを受けて実際に住民が討論を重ね、理解を深めて意見を述べ、それを議会が汲み上げる。その関係は、地域社会に根差した草の根民主主義と議会制民主主義の見事な結合と評価することもできるであろう。そうした合意形成の過程の骨格は、1970年代半ばの時点ですでに確立していたようである。

計画の種類

　(1)　3種類の計画

　1991年に制定された計画法は、基本的に1970年代の仕組みを引き継ぎ、地域計画（regionplan）、コムーネ計画（kommuneplan）および地区計画（lokalplan）という計画の3層構造を採用した。以下では、2007年改革前の地方自治制度を前提にして、計画の種類と策定主体を概説する。

　まず、地域計画はアムトの計画であり、一般にアムト議会が策定するが、首都区域においては首都圏開発委員会、ボルンホルム島に

ついてはボルンホルム・コムーネ議会が策定主体になる。コムーネ計画と地区計画はコムーネの計画である。コムーネ計画は、コムーネ全体の主要構造と後述の地区計画の内容の枠を定める計画で、コムーネ議会が策定する。主要構造の定めというのは、コムーネの開発と土地利用の上位目標を示すもので、住宅と労働場所、交通事業、サービス供給、市民農園およびその他の余暇区域が含まれる。他方、地区計画とは、大規模な土地の分割または大規模な建築工事もしくは建築物の解体を含む施設工事が実施される前に、またその他コムーネ計画の実施を確保するために必要である場合に策定される計画のことで、やはりコムーネ議会によって策定される。

(2) 地域計画

地域計画では、以下の事項が定められる。①都市地域および夏別荘区域への取込み（都市地域、夏別荘地域は農村地域とともに国土利用の3区分を成す）。②大規模公共施設および大規模交通施設ならびにその他の技術的施設の状況。③公害防止の観点から立地規制がかかる事業等の状況。④環境に著しい影響を及ぼすと思量される大規模な単一の建築物。⑤地域の小売業構造。⑥農業に関する利益への配慮。⑦造林区域と植林が好ましくない区域の状況。⑧空地における保全価値および自然保護の価値への配慮。⑨湿地として再生させ得る低地の状況。⑩余暇目的の土地の状況。⑪鉄、砂利など地中の自然資源を利用するための土地利用。⑫水資源の利用と保護。⑬河川、湖および海水の水質と利用。⑭環境大臣が定めた規則の実施。

(3) コムーネ計画

コムーネ計画は、地区計画の内容の枠を示すものである。その枠は、以下の事項を考慮して当該コムーネの各地区ごとに確定される。①種類と利用目的に応じた建築物の立地。②建築物の状況。③既存の都市社会における都市再開発。④公共サービスおよび民間サービスの供給。⑤研究所および技術的施設。⑥余暇目的のための区域。市民農園区域を含む。⑦交通事業。⑧都市地域または夏別荘区域への移行。⑨都市目的または夏別荘区域のための土地における建築の順序。

(4) 地区計画

地区計画は、コムーネ計画に示された土地利用に関する枠組みを

実行するための計画である。それゆえ、コムーネ計画および当該区域に係るその他の計画との関係が必要的記載事項となる。地区計画には、そのほかたとえば以下のような事項が記載される。①計画の対象となる土地の都市地域または夏別荘区域への移行。②区域の利用。公共的な目的に留保される土地を詳細に記述することを含む。③不動産の規模と区画。④道路・小径その他交通上意味のある事項。⑤軌道・導管施設の位置。⑥建築物の土地上の位置。⑦個々の建築物の利用。

計画策定手続

(1) コムーネ計画の策定手続

ここでの目的は計画手続の全容を明らかにすることではないので、コムーネ計画の策定手続の骨格を説明するに止めたい。それは、まずコムーネ議会がコムーネ計画策定の戦略を公表することから始まる。公表する戦略には、コムーネ計画の前回改定の後に実施される計画策定に関する情報、その間の発展に対するコムーネ議会の評価と戦略のほか、以下のいずれかについての決定を記載しなければならない。①コムーネ計画が改定されなければならないこと。②当該コムーネにおける特別の課題ないし区域に関するコムーネ計画の定めの見直しを行わなければならないこと。③コムーネ計画が今後4年間を期間として決定されること。

戦略を公表する場合には、それに対する意見提出の期間を少なくとも8週間設けなければならない。意見が提出された場合には、それに対する議会の見解を表明し、必要であれば変更決定を行う。そして、変更の有無を公表する。その公表を行ったことを条件として、戦略において示したところの計画案またはその変更の案を決定することができる。コムーネ議会はそれを公表し、少なくとも8週間の異議申立て期間を置かなければならない。

(2) 少数派議員への配慮

計画を策定するには資料が必要である。コムーネ議会はそれを委員会や市長に要求することができる。しかし、その際「コムーネ議会」として情報提供の要求を決定するのは、突き詰めれば議会の多数派ということになろう。そうすると、民主主義の核である討論が真に成立するためには、少数派の議員も自分たちの意思形成の基礎

となる情報を入手できるようになっているのでなければならない。では、少数派議員は、コムーネの行政部や施設に自ら働きかけて情報を得ることができるのであろうか。このことは1970年代の計画法改革に際してすでに思案されていたところで、当時の立法資料からは、議会の少数派が議会事務局（計画策定については財務委員会ということになろう）ではなく行政部から合理的な範囲で助力を得られるのであれば、それは好ましいことだという趣旨が読み取れるという。もし、そのような助力が現実に保障されれば、住民団体も少数派の議員と連携することによって、行政部の有する専門知識を活用できることになろう。しかし、内務保健省は、当初からこれには消極的で、個々の議員は市長に対して助力を求めるか、あるいは議会で案件を処理している間にさらなる調査を提案すべきであるという見解を示していた。

　しかしながら、議会が住民に対して何らかの意思表明を行う段階では、多数意見に反対する議員への配慮がいくつか制度化されている。まず、コムーネ議会の議事録に記載された計画改定の決定に関して反対意見を述べたい議員は、自ら作文した短い理由づけとともに反対意見を議会の戦略と同時に公表するよう要求することができる。また、コムーネ議会は計画案を決定したときは適切な説明を付して公表することになっている。議事録に載せられた計画案に関して反対意見を述べた議員は、自己の意見が自ら作文した簡潔な理由づけとともに計画案と同時に公表されるよう要求することができる。

　(3) 住民間の討論の喚起

　デンマークの計画策定手続の特色としてまず指摘できるのが、地域の特殊事情を考慮できるという意味での柔軟性である。実際、計画法においては、計画策定手続の内容はそれほど固定されていない。先に見たように、計画案については最低8週間の異議申立て期間を設けなければならないとの定めと、計画改定の目標設定と内容に関する公衆の討論を喚起するためにコムーネ議会において啓蒙活動を行わなければならないとする規定とが注目される程度である。

　その程度の定めで本当に住民の討論が喚起されるのか懸念されるところであるが、実際には、どのコムーネも事業の規模や住民からの要求を考慮して積極的に対応しているようである。異議申立ての

期間に関しては、住民から計画案に対する意見が多数寄せられた場合には、それを踏まえて計画案を策定し直し、再度8週間の異議申立て期間を設けているコムーネもあるとのことである。

次に住民への情報周知であるが、この面では公立図書館が重要な役割を果たしている。どのコムーネでも、地区計画の目的、計画図、統計データ、日程、意見提出場所などを明記したパンフレットが、コムーネの庁舎にばかりでなく、コムーネの図書館にも置かれる。さらに、地方新聞にも掲載されるし、計画地区および計画地区周辺の住民には個別配布も行われる。インターネット情報も充実し、住民からの電子メールによる意見書も増加しているとのことである。

行政は住民に情報を提供するだけでなく、住民との議論にも応じる。住民組織や学校、スポーツクラブなどがその会場になる。住民参加のイベントが開催されることもあって、人々は茶菓を楽しみつつ計画について議論し、女子学生が自分たちで書いた計画図面を住民に説明するというような光景も見られるという。少なくとも、地区計画の策定の段階では、そうした議論を交わすことは当然だという感覚が住民一般にあるのではないかと推測される。懸念されるのは、専門性の高い事項については一般住民は知識を欠くのではないかということであるが、環境問題に関して言えば、全国的な環境保護団体のコムーネ支部が啓蒙の面で大きな役割を果たしている。

最後に、デンマーク社会の一部地域に「日常調整者」と称し得る人たちが存在するとの研究があることを指摘しておきたい。日常調整者とは、住民同士のいざこざなど地域に生ずる様々なもめごとの解決に一肌脱ぐ人たちのことである。政治家ではなく、行政機関の依頼を受けて活動しているわけでもなく、言ってみれば地域の世話役である。そういう人たちが、まちづくりの計画に関しても、住民の討論の場を設定するなど、公共的な意思形成に貢献している。彼らの活躍の場所は移民の多い労働者街ということであるから、そこでの合意形成の難しさを考えれば、彼らの働きに注目が集まるのは当然であろう。

2007年改革と計画法

(1) レギオンの役割

2007年の地方自治制度改革で計画法の運用が今後どう変わるかは、たいへん興味深いテーマである。従来アムト議会が策定していた地域計画がアムトの廃止でどうなるのか、という疑問がすぐに浮かぶ。これについてわれわれ外国人が調査を行う場合には、「レギオンについての定め、ならびにアムトコムーネ、首都圏開発委員会および首都圏病院公社の廃止に関する法律」の5条が手がかりとなる。この規定はレギオン議会の処理する事務が6分野に亙って限定的に列挙したものである。そのうちから関係のありそうなものを探すと、まず、2号に、「レギオンの開発計画を立て、それを支えるための事務を行うこと」と明記されている。また、6号のaに「国およびコムーネの物的計画の策定に関する調整およびその他の一定の事務」が挙がっている。

5条2号には、レギオンの開発に関する事務が掲げられている。地域発展の動力源となることが期待されるレギオンにとって、地域開発計画（regionale udviklingsplaner）の策定およびその支援は、開発関係でとくに重要な事務の1つである。地域開発計画には、都市、農村部、周縁地域および自然と環境、産業、ツーリズム、雇用、教育および文化を含む当該レギオンの開発の展望を記載すべきものとされる。この地域開発計画が2007年改革前の計画法にいう地域計画に相当するものであれば、レギオン議会がアムト議会を引き継いで地域計画（レギオンのレベルでの土地利用に関する計画）の

策定に当たると理解して間違いはなかろう。

　もっとも、計画法は環境省所管の法律であり、環境配慮を重視した仕組みになっているので、事務の性質に照らせば、5条2号よりはむしろ同条6号に位置付けるのが適切であるようにも見える。6号は自然、環境および物的計画の策定に関する事務について定めた規定だからである。そう解した場合には、「物的計画の策定に関する調整およびその他の一定の事務」に地域計画の策定が含まれるかどうかという解釈問題が生じるであろう。しかし、2007年改革では、自然と環境の保護に関わるアムトの事務のほとんどをコムーネが引き継ぐこととされており、物的計画の枠内にあるアムトの事務についても、その多くをコムーネが引き受けるという。その方針から判断すれば、レギオンが「策定」する主要な物的計画としては、5条2号の地域開発計画が想定されているものと思われる。したがって、やはりその地域開発計画が2007年改革前の計画法にいう地域計画に相当するかどうかが確認すべき事項ということになろう。

　いずれにせよ、従来の13のアムトが5つのレギオンに再編されたわけであるから、各レギオンは従来のアムトよりも面積的に相当広くなる。したがって、土地利用も一層広域的に検討しなければならないはずであるから、単純に計画策定主体がアムトからレギオンに変わっただけというものではなく、内容面に質的な変化が見られるものと推測される。

　(2) コムーネの拡大と民主主義

　2007年改革により、コムーネの数が271から98に減少した。このことは、まず1つのコムーネの面積が拡大したことを意味する。改革前は、コムーネの平均面積は159 km^{2}であった。それが改革後には440 km^{2}となった。改革前には71%のコムーネが200 km^{2}に達していなかったが、改革後はその割合が32%にまで減少した。

　次に人口面を見ると、改革前は271のコムーネのうち206が2万人未満であったのに対し、改革後に2万人に達していないのは98コムーネのうちの7のみである。2007年までは全人口の3分の1が住民2万人未満のコムーネに住んでいたが、2007年以降はわずか1%（約5万5千人）に過ぎない。改革後は、およそ330万人の人が人口5万人以上のコムーネに、そして490万人以上の人が人口3万人以上のコムーネに住むことになる。

デンマーク

　このようにコムーネが拡大したことで危惧されるのは、先に述べたようなデンマーク社会の討論の文化が基盤を失うのではないかということである。一般的に、区域が狭い方が住民それぞれの距離が近いし、議論の対象となる問題も身近に感じられて、人々が集合し易いのではないかと考えられる。日常調整者と呼ばれる人たちの活躍も、住民の顔が見えてこそのものであろう。そのように考えると、コムーネの拡大がデンマーク社会における草の根民主主義の衰退をもたらすことが懸念されるのである。

　しかし、2007年改革を方向付けた文書において、コムーネの拡大は、民主主義の強化につながると積極的に評価されていた。規模が大きくなれば益々多くの決定が地方で行われるようになるので、それだけ民主主義は強化されるはずだという理屈である。しかし、そこで言われている民主主義は、議会制民主主義のことではないのか。それに連接するところの地域的な草の根民主主義の方はどうなのか。デンマークの人々は、これくらいの合併では討論の文化の基盤は揺るがないという自信をもっているのであろうか。その辺りが今後の研究課題になろう。

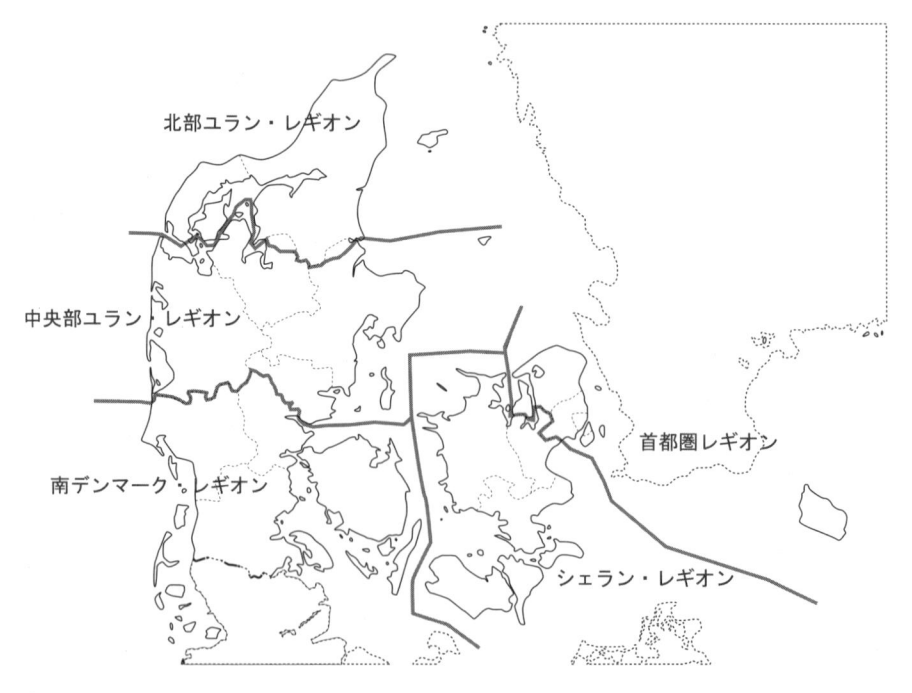

2007年改革の意図

2007年改革の背景と経過

　今回の地方自治制度改革は、関係諸法律が2007年1月1日に発効することから2007年改革と呼ばれるのであって、新たな制度作りはもちろんそれ以前から進行していた。その出発点は、行政構造に関する世論の高まりを受けて2002年10月に行政構造委員会が設置されたことである。この委員会は、地方政府の代表者、関係各省の代表者と専門家とから構成されていた。同委員会は、2004年1月に、公共部門の改革が必要であるとの結論を出した。その理由は2点、当時のアムトとコムーネの規模はデンマークの福祉社会を担うには小さすぎるということと、公共部門における事務配分が多くの分野で不適切だということであった。政府はこの報告を公開ヒアリングにかけ、同年4月に公共部門の構造改革を提案した。そして、同年6月には、政府（自由党と保守党）とデンマーク国民党との間に合意が成立した。これを構造改革合意という。

　構造改革合意に基づいて2004年の秋の間に50本もの法案が準備された。それらが公開ヒアリングを経て2005年2月に国会に付議され、最終投票によっておよそ半数の法案が採択された。そのうちの最も重要なのが、本稿の「はじめに」に括弧書で示した2005年6月24日付の2本の法律である。これ以降2006年末までが、新たな地理区画と事務配分に備えるための準備期間となった。この間コムーネに関して最少人口2万人という基準で再編が図られたことはすでに説明した。アムトの方は、人口が60万人から160万人の間に収まるように組み合わせられて、5つのレギオンとなった。

事務の配分と責任の明確化

　(1) コムーネの責任の増大

　今回の改革では、コムーネを公共部門への市民のアクセスポイントにするという方針の下に事務の配分がなされた。それはすなわち、従来アムトが実施していた事務のかなりの部分をコムーネに移すということを意味する。

デンマーク

　まず健康（医療・保健）分野では、後述のようにレギオンの果たす役割が大きいのであるが、コムーネの役割も従来より減少するわけではない。改革の狙いは、アムトとコムーネの間で不明確になっていた責任の所在を明確にすることにあった。その結果、コムーネが全般的に責任を負うことになったのが、入院期間外のリハビリである。また、疾病予防と健康増進についてもコムーネが主たる責任を負うことになった。その意図は、デイケア、学校教育、老人センター等々の住民生活に密接に関連する事務と疾病予防、健康増進の事務とを統合することにある。さらに、アルコール・薬物濫用対策、および精神的疾患を有する人々の特殊歯科治療もコムーネの責任となった。

　雇用問題については、各コムーネの職業センターで国とコムーネが緊密な協働関係により対処することとされている。福祉分野では、市民に対する金銭の給付に関する事務はコムーネが実施し、施設の経営はレギオンが引き受けるという役割分担になる。産業育成は、日々接触のある企業に高品質のサービスを提供すべしということで、コムーネの責務とされた。運輸交通の面では、かつてアムトが管理していた総延長1万kmの道路のうち8000km分がコムーネに委ねられる。残り2000kmは国が引き継ぐ。自然保護および環境保全に関する事務は、ほとんどをコムーネが引き継ぐ。文化行政も同様にたいていはコムーネが担うこととなる。とくに、コムーネは音楽学校を経営する義務を負うとされているのが興味深い（デンマーク人について、「雲雀のやうによく歌ふ國民」という紹介がなされたことがある。大谷英一『平和の國デンマーク』[弘文堂アテネ文庫、1948年] 13頁）。

（2）レギオンが主たる責任を負う分野

　かつてアムトが実施していた事務の多くをコムーネが引き継ぐ結果、レギオンが主たる責任を負う分野は限定される。主なものは、健康（医療・保健）、地域開発および福祉施設の経営である。このうち、地域開発については、すでに計画策定のところで取り上げた。また、福祉行政のうち施設経営の面はレギオンが主たる責任を負うことについてもすでに説明した。

　レギオンが主役を演ずる最高の場は健康分野である。前述のようにレギオンの事務は6分野の限定列挙であるが、健康分野はその最

初に位置付けられ、しかも細目に分割されていない。つまり、「病院の業務を行う」というような一般的な定めのみが置かれているのである。このようにレギオンの比重を高めたことの意図は、グループによる治療の基盤を確立し、専門化の利点を活かし、資源の最善の活用を実現することによって、治療の質を確保することにある。ただし、実際の活動においてはコムーネとの協働が必要となるので、両者で調整委員会を設けて緊密なパートナーシップを構築すべきものとされている。

(3) 国の役割

国はコムーネとレギオンに任せることが不適切な事務全般を扱う。デンマークにおいてそれに該当すると判断されているのは、警察、防衛、司法制度、外交、ODAおよび教育・研究である。教育に関しては、義務教育はコムーネの責任であるが、普通高等教育と高等専門科目試験は国がアムトから引き継ぐ。課税と徴収も国の責任である。税務行政の環境を改善し事務遂行の効率性を確保するために、租税センターを全国30箇所に設置することとなった。

そのほか、資源の効率的利用の観点から、特殊な技術や知識の開発と提供を国で引き受けることになる。健康分野での特殊治療や、福祉分野における特殊カウンセリングに必要な知識や情報がその例である。後者に関しては、全国知識・特殊相談協会（VISO）を設立し、そこで開発した技術をコムーネや様々な施設に提供することとされている。

自然保護や環境保全に関しては、国際的義務の遵守に関わる事項、国益上重要な事項および技術的に複雑な事項の処理に関して、国が重要な役割を果たすことになろう。文化行政では、レギオンやコムーネの文化施設に対する支援が国の役割である。

地方財政の仕組み

(1) デンマークの地方財政の特色

デンマークの財政に関しては、自治体の支出が大きく、全公共支出の50％超を占めることが以前から注目されてきた。これはデンマークの高福祉社会を自治体の活動が支えていることの証左である。

デンマークの自治体の歳入は地方税が中心で、そのなかでも地方所得税が地方税収のほとんどを占める。つまり、デンマークの自治

デンマーク

体の財政は国への依存度が低いということである。また、国からの財源移転を見ると、使途限定の特定補助金よりも包括補助金の方の比率が高いので、ほとんどが一般財源として使えることになる。

　デンマークの地方財政の最大の特色は、平衡交付金の仕組みを有していることであろう。これは、自治体間の財政力の均衡を図るものであり、歳出需要の調整と課税標準の調整とから成る。前者では、全国平均より低い自治体から全国平均より高い自治体に拠出される。それに対して、後者では、全国平均より高い自治体から全国平均より低い自治体に拠出される。イメージを喚起するために、歳出需要の調整の仕組みをコムーネに関して説明すると、まず住民1人当たりについて求めた歳出需要の全国平均を出し、それと特定のコムーネの住民1人当たりの歳出需要との差を求め、その45％について均衡を図るのである（アムトの場合は80％であった）。課税標準の調整の場合も、同じように部分的な均衡が図られる。

　(2) レギオンの財政

　2007年改革を財政面から眺めた場合、最も注目すべき点は、レギオンに課税権が認められなかったことである。従来は国、アムトおよびコムーネの3者が課税主体であったのが、改革後は国とコムーネの2者のみとなったのである。そうすると、直ちに浮かぶ大きな疑問は、レギオンはどこから歳入を得るのかということである。ことに、主役を演ずべき健康分野の活動費用をどのようにして賄うのかが関心事となる。そこで、まずこの点から説明することにしよう。

　結論から言えば、レギオンは4種類の外部資金を使って費用を負担するのである。国の包括補助金と特定補助金、それにコムーネの基礎分担金と活動関連分担金、以上の4種類である。その内訳は、国からの包括補助金が75％、特定補助金が5％、コムーネの分担金が2つ合わせて10％という割合である。

　国からの補助金の制度についてはすでに言及したが、ここでそれが健康分野で果たす機能について一言しておく。包括補助金の方は、サービス提供につきレギオン間の機会提供を同等にするためのもので、必要的な支出を反映させた客観的な基準に従って配分される。他方、特定補助金には、病院での治療水準の向上を図るようレギオンを促すという効果が認められる。

デンマーク

　では、次にコムーネの分担金の説明に入ろう。これは、2007年改革に伴う新たな仕組みとして注目されるものである。まず基礎分担金であるが、その額はレギオンが定める。上限は法定されている（2003年の物価と賃金の水準で住民１人1500デンマーククローネ）。レギオンが物価と賃金の水準の上昇分を超えるような増額を要求してきたきには、コムーネ側は、当該レギオンの区域内に存するコムーネの３分の２以上の賛成をもって、拒否権を行使することができる。他方、活動関連分担金の額は、住民のサービス利用の程度によって決まる。そこには、主として、入院治療と外来患者治療の数および開業医から受けたサービスの数が反映される。すなわち、コムーネとしては、疾病予防や健康増進の工夫を住民に促すことによって入院治療の需要を減らせば、活動関連分担金の縮減という形で報われるということである。入院期間外のリハビリとともに、疾病予防と健康増進に関しては、コムーネが責任を負うとされていたことを想起されたい。
　ちなみにレギオンの他の事務について見ると、地域開発に関する事務の場合も、国からの包括補助金とコムーネからの開発分担金で費用が賄われている。また、福祉施設の経営に関しては、レギオンがコムーネから支払いを受けている。
　(3)　コムーネの財政
　コムーネの歳入に関しては、その構成要素に変わりはない。すなわち、地方所得税を中心とする地方税、種々の企業活動やデイケアセンターの運営あるいは土地の売却等による収入、とくに福祉分野における国からの償還金、国からの包括補助金、それに借入金（デンマークでは借入れについて厳しい制約があるので、借入金の占める割合は低い）である。2007年１月１日以降、コムーネは従来のアムトの収入のかなりの部分を引き継ぐことができるようである。しかし、収入額が増えても、それが配分された事務の量に見合っていなければ実質的に負担増となる。今回の改革でコムーネの規模は拡大したけれども、それぞれの財政力には相変わらず差が認められるため、平衡交付金の制度は維持された。
　ところで、現時点でコムーネが配分された事務を処理するだけの財政力を有していても、今後いたずらに事務が増加すれば財政は苦しくなる。そのこととの関わりで、デンマークで採用されている財

源保障の原則と予算保証の原則に言及しておきたい。前者は、新たな法律の施行等によって新たな財政負担が自治体に生じた場合には、国がその増加分の手当てをしなければならないという考え方である。そして後者は、自治体の裁量が及ばない行政需要の発生により歳出が増加した場合に国が包括補助金で手当てするという仕組みである。

参考文献

Erik Harder, Dansk kommunalforvaltning 1
Kommunalbestyrelsen og dens udvalg, 5. reviderede udgave, 1988, Jurist- og Økonomforbundets Forlag.
稲沢克祐「デンマークの地方自治制度」地方財務555号（2000年8月）205～224頁
Anne Birte Boeck, Lov om planlægning, 2. reviderede udgave, 2002, Jurist- og Økonomforbundets Forlag.
菅沼隆「デンマークにおける保健医療予算の決定メカニズム―中央政府と県議会連合との経済交渉を中心として―」立教経済学研究58巻3号（2005年）73～117頁
Inderings-og Sundhedsministeriet, The local government reform—In brief, Feb. 2006.
財務省財務総合政策研究所『「主要諸外国における国と地方の財政役割の状況」報告書―北欧諸国編（3分冊の3）―』2006年9月（財）自治体国際化協会『デンマークの地方自治構造改革』（CLAIR REPORT No.298) 15 Dec. 2006
交告尚史「デンマークの計画法の構造」兼子仁先生古稀記念論文集刊行会編『分権時代と自治体法学』［勁草書房、2007年11月］
小池直人・西英子『福祉国家デンマークのまちづくり―共同市民の生活空間』［かもがわ出版、2007年12月］

ドイツ

V

ドイツ

- シュレースヴィヒ＝ホルシュタイン
- メクレンブルク＝フォアポンメル
- ハンブルク
- ブレーメン
- ニーダーザクセン
- ベルリン
- ブランデンブルク
- ザクセン＝アンハルト
- ノルトライン＝ヴェストファーレン
- ザクセン
- ヘッセン
- チューリンゲン
- ラインラント＝プファルツ
- ザールラント
- バイエルン
- バーデン＝ヴュルテンベルク

ドイツ

分権・多極分散モデルとしてのドイツ

　日本の行政システムは、しばしば「集権的分散システム」と特徴付けられる。かつての中央省庁による機関委任事務の大きな役割、税収においては国税が高い比率だが、税の支出においては地方自治体のほうが多く、国と自治体の比率が逆転する現象をこの規定は適切に説明してきた。

　ところでもし日本で、行政、課税、立法の分権自治がこれから進展するとして、「東京への1極集中」は大幅に緩和されるだろうか。「地方の再興」や「地域主権」をテーマとする場合、決定権の集権/分権、行政サービス業務の集中・分散という軸のほかに、企業・メディア・社会経済団体・教育研究機関などの1極集中/多極分散・多地域共生という第3の軸が必要ではないだろうか。

　ここではドイツの地方自治制度を
　第一に、日本の「集権的分散・東京への一極集中」モデルと対極にある、「分権・多極分散」モデルとして位置づけ、
　第二に、ドイツの連邦制度の中心となる連邦州のもつ二面性、つまり一方では州憲法と州首相を有し連邦を構成する政府であり、同時に連邦政府に対しては、自治体と共に地域自治を体現しており、
　第三に、伝統的な地域主義は、多様で特色ある地方自治制度を生み出してきたが、デモクラシーの普遍的な組織原理にしたがい、この統一化が進行している、
という三つの論点や視点から紹介したい。

　ところでドイツの自治体というと、「環境自治体」や長い蓄積と豊かな経験に裏打ちされた「まちづくり」などが注目される。しかしこうしたテーマはすでに優れた入門書や現地報告書が出版されているので、ここではこれまでほとんど紹介されてこなかった「ユーロ地域」にも言及したい。

　そこで第四に、EU統合の拡大と深化により、自治体レベルにおいても国境を越える新しいユーロ地域形成（「ユーロ・リージョン」）のプロジェクトや、連邦政府や州政府という行政単位とは異なる、EUレベルでの統一的な「地域単位（ナッツ：NUTS）」の意義とこれからの展開について、最後の節で要約しておきたい。

ドイツの多極分散・多地域共生モデル

戦後ドイツは、1949年、東西の分裂国家として出発した。旧西ドイツ（ドイツ連邦共和国）の首都ボンは、暫定首都として選ばれた。この点で、一極集中の東京、パリ、ロンドンとはまったく異なり、また同じ連邦制度をとるが、政治権力が集中するアメリカ合衆国の首都ワシントンとも異なる。

まず第一に、1999年にベルリンに首都が移転した後も、ボンに第二の首都機能が残されている点が挙げられる。こうした「分都」の発想は、首都移転を議論する日本にとって参考になるだろう。行政機関だけではなく、ポストやテレコムなど、民営化された巨大企業も、雇用確保のためにボンに置かれた。

図表1　連邦行政機関、重要な公共団体、経済・社会団体、企業、メディアの地域分散

ベルリン	**首都**（連邦大統領府、連邦議会、連邦参議院、連邦首相府、外務省、内務省、法務省、財務省、経済・技術省、労働・社会省、交通・建設・都市開発省、家族・高齢者・女性・青少年省）、連邦行政裁判所、ドイツ経団連、ドイツ労働総同盟、ドイツ鉄道㈱
ボン	**第2首都機能**（旧大統領府、国防省、消費者保護・食糧・農業省、保健省、教育・研究省、環境・自然保護・原子炉安全省、経済協力・開発省）、連邦会計監査院、連邦保険監督庁、ドイツポスト㈱、ドイツテレコム㈱、ドイチェ・ヴェレ
フレンスブルク	連邦自動車交通庁
ハンブルク	連邦海運庁、シュピーゲル誌、ディ・ツアイト誌
ブラウンシュバイク	連邦航空庁
エアフルト	連邦労働裁判所
ライプツィッヒ	ドイツ国立図書館
ケルン	連邦憲法擁護庁、ルフトハンザ本社、ドイツ都市会議
コブレンツ	連邦公文書館、国防省調達局
ヴィースバーデン	連邦統計庁、連邦刑事局
マインツ	連邦郵便通信局、ZDF（ドイツ第2テレビ）
フランクフルト／M	ドイツ連邦銀行、欧州中央銀行（ECB）、フランクフルト証券取引所、ドイツ鉄道㈱、ドイツ国立図書館、ドイツ出版協会、FAZ（高級紙）、金属労組
オッフェンバッハ	気象庁
カッセル	連邦社会裁判所
カールスルーエ	連邦憲法裁判所、連邦最高裁判所、連邦最高検察庁
ニュルンベルク	連邦雇用庁、連邦移民・難民局
ミュンヘン	連邦特許庁、連邦特許裁判所、連邦税務・関税裁判所、ゲーテ・インスティテュート本部、SZ（全国紙）、ARD（ドイツ第1テレビ、10の公共放送局の連合）

第二に、最北のデンマーク国境にあり、自動車の交通違反などを管理する連邦自動車交通庁から、南のミュンヘンの特許庁と特許裁判所まで、重要な連邦官庁や司法・行政機関が全ドイツに分散されている。ミュンヘンの３つの官庁は、多くの専門弁護士事務所や経営コンサルタントを引き寄せ、ミュンヘンを「知識資本主義」の一大拠点としている。カールスルーエの憲法裁判所や最高裁判所、雇用保険や職業紹介業務を一手に扱う巨大組織である連邦雇用庁のあるニュルンベルク、連邦銀行が設置される（現在では欧州中央銀行ECBの方が重要となったが）フランクフルトなどが重要である。

第三に、公共放送、有力な新聞・雑誌メディア、オペラやオーケストラ、民営化された公営事業（ルフトハンザ、ドイツ・テレコム、ドイツ鉄道など）、経営者団体や産別組合本部などの産業組織も、それぞれの地域に分散している。これらは地域が経済的・文化的に自立し、本当の分権社会をつくるための基盤となっている。

州憲法制定による州のアイデンティティづくり

州政府は連邦政府とともに国家（「Land＝くに」）を形成している。もちろんアメリカ合衆国とは異なり、最初に述べたように、州は「くに」と「地域自治体政府」の二面性がある。これは一部は歴史的なものである。バイエルン（バイエルン王国）、バーデン・ヴュルテンベルク（バーデン王国とヴュルテンベルク公国の連合）、ザクセン（ザクセン王国）、あるいはハンザ都市ハンブルクなど、ドイツの王国や自由都市が、1871年にプロイセン国王を皇帝として擁きドイツ帝国が成立した歴史的背景がある。しかし1945年以後は、最大の国家であったプロイセンが解体し多くの州が新しく設立された。1990年、ドイツ統一に際して、旧東ドイツ地域では新しく州が立ち上げられ、この州が連邦共和国に加入するという形態でドイツ統一が成立した。

バイエルン州やヘッセン州では、ボン基本法制定によって連邦共和国（旧西ドイツ）が成立した1949年以前に、自らの州憲法を制定し、政府を発足させている。戦後にできた旧西独の新しい州や、

1990年、ドイツ統一に際して旧東独地域の新州なども、州憲法制定によって新しいアイデンティティと正統性を獲得した。

基本法成立の後には、基本法が州憲法より上位に位置しているので、それぞれの州憲法の特色ある条文は単なる宣言条項となっている場合も多い。しかし旧東ドイツの新州では、州憲法はドイツ統一後の1992・93年に作成されており、環境や欧州市民権、サブシディアリティ原理（まず自治があり、自治体ができないことをより大きな単位である州や連邦、EUなどが補完、助成するという原則）など、時代を反映して「ヨーロッパ自治憲章」の内容を含んでいる。この点で旧州の憲法より進んでいる。しかし基本法も、自治体の統治制度や選挙制度については州に委ねている。こうしてドイツでは、州ごとに自治体の多様な統治制度や選挙制度が見られることになる。

この州レベルでの「創憲＝憲法制定」という手法は、現在の日本にも示唆するところが多い。もし、都道府県再編や道州制が、それぞれの地域での自主的な憲法制定によって行われるなら、戦後ドイツがそうであったように、この憲法制定作業をとおして地域の新しいアイデンティティと正統性が生まれるかも知れないからである。また現在、地方分権、環境基本法、男女共同参画、外国国籍の定住者への市民権、自治体の選挙制度など、憲法改正と関連させて議論されるさまざまなテーマも、日本国憲法レベルで議論するよりも、地域の憲法制定によって実現する方がより現実的であるのではないだろうか。

データーで見る16州の姿と基礎自治体

図表2に、16州と自治体の基本的なデータを掲げる。上から順に、最初の5つの州は旧東独地域の州であり、「新州」と呼ばれる。かつてのザクセン王国の首都であったドレスデンや自由都市であったライプツッヒを除くと、大都市はなく人口も少ない。旧東独では一般的に、自治体は旧来のまま残されてきたので、500人以下の村も多い。しかし90年代を通して自治体合併も進行し、統一時からテューリンゲンでは約40%、ブランデンブルクとザクセンでは70%前後が削減された。

第2のグループは、「都市州」と呼ばれるベルリン、ブレーメン、

図表2　ドイツ連邦共和国の16州と自治体の基礎データ

		2006.12.31					2005.12.31	
		面積km²	人口(1,000)	人口密度km²	自治体数	郡の数	都市数	州都(太字)および主要都市	
旧東独	ブランデンブルク	29476,77	2.549	87	420(1479)	14	4	ポツダム	147.6
	メクレンブルク＝フォーアポンメルン	23171,45	1.696	74	849(1010)	12	6	ローシュトック	199.3
								シュヴェーリン	96.7
	ザクセン	18412,88	4.254	232	510(545)	22	7	ライプツィヒ	502.7
								ドレスデン	495.2
								ケムニッツ	246.6
	ザクセン＝アンハルト	20446,74	2.446	121	1042(1289)	21	3	ハレ	237.2
								マグデブルク	229.1
	テューリンゲン	16171,85	2.315	144	992(1018)	17	6	エアフルト	202.8
都市州(旧西独+東ベルリン)	ベルリン	891,41	3.405	3.807	1	−	1	ベルリン	3.395.2
	ブレーメン	404,23	665	1.641	2	−	2	ブレーメン	546.9
	ハンブルク	755,33	1.754	2.309	1	−	1	ハンブルク	1.743.6
旧西独	バーデン＝ヴュルテンベルク	35751,36	10.744	300	1110(1111)	35	9	シュトゥットガルト	592.6
								マンハイム	307.9
								カールスルーエ	285.3
								フライブルク	216.0
	バイエルン	70547,81	12.493	177	2056	71	25	ミュンヒェン	1.259.7
								ニュルンベルク	499.2
								アウグスブルク	262.7
	ヘッセン	21114,38	6.078	289	426	21	5	フランクフルト/M	651.9
								ヴィースバーデン	274.6
								カッセル	194.4
	ニーダーザクセン	47614,27	7.985	168	1024(1032)	38	8	ハノーバー	515.7
								ブラウンシュバイク	245.3
	ノルトライン＝ヴェストファーレン	34080,01	18.036	530	396	31	23	ケルン	983.3
								エッセン	585.4
								ドルトムント	588.2
								デュッセルドルフ	574.5
								デュイスブルク	501.6
								ボッフム	385.6
								ヴッパータール	359.2
								ビーレフェルト	326.9
								ボン	312.8
	ラインラント＝プファルツ	19847,11	4.053	204	2306	24	12	マインツ	194.4
								コブレンツ	106.5
	ザールラント	2570,14	1.045	409	52	6	−	ザールブリュッケン	178.9
	シュレースヴィヒ＝ホルシュタイン	16171,85	2.834	179	1125(1130)	11	4	キール	234.4
								リューベック	211.8
ドイツ全体		357020,22	82.351	231	12.312(13.854)	323	116		

注）人口密度のみ2005.12.31現在。自治体数の（　）内の数字は、1999.12.31時点の数

ハンブルクの3つの州である。ベルリンは、旧東西ベルリンが合併して人口約339万人の首都になったが、戦前にはパリやロンドンと肩を並べていた面影はない。統一後、ベルリンを囲むブランデンブルク州との合併も議論されたが実現しなかった。また1999年の首都移転後も、ベルリンの人口は2006年末までに1万人増に過ぎない。ブレーメン、ハンブルクは中世のハンザ同盟に由来する自由都市であるが、現在はそれぞれ産業の構造転換で問題を抱えている。

旧西独の州は「旧州」と呼ばれており、第3のグループはそのうち、都市州を除いた「平地州」とよばれる州である。しかし州の面積・人口・工業生産高には大きなばらつきがあり、1800万人のノルトライン・ヴェストファーレン（以下NRWと略）、約1250万のバイエルン、1074万のバーデン＝ヴュルテンベルク（BWと略）の3州が圧倒的に大きく、先端的な工業ももっている。さらに人口は600万人余だがフランクフルトがあるヘッセンは、金融・交通など大きな経済力をもっており、この4州はEUレベルではオランダ、ベルギー、スウェーデン、オーストリア、デンマークなどEUの中堅国に優に匹敵する力を持っている。NRWは過去に市町村合併をすすめており、市町村の数は396と少ない。

自治体は、郡を構成する自治体と、約10万人以上の大中都市で郡を構成しない都市自治体（特別市）に分けられる。都市自治体は116、郡は323、自治体数は合計で12,312となる。

州政府の多様な連立政権と連邦参議院の機能

州政府は、ほぼ連邦議会選挙と同じシステムによって選出される。議席数の半数は小選挙区で直接選出され、残りの半数は、政党に投じられる第2票により、比例代表制のもと政党リストから選出される。基本的には比例代表制なので、最終的には第2票目の政党得票率に応じて議席が配分される。5％未満の場合は、議席配分がゼロとなる阻止条項がある。図表3で、最近の州議会選挙結果（2004〜2008）と州政府の連立与党を掲げておく。

政党は、保守政党であるキリスト教民主同盟CDU、キリスト教社会同盟CSU（バイエルン州のみ）、中道左派の社民党SPD、それに中間政党の自由民主党FDPの3党体制に、80年代からエコロジー政党としての緑の党Grüne、2005年からは旧東独の支配政党の流

図表3　州議会選挙結果（2004〜2008）と州政府の多様な連立政権（網かけ部分、太字は州首相の所属政党）、連邦参議院表決権の州別配分

	キリスト教民主・社会同盟	社民党	緑の党	自由民主党	左翼党	その他（合計）	連邦参議院議決権数
ブランデンブルク	19.4	**31.9**	3.6	3.3	28.0	13.9	4
メクレンブルク＝フォーアポンメルン	28.8	**30.2**	3.4	9.6	16.8	11.2	3
ザクセン	**41.1**	9.8	5.1	5.9	23.6	14.5	4
ザクセン＝アンハルト	**36.2**	21.4	3.6	6.7	24.1	8.0	4
テューリンゲン	**43.4**	14.5	4.5	3.6	21.3	8.3	4
ベルリン	21.3	**30.8**	13.1	7.6	13.4	13.8	4
ブレーメン	25.7	**36.7**	16.5	6.0	8.4	6.7	3
ハンブルク	**42.6**	34.1	9.6	4.8	6.4	2.5	3
バーデン＝ヴュルテンベルク	**44.2**	25.2	11.7	10.7	—	8.2	6
バイエルン	**60.7**	19.6	7.7	2.6	—	9.4	6
ヘッセン	**36.8**	36.7	7.5	9.4	5.1	4.5	5
ニーダーザクセン	**42.5**	30.3	8.0	8.2	7.1	3.9	6
ノルトライン＝ヴェストファーレン	**44.8**	37.1	6.2	6.2	0.9	4.8	6
ラインラント＝プファルツ	32.8	**45.6**	4.6	8.0	—	9.0	4
ザールラント	**47.5**	30.8	5.6	5.2	2.3	8.6	3
シュレースヴィヒ＝ホルシュタイン	**40.2**	38.7	6.2	6.6	0.8	7.5	4

出典：http://www.parties-and-election.de から作成

　れを汲む民主社会主義党PDSと、旧西独の左派社会主義者が連合した「左翼党」加わり、5党体制になった。

　連邦議会選挙と州議会選挙は、完全に政党選挙である。4年間の連邦議会の間に次々と州議会選挙が行われるので、州議会選挙は、連邦政府への評価を反映する中間選挙の性格を持つ。しかし州議会選挙の固有の特徴もある。比例代表制の場合は、州政府も連立政権となることが多く、様々な組み合わせの連立政権が成立する。しかし長い目で見ると、この州レベルの連立政権の新しい傾向が生じると、それは連邦政府の連立として後に実現することも多い。例えば、1970年代には保守政党であるCDUと自由主義政党のFDPの連立が州レベルで生まれ、それが80年代前半にはコールCDU/FDP政

権になった。80年代後半から社民党SPDと緑の党の連立が生まれ、90年代後半には、SPD/緑の党の連立したシュレーダー政権が誕生した。

　ところが2000年に入り、CDUとSPDのいわゆる「大連立」が見られるようになった。5政党制になって、「左翼党」が多数派形成の鍵となるケースも生まれ、旧東独の州を除いてこうした連立政権を承認することはまだ難しいので、大連立が選ばれるのである。現在のメルケルCDU/SPD大連立政権もそうした結果である。

　州議会選挙は政党選挙であるが、同時にローカル色豊かな選挙でもある。政党の州本部の力は強く、全国政党であってもそれぞれの州固有の伝統と特性を持っている。ドイツの分権・多極分散制は、政党組織においても当てはまる。これが州議会の筆頭候補、つまり能力と知名度のある州首相候補と結びつくと、全国的な傾向や政策とは異なる政治を州において実現することも可能となる。そもそもキリスト教社会同盟CSUも、バイエルン州固有の政党である。旧東ドイツを基盤とするPDS、つまり現在の「左翼党」も、旧東独州では第1党のところが多い。

　2008年の現在、これまでの様に州議会選挙と連立政権の組み合わせから、将来の連邦政府の政治を予測することは難しい。図表3に示されるように、CDUとSPDの大連立もあれば、旧東地域では、SPDと左翼党の左派連合もある。2008年1月と2月に選挙があったヘッセン州とハンブルクでは、SPD＋緑の党＋左翼党と連立を組めば多数派ができる状況が生まれ、しかし旧西ドイツ州ではこの左翼連立への批判も強いので、これまでのCDU首相が少数派政権として暫定的に職務を執行する異常事態が続いている。ハンブルクでは、初めての保守CDUと緑の党の連立が実現した。全体として、メルケル大連立政権を反映して、西でも東でもCDUとSPDの大連立が増えている。

　ここでは分権・多極分散制が、社会階層の多元化と統合のむつかしさ、政治の意思決定の困難さとして現象している。このことは、連邦参議院の採決に関する複雑な問題を生じさせることになる。ドイツは連邦議会と連邦参議院の二院制をとっており、連邦参議院は各州政府の代表によって構成される。それぞれの州の表決権は人口規模によって、図表3に示すように、6、5、4、3票となってい

る。連邦主義にたって、小さい州が相対的に優遇されている。連邦参議院は、連邦議会に法律を提出する法律発案権、連邦議会の議決した法律に対する同意権（州に直接関係する法律や州財政に影響を及ぼす法律など）、異議申し立て権（連邦予算決議など）を有する。議員は、州政府が任命する代表であり、州政府の指示に拘束される。つまりそれぞれの票数は一括して行使される。議員は議長に届け出れば常に交替可能であり、議案によっては州首相、州大臣なども連邦参議院に出席する。

　この制度から、分権自治にとって二つの興味あることが指摘できる。

　第一に、もし野党が州政府レベルにおいては多数派を占めた場合、連邦参議院である種の拒否権を行使できることである。現在の日本の衆議院と参議院のねじれ現象と同じである。1998年シュレーダー政権が成立するまで、SPDは連邦参議院において多数派を占め、医療保険改革や年金制度改革などの政府案（削減案）をブロックしてきた。逆にシュレーダー政権下では、野党となったCDU/CSUは、連邦参議院で多数派に復帰したので、移民法などの政府法案をブロックした。与野党の対決法案の場合、与野党が連立を組む州は中立の立場を採る。もし連邦参議院で過半数を得る展望がない場合、連邦政府の立場からは、事前に野党と妥協するか、連邦参議院で否決ののち両院協議会を招集するか、あるいは、上に述べた中立の州と個別に折衝して、政府案に同意させるかである。ブレーメンなど州財政の悪化したところでは、連邦政府の特別助成などを条件に、政府案に同意させる場合も過去にはあった。

　現在では、メルケルの大連立政権が成立しているので、こうした連邦参議院の「拒否権」問題は事実上、存在しない。さらには旧東ドイツの州では、「左翼党」が力を持った結果、CDUとSPDの大連立が州政府レベルでも多くなった。またこの間に連邦議会の決定を重視する改革がいくつか行われた。

　第二に、重要な法案では、州の首相も自ら連邦参議院での議論に参加するから、州首相の名において、連邦法案の決議に実質的に参加することになる。このことは、16人の州首相は地域としての州を代表すると同時に、実質的に、連邦レベルでの政治家でもあることを意味する。1998年連邦議会選挙において、SPD党首ラフォンテー

ヌはザールラント首相であり、首相候補シュレーダーもニーダーザクセン首相であり、連邦議会に議席はなかった。2002年連邦議会選挙においても、野党CDU/CSUの首相候補は、バイエルン州首相のシュトイバーであった。党首や首相候補が長く続くと、州首相を辞職して連邦議会に席を置くことが要請される場合もある（現在のSPD党首ベックは、ラインラント＝プアルツ州の首相である）。いずれにしても、州首相や州大臣が、連邦首相や大臣の供給源になっている。逆に、政権交代があると、野党となった前大臣は（特に若手の場合）、州議会選挙に鞍替えして州首相を目指すことも多い。こうした連邦政府と州政府の政策・人材面での相互交流は、問題点もあるが、全体として中央―地域の政治関係を双方向的なものにしている。現在のメルケル大連立政権の問題の一つは、こうした大政党の対決をなくし、州選挙―州政府首相―連邦参議院というルートで政治と政治家を刷新していく政治文化が弱まってきていることである。

連邦、州、自治体の役割分担

上で述べたように、州の政治や行政も、連邦政府の政治や行政を軸に動いており、近年この傾向はますます強まっている。その理由として、医療、年金、介護、育児支援、社会福祉など、福祉国家のサービスが拡大するにしたがい、サービス内容はできるだけ地域格差が生まれないような制度つくりが進められたことがあげられる。公共サービスにおいても地域間競争や格差を肯定する、現在の日本とこの点では対極をなす。もちろんドイツでも競争や効率のためのインセンティブは追求される。また福祉供給において、多様な福祉団体やNPO組織が活躍しており、一律的ではない。しかし重要なことは、ドイツ市民が享受できる権利に不平等や格差があってはならないとする、「社会的な法治国家」という基本法の要請が、判例を通して実現しているという事実である。

これらの自由権や社会権は、訴訟に応じて、憲法裁判所、社会裁判所、労働裁判所、行政裁判所などにおいて個別に審査される。このことは、ドイツではあらゆる領域において法と法律家の役割が大きいことを意味し、行政も末端にいたるまで裁量よりは法の根拠付

図表4　部門別公共サービス従事者数（2005年6月30日、1,000人）

	連邦	州	地方自治体・行政共同体	合計 フルタイム	パートタイム
一般行政	432.1	728.0	380.8	1.258.7	282.2
（うち）本庁事務職（外交含む）	40.0	112.0	216.2	268.2	99.9
税財務行政	42.4	149.5	59.1	179.8	69.2
国防	299.4	−	−	274.9	24.5
公安・警察	45.7	283.4	107.4	383.4	53.1
司法	4.6	189.7		152.4	35.4
学校・科学研究	11.6	1.018.3	161.5	689.2	502.6
（うち）学校・職業学校	−	824.2	104.0	518.0	410.3
高等教育	−	156.8	−	102.4	54.5
社会保障	3.6	43.9	254.2	163.8	137.8
保健・スポーツ・環境	5.4	23.7	68.3	66.3	31.1
住宅・都市計画・地域サービス	−	19.5	121.5	109.3	30.7
食糧・農林業	0.4	22.3	2.4	18.1	7.0
エネルギー・上下水道	1.1	5.2	7.1	9.5	3.9
交通・通信	26.7	25.2	23.2	64.5	10.5
公営企業	−	9.4	13.6	18.9	4.1
特別会計部門従事者	0.6	182.0	245.3	295.0	132.9
（うち）大学病院	−	59.1	−	43.0	16.1
公立病院・治療施設	−	14.0	128.3	89.2	53.2
企業部門		18.4	17.2	28.2	7.4
合計	481.3	2.076.9	1277.7	3.836.1	

資料：連邦統計局　統計年報2007より作成

けがまず問われることになる。しかしこうした法的根拠さえ明白であれば、現場においても決定できる事項が明確になるので、自治体行政においても現場担当者の権限は大きい。ドイツでは、多くの公務員教育のための行政専門学校や行政単科大学があり、法学と実務を中心にした長期の職業教育や専門家教育が行われるのである。

　今、連邦、州、自治体の管轄領域と役割分担を、図表4：部門別公共サービス従事者により概観してみよう。この部門は、ほぼ、財

政における主要歳出部門の分類に対応している。

連邦と州の行政は、国防と外交をのぞき重なっている部分が多いが、内政の大部分は州が担っている。立法権では、州組織、自治体、文化、警察などを除く大部分が連邦法となっている。この前提のもとに、州、自治体の事務配分は次のようになる。

(1) 州（州の省庁と、その出先機関であり日本の県に相当する州行政管区の官庁）……学校制度に関して（小学校から大学まで）、指導要綱から教員人事まですべて州政府が権限をもっており、警察官や司法もまた州の公務員である。したがって連邦政府には文部省はない。博物館などの文化施設、中小企業の育成など産業政策も州の管轄である。

(2) 自治体（行政共同体としての郡も含む）……大学を除く学校施設の設置管理、演劇・図書館・劇場などの文化施設、公営プール・サッカー場などのスポーツ施設、地下鉄・路面電車・バスなどの地域交通事業（ドイツでは日本でいう私鉄はほとんどなく、大都市と周辺自治体で、広域公共事業体を経営している）、地域公共施設の建設・管理、地域暖房・電力・廃棄物処理・上下水道なども自治体が担う。さらに、青少年保護、社会扶助（生活保護）、社会福祉も自治体の管轄となる。こうした事業体、福祉機関としての自治体の役割は、かっては「自治体社会主義」や「経済民主主義」の根拠になったが、現在では、民営化、効率化のための外部委託、電力供給の自由化などから生じる競争など、あらたな挑戦を受けている。

このことは、連邦、州、自治体において、一方では、連邦雇用庁、社会保険の外郭機関などの間接的機関、他方では、公共サービスを提供するが、企業など私法上の団体として活動する機関や職員も多いことを意味する。したがって、ドイツでは行政が担う「公共―サービス」だけではなく、福祉団体や行政が出資する事業体などを含めた「社会サービス」という見方の方がより現実に近い。

自治体の地域色豊かなしくみと90年代の改革

ドイツでは、地方自治制度を定める権限は州政府と州議会にある。したがって自治体は、州によって異なる多様な制度をもっている。自治体行政と自治体議会のありかた、あるいは市長と議会の関係など、分権時代の自治体改革を迫られている日本の市町村にとっ

ても興味深い制度がつくられている。

　連邦との関係では、基本法28条第1項で、市町村および郡の住民自治を保障している。州は、それぞれの州憲法で同じく自治を保障するが、さらに法律において自治体のしくみや選挙制度を規定する。多くの自治体は、市町村と郡の2層制からなる。しかしおよそ10万人以上の市では、郡に加入しない特別市をつくる。今、郡は323、特別市は116（2006年12月31日現在）となる。各州の詳しいデータは、図表2に掲げてある。およそ人口3000人以下の小規模自治体では、小連合（行政共同体）を形成する。

　郡を、ヘッセン州マイン・タウヌス郡を例に説明すると、地域住民の直接選挙で、郡議員と郡長が選出される。この事例では、81名の議員であり、ほぼ政党別の構成となっている。郡長は、二人の副郡長（与党政党から）、11名の非常勤副郡長（全政党から）とともに、郡行政を担当する。任務は州政府の委任事務、郡固有の業務、構成自治体の広域行政、自治体間のコーディネートなどである。

　さて、市町村の制度は、自治体議会（評議会）、市長、行政という三者の関係を軸に、1980年代までは4つの類型に分けられた。それぞれ歴史的な起源が異なるが、90年代以降は大きく変化しつつある。一般的には、市長を直接公選にすることにより、市長の権限を強化しているといえる。図表5では、市長の直接選挙導入・リコール制度の有無を、各州の規定する自治体基本法に従い比較している。バーデン＝ヴュルテンベルク州の「南ドイツ市長制」が、ヘッセン州を除きほとんど全ドイツに広まったといってもよい。それは市の行政に、直接市民の意見を反映させようとする自治体民主主義の要請でもある。しかし他方で、バーデン＝ヴュルテンベルク州やバイエルン州など、本来の「南ドイツ市長制」には規定がない市長のリコール制度も、同じ民主主義の要請により追加された。全体として、90年代改革の結果、4類型は融合したり、中間型が生まれたりしている。

　また、議会は政党別に会派構成されているが（ほぼ連邦、州と同じで、一つか二つの地域特有の非政党有権者連合組織が加わる程度）、自治体行政や人事では、全ての政党の利益や主張が配慮される事例が多い。その結果、広い層の住民の意見が行政に反映されるという側面と、既得権をもつ政党政治が自治体でも貫徹されるとい

ドイツ

図表5　市長の直接選挙・リコールに関する連邦州の制度比較

連邦州	施行年	市長在職年	リコールの可否	自治体議会の任期	市長の推薦権	市長リコール請願有権者署名必要数	議会リコール請願の議員必要数	市長リコール有権者投票数
バーデン＝ヴュルテンベルク	1956	8	×	5	E	−	−	−
バイエルン	1952	6	×	6	P/W	−	−	−
ブランデンブルク	1993/98	8	○	5	E/P/W	25/15（%）	2/3多数	25（%）
ヘッセン	1991/92	6	○	5	E/P/W	−	2/3多数	30
メクレンブルク＝フォーアポンメルン	1999	7	○	5	E/P/W	−	2/3多数	33.3
ニーダーザクセン	1996	5	○	5	E/P/W	−	3/4多数	25
ノルトライン＝ヴェストファーレン	1994	5	○	5	E/P/W	−	2/3多数	25
ラインラント＝プファルツ	1993	8	○	5	E/P/W	−	2/3多数	30
ザールラント	1994	8	○	5	E/P/W	−	2/3多数	30
ザクセン	1994	7	○	5	E/P/W	33.3/20	3/4多数	50
ザクセン＝アンハルト	1994	7	○	5	E	−	3/4多数	30
シュレースヴィヒ＝ホルシュタイン	1996	6	○	5	E/PR	25	2/3多数	33.3
テューリンゲン	1994	6	○	5	E/P/W	−	1/2多数	30

資料：J.Bogumil, p.63　E＝自己推薦，P＝政党推薦，W＝有権者グループ，PR＝議会に議席のある政党推薦

う側面がある。しかし自治体議会の政党化は1970年代に顕著であったが、市長の直接選挙が中心となった90年代から、ふたたび政党色は弱まりつつある。後に図表9で示す、政党リストをクロスして議員個人にも投票できる「南ドイツ・モデル」が広まったことが、ここでも重要な要因となっている。

自治体の3類型と90年代の改革

先ず事典、『現代のドイツ』にしたがい、1980年代までの4つの類型を簡単に整理しておく。なお、自治体議会Ratはこれまで「評議会」などと訳されてきたが、近年、ますます議会の性格を強くしているので、市町村議会と統一して訳す。また特別市の場合、Oberbürgermeisterを市長、Bürgermeisterを副市長と訳す。

(1)　南ドイツ議会制・市町村制…プロイセンに対抗したバイエルンBY、バーデン・ヴュルテンベルクBWなど南ドイツの州で1920年代に導入された、権限を議会に一元化した制度。

ここでは市長と議会議長は兼職である。
(2) 北ドイツ議会制…ノルトライン＝ヴェストファーレンNWやニーダーザクセンNIなど、第２次世界大戦後イギリス占領下におかれ、イギリス地方制度の影響を受ける。議会で選出されるが儀礼的な代表という性格が強い市町村長と、議会で別に選出される行政専門家としての行政長という２元制度。北ドイツ自治体制度としてよく紹介されるが、このイギリス・モデルは現在では消滅しつつある。
(3) 参事会制…19世紀プロイセンのシュタイン改革までさかのぼる、議会と行政組織の両方を代表する参事会制度。ヘッセン州が代表的。しかも参事会を構成する参事は、市長も含めて同僚関係である。
(4) 市長制…ナポレオン占領下のラインラント（ラインラント＝プファルツ、ザールラントなど）でとられたフランス式の市長制度に由来。住民から選出される議会がさらに市長を選出し、この市町村長が議会と行政の長を兼ねる。

さて、こうした４類型の現在はどうなっているのだろうか。大きくいって（1）南ドイツ議会制と（4）ラインラント市長制は、市長の直接公選制の発展とともに融合して、後述する市長の権限が強い(a) 南ドイツ市長制モデルになった（図表６参照）。(2) 北ドイツ議会制は議会の権限が強く、市長は直接公選となっても、ニーダーザクセンやノルトライン＝ヴェストファーレンのように、議会選挙と同じ任期で議会選挙結果を反映するしくみになっている（図表７参照）。(3) ヘッセン州参事会制も存続しているが、ここでも市長の直接選挙による選出とともに、参事会の中での市長の権限は強くなってきている（図表８参照）。この90年代の３つの類型を、代表的な自治体を例に、図表で説明してみよう。

(a) 図表６：南ドイツ市長制

現在では直接選挙で選ばれた市長の権限が強くなり、議会制というよりも市長制といったほうが適切である。市長の任期は、８年（BW）あるいは６年（B）で、リコール制もない。議会選挙と市長選挙を分離することにより、議会の政党勢力ではなく、超党派的な市長や行政への影響力を少なくしているといえる。このモデルに近

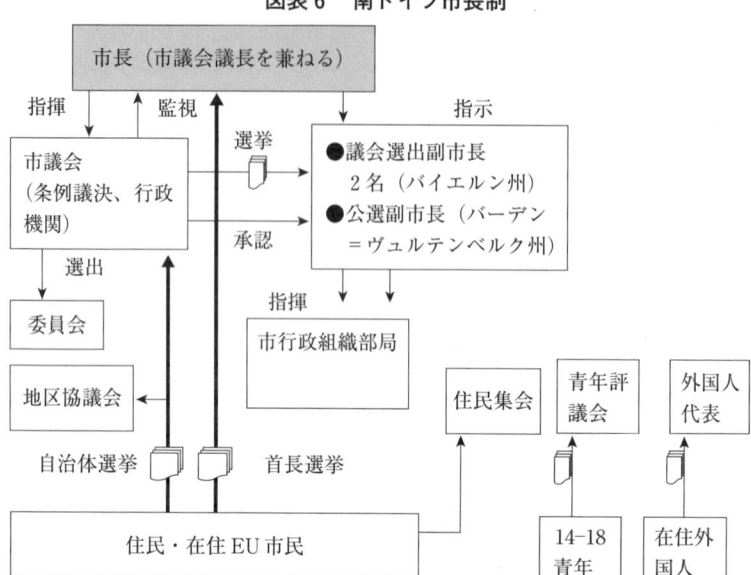

図表6　南ドイツ市長制

いのはザクセン州だが、市長へのリコール制はある。さらに、ブランデンブルク、ザクセン＝アンハルトなど旧東独の新州は、市長が議会議長を兼ねていないという点で、(b) 北ドイツ議会制との混合型である。

　今その事例として、BYのミュンヘン市、BWのシュツットガルト市を挙げておく。まず全ての州に該当するが、マーストリヒト条約の批准により基本法が改正され、市町村議会選挙では、EU加盟国の国籍をもつ者に、選挙権・被選挙権を与えている。またEU以外の外国人にも、一定の条件下で多文化協議会などの協議機関を設置し、選挙で代表を選出している。また多くの特別市では、市内を多くの地区協議会に分け、委員が選挙によって選出されている。議決権はないが、協議や提案権などをもつ。郡議会、市町村議会、地区協議会など、全てのレベルでの議員報酬はボランティアに近く、そのため定員数が多い。したがって活動的な党員は、何らかの議員や審議会委員に参加する機会（あるいは義務）が多くなる。

　ミュンヘン市の場合は、2名の副市長が市議会から選出され、直接公選された市長と3名で市行政の政治的指導部を構成する。部局

長クラスの11名は、議会議員でもある。またシュトットガルト市の場合は、部局長クラスの7名の副市長は、公選された幹部市職員ということができる。さらにシュツットガルト市の場合は、興味ある二つの制度を持っている。一つは、14〜18才の青年により選出される「青年評議会」（決議機関ではなく協議など）、もう一つは、4〜5年に一度それぞれの地区に回ってくる「住民集会」の設置である。

(B) 図表7：北ドイツ議会制

NWが1999年以降は首長の直接選挙に転換した現在、議会の権限が強く、市長に権限を委任している場合も取り戻す権利がある、という北ドイツ・モデルはNIだけになった。ここでは市長任期が5年と、議会と同じであることが議会の強さを示している。NWの州都デュッセルドルフでは、1999年市長選挙では、議会が選出するという旧来型でおこなった。そこでは、市議会は、市長と議会会派の3党の副市長によって代表されている。これに対して、行政は、市

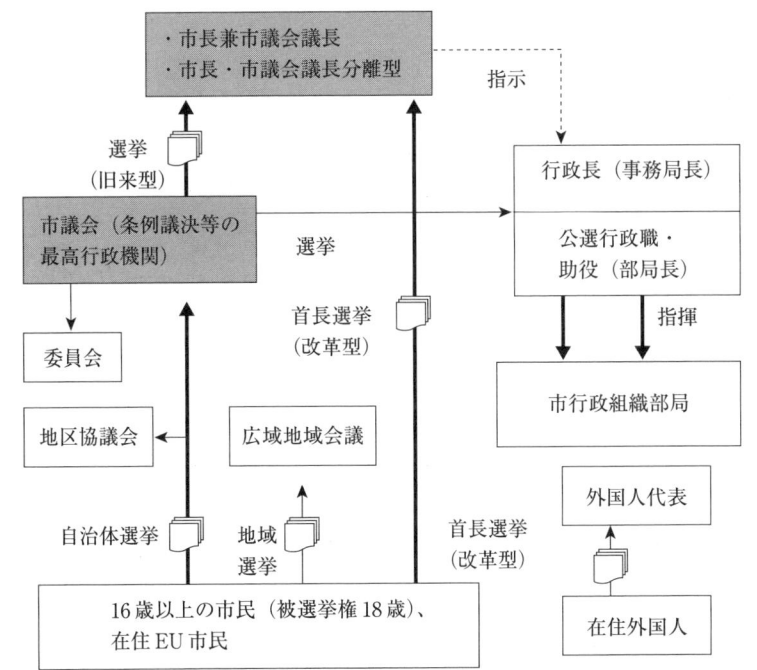

図表7　北ドイツ議会制

長、行政長、収入役と４人の助役（公選特別職、一部は市議会政党会派出身）から構成される行政幹部会が担当し、行政長が市長の行政業務を代行する。

1996年に市長を直接公選したNIの州都ハノヴァーでは、市長と行政長というイギリス・モデルから転換し、市長を行政機関の長とする改革を行った。市議会議長としての市長、10人の助役（市長を代行する３人の副市長を含む）、３人の市議会議員、８人の特別職の部局長からなる行政委員会が作られ、条例などの草案を作成し、市議会と並ぶ市の事実上の指導機関となっている。なお行政委員会の後者の11人は、議決権がない。また2001年から、ハノーバー市と、ハノーバー郡を構成する周辺の20市と町村が広域連合として再編され、「ハノーバー地域」を構成。交通・水道・廃棄物処理など自治体事業の多くを統合する。

(c) 図表８：参事会制

この参事会制は、19世紀・20世紀のドイツ（プロイセン）の地方自治を代表するものであったが、現在ではヘッセン州のみ残存し、あとはブレーメンやシュレースビッヒ・ホルシュタインの大都市部などで行われているだけである。またかつては市議会と行政の両者

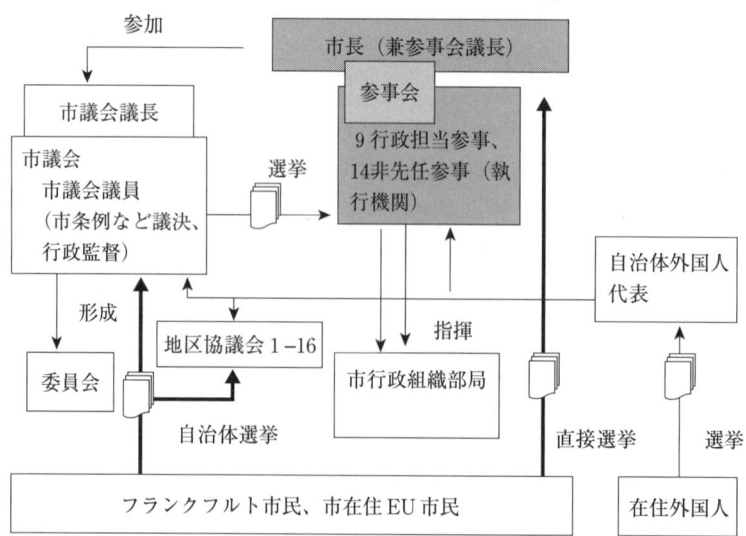

図表８　参事会制（フランクフルト市）

を統括する「参事会」が制度の中心であったが、ここでも市長の直接公選が導入されてから、市長の地位が強化されてきている。フランクフルト市の場合、参事会は9名の行政担当参事（市議会の議員を兼ねないが、議会会派の有力な政治家）、14名の無所任名誉参事（非常勤）によって構成され、全ての政党会派から任命されている。

　社会民主党や緑の党など、ヘッセン州では進歩派の伝統が強いことを考えると、ヘッセン州が頑なに「参事会」というプロイセン・モデルを守ったことは、伝統への固執と理解されるべきではなく、むしろ市長主導や行政主導に対する自治体議会の地位を守った、民主主義意識に原因があると考えることもできる。この意味では、ヘッセン州の「参事会」モデルも、過去のモデルではなく、デモクラシーと市民自治の未来のモデルの一つでありうる。

議席数まで投票できる選挙制度

　さて自治体制度では、南ドイツ市長制が、市長の直接選挙制度の導入とともに、新州や北ドイツにも広がっているといえる。しかも選挙制度においても、南ドイツ・モデルが広がっており、ベルリンを除く新州すべて、さらにヘッセン州、ニーダーザクセン州なども含まれる。これは、図表9に示すように、本来の小選挙区と政党の比例代表リストの2票ではなく、一人の有権者が定員数だけ投票することができるシステムである。例えば図表の例では、一人の投票者はまず大きな用紙を受け取る。そこには全ての政党が、政党が作成した候補者リストと順位を記して、印刷されている。この市議会の定員が25名なら、一人の投票者は25票を、政党、個人に好きなように投票できる。A政党の部分だけに印をつければ、それは25票全部をA政党に、しかもそのリストの順位で投票することを意味する。しかしこの選挙制度の趣旨は、政党が決めた順位ではなく、有権者の意思を反映させることにあるから、特定の候補に3票まで投票する（Kumulieren）ことができる。さらに図表9の例では、他の政党の女性候補や活躍している人にも少し票を分け与える意図があり（Panaschieren）、そこで25票から個人に記した票数を引いたものが、政党欄に記した政党に投票されることになる。

　2000年にヘッセン州で導入された折に、大きな投票用紙に、多く

ドイツ

図表9　南ドイツ自治体選挙制度、累積（Kumulieren）と配分（Panaschieren）方式

選挙推薦　1　　　⊗				選挙推薦　2　　　○				選挙推薦　3　　　○			
A政党				B政党				C政党			
1. Menn. Herbert				1. Dr. Recht. Wilfried				1. Senst. Ursula	✕	✕	
2. Rath. Susanne	✕	✕	✕	2. Kölsch. Helma	✕			2. Dr. Holz. Reiner			
3. Sang. Dieter				3. Sand. Reinhard				3. Greitz. Erich			
4. Zack. Heidi	✕	✕	✕	4. Weil. Hans				4. Gabler. Karl			
5. Koch. Klaus				5. Stelzel. Manfred				5. Kaspar. Ludwig			
6.				6.				6.			

出典：Wolfgang Gisevius, leitfaden durch die Kommunalpolitik, Bonn 1999, p.107

　の政党のリストが並んでいるので、不慣れな市民に混乱をきたしたが、制度の趣旨そのものは承認された。これまでの政党への投票が、僅かであれ個人への投票へと変化することになる。これは地方自治において、政党政治から離れることを暗示しているのであろうか。どちらにしても、著名な個人が有利になってくる。しかしボランティアの市議会議員だから、特に弊害はないようである。

財政自治権のための制度

　日本でも地方分権一括法によって行政の分権が進んだ現在、財政上の分権が課題となっている。補助金行政が継続されるなら、地方分権も名前だけのものになるからである。ドイツでは、それまでの基本法による地方自治の保障（第28条2項）だけではなく、1994年10月27日の改正法により、地方自治の保障には、財政上の自己責任の基盤も付け加えられることになった。こうした財政自治権について、ドイツでは、(1) 連邦、州、自治体の共同税、(2) 州間財政調整制度が注目に値する。
　まず図表10において、連邦、州、自治体の税収を比較すると、固

表10 税収の比較と税目別規模
2006年（100万ユーロ）

共同税	366,832	69.7%
（うち）賃金・所得税	189,650	(51.7%)
利子所得税	7,595	
法人所得税	22,899	(6.2%)
付加価値税	111,318	(30.3%)
輸入付加価値税	35,370	
連邦固有税	84,215	16%
州固有税	21,764	4.1%
（うち）資産税	27	
相続税	3,763	
不動産取得税	6,161	
車両税	8,937	
宝くじ税	1,775	
その他	1,101	
自治体固有税	49,562	9.4%
（うち）固定資産税A（農地・森林）	353	
固定資産税B	10,045	
営業税	38,369	
不動産取得税	−	
その他	795	
関税	3,880	0.7%
合計	526,254	100%

有税はそれぞれ16.0%、4.1%、9.4%であり、69.7%を占める共同税の割合が大きい（2006年度）。この共同税の内訳は、所得税1896億5000万ユーロ（51.7%）と付加価値税1113億1800万ユーロ（30.3%）で大部分を占め、あと法人税228億9900万ユーロ（6.2%）と利子所得税からなる。この共同税の配分割合は、図表11に示すように、所得税では、それぞれ連邦42.5%、州42.5%、自治体15.0%、法人税では連邦50%、州50%となる。この配分のもと、それぞれの州や自

ドイツ

表11　共同税の配分割合（2007年現在）

	賃金・所得税	利子所得税	法人税	付加価値税
連邦	42.5	44	50	51.4
州	42.5	44	50	46.5
市町村	15.0	12	−	2.1

出典：連邦財務省ホームページより
http://www.bundesfinanzministerium.de

治体には、その地域での収入という帰属原則が適用される。付加価値税に関しては、州の税収や調整による負担を考慮し、しばしば変更される。旧西ドイツの州が、付加価値税の歳入の一部を旧東ドイツ新州に資金移転する負担を和らげるため、1995年に州への配分は37％から43％に引き上げられ、2007年現在では、州46.5％、自治体2.1％となっている。

自治体固有税とは

自治体固有税の内訳については、同じく図表10に掲げている。重要なものとしては、不動産税と営業税である。とりわけ営業税は、営業収益にかかるもので383億6900万ユーロと、固有税では大きな割合を占める。日本での事業税に相当するが、中小企業を保護するため、さまざまな税控除が加えられた結果、事実上、大企業が支払う税となった。自治体で工業団地をつくり、そこに中小企業を誘致するために、営業税の割引や免除競争を行った結果でもある。さらに、大企業についても、企業減税として、過去の損失を何年にも分割して処理できるように税法を改正した結果、赤字企業が多い都市では、大幅な営業税収入の減少に見舞われ、深刻な財源難に陥っている。しかし2000年には270億2500万ユーロであったから、この間の経済回復もあって最近ではかなり改善してきた。

また営業税の一部は、自治体から州に送付される。その代わりに、所得税の一部が還付される。この交換は、景気変動を受けやすい営業税を調整して、自治体の安定した歳入を確保するためでもある。同時に、これは後述する、一つの州内での自治体間の財政調整の役割も兼ねている。さらに、州や自治体は、州の法律や条令によ

り、地域消費税の課税も認められている。とはいえ、高齢化や長期失業者が増えるに従い、失業保険給付期間を越えた失業者への社会扶助や、介護を必要とする高齢者への費用負担（年金や自らの資産では賄えない施設介護費用の自治体による負担）が、自治体財政を圧迫している。90年代半ばに介護保険が導入されたことも、一つには、増大する自治体の社会福祉費を、介護保険で肩代わりするという目的があった。

州政府・自治体間の財政調整

次に、州や自治体の間で、自治体財政に大きな較差を生じさせないための調整メカニズムをみてみよう。

まず州については、付加価値税がこの税収格差を調整するための財源となっている。付加価値税は、納税地にしたがって配分されるのではなく、その地域の人口に応じてまず75％が配分される。残りの25％については、住民一人あたりの税収が、ドイツの平均を下回る州に配分される。この調整により、平均を下回る州も、州全体の平均額の92％まで達することが目標とされる。

次に、州間の財政の調整により、この格差がさらに95％まで縮小される。具体的には、税収の豊かな州から税収の少ない州へ、財政を配分するのである。図表12にあるように2006年度には、ハンブルク、バーデン＝ヴュルテンベルク、バイエルン、ヘッセン、ノルトライン＝ヴェストファーレンの5州が、支払う側になっている。その総計は、72億9200万ユーロとなっている。役割は日本の地方交付税に似ているが、中央政府と自治体の間ではなく、州政府間の協議によりそれぞれの州の負担と受益額が決定されるのである。全体で日本円に換算して約1兆1600億円ほど（1ユーロ＝160円）、しかし支出する側からすれば、3000億円程度の財源の減少となるので、この協議はきわめてシヴィアなものになる。日本でも、財政の分権化が進み、自主財源が増えた場合には、地域間格差を是正するために、こうした協議制度の設置が必要となるだろう。付加価値税収だけでは、上に述べた92％ではなく、例えば西との格差が大きい旧東独の新州では85％までしか達成できないという事態も生じる（1995年度）。こうした問題も含め、各州の大蔵大臣の協議によって、95％までの格差にまで縮小されるのである。

ドイツ

図表12　2006年の州政府間財政調整と連邦補充交付金

	州政府間財政調整	連邦補充交付金	一人あたり税収（州・自治体合計） 分配前	一人あたり税収（州・自治体合計） 分配後
	100万EUR	100万EUR	EUR	EUR
ヘッセン	▽2,411	－	7,380	3,234
バイエルン	▽2,085	－	5,434	3,059
バーデン＝ヴュルテンベルク	▽2,047	－	5,422	3,051
ハンブルク	▽618	－	13,809	4,536
ノルトライン＝ヴェストファーレン	▽131	－	5,779	3,035
ザールラント	115	118	4,569	2,929
シュレースヴィヒ＝ホルシュタイン	123	120	3,909	2,833
ニーダーザクセン	241	119	3,525	2,764
ラインラント＝プファルツ	344	223	3,975	2,890
ブレーメン	416	196	5,825	3,991
メクレンブルク＝フォーアポンメルン	472	1,470	1,666	3,530
ザクセン＝アンハルト	588	2,115	1,896	3,561
ブランデンブルク	608	1,982	2,234	3,466
テューリンゲン	613	1,962	1,888	3,499
ザクセン	1,071	3,486	2,149	3,531
ベルリン	2,701	2,881	4,329	4,454
ドイツ全体	＊7,292	14,671		

＊州政府間での財政調整で、「豊かな」州（ここではマイナス▽で表示される）から、「不足する」州に州税収の一部が移転される。移転のプラスとマイナスの総額は同額であり、2006年は72億9200万ユーロである。
資料：連邦統計局、『連邦州：構造と発展　2008年版』114頁から作成

　こうした「水平的」調整に加え、さらに連邦政府から平均以下の州政府への「連邦補充交付金」によって、99.5％までなるように「垂直的」に配分される。その結果、一人当たり税収が、配分前と配分後では大きく変化し、とりわけ旧東の州には手厚い配分となっていることがわかる。
　最後になるが、連邦、州、自治体のそれぞれの累積債務額、それ

図表13　政府・自治体財政規模と累積債務の比較（1995年・2006年）

	税収（百万ユーロ）		財政支出 （百万ユーロ）		累積債務 （百万ユーロ）	
	1995	2006	1995	2006	1995	2006
連邦政府	187,169	203,892	250,464	282,788	385,684	902,054
州政府	159,880	195,151	250,433	258,718	257,336	479,489
自治体など	48,335	67,625	174,388	155,705	83,743	81,877

資料：連邦統計局『統計年報2007』562頁。公共財務には、これ以外に連邦特別資産、EU分担歳入・歳出、社会保障会計の項目がある。

ぞれの財政規模、社会保障会計などを図表13に掲載しておく。支出面で見ると、連邦政府と州政府はほぼつりあっている。ここでは社会予算とされる社会保障会計の収入・支出を掲げていないが、自治体も社会保障給付などの業務を連邦政府から委任されているので、すべての支出を合計すると、3者はほぼ同じようなレベルとなる。累積債務に関して、自治体は1995年からほぼ同じ水準を保っており、連邦、州財政も2000年前後の危機的状況から見ると、最近は安定してきている。

ユーロ・リージョンとNUTSで創る新しいEUの地域形成

　NUTS（ナッツ）とは、EUの地域統計の単位であり、その規模は、図表14に見るように、3つに分けられる。
　EUが27の加盟国という国家を単位にしていては、国の規模が異なるため、もはやEUの現実の姿や問題が把握できず、このため統計や政策形成においてはNUTS1～NUT3まで、3つのレベルに分けている。EUの地域政策の基礎となるのは、NUTS2レベルの「268」の地域である。この『EU地域統計』をみると、これまでの国単位とは非常に異なる政策課題が明白となる。つまりドイツやイギリスでは、NUTS2のレベルでは国内の地域間較差が明確になる。
　図表14の事例で示されるように、ドイツやイギリスでは、それぞ

ドイツ

図表14　EUの地域単位の区分と事例

EUの地域区分	NUTS 1	NUTS 2	NUTS 3
	300万人～700万人	80万人～300万人	15万人～80万人
デンマーク	1	1	15
スウェーデン	1	8	21
ドイツ	16（州）	41（知事府）	439（郡と都市）
イギリス	12（イングランド9、スコットランド、ウエールズ、北アイルランド）	37	133
EU27	95	268	1291

出典：EU統計局『EU地域統計』2007年

れの区分に対応した行政機構があるが、人口の少ないデンマークやスウェーデンでは事情は異なる。したがってNUTSとは現在は統計上の単位であるが、将来はEUの「地域行政単位」として再編されるかも知れない。基礎自治体は、これより下のレベルとなり、LAU1（自治体連合）、LAU2（基礎自治体）となる。

　ユーロ・リージョンとは、戦後の欧州統合と同じ程度に古く、国境を越える新しい地域形成を、その地域の中核都市や自治体の連合体として試みるプロジェクトである。ここでもNUTS2のレベルがEUの「地域」として想定される。例えば、多くの中欧諸国と国境を接するドイツでは、国境沿いに41のユーロリージョンが設定された。これはNUTS3レベルの自治体連合や都市や地域の市民団体が、国境を越えて協働し、NUTS2レベルの地域を形成しようとするものである。このプロジェクトのいくつかに対してEUが直接に、地域構造政策の一環として財政的に支援している（InterregⅢA、2000～2006年）。本格的なインフラ整備のような額の支出ではないが、地域間の相互理解や語学学習からはじまり、職業教育の共通の整備や警察の国境を越える協力体制など、いわゆる相互信頼と価値観や制度の共有をめざす「ソーシャル・キャピタル」の育成には役立っている。

　EU諸国の自治体制度は、政府―州（県）―自治体という垂直的な関係だけではなく、さまざまなレベルの新しい結びつきが試みられ

ている。「マルチレベル・ガバナンス（多元的な統治）」の時代に入っているといえるのである。ここから日本が何を学ぶことができるか、それがこれからの日本の自治体制度のまったく新しい課題であるといえる。まずは東アジアで、NUTS2レベルの『地域統計』を作成することから始めれば、さまざまな課題が見えてくるのではないだろうか。

参考文献

加藤雅彦ほか編『事典 現代のドイツ』（大修館書店 1998）
春日井道彦『ドイツのまちづくり』（学芸出版社 1999）
木佐茂男『豊かさを生む地方自治—ドイツを歩いて考える』（日本評論社 1996）
篠藤明徳『まちづくりと新しい市民参加—ドイツのプラーヌンクスツェレの手法』（イマジン出版 2006）
坪郷實『ドイツの市民自治体』（生活社 2007）
若森章孝ほか編『EU経済統合の地域的次元』（ミネルヴァ書房 2007）
Jörgu Bogumil, Lars holtkamp, Kommunalpolitik und Kommunalverwaltung, VS Verlag, Wiesbaden 2006
Andreas Kost, Hans-Georg Wehling (Hrsg.), Kommunalpolitik in den Deutschen Ländern, Westdeutscher Verlag, Wiesbaden 2003
Statistisches Bundesamt, Die Bundesländern:Strukturen und Entwicklungen, Ausgabe 2008
Statestisches Bundesamt, Statistisches Jahrbuch 2007
eurostat: Regions: Statistical yearbook 2005, Data 1999-2003

ノルウェー

VI

地方福祉国家

北への道

「ノルウェー（ノルゲ Norge)」という国の名前は、「北への道」を意味するという。この名が示すとおり、北緯71度11分（日本の北端：北緯45度33分）から南端の北緯57度57分（同：20度25分）まで、国土は南北方面に約1,752kmのびてヨーロッパ大陸の最北に位置している。しかし、大西洋を渡る貿易風と暖流が、緯度の割に温和な気候と、多様な自然環境を生み出している。国土面積は日本とほぼ同じ約38.5万km^{2}であるが、人口は約468万人、人口密度は12.1人/km^{2}である。西をフィヨルドの長い海岸線に、東をスウェーデンとの国境である山岳地域に囲まれており、夏は美しいフィヨルドの風景を、冬はオーロラを楽しむことができる。険しい地形と冷涼な気候とがあいまって、農地としての国土の利用は3.4%にとどまっている。

国連の人間開発指数の国別順位では、2001年から2006年まで6年間連続で世界第1位を占めており、社会・経済面での豊かさを象徴している。2007年の一人当たりGDPは、52,407米ドル（購買力平価、OECD調べ）で、世界第2位であった。そのおよそ4分の1が石油産業から産み出されている。北海の油田から産み出される原油や天然ガスは、ノルウェー経済の大きな支えとなっており、輸出の3分の2を占めている。1970年代から本格的に始まった原油の採掘・輸出が社会経済を左右するようになると、国会（ストーティング）は将来の人口高齢化を見据えて長期的な財政安定をめざした国家石油基金を設立し、2008年現在では国家年金基金となって約1兆9500億NOK（ノルウェー・クローネ）の残高を保有している。

福祉国家ノルウェー

北欧諸国は、定評の高い福祉国家として知られている。ノルウェーもその名にもれず、充実した福祉制度を整備している。北欧福祉国家は、福祉ニーズのカバーとサービスの提供の包括性、カバレッジの普遍性、高度な再分配、主要財政資源としての総合的税制、公

的雇用割合の高さ、現物支給割合の高さに特徴づけられる。これは、福祉サービスや所得保障が、人生の各段階において、生活上のさまざまなニーズに対応して提供されること。福祉サービスや所得保障の対象者をできるだけ多くの市民としていること。その財源が比較的税を中心に賄われていること。サービス提供の担い手として雇用者の多くが公的セクターに属していること。必要なサービスはその費用の給付ではなく、現物で支給される割合が高いことである。こうした福祉国家の特徴が、地方政府（地方自治体）の機能と役割に大きな影響を与えている。住民へのサービスの提供は、地方政府の重要な役割のひとつである。

北欧の中のノルウェー

　ノルウェーは、ヴァイキングの国としても知られている。9世紀から10世紀まで続く「ヴァイキング時代」を経て、統一国家となったのは11世紀とされている。しかし、15世紀にはデンマークと連合を結び、さらに16世紀にはデンマークの支配下に置かれるようになった。その後ナポレオン戦争を経て、勝者となったスウェーデンがノルウェーとの連合を結んだ。スウェーデンは、同君連合として、ノルウェーに憲法、議会、徴税権を認めた。最終的に1905年、連合が平和的に解消され、独立する。現在の地方政府法は、1837年に成立した参事会法が基になっており、スウェーデンとの同君連合時代に制定されたものである。これは、デンマークとの連合時代からの都市部における地域政府の歴史を受け継いでおり、ヨーロッパで最も早い時期に地方自治政府の枠組みを成立させたものであった。

　「コミューンの自治は、北欧デモクラシーに基本的なものだと考えられている」というフレーズがある。また、ときには「北欧諸国は地方自治の『約束された国』」とも言われる。北欧諸国において、地方自治は歴史的文化的伝統として受け継がれてきた。地方政府は、単一主権国家を前提として、憲法又は法で定められた活動領域と裁量権を有している。つまり全国統一的な地方制度が整備されており、中央政府との役割分担が一定程度明確である。また、発達した福祉国家の高度の財政再分配システムは、その一翼を地方政府が担っている。つまり、北欧諸国は、公的支出の主要部分を地方政府が担う「地方福祉国家」でもある。

ノルウェー

　しかし、北欧（ここではアイスランドを除く）の4つの国々にもそれぞれ特色がある。デンマーク、スウェーデンでは、基礎自治体の平均人口規模がおおむね3万人程度であるのに対して、フィンランド、ノルウェーでは人口規模5,000人以下の自治体が基礎自治体の半数以上を占めている。また、行政構造は、デンマーク、ノルウェー、スウェーデンが中央政府、広域自治体、基礎自治体の3層構造であるのに対して、フィンランドは独立した意志決定機能を有した広域自治体は確立されていない。政治と行政の役割分担は、デンマーク、スウェーデンでは議員の代表者が行政の執行責任を担うのに対して、ノルウェー、フィンランドでは、政治リーダーと行政執行部門が明確に分けられる傾向がある。一方、ノルウェーのみ、憲法に地方自治制度が明記されていない。このことについては、後に述べよう。

ノルウェー

図1 ノルウェー全図

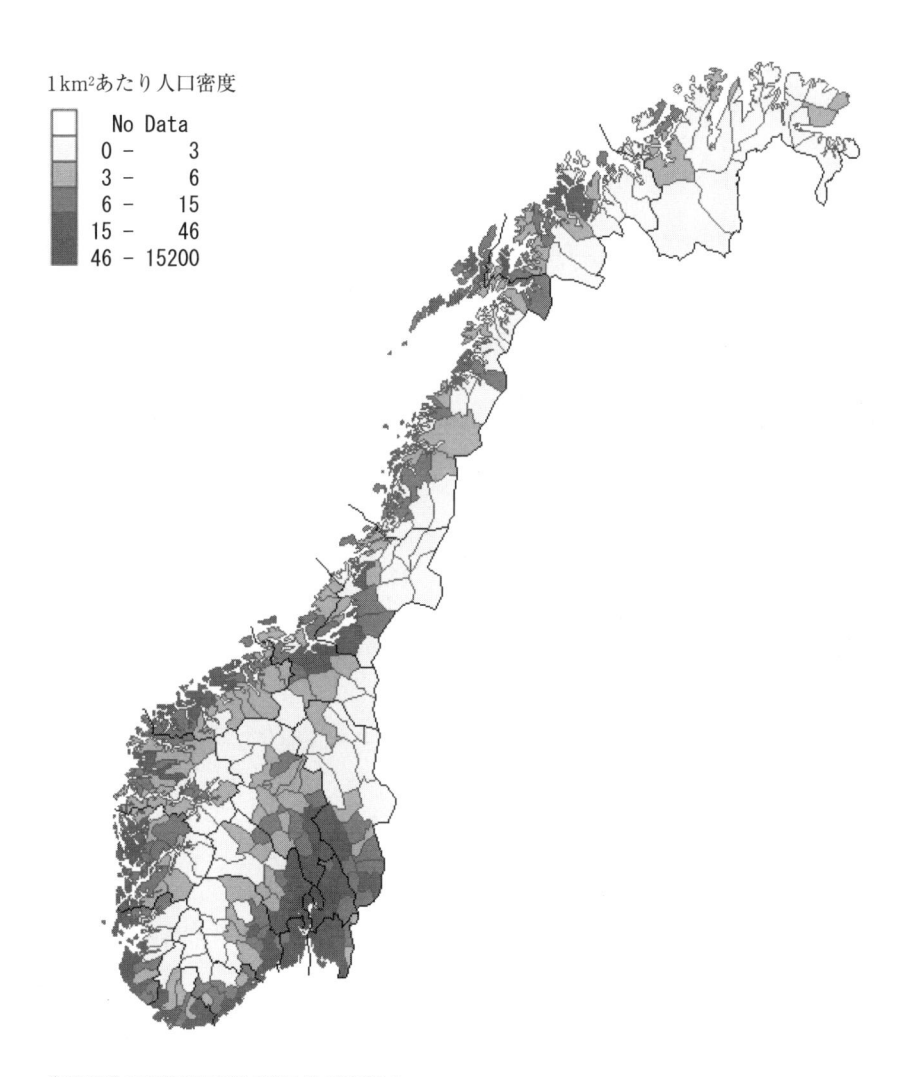

1km²あたり人口密度

- No Data
- 0 – 3
- 3 – 6
- 6 – 15
- 15 – 46
- 46 – 15200

資料出所：NORSK SEN TROMS FORUM
Density of pupulation in Norway www-norsk-sentrums forum.ho/ma norway.htm

ノルウェー

地方政府の発達は福祉国家の発展とともに

参事会法の制定と地方政府の誕生

　すでに述べたように、ノルウェーに近代的な地方行政システムが導入されたのは、1837年の参事会法である。これによって、コミューネと県（フュルケ）が規定された。この時点では、地方政府の機能はごく限定的であったが、19世紀末ごろから、初等教育、貧困者救済、道路整備などを担うようになっていった。その後、電気、住宅、水道などのインフラ整備も担うようになっていったが、1920年代に財政破綻したコミューネが発生すると、中央政府が強力に地方政府の統制を進めるようになった。1935年には、地域間格差を是正するために、中央政府から地方政府への補助金が導入されるようになっていった。

　第二次大戦後、本格的な福祉国家の建設がはじまると、地方政府は、国民に公共財とサービスを供給するための重要な担い手として位置づけられた。政府委員会でも、地方政府がこの任務を担えるよう、コミューネの適正規模に関する議論が行なわれた。これを受けて、1960年代から70年代を中心として、一定のサービスを供給するために必要な財政の安定化や合理的・効率的な行政体制の整備を目指して、コミューネの合併が進められた。1930年に747あったコミューネ数は、1975年までに443へ減少した。

地方政府の肥大化と包括補助金の導入

　第二次大戦後から1960年代まで、地方政府の行政機構は、議長と参事会の事務を補助する非常勤の職員と基礎学校や社会福祉に携わる職員が少数いる程度の小規模なものであった。しかし、福祉国家の発達につれて行政サービスが増加し、職員数も増えていった。1960年代に約10万人であった地方政府の職員数は、74年には20万人、79年には30万人、88年には40万人を超えた。GDP全体に占める公共支出の割合も、1950年代から80年代までに1割から約2割へ増えた。そのうち地方政府が占める割合も約6割に達した。（表1）

表1　コミューネ、県の数と財政

年	コミューネの数	県の数	GDPに占める政府最終消費支出の割合	政府最終消費支出に占める地方政府の割合
1875	514	20	—	—
1890	552	20	—	—
1900	594	20	—	—
1910	657	20	—	—
1920	703	20	—	—
1930	746	20	—	—
1940	747	20	—	—
1950	744	20	10.0%	46.0%
1960	732	20	12.9%	48.8%
1970	451	20	16.9%	52.7%
1980	454	19	18.8%	60.1%
1990	448	19	21.6%	58.3%
2000	435	19	19.2%	59.9%
2005	433	19	20.1%	47.3%

出所：Statistiks sentralbylå, *Statistikal årbok*（各年版）、同、Histrisk statistikk 1994（ノルウェー統計局ウェブサイト　http://www.ssb.no/histstat/hs1994）から筆者作成

　しかし、サービスの増加と共に増えていった職員は、次第に専門職化し財政削減圧力に対抗する存在となり、さらなるサービスの増加へつながった。肥大化した地方政府を維持しながら、中央政府の統制力を保つためにとられた手段が、1986年の包括補助金システムの導入による財政改革であった。それまでの政策誘導機能を持った個別の補助金制度から、人口や経済指標に基づいた基準によって算定される包括補助金と、教育、保健福祉、文化活動など特定の分野における基礎サービスの確保を目的とする使途を限定した特定補助金とを組み合わせた中央から地方への財政移転システムができあがった。

　包括補助金の導入によって、地方政府には安定した歳入基盤が確保され、財政上の裁量権も高まった。中央＝地方間の財政関係は単純化され、意志決定の合理化も図られた。

広域地方政府としての県の確立

　地方政府の提供する公共サービスの増大は、コミューネの調整・支援的機能を担っていた県にもサービス提供機能を求めることになった。それには、独立した政治（意思決定）・行政機構と財政基盤が必要であった。そのため、1975年に県議会に直接選挙が導入された。県は直接課税権を得て、高度医療や高等学校の運営を担うようになった。それまで、各コミューネ議会から選出された議員で構成されていた県議会によって運営されていた県は、コミューネの調整・支援的機能から、公共サービスの提供機関として、コミューネと対等な地位を有するようになった。

　しかし、2002年に医療（病院）機能が中央政府へ移管された。（そのために表1に見られるように、2000年代前半から財政に占める地方比率が大きく下がっている。）その一方、2006年に提出された政府報告書に基づき、2010年を目途として、地域発展を担うためのより強力な広域行政体を目指して県区域の見直し（合併）を行うことが、国会で決定されている。県は、7～9または15程度の単位に再編されることが予定されている。さらに、中央政府の所管である環境・農業行政、商業発展の中央政府分担分などを県へ移管することが予定されている。

三層構造の地方行政

コミューネと県

　ノルウェーの地方政府は二種類ある。430の基礎地方政府（コミューネ kommune）と19の広域地方政府（県 fylkeskommune）である（2008年1月1日現在）。すべてのコミューネは、いずれかの県に属する。首都オスロは1つのコミューネで1つの県を構成してい

表2　ノルウェーの県とコミューネの数（2008年1月1日現在）

県　　名	人口 （人）	面積 (km^2)	コミューネ数	財政登録 コミューネ数
Østfold ウストフォル	262,523	4,182	18	1
Akershus アーケシュフース	509,177	4,918	22	0
Oslo オスロ	548,617	454	1	0
Hedmark ヘードマルク	188,692	27,397	22	5
Oppland オップラン	183,037	25,192	26	0
Buskerud ブスケルー	247,655	14,910	21	5
Vestfold ヴェストフォル	223,804	2,224	14	0
Telemark テレマルク	166,170	15,299	18	3
Aust-Agder アウスト・アグデル	104,759	9,157	15	0
Vest-Agder ヴェスト・アグデル	163,702	7,276	14	0
Rogaland ローガラン	404,566	9,378	26	0
Hordaland ホルダラン	456,711	15,460	33	6
Sogn og Fjordane ソグン・オグ・フョーラネ	106,194	18,623	26	7
Møre og Romsdal ムーレ・オグ・ロムスダール	245,385	15,121	37	3
Sør-Trøndelag スール・トロンデラーグ	278,836	18,848	25	2
Nord-Trøndelag ヌール・トロンデラーグ	129,069	22,412	24	4
Nordland ヌールラン	235,436	38,456	44	6
Troms トロムス	154,136	25,877	25	5
Finnmark フィンマルク	72,665	48,618	19	2
ノルウェー本土	4,681,134	323,802	430	49

（人口は2007年1月1日現在、コミューネ数は2008年1月1日現在）
資料出所：ノルウェー統計局ウェブサイト
　　　　　http://www.ssb.no/english/subjects/00/minifakta_en/en/main_03.html#0303,
　　　　　http://www.ssb.no/emner/02/02/folkendrkv/、ノルウェー地方省ウェブサイト
　　　　　http://www.regjeringen.no/nb/dep/krd/tema/Kommune-_og_fylkesforvaltning/ROBEK-2/kommuner-som-er-oppfort-i-registeret.html?id=415422から作成

ノルウェー

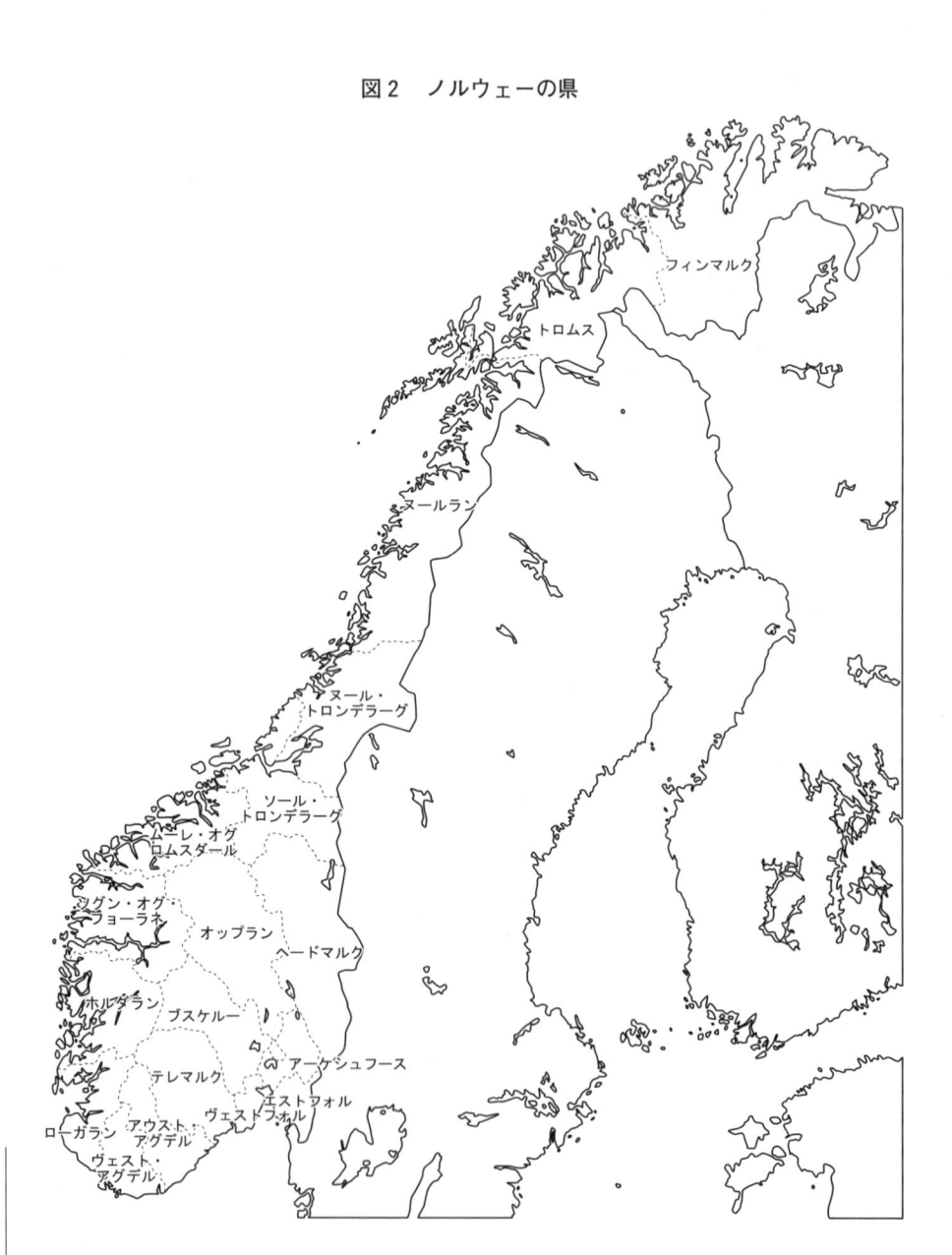

図2　ノルウェーの県

る。(正確には、県(フュルケ)は区域を意味し、政治行政機能を持った広域地方政府は県コミューネという。ただし、ここでは、煩雑さを避けるため、両者とも県として表記する。)

　最も面積の大きい県はフィンマルク県(面積48,618 km^2)で、人口が最も少ない県(72,665人)でもある。最も面積の小さな県はコミューネを兼ねるオスロで、人口が最も多い県でもある。

　また、最も面積の大きいコミューネは、フィンマルク県のカウトケイノ Kautokeino(面積9,708 km^2)で、人口の最も多いコミューネはオスロである。面積の最も小さなコミューネは南西部の海岸地域にあるローガラン県のクヴィトイ Kvitoy(面積6.16 km^2)で、人口の最も少ないコミューネは同県のウトゥシラ Utsila(212人)である。両者ともに島がコミューネを構成している。

　1コミューネ当たりの平均人口を算出すれば1万人強になるが、実際にはコミューネ人口の中央値は、約4,400人である。つまり、コミューネの半数以上は人口5,000人以下である。一方、13のコミューネでは人口が50,000人を超えている(表3、図3参照)。

表3　コミューネの人口規模
　　　(2008年1月1日現在)

人口規模	コミューネ数
1,000人以下	28
1,001人～2,000人	68
2,001人～3,000人	66
3,001人～5,000人	73
5,001人～10,000人	91
10,001人～20,000人	55
20,001人～50,000人	36
50,001人以上	13
計	430
中央値(メジアン)	4,431
コミューネ当たり平均人口	11,017

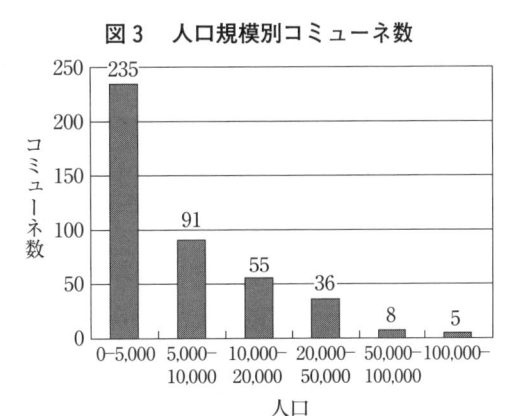

図3　人口規模別コミューネ数

資料出所:ノルウェー統計局ウェブサイト http://www.ssb.no/emner/02/02/folkendrkv/ から筆者作成

ノルウェー

政府間関係と行政機能の分担

　コミューネと県は、互いに独立し、かつ対等な関係にある。コミューネにも県にも直接選挙による議会が設置され、地方政府として独立した政治行政機能を担っている。コミューネおよび県コミューネ法（Lov om kommuner og fylkeskommuner。以下、地方政府法という。）は、コミューネと県の機関、選挙、財政、住民の権利等について定めた法律である。同法では、コミューネと県は対等の関係にあるが、コミューネと県は財産運用やサービス提供について国家へ報告する義務があること（第49条）、また国家にはコミューネ、県の管理監督権限があることが明記されている。具体的には、コミューネおよび地方省（Kommunal-og regionaldepartementet。以下、地方省という。）が、コミューネ又は県議会議員の発議により、または自ら、コミューネや県の行政行為の適法性を監督し、情報請求をする権限（第59条）、地方省が財政赤字など一定の条件を満たすコミューネや県を調査・登録する権限とこの登録団体が借入れや長期の賃貸契約を結ぼうとするときに地方省の承認を必要とすること（第60条）が定められている。したがって、中央政府と地方政府の間は必ずしも対等とはいえない。

　中央政府の地方管理監督機関として、県長官（Fylkesmann）が各県に設置されている。県長官事務所では、コミューネの監督業務

図4　公的統治システムの概要

	中央政府機関	県機関	コミューネ機関
国	国会／政府 省庁 部局		
地方	県長官事務局 県事務局 県労働事務局 県道路管理者等	県議会／県参事会 県行政部門	
地域	警察 税務署 労働事務所等	地域県施設長 （例：高等学校）	コミューネ議会／参事会 コミューネ行政部門

資料出所：Jostein Ryssevik, *i samfunnet Norsk Politikk, 3SK-A*, Asheboug, 2002 s. 213

も行われる。中央政府は、さらに細分化された単位で警察、税務署、労働事務所等を設置している。

機能分担

　行政機能は、中央政府、県、コミューネの三者間で分担している。地方政府法には、機能分担についての規定はないため、その内容は、個別の法律で定められている。中央政府は、主に国民保険制度、病院、特別な福祉サービス、高等教育、労働市場政策、難民および移民政策、国道の整備、鉄道の整備、農業問題、環境問題、警察、裁判所、刑務所、軍、外交を担当する。県は、高校、県道の整備、公共交通、産業・商業開発、県立図書館等文化施設の運営を担当する。コミューネは、基礎学校（小学校・中学校）、保育・就学前学校、高齢者や障害者のケアおよび社会扶助や薬物・アルコール中毒患者のためのデイサービスなどの福祉サービス、コミューネの土地利用計画、市道の整備などを担当する。

表4　行政機能の分担

中央政府	県（フュルケ）	コミューネ
社会保険の運営 医療・福祉施設の運営 大学・高等教育 労働市場政策 難民および移民政策 国道・鉄道の整備 警察、裁判所、刑務所 軍、外交など	高校 県道の整備と公共交通の運営 産業・商業開発 文化施設の運営 地方計画の策定 など	基礎学校 保育・就学前学校 高齢者・障害者ケア（介護サービス） 福祉サービス（社会扶助、児童デイサービス、中毒患者通所施設） コミューネ土地利用計画の策定 市道の整備　　　　　　　など

資料出所：Jostein Ryssevik, *i samfunnet : Norsk Politikk, 3SK-A,* Ashehoug, 2002 s. 215, Ministry of Local Government and Regional Development, *Local Government in Norway,* Department of Local Government and Regional Development 09/04, information brochyre から筆者作成

参事会制と議院内閣制

地方政府の組織

コミューネと県の組織については、地方政府法において一定の規定がある。議会、議会組織、委員会組織、行政事務組織が法によって具体的に定められている。

1837年の参事会法の伝統を受け継ぎ、コミューネと県の組織は、伝統的に、議会から選出される参事で構成される参事会が行政運営の重要な決定権を持ち、実際の運営は行政事務組織に委ねる参事会制をとってきた。しかし、1980年代のフリーコミューン実験を経て、与党が強力なリーダーシップを握る議院内閣制が導入された結果、現在、コミューネと県は、参事会制と議院内閣制のいずれかの形式で組織を構成することとされている。

議会と選挙

議会は地方政府の最高意思決定機関である。議員は住民の直接投票によって選出される。地方政府法で、人口による最少議員数が定められている。選挙は4年ごとに行われるが、同じく4年ごとに行われる国会選挙の中間の年に実施される。選挙後、新議会が招集され、議長、副議長を選出する。

表5　議会の定数

コミューネ		県	
人口　5,000人以下	11人以上	人口　150,001人以下	19人以上
人口　5,001人以上　10,000人以下	19人以上	人口　150,001人以上　200,000人以下	27人以上
人口　10,001人以上　50,000人以下	27人以上	人口　200,001人以上　300,000人以下	35人以上
人口　50,001人以上　100,000人以下	35人以上	人口　300,000人以上	43人以上
人口　100,001人以上	43人以上		

資料出所：地方政府法第7条より筆者作成

参事会制

　参事会制は、議会から通常比例代表で選出された参事会（コミューネ参事会 Formannskap、県参事会 Fylkesutvalg）を設置し、参事会に多くの権限を委ねる運営方式である。

　参事会は、議会から選出された5人以上のメンバー（参事）で構成される。参事の任期は4年で、参事会はコミューネまたは県の財政計画、予算案を策定する。また、参事会は、自らの権限を決めることができ、法等で定められていない限り、すべてのことについて決定権を有することができるため、強大な権限を握ることになる。実質的に、コミューネや県の運営の多くは、参事会で決定される。

議長

　議会の議長 ordfører と副議長 varaordfører は、参事会メンバーから議会で選出される。議長は、議会と参事会の両者で議長を務め、コミューネまたは県の代表者となる。議長は、コミューネや県のすべての会議に出席し、発言することができる（ただし、会議の正式なメンバーでなければ投票権や議案の提出権はない）。議会は、議長に重要事項以外のことについて、決定権を委ねることができる。

　議長は議事日程を管理することで、その権力を発揮できるが、参事会のメンバーが一人を除いて比例代表で選出されるために、参事会内での各政党リーダーたちとの合意形成に大きな力を注ぐことになる。

委員会

　コミューネや県の運営に関する基本的事項は議会で決定されるが、より詳細な内容は、議会に分野ごとに分かれて設置された常任委員会 faste utvalg が決定権を持つ。常任委員会は、議会から選出された委員長、副委員長を含む3人以上で構成される。また、議会は予備的な議論等をするための委員会 komiteer を設置することができる。常任委員会については、委員会の乱立を避けるため、地方自治体協会が標準モデルを示しており、多くの自治体で採用されている。（図5参照。ただし現在の委員会構成は例えば医療部門の国

図5　委員会の標準モデル

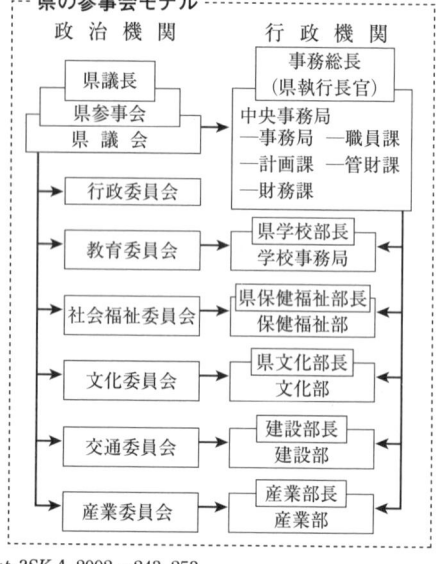

Leiv Mjeldheim, *Det Politiske Systemet Samfunnskunnskap 3SK-A*, 2002, s.243, 253

への移管などによって変更されている。)

　また、コミューネは、コミューネ内の一部の区域について地区委員会 kommunedelsutvalg を設置することもできる。地区委員会の委員は、コミューネ議員から選出することもできるが、議会の議決により住民から選出することもできる。地区委員会は、その地区内に関するすべての事項について権限を持つこともできるが、その機能は議会で定められる。

事務総長と行政事務組織

　では、具体的な行政事務は誰が担うのだろうか。日本では、選挙で選出された市長が議会から独立した権限を持ち行政の執行責任を担うが、ノルウェーの参事会制をとるコミューネや県では、議会が事務総長 administrasjonssjef を任命し行政事務の執行を委任する、いわゆるシティ・マネージャー制をとる。事務総長は、地方政府法で定められた、参事会制をとるコミューネと県の必置組織である。

　事務総長は、コミューネや県における最高行政職として、議会からの委任に基づき人事権や行政運営に関する決定権を持つ（ただし

行政運営の基本的事項は議会に決定権がある)。事務総長の下に行政事務組織がおかれ、職員は事務総長の指揮監督下にある。

一方、コミューネや県の具体的な事業は、分野別に設置された各常任委員会が決定権を持っている。行政事務組織は分野別に常任委員会で決定された事項に従って事務を行なっていくことになる。

事務総長は、通常、執行長官 rådmann（県では県執行長官）と呼ばれる。次に述べるように、議院内閣制では事務総長が廃止されるが、それに代わる事務部局のトップは執行長官と呼ばれる。つまり、執行長官は、事務部門のトップの通称と考えてよいだろう。

議院内閣制

1992年に地方政府法が全面改正され、参事会制に加え、これに代わる議院内閣制の導入が認められた。参事会制は、参事が通常比例代表で選出されるために、議会勢力を反映しているとはいえ、参事会での合意形成に時間と労力が必要となる。そのために、1970年代から80年代にかけて行政機能が拡大していく中で、参事会が各委員会活動や行政活動を管理・監督する機能が低下するという課題が生じていた。また、参事会と各委員会委員が別に選出されるために、参事会と委員会との情報交換が十分に行なわれないという問題も生じた。そこで、80年代のフリーコミューン実験を経て、中央政府で導入されていた議院内閣制の導入が実現した。

コミューネ議会、県議会は、議員の過半数の賛成により、議院内

表6　参事会制と議院内閣制

参事会制	執行責任者の選出	議員内閣制
比例代表	執行責任者の選出	多数代表
議会・参事会ともに強力	権力バランス	弱い議会と強力な執行委員会
分散	責任の所在	明確
低い	議会における対立レベル	高い
大	議長の役割	小

資料出所：NOU, *Det lokale folkestyret i endring?*：*Om Deltaking og engasjement i lokalpolitikken,* NOU 2006：7（原出所 Myrvold, Trine （2004） *Parlamentarisme og Kommunalpolitiske organer. Evaluering av styringssystemet i Bergen Kommune.* NIBR-notat 2004：113, Oslo：NIBR、ノルウェー地方省ウェブサイト
http://regjeringen.no/nb/dep/krd/dok/NOUer/2006/NOU-2006-7/6.html?id=428497）を一部改変

閣制を採用することができる。廃止も同様の手続きで行なわれる。議院内閣制は、当初はフリーコミューン実験で議院内閣制を導入したオスロ・コミューネやヘードマルク県（一時中断）で採用された。2008年現在、ヌールラン県、オップラン県、ヌール・トロンデラーグ県、トロムス県、ベルゲン・コミューネで採用されている。

執行委員会

　議院内閣制を採用したコミューネや県は、議会に執行委員会（コミューネ執行委員会 kommunerård、県執行委員会 fylkesråd）を設置する。執行委員会は、最高行政機関として、行政事務の執行責任を負う。したがって、執行委員会の導入に伴い、事務総長は廃止される。

　執行委員会は、議会から直接選出される。執行委員会の長を明確にした執行委員会の構成案が議会に提案される。議会の投票で最も得票数の多かった案が採用される。ただし、どの構成案も過半数の得票を得なかった場合、上位2案が決選投票にかけられる。つまり、議院内閣制の執行委員会は通常多数代表である。

　議会の議長と執行委員長とは一致しない。議院内閣制のコミューネ議会・県議会の議長は、議会の議長を務め、市の代表として公式行事に出席することが主な役割となる。しかし、執行委員長は、行政組織のトップとして議会に対して執行責任を問われることになる。執行委員長は、参事会制における参事会の議長と事務総長とを兼ねた存在になる。

　執行委員会は、議会から委任されて強力な決定権と執行権限を持つ。執行委員会の委員は、それぞれ担当分野について、議会から決定権を委任される。委員は、分野ごとに設置された委員会の運営を担当する。つまり、執行委員会の議長はたとえて言えばその行政区域における内閣総理大臣に相当し、委員は主務大臣の役割を果たすことになる。

　地方政府法上の事務総長は廃止されるが、通常、事務総長に相当する執行長官が設置され、執行委員会の下部組織として管理部門を担当する。

ノルウェー

残る特定補助金と財政登録団体制度

地方財政

　コミューネや県の収入は、主に税と中央政府からの移転収入で構成されている。2003年以降、2006年までの間、税収が移転収入を上回った。

　2006年のコミューネと県を合わせた地方歳入は、性質別にみると、税が最も多く120,602百万NOK（49.8％）、続いて移転収入が104,405百万NOK（43.1％）であった。一方、地方歳出を機能別にみると、教育分野での支出が最も多く77,199百万NOK（32.1％）、

図6　コミューネと県の財政

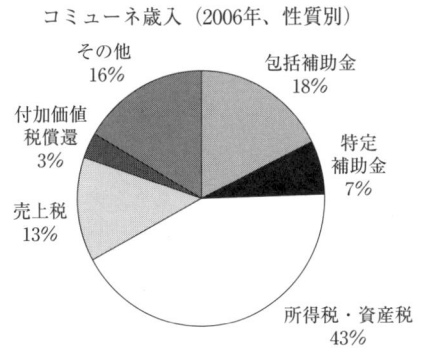

コミューネ歳入（2006年、性質別）
- その他 16％
- 包括補助金 18％
- 特定補助金 7％
- 所得税・資産税 43％
- 売上税 13％
- 付加価値税償還 3％

コミューネ歳出（2006年、機能別）
- その他 16％
- 文化 3％
- 水道・下水道 3％
- 福祉サービス 6％
- 介護サービス 27％
- 管理的経費 7％
- 保育 10％
- 基礎学校 24％
- 保健サービス 4％

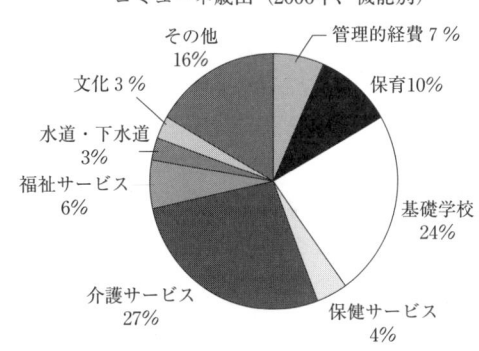

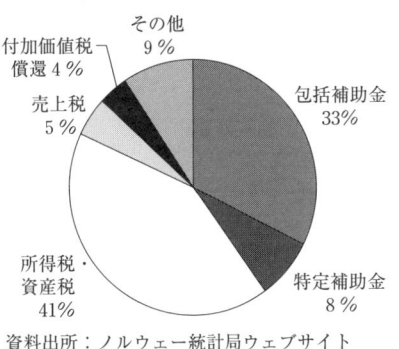

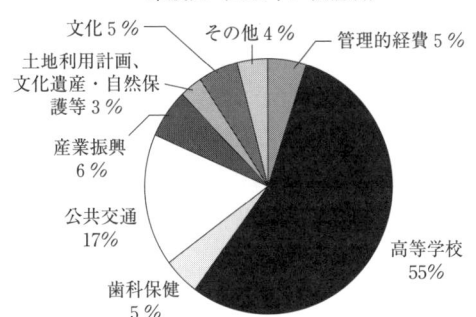

県歳入（2006年、性質別）
- その他 9％
- 包括補助金 33％
- 特定補助金 8％
- 所得税・資産税 41％
- 売上税 5％
- 付加価値税償還 4％

県歳出（2006年、機能別）
- 文化 5％
- 土地利用計画、文化遺産・自然保護等 3％
- 産業振興 6％
- 公共交通 17％
- 歯科保健 5％
- 高等学校 55％
- その他 4％
- 管理的経費 5％

資料出所：ノルウェー統計局ウェブサイト
　　　　　http://www.ssb.no/off_finans_en/のデータをもとに筆者作成

次に福祉分野が64,673百万NOK（26.9%）、保健医療35,990百万NOK（15.0%）であった。

さらに詳しくみると、コミューネの歳入は税が歳入の約60%を占めた。一般財源となる包括補助金が17.7%、特定補助金が6.7%である。また、歳出は、高齢者や障害者を対象とした介護サービス分野（他の福祉サービスを除く）が最も多く27.0%、続いて基礎学校への支出が23.7%を占めた。

県の歳入は、税がほぼ50%、包括補助金が32.6%、特定補助金が7.5%を占めた。一方、歳出は高等学校にかかる費用が最も多く54.8%を占め、続いて公共交通への支出が17.1%を占めた。

財政移転と包括補助金

コミューネや県は、課税権を持っているが、その率は国会で上限が定められる。実際には上限税率を採用することがほとんどのため、全国ほぼ同じ税率になる。2006年、政府の総歳入627,042百万NOKのうち、コミューネと県に振り分けられたのは、コミューネ分の所得税・資産税（15.2%）、県分の所得税（3.1%）、中央政府に一旦収納される税平準化税（18.9%）である。

中央から地方への財政移転は、主に使途を特定されない包括補助金と、個別の事業に当てられる特定補助金に分けられる。包括補助金制度は、1986年に、それまでの約500にのぼる特定補助金に代わるものとして導入された。税平準課税は、中央政府が徴収するが、法人税の地方収入分で、主にこの補助金の財源となる。

包括補助金は、人口構造や地理的条件の違いから生じる行政需要の格差をカバーするための収支平準化人口割補助金、北部ノルウェー補助金、僻地補助金、裁量補助金、首都補助金等で構成される。（2002年現在）

財政登録団体

2000年に、財政が脆弱なコミューネや県を登録し、中央政府の監督下におく規定が地方政府法に規定された。2008年3月31日の更新結果によれば、49のコミューネとすべての県が登録されている（表2参照）。登録されたコミューネや県は、新たな借入金、建物や設備の賃貸契約、4年以上にわたって支払いを必要とする事業用設備

の導入に当たっては、県長官または地方省の承認が必要となる。また、議会で議決された予算の法的適合性について、県長官または地方省の検査を受けなくてはならない。

　2001年の当初登録時に、57あった登録コミューネは、2004年には118まで増加した。しかしその後減少傾向にある。最も登録数が多かった2004年の時点では、コミューネの半数以上が登録される県もあった（ソグン・オグ・フョーラネ県）。

ノルウェー

地方政治で活躍する女性

地方選挙

　コミューネ議会、県議会の選挙は、4年に1度の国会選挙の中間年の9月の第1週または第2週の月曜日に、同時に行なわれる。地方議会に立候補するには、選挙権を有し、投票日に当該地方自治体に住民登録されていればよい。年齢が満たない場合でも候補者となることは可能である。県長官、副長官、事務総長などの行政執行担当者は、当該地域の選挙から除外される。

　ノルウェーでは、地方選挙の有権者は、議員に当選した場合、すでに4年間議員として務めた場合または特別な場合を除いて辞退することができない。有権者は、選挙が行われる年の年末までに18歳に達するノルウェー国民である。また、ノルウェー国籍を持たない住民も、過去3年間ノルウェーの住民として登録されていれば、有権者である。さらに、他の北欧国籍の住民も、選挙の年の5月末日までに住民登録されていれば有権者となる。

　選挙では、各政党から提出された候補者名簿を選択して投票する名簿式比例代表制が導入されている。有権者は、投票のときに、政党が提出した候補者名簿に、候補者をはずしたり、順位を入れ替えたり、他の政党の候補者リストの候補者を書き加えるなどの変更を加えることができる。

　コミューネ議会の選挙では、政党の得票と個人の得票を組み合わせて最終的な名簿上の順位が確定される。一方、県議会選挙では、8％以上の得票を得た候補者のみが、名簿の上位に得票順に名前を連ねる。それ以外の候補者は、当初の名簿順位どおりに当選が決まっていく。

女性と選挙

　ノルウェーは、女性の政治参加が盛んな北欧諸国の中で、地方における女性参政権を最も早く獲得した国である。1901年、制限選挙下での選挙権が女性に認められた。とはいえ、女性の政治参加は、今日と比べると低調であったといわれる。1901年の選挙での女性の

ノルウェー

図7 コミューネ議会、県議会における議席に占める女性の
割合（上図）、地方議員の年齢別・性別分布（下図）

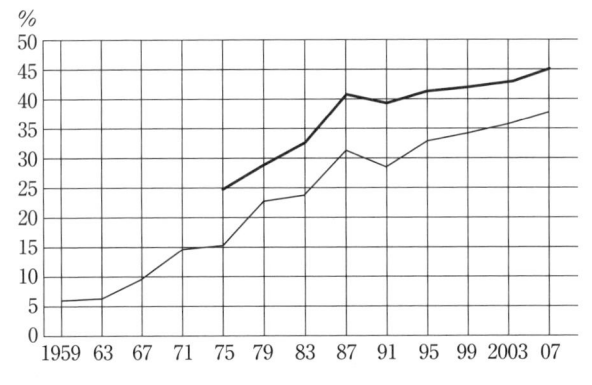

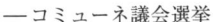

――コミューネ議会選挙　　――県議会選挙

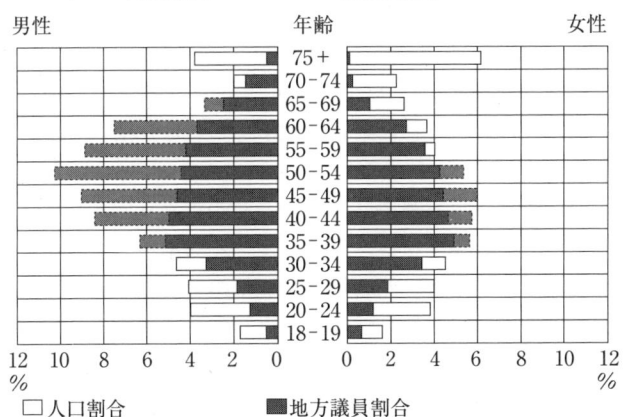

□人口割合　　■地方議員割合

資料出所：ノルウェー統計局ウェブサイト
（左図）http://www.ssb.no/emner/00/01/20/kommvalg/fig-2008-01-04-02.gif.
（右図）http://www.ssb.no/emner/00/01/20/kommvalgform/fig-2008-01-29-01.gif.

投票率は20.9％（男性45.0％）であった。以降、1987年まで投票率で女性が男性を上回っていない。

投票率の低下

地方議会選挙における投票率は、1960年代以降低下傾向を見せている。20世紀初頭、コミューネ議会選挙の投票率はおよそ3割に過ぎなかったが、1930年代から80年代にかけては、戦時中を除き約7

223

図 8　地方選挙における投票率

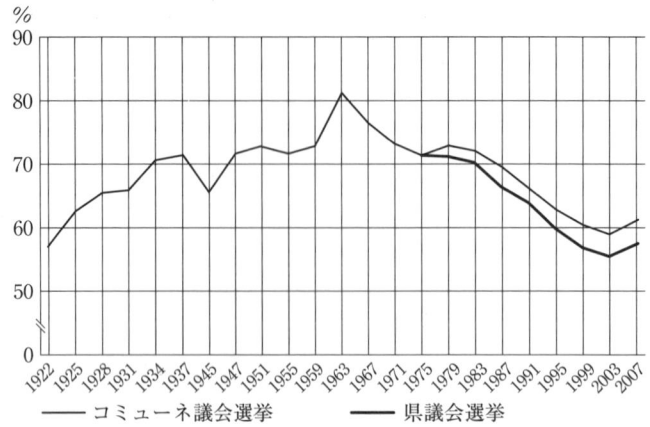

```
コミューネ議会選挙　　県議会選挙
```

資料出所：ノルウェー統計局ウェブサイト
　　　　　http://www.ssb.no/emner/00/01/20/kommvalg/fig-2008-01-04-01.gif

割を保っていた。しかし、90年代に入ると6割程度へ低下した。1975年に導入された県議会選挙における投票率も下降の一途をたどってきた。

　2003年の地方選挙は、投票率が80年ぶりに6割をきった。こうした事態に危機感を抱いた政府は、2004年地方民主主義委員会を任命した。委員会は、2005年と2006年の2回にわたって報告書を提出した。1回目の報告書では、中央政府と地方政府の関係に焦点があてられ、地方政府に地方自治政府としての確立された地位と、特に課税や重要な政策についての決定の自由を与える必要性が指摘された。2回目の報告書では、政党加入率の大幅な下降傾向に対して、市民の参加を促すために、事務総長の直接選挙を導入することなどが提案された。

「自治」への道

新法の制定

　現在のノルウェー地方政府法は、1992年に旧法を全面改正したものである。この改正は、1938年の参事会法成立以来、最も抜本的な改革であったという。

　新法の第1条は、「本法は、国民共同体の枠組みの中で、地方政府におけるデモクラシーが機能し、地方政府が効率的、効果的に行政を運営していくための規定を設けること」が目的であると述べている。憲法に地方「自治」の規定はないが、地方政府法にも「自治」の定めはない。これは、新法の準備委員会の中で熟慮の上、意図して避けられた結果であったという。

　準備委員会は、中央政府が優位性を持つ理由として、市民権が地方機関の運営によって侵害されてはならないこと、効率性の追求のために国家の介入が必要であること、公共財の公正な分配、国内のどこに住んでいても同じ生活水準を維持できること、の4つをあげている。一方、地方行政への市民の参加は、この4つを阻害する要因として否定された。結局、地方政府は「国家の道具」であると位置づけられた。すなわち中央政府が設定した政策目標を実現するために、地方政府がさまざまな地方の状況に応じて政策を実施していく、という構図は、改正前と変わらなかった。地方政府は、縦割り的な中央各省庁が設定した目標を、調整しながら実行に移す役割を与えられ続けている。

　1986年に導入された包括補助金システムは、すでに述べたように、地方政府の財政上の裁量権を高めることになった。しかし、特別補助金の割合は一時補助金全体の12.7%まで下がったにもかかわらず、すぐに再び増え始め、1997年には37%まで上昇した。1988年から1997年までの10年間で、包括補助金の年平均増加率が3%であったのに対して、特別補助金は22%の伸びを示した。つまり、制度上も、財政上も、中央政府は地方政府に一定の影響力を与え続けることとなった。

ノルウェー

政治と行政の分離

　では、なぜ全面改正したのであろうか。ねらいの一つは、地方政府における政治と行政の間の明確な線引きであったようである。それまで事務総長は、地方政府機関の一つとして明確に位置づけられ、財政に関することについて、みずからの意向を反映させる権利を持つ強力な存在であった。課税案を含めた予算案の作成、議会への提案権を有していたのである。

　しかし、新法は、事務総長のこのような強大な決定権を取り払い、予算の作成プロセスや予算案の議会への提出権については、その権限を議会に与えた。代わりに、事務総長は行政組織のヒエラルキーの頂点に立つ権威を与えられ、人事・組織の全てに関する責任を有することとなった。

　さらに、もう一つのねらいとして、多様な地方政府のあり方を認めることによる施策の効果的実現と効率性の追求もあげられる。選択肢としての議院内閣制の導入に加えて、事務総長が行政事務組織の管理運営に関する全面的な決定権を持てるようになったことで、地方政府の事務は、柔軟で素早い判断や実行が可能になった。新法は、これまで個別具体的に定められることとしていた事務総長への決定権の委任事項について、全般的な適用を認めた。ただし、予算や総合計画などの地方政府運営に関する基本的かつ重要な事項は委任できない。これにより、議会は、行政事務に関する詳細な議論を進めていく上でることによって生じてきた過重負担、煩雑な調整などの問題を避けることができ、政策理念やガイドライン、全体的な目標設定など、大局を見ながら優先事項の高い事項を検討することに専念することができるようになった。事務総長も、政策の実施に関する裁量権を得たことで、効率性の追求が可能になった。

　こうした新法の改正は、一方では中央政府と地方政府との関係が統合的であることを明確にし、もう一方では多様な地方政府のあり方を認め自律を促す二律背反的なものであったといえる。中央地方の政府間関係の統合モデルは、中央政府による地方政府の強力なコントロールであり、自律モデルは各地方政府が自律的に運営していくために中央レベルで正統性を付与する法的根拠を必要とする。す

なわち、ノルウェーの地方自治システムは、矛盾する要素を抱えながら、時代と社会の要請に応えるための模索を続けているといえよう。

参考文献

Arter, David, *Scandinavian politics today*, Manchester University Press, 1999

Baldersheim, Harald and Ståhlberg, Krister (ed.), *Towards the Self-regulating Municipality: Free Communes and Administrative Modernization in Scandinavia*, Dartmouth, 1994

Baldersheim, Harald, Ståhlberg, Krister, 'From Guided Democracy to Multi-Level Governance: Trends in Central-Local Relations in the Nordic Countries', *Local Government Studies* Volume 28, No. 3, 2002

Bukve, Oddbjørn, *Kommunal forvaltning og planlegging*, 3. utgåva, Det Norske Samlaget, 2000

Hansen, Tore and Klausen, Jan Erling 'Between the Welfare State and Local Government Autonomy', *Local Government Studies*, Vol. 28, No. 4, 2002

Larsen, Helge O. and Offedal, Audun 'Political Implication of the New Norwegian Local Government Act of 1992', in Erik Amnå and Stig Montin (eds.), *Towards a New Concept of Local Self-Government?: Recent Local Government Legislation in Comparative Perspective*, Fagbokforlaget, 2000

Ministry of Local Government and Regional Development, *Local Government in Norway*, Department of Local Government and Regional Development 09/04, information brochure

Mjeldheim, Leiv *Det Politiske Systemet Samfunnskunnskap 3SK-A*, Aschehoug, 2002

NOU, *Det lokale folkestyret i endring?: Om deltaking og engasjement i lokalpolitikken*, NOU 2006: 7

Rose, Lawrence E. and. Ståhlberg, Krister, "The Nordic Countries: still the 'promised land'?", in Denters, Bas, Rose, Lawrence E. (ed.) *Comparing Local Governance; Trends and Developments*, Palgrave, 2005,

Rose, Lawlence E. 'Norway', in Albæek, Erik, et.al. (eds), *Nordic Local Government*, The Association of Finnish Local Authorities, 1996

Ryssevik, Jostein *I samfunnet. Norsk politikk, 3SK-A*, Ashehoug, 2002

Statistisk sentralbylå *Statistisk årbok*,（各年版）

岡澤憲芙、奥島孝康編『ノルウェーの政治』早稲田大学出版部、2004年

ノルウェー

オロフ・ペタション『北欧の政治』早稲田大学出版部、1998年

(参考ウェブサイト)
各コミューネ、各県ウェブサイト
コミューネ中央協会（地方政府協会）ウェブサイト　http://www.ks.no/
地方省ウェブサイト　http://www.regjeringen.no/en/dep/krd.html?id=504
統計局ウェブサイト　http://www.ssb.no/

フランス

VII

フランス

フランスを形づくるもの

国土・人口・移民・言語・宗教

　フランスの国土は、フランス本国（France métropolitaine）と旧植民地である海外領土（France d'outre-mer）からなる（州及び県の地域区分については、それぞれ図1、2参照）。

　フランス本国の面積はおよそ55万km^{2}で、日本の1.5倍あり、しかもその3分の2は平野である。

　海外領土のうち地方自治体に位置づけられているのは、4つの海外県・海外州（1県が1州である）と海外自治体（マイヨット、サン・バルテルミー、サン・マルタン、サンピエール・エ・ミクロ

図1　州の地域区分

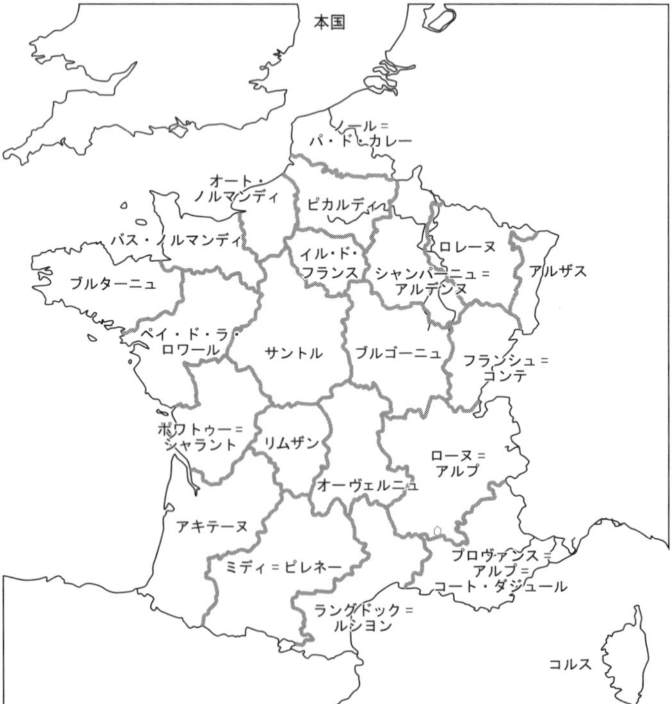

ン、ワリス・エ・フトゥナ諸島および仏領ポリネシア）である。ニューカレドニアは、将来はフランスから独立する可能性のある特別な地域団体である。

　フランスの人口は、本国6188万、海外領土187万の計6375万で、日本の半分である（2008年1月）。他方、持続的に居住する目的でフランスに入国している移民は、本国に493万いて、人口の8.1％を占めている（2004年、国立統計経済研究所（INSEE））。このうち、結婚、帰化などにより197万がフランス国籍を取得している。残りの296万は国籍を取得しておらず、これにフランスで生まれた外国人55万を加えた外国人数は、351万である。移民の出身国は、アルジェリア、モロッコ、ポルトガル、イタリア、スペイン、トルコの順で多い。第二世代および第三世代のフランス国籍を持つ移民まで含めると、5人あるいは4人に1人が移民出身とされている。

　1789年のフランス革命を主導した為政者たちは、フランス国民とはフランス語を話す人々であるとの原則を打ちたて、フランス語以外の言葉の根絶と地方の分離独立主義を徹底的に排除した。1992年のマーストリヒト条約の批准の際の憲法改正では、「フランス共和国の国語は、フランス語である。」との条文が憲法に入れられた。

　しかし、かつて多様な民族が往来した経緯から、現在においてもアルザス語、コルシカ語、ブルトン語などの地域語が、それぞれの地方で話されている。2008年の憲法改正では、「地域語は、フランスの文化遺産に属する。」との条項が挿入された（憲法75-1条）。なお、フランス語は世界29カ国で公用語となっている。

　フランスは伝統的にカトリックの国といわれるが、政教分離が徹底している国であり、イスラム教、ユダヤ教などあらゆる宗教が実践可能である。1989年に起きたイスラム教徒のシンボルであるスカーフを巻いた女子生徒の公立中学校への登校拒否をめぐる事件は、改めて公的な空間に宗教の参入を認めないというフランス的な政教分離の価値観を内外に知らしめた。

共和政の基本理念

　フランスが共和政という政体に落ち着いたのは、19世紀後半の第三共和政（1870～1940年）になってからである。フランスが歴史的に獲得してきた共和政の基本理念としては、不可分性の原則、平等

原則、政教分離、社会的連帯などが挙げられる。

　このうち、地方自治との関連で注目すべきは、不可分性の原則と平等原則である。不可分性の原則は、国民の代表である国会に立法権を独占させるという考えと結びつき、地方自治体に極めて限定的な自治立法権しか容認しない。また、平等原則は、宗教、民族、言語、移民などの社会的属性を捨象した人としての価値の平等性を強調するあまり、文化的多元性、地域特性に対する配慮を欠く傾向があり、積極的差別を認めるアメリカ的な共同体主義を否定的にみる。

　しかし、このような基本理念に支えられたフランスの中央集権体制も、地域的課題に対する市民との対話と参加の促進、地方自治体に対する過剰な法的規制の緩和、欧州レベルでの自治体間競争の激化などに対応するため、その制度的修正を迫られ、2003年には地方分権（décentralisation）を推進するための憲法改正が行われている（後述の「2003年の憲法改正の要点」を参照）。

フランス

第五共和政の特色

大統領と首相

　フランスの第五共和政（1958年〜）は、大統領制と議院内閣制を組み合わせた半大統領制という仕組みを採用している。大統領は任期5年で、国民から直接選挙される。大統領は首相を任命し、また、条約の交渉・批准権をもつとともに、重要な文官・武官を任命する。さらには、国民議会の解散権をもち、重要な政策に関してはレフェランドム（国民投票）にかけて直接に国民の審判を仰ぐことができる。軍隊の長であり、国家を危うくする非常事態には非常時大権を発動できる。

　首相は政府の活動を指揮し、また、法律の施行を確保するとともに国防に責任を負い、政府提案の法案発議権をもっている。他方、首相は、国会に対して責任を負い、国民議会（日本の衆議院にあたる）は首相を不信任することができる。不信任の議決が可決されると、大統領は首相の辞職を受理するか、国民議会を解散するかの選択を行う。なお、首相は必ずしも国会議員である必要はない。

　このように行政府は大統領と首相が分担するが、大統領は、高度な政治判断が求められる特別な状況が生じた場合には、国家意思の統一性を確保する国家指導者として、いわば三権の上に君臨した存在として憲法上位置づけられている。

　他方、以前は大統領の任期は7年であったため、国民議会の任期5年との間にずれがあったことから、その時々の政治状況により、大統領を支持する政党が国民議会において多数派を形成できない場合が生じた。この場合には、大統領は自分と政治的信条が異なる国民議会多数派のリーダーを首相に任命せざるを得なくなる。このような変則的な事態を、コアビタシオン（保革共存）と呼び、現在までに3回生じている。このような統治構造上の弊害を緩和するため、2000年の憲法改正により、大統領の任期は、国民議会の任期と同じ5年に短縮されている。さらに、2008年の憲法改正により、大統領の任期は、連続二期10年までと制限された。

フランス

二院制の国会

　国会は、国民議会（Assemblée nationale）と上院（Sénat）の二院制である。国民議会議員は、定数577、任期5年で小選挙区2回投票制により、国民から直接選挙される。上院議員は、定数348、任期6年で（3年ごとに半数改選）、県を選挙区とし、国民議会議員、州議会議員、県議会議員および市町村代表（ほとんどが市町村議会議員）からなる選挙人団により間接選挙される。

　国民議会に大きな優位が認められており、憲法改正および上院制度の改正（上院議員の任期、総定数、報酬、非選挙権）を除けば、国民議会が両院不一致の場合の決定権をもっている。上院が間接選挙によるため民主的正当性の面でやや劣ることにその理由が求められよう。

　第五共和政憲法は、立法府に対する行政府の優位を確保するため、「合理化された議会制度（parlementarisme rationalisé）」を採用している。主なものは、国会が制定する法律（loi）の対象事項を限定列挙し、その他の事項に関しては、首相に「行政命令」という形式の立法権を分有させたことである。ちなみに、地方自治に関しては、その「基本的枠組み」が法律事項となっている。さらに、後述する2008年の憲法改正により、地方議会の選挙及び地方議員の身分規程も法律事項として明確化された。

　また、政府が法案について「政府の責任をかける」という意思を国民議会に表明すると、24時間以内に内閣不信任が可決されない限り、当該法案は国民議会において可決したものとみなされる（憲法49条3項）。

　その後、サルコジ大統領の主導の下、バラデュール元首相を委員長とする諮問委員会からの報告書「より民主的な第五共和政（Une Ve République plus démocratique）」（2007年10月）をもとに、2008年7月、第五共和政憲法の大幅な改正が行われた。その目的の一つは、行政府の権限を制限し、立法府の権限を拡大することによって、行政府と立法府の権力の均衡を図ることにあった。その主な内容は、①国会の議事日程の半分を両院が自ら決定できること、②国務院評定官、大使、地方長官などの重要な官職の任命について、国会に拒否権を与えること、③前述の憲法43条3項により、「政府

が責任をかける」ことのできる法案の範囲を制限し、予算法案、社会保障財政法案及び一会期中に一本の法案のみとすることとなった（2009年3月から施行）。④会計検査院が政府の活動の監督について、国会を補佐できることなどである。

憲法院と裁判所

　第五共和政憲法は、はじめて本格的な憲法裁判所として、憲法院を設置した。憲法院は、国会が議決した法律をその公布前に審査し、違憲と判断した部分を無効にできる権能をもっている。この場合の提訴権者は、大統領、首相、両院議長、60名以上の国民議会議員及び60名以上の上院議員である。さらに、2008年憲法改正により、裁判中の国民は、既存の法律の条文が、憲法の保障する基本的人権を侵害していると認めるときは、国務院あるいは破棄院を通じて、当該法律の違憲性審査を憲法院に提起できる方途が開かれた。

　フランスの裁判所は、民事・刑事事件をあつかう司法裁判所（司法権）と行政事件をあつかう行政裁判所（行政権）の二つの系統に区分される。最高司法裁判所の機能を担うのは破棄院（Cour de cassation）であり、最高行政裁判所の機能を担うのが国務院（Conseil d'Etat）である。このような二元的な裁判制度が生まれたのは、主に歴史的な経緯によっている。なお、国務院は、日本の内閣法制局のような機能も担っている。

フランスの統治機関の相互関係

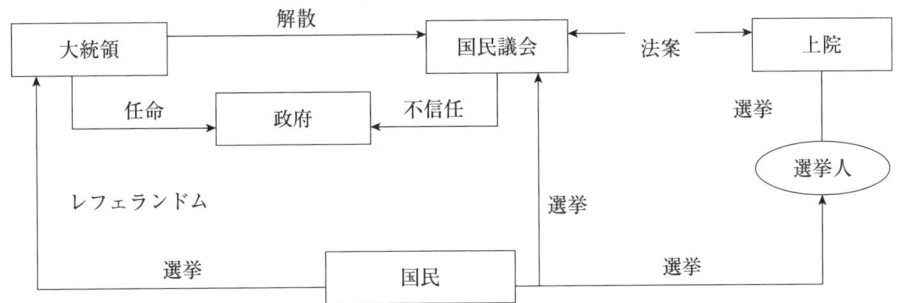

フランスの地方自治体の特色

市町村の規模の零細性

　フランスの地方自治体は、市町村、県、州の三層制である。県は100（本国に96、海外に4）、州は26（本国に22、海外に4）あるが、市町村の数は3万6千を超え、欧州連合加盟国（15カ国）の市町村数のおよそ半数を占めている。

　しかも、零細規模の市町村が多く、人口400未満が半数であり、人口3500以上（この人口を境に、地方議員の選挙方法が異なる）の市町村数は、全市町村数の7％を占めるにすぎない。また、人口10万以上の市は36を数えるのみである。

　ちなみに、日本の市町村数は、市783、町811、村193の計1,787である（2008年7月1日現在）。

　フランス政府は過去に何度も市町村合併を促進したが、成功しなかった。合併に替わり発達したのが、広域行政組織である。したがって、現実には広域行政組織が、市町村行政のかなりの部分を代行している（後述の「課税権をもつ広域行政組織」を参照）。

首長＝議長型の採用

　すべての市町村長が、直接公選の市町村議会議員の中から互選されるようになったのは、第三共和政初期の1882年3月28日法による。県および州が、市町村と同じように、直接公選の議会とその議員から互選される首長を持つ仕組みとなったのは、第一次地方分権改革の基本法となった「市町村、県および州の権利と自由に関する1982年3月2日法」（以下、「1982年法」という）によってである。また、首長は、それぞれの地方議会の議長を兼ねる。

　このように地方議会が首長を選出し、首長が議長を兼ねる地方自治体の統治の仕組み（「首長＝議長型」と呼ぶ）は、他の過半の欧州諸国においても採用されている。

　また、首長を補佐する自治体の執行部（助役、県議会副議長、州議会副議長）も、すべて地方議員の中から互選される。すなわち、選挙後の最初の議会において、選挙で多数を占めた政党あるいは会

フランス

図2　県の地域区分

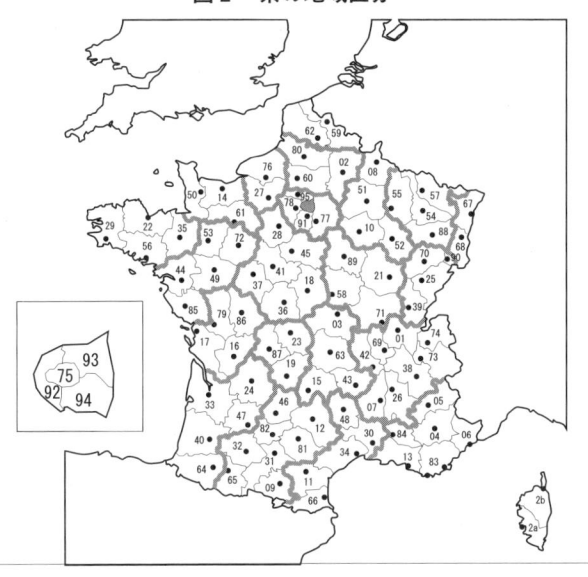

県の名称

番号	県名	番号	県名	番号	県名
1	アン県	32	ジェール県	64	ピレネー＝アトランティック県
2	エーヌ県	33	ジロンド県	65	オート＝ピレネー県
3	アリエ県	34	エロー県	66	ピレネー＝オリアンタル県
4	アルプ＝ド＝オート＝プロヴァンス県	35	イル＝エ＝ヴィレーヌ県	67	バ＝ラン県
5	オート＝ザルプ県	36	アンドル県	68	オー＝ラン県
6	アルプ＝マリティーム県	37	アンドル＝エ＝ロワール県	69	ローヌ県
7	アルデシュ県	38	イゼール県	70	オート＝ソーヌ県
8	アルデンヌ県	39	ジュラ県	71	ソーヌ＝エ＝ロワール県
9	アリエージュ県	40	ランド県	72	サルト県
10	オーブ県	41	ロワール＝エ＝シェール県	73	サヴォワ県
11	オード県	42	ロワール県	74	オート＝サヴォワ県
12	アヴェロン県	43	オート＝ロワール県	75	パリ
13	ブーシュ＝デュ＝ローヌ県	44	ロワール＝アトランティック県	76	セーヌ＝マリティーム県
14	カルヴァドス県	45	ロワレ県	77	セーヌ＝エ＝マルヌ県
15	カンタル県	46	ロット県	78	イヴリーヌ県
16	シャラント県	47	ロット＝エ＝ガロンヌ県	79	ドゥー＝セーヴル県
17	シャラント＝マリティーム県	48	ロゼール県	80	ソンム県
18	シェール県	49	メーヌ＝エ＝ロワール県	81	タルヌ県
19	コレーズ県	50	マンシュ県	82	タルヌ＝エ＝ガロンヌ県
2A	コルス＝デュ＝シュド県	51	マルヌ県	83	ヴァール県
2B	オート＝コルス県	52	オート＝マルヌ県	84	ヴォクリューズ県
21	コート＝ドール県	53	マイエンヌ県	85	ヴァンデ県
22	コート＝ダルモール県	54	ムルト＝エ＝モゼル県	86	ヴィエンヌ県
23	クルーズ県	55	ムーズ県	87	オート＝ヴィエンヌ県
24	ドルドーニュ県	56	モルビアン県	88	ヴォージュ県
25	ドゥー県	57	モゼル県	89	ヨンヌ県
26	ドローム県	58	ニエーヴル県	90	テリトワール＝ド＝ベルフォール県
27	ウール県	59	ノール県	91	エソンヌ県
28	ウール＝エ＝ロワール県	60	オワーズ県	92	オー＝ド＝セーヌ県
29	フィニステール県	61	オルヌ県	93	セーヌ＝サン＝ドニ県
30	ガール県	62	パ＝ド＝カレー県	94	ヴァル＝ド＝マルヌ県
31	オート＝ガロンヌ県	63	ピュイ＝ド＝ドーム県	95	ヴァル＝ドワーズ県

237

> フランス

派から、首長＝議長をはじめ数人あるいは十数人の同僚議員が執行部として選出され、議決機関と執行機関が一体となって政策の実現にあたるのである。

地方議員はボランティア

　フランスの市町村数は3万6千と多いことに加え、人口段階別に定められている議員定数も日本よりは2～3割多いから、フランスの市町村議会議員の総数は、およそ51万にものぼり、人口120あたり一名の割合となっている。県議会議員の総数は4037（人口1万5千に一名）、州議会議員の総数は1880（人口3万3千に一名）である。

　この地方議員の職務の性質は、高邁な理想と奉仕の精神にもとづくボランティアであるというのが、フランスの地方自治における一般的な考え方であった。しかしながら、第一次地方分権改革（1982年～1986年）により、地方議員の責任と権限が増大したため、1992年以降、当時バラバラであった州議会議員、県議会議員、市町村長、助役等の報酬月額の最高限度額が、地方自治体の人口規模および議員の責任の度合い応じて標準化されている。ちなみに、人口10万以上の市長、県および州議会議長の最高報酬限度額は、同額の5397.83ユーロである（2007年2月現在、1ユーロは約160円）。

　さらに、その10年後の2002年の近隣民主主義法は、地方民主主義を推進する観点から、地方議員の身分規程を補完・補強し、地方議員に対する様々な待遇改善の措置をとった。一例としては、給与所得者（サラリーマン）が当選後も、仕事を続けながら議員の職を全うしやすくする時間予算（crédit d'heures）の増加などである。なお、市町村長の職業別の内訳をみると、年金生活者（29%）に次いで私的部門の給与所得者（19%）が多い（2001年）。

　また、フランスにおいては、議員の種類により異なるが、裁判官、税務署長、警察署長など特定の公務員を除けば、国家公務員・地方公務員を問わず、公務員の身分を失うことなく議員になることが可能である（この場合、出向ないし休職扱いになる。）。地方公務員に関していえば、自分の勤務する地方自治体の地方議員にはなれないが、住所地の地方自治体の地方議員になることは可能である。

フランス

兼職制度と上院

　フランスでは、国会議員と地方議員との兼職が認められている。この兼職制度は、国会議員の選挙に有利に作用するとともに、地方行政の実情を把握しつつ地元への利益誘導を図るにも有効とされている。

　しかしながら、国会議員が、幾つもの地方議員、特に地方自治体の首長と兼職することは、地方分権の進展により地方自治体の権限が増加するにしたがい、その両立が難しくなった。

　このため、現在では兼職は原則として一つしか認められていない。すなわち、国会議員は、州議会議員、県議会議員、人口3500以上の市町村議会議員のうち、いずれか一つとしか兼職できない（ただし、人口3500未満の市町村議会議員との兼職は制限されない）。

　実際に、国民議会議員の90％が、また、上院議員の80％が地方議員と兼職している。また、国民議会議員の45％、上院議員の37％が市町村長を兼ねている。特に上院議員には、日本の知事にあたる県議会議長を兼ねる者が多い（331名のうち33名、2007年6月現在）。

　また、上院議員は、前述したように直接選挙されるのではなく、その85％以上を市町村議会議員が占める15万名近くの選挙人団によって、間接的に選挙される。このように主に市町村議会議員を母体とした上院の選挙制度の仕組みは、現在の第五共和政憲法上も、「上院は地方自治体の代表を確保する。」（同24条）という文言で保障されている。

　このように二院制国会のうちの一院である上院が、常に地方自治体の利益あるいは地方の立場を代弁し得る統治機関の一翼を担っていることは、地方分権の進展という観点からみて、その意義は大きいといえる。

　このような兼職制度と上院の機能によって、中央集権国家であるとされるフランスであっても、地方自治体の意見が国政によく反映されるのである。日本で課題となっている国と地方の協議の場が、フランスにおいては政治の仕組みそのものにビルトインされているといえよう。

フランス

市町村と広域行政組織

市町村議会

　市町村（commune）は、1789年のフランス革命時に創設され、最も基礎的な地方自治体である。その起源は、中世の自治都市、あるいは教区までさかのぼることができる。なお、フランスの市町村には、日本のような市、町、村といった区別はない。

　市町村の機関は、議決機関である市町村議会と執行機関である市町村長である。議員は、任期6年で直接選挙される。被選挙権は満18歳以上である。

　議会は、少なくとも年4回開催され、その議決により市町村の利害に関するすべての事案を処理する。日本の地方自治法にあたる「地方自治体総合法典」は、このような市町村議会の包括的権限の根拠となる「一般権限条項（clause général des compétences）」を規定している。なお、一般権限条項は、県および州にも適用され、特別な目的で設立される広域行政組織などの公施設法人と、地方自治体を区別するメルクマールとなっている。

　議会の議決事項としては、その自治体の予算の採択、税率の決定、組織の改廃、財産の管理、公共サービスの提供などがある。

市町村長と助役

　市町村長および助役は、市町村議会議員の互選による。助役の定数は、議員定数の3割以内で議会が自由に決める。人口3500以上の市町村の拘束名簿式投票下では、各名簿の第一順位の者が通常は市町村長候補である。したがって、住民としては、たとえ事後に市町村長が互選されるとはいえ、自分達で直接に市町村長を選挙しているという意識がある。

　市町村長、助役の任期は、市町村議員としての任期と同じ6年である。市町村長は、議会の決定を執行し、議会から委任された権限を行使するとともに、職員を任免し指揮監督する。また、市町村長は、その固有の権限として、一定の秩序維持、公衆衛生、交通などに関する行政警察権をもっている。この行政警察に関する規則を定

めるにあたっては、議会の議決を必要としない。助役は市町村長の委任を受けた範囲でのみ執行機関となる。

他方、市町村長は、国の補助機関として、選挙事務、統計事務、小学校の入学適齢者リストの作成、重要な工作物の建築許可などの機関委任事務を処理する。さらに、市町村長および助役には、戸籍官吏、司法警察官吏としての地位が与えられている。なお、県および州には、このような機関委任事務は原則としてない。

市町村の事務配分

地方自治体間の事務配分という観点からみると、市町村は都市計画と近隣行政、県は社会福祉と市町村間の平衡化、州は経済開発と地域整備と特徴づけることができる。

市町村の主な事務配分に関しては、表2の「地方自治体間の主な事務配分」を参照。

課税権をもつ広域行政組織

前述のようにフランスは、数多くの市町村を残したまま、広域行

表1　都市圏共同体、大都市圏共同体及び市町村共同体の比較

設立要件	権限	課税方式
都市圏共同体（圏域人口5万以上、少なくとも1つの人口1万5千以上の市を含む）	・義務的権限—①経済開発、②地域整備、③社会住宅、④都市政策 ・選択的権限（次の6つから少なくとも3つを選択）—①道路の建設・管理、②下水道、③上水道、④環境保護及び生活環境の整備、⑤文化及びスポーツ施設の建設・設備・運営、⑥社会福祉	単一職業税方式のみ
大都市圏共同体（新設する場合に限り、圏域人口50万以上）	・都市圏共同体の義務的権限及び選択的権限のすべてに、地方都市計画、高校及び中学校の建設・管理、中央卸売市場、屠殺場、墓地の運営管理が加わる。	地方直接4税付加税方式か、単一職業税方式の選択制
市町村共同体（特に圏域人口の要件はない）	・義務的権限—①経済開発、②地域整備 ・選択的権限（次の5つから少なくとも1つを選択）①環境の保護及び活用、②住宅及び生活環境の整備、③道路の建設・管理、④スポーツ・文化施設及び小学校の建設・管理、⑤社会福祉	地方直接4税付加税方式か、単一職業税方式の選択制

備考：地方直接4税は、既建築固定資産税、未建築地固定資産税、住民税、職業税である。

フランス

政組織により社会経済上の変化に対応してきた。広域行政組織は、1890年に一部事務組合が誕生して以来、混合組合、複合一部事務組合が制度化された。第二次大戦後は、経済発展、都市化の進展に合わせ、フランス独自の大都市圏共同体（1966年）、新都市組合（1983年）、市町村共同体（1992年）、都市圏共同体（1999年）が創設されている。

このうち、混合組合は地方自治体と商工会議所などの公法人との間で設立され、上水道、都市交通、空港の整備・管理などに利用さ

表2　地方自治体間の主な事務配分（2005年1月現在）

権限	市町村・広域行政組織	県	州
経済支援	①州との協定による独自の補助制度		①企業に対する補助の枠組み及び補助決定
保健衛生・社会福祉	①市町村社会福祉センターによる福祉サービスの提供、②保健所の設置（一部の市町村）	①社会福祉基本計画の策定、②社会同化最低所得保障の実施、③青年助成基金の設置、④母子保健衛生、⑤自立支援手当の給付	①州公衆衛生プログラムの策定、②病院に対する投資（実験的試行）、③コメディカル、助産師の訓練施設の設置
文化・教育・職業訓練	①図書館・博物館の設置、②幼稚園・小学校の設置管理、学区の決定	①図書館・博物館の設置、②県内の古文書の保存、③中学校の設置管理、学区の決定	①文化財の総合目録の作成、②高校の建設管理、③州職業訓練開発計画の策定、④職業訓練の実施
		①一定の文化財の維持補修（実験的試行）②学校施設の現業職員の任用管理	
都市計画・住宅	①地方都市計画の策定、②建築許可、③地方住宅計画の策定、④低家賃住宅公社	①住宅連帯基金の設置、②都市整備建設公社	
地域整備・交通、インフラ	①都市内交通の組織化、②市町村道の建設管理、③ヨットハーバーの設置運営	①農村部交通の組織化、②県道の建設管理、③国道の管理（幹線以外）、④商業港・漁港の設置運営	①国州計画契約の締結、②州旅客鉄道事業の組織化、③河港の設置運営
環境・安全	①家庭ごみの収集処理、②上下水道、③市町村警察（安全、公衆衛生、交通）	①遊歩道の整備、②家庭ごみ処理計画の策定（国からの委任）、③県消防・救助本部の設置	①州立自然公園の指定・整備、②州産業廃棄物処理計画の策定

れている。

　大都市圏共同体（CU）、新都市組合（SAN）、市町村共同体（CC）、都市圏共同体（CA）は、それぞれ課税権をもっており、1999年の法整備以来、その数や影響力を増している。2008年１月現在では、大都市圏共同体14、新都市組合５、市町村共同体2393、都市圏共同体171の計2583が設立されており、累積人口においても加盟市町村数においても、フランス本国全体の９割をカバーしている。

　1999年に新設された都市圏共同体、改正された大都市圏共同体および市町村共同体の設立要件、権限、課税方式を比較すると表１のとおりである。なお、単一職業税方式は、構成市町村が広域行政組織に職業税の課税権を全面的に移譲するものである。

　フランスの地方自治体は、市町村、県、州の三層制であるが、このように課税権を持つ広域行政組織が発達した結果、むしろ三・五層制と呼ぶ方が正鵠を得ている。また、課税権を持つ広域行政組織の議員は、構成市町村の市町村議員から互選されるが、課税権を持つ広域行政組織が果たしている役割の重要性に鑑み、その議員を直接住民が選挙する方法を導入すべきではないかとの意見も根強い。これが実現すれば、市町村議会の存立の正統性が揺らぎ、零細な市町村の再編（合併）につながることも予想される。

　他方、「フランスの成長を開放する委員会」（元ミッテラン大統領の顧問アタリ氏が委員長を務めたことから、アタリ委員会と呼ばれる）から、サルコジ大統領に提出された報告書（2008年１月）には、複雑な地方自治体の階層を簡素化する観点から、県の廃止が提言されている。サルコジ大統領は、県の廃止そのものには否定的であるが、2010年の州議会議員選挙の前年の2009年には、階層の簡素化の問題に関し何らかの結論を出したいとしている。

フランス

県と州

県の執行機関は県議会議長

　県（département）は、フランス革命時にその面積がほぼ均等になるように作られた人為的な区画である。県の数は、本国に96、海外県として4つである。1県（本国）あたりの人口、面積は、それぞれ61万、5700 km^{2}で、日本と比較すると人口では5分の1、面積では7割と小さい。

　県議会議員は、カントン（小郡）ごとの小選挙区制により選挙される。任期は6年で、3年ごとに半数が改選され、被選挙権は満18歳以上である。

　県議会の開催回数、一般権限条項の適用があること、議決事項の例などは、市町村議会と同様である。

　県の事務配分に関しては、第一次地方分権改革（1982年～1986年）および第二次地方分権改革（2003年～2004年）により、国から社会福祉に関する権限がもっとも多く移譲され、この分野におけるリーダー自治体としての地位が確立されている。県の主な事務配分に関しては、表2を参照。

　県の執行機関は県議会議長（日本の知事にあたる）、副議長および常任委員会である。県議会議長は、議員の中から任期3年で互選される。副議長は、4～15人の範囲で（ただし、議員定数の30％を超えてはならない）、議員の中から互選される。常任委員会は、議長、副議長およびその他の議員（法定数はない）で構成され、県議会の継続的な活動を確保するため、議会からその権限の一部を委任される（ただし、予算編成方針、予算、決算等は除かれる）。また、各委員は議長の権限の一部を委任され（通常は副議長）、その担当業務を遂行する。

州の執行機関は州議会議長

　州（région）は、数県を包含する広域的な地方自治体である。州の数は、本国に22、海外州（区域は海外県と同じ）として4つである。本国における州の人口規模は、最大がイル・ド・フランス州の

1100万、最小がコルシカ領土共同体の26万で、多くの州が100万から300万の人口規模となっている。

　今日の州の起源は、1960年に決められた経済開発と国土整備のための21の計画区域にさかのぼる。1964年には、この区域をもとに、州知事、州経済発展委員会などの行政機構を備えた公施設法人として、州が誕生した。その後、1972年には州議会（州内の国会議員と地方議員の代表、それぞれ半数により構成）が加わり、運転免許税、地方直接4税の付加税などの課税自主権をもった自治的な公施設法人となった。さらに、1982年法により、直接公選制の議会をもつ地方自治体として、州が創設されたのである（最初の議会選挙は1986年）。

　州議会の開催回数、一般権限条項の適用があること、議決事項の例などは、県議会と同様である。

　州の事務配分に関しては、二次にわたる地方分権改革により、職業訓練の分野におけるリーダー自治体として位置づけられ、また、経済開発に関し、域内における地方自治体間の調整権限が強化された。州の主な事務配分に関しては、表2を参照。

　州の執行機関は州議会議長、副議長および常任委員会である。州議会議長は、議員の中から任期6年で互選される。副議長の定数、常任委員会の構成、それぞれの権限については、県議会の場合と同様である。

　このほか、州には、州議会および州議会議長の諮問機関として「州経済社会評議会」が置かれる。州経済社会評議会は職能別団体等の代表により構成され、州の計画案、予算編成方針案などの重要事項を審議し、意見をのべる。

官治分権と地方長官

　1982年までは、戦前の日本と同様、各県に政府が任命した官選知事が、県内の国の事務と、地方自治体としての県の事務の双方の執行機関であった。1982年法は、分離主義を採用し、国の事務の執行権は引き続き政府が任命する地方長官（préfet）に、地方自治体としての県の事務の執行権は県議会議長に移譲したのである。

　地方長官は、県内において国家を代表するとともに、内務省の地方出先機関（地方庁）として警察事務および地方自治体に対する合

> フランス

法性監督などを行うが、合わせて他省庁の地方出先機関の総合的な調整も行う使命をもっている（ただし、地方長官の支配が直接的に及ぶ国の地方出先機関は一定の範囲に限定され、教育行政（教員の任用、教育内容）、労働基準監督、課税・徴税事務、公金の出納事務などは管轄外となっている）。

　国の地方出先機関に対して、できる限り中央省庁の権限を移譲し、国民の身近なところで効果的に行政サービスを実施しようとする政策が官治分権（déconcentration）と呼ばれるものである。したがって、フランスの地方行政は、地方自治体（地方分権）と地方庁その他の国の地方出先機関（官治分権）によって分担されるのが原則である。

　地方長官のうち、県に配置されるのが県地方長官であり、州に配置されるのが州地方長官であるが、行政組織の簡素化の観点から、州地方長官は、州都のある県の県地方長官が兼ねることとなっている。地方長官は内務大臣及び首相の提案に基づいて、閣議で決定される大統領令により任命される。地方長官は、一般的には国立行政学院（ENA）を卒業し、上級官吏として内務省に採用された者の中から任命されることが多い。

　県地方長官の主な仕事は、次のとおりである。

　①公共の秩序・安全、国民保護に関し、行政警察権を有し、警察力を指揮監督すること、②選挙事務に関し、候補者リストの確定・被選挙権の審査、公営選挙の組織化、供託金の返還など、選挙事務の適正な執行管理を行うこと、③個人を対象に身分証明書、パスポート、自動車登録証、自動車運転免許証の交付事務を行うこと、④県、市町村並びに企業等に対し、各種の交付金・補助金を配分するとともに、地方自治体の合法性監督及び予算監督を行うこと、また、各般にわたる県、市町村、民間事業者、住民等の利害調整、仲裁役を担うこと、⑤県内に配置されている各省庁の地方出先機関の総合的な調整を行うこと。

フランス

2003年の憲法改正と第二次地方分権改革

　第一次地方分権改革から20年後、不可分性の原則、平等原則などの憲法上の諸原則の制約を緩和し、さらなる地方分権の進展を図るには、憲法そのものの改正が必要となった。

　保守派のシラク大統領は、二期目の大統領選挙の公約として地方分権推進のための憲法改正を公約に掲げ、当選後は、上院議員でポワトー・シャラント州議会議長（当時）のラファランを首相に任命し、憲法改正にあたらせた。

　この憲法改正とその後の地方分権改革諸法の制定が、第二次地方分権改革といわれるものである。

2003年の憲法改正の要点

　憲法改正の要点は、次のとおりである。

1　地方分権原則および補完性の原則の導入（1条および72条2項）
　　共和国の不可分性、政教分離、法の下の平等などの基本原則に、「フランスの組織は地方分権的とする。」との条項を加えるとともに（1条）、国と地方自治体の権限の配分に関する補完性の原則を明記した（72条2項）。

2　実験的試行制度の導入（37条の1、72条4項）
　　法律および行政命令に実験的な条項を含むことができることとし、また、法律の定めるところにより、地方自治体に対し、目的と期間を限り、法律ないし行政命令の例外規定を実験的に制定できる権能を付与できることとした。

3　地方自治体の組織に関する法案の上院先議権（39条3項）
　　地方自治体の代表性を確保するという上院の使命に鑑み、地方自治体の組織に関する政府提案の法案は、上院に先議すべきものとした。

4　州を憲法上の地方自治体に加えた（72条1項）
　　州を法律にもとづく地方自治体ではなく、市町村、県と同様に憲法上の地方自治体として位置づけた。

フランス

5　参加型民主主義の強化（72条の1の2項、同3項）

地方議会の発意により、地方自治体の政策決定を住民に委ねることができる根拠規定を設け、決定型住民投票制度を導入した。また、特別な地位をもつ自治体の創設を行う場合等には、法律により、当該地方自治体の選挙民に諮問することができることとした。

6　財政自主権に関する原則の導入（72条の2）

国から地方自治体への権限移譲には財源の移譲をともなわなければならないこと、また、地方自治体の税収その他の固有財源が、どの種類の地方自治体においても財源全体の決定的部分（part déterminante）を占める必要のあることを定めた。

第二次地方分権改革（2003年〜2004年）

以上のような憲法改正を踏まえ、これら改正後憲法の規定を実施するため、関係法律が整備された。主なものは、次の4つである。
① 実験的試行組織法（2003年8月）
② 決定型住民投票組織法（2003年8月）
③ 財政自主権組織法（2004年7月）
④ 地方の自由と責任に関する2004年8月13日法（以下「第二次権限移譲法」という。2004年8月）

実験的試行組織法は、日本でいえば構造改革特区のような仕組みを可能にするためのものである。決定型住民投票組織法は、地方議会の発議により、自治体の重要な政策決定を住民投票にかけることを可能にしたものであるが、投票率が過半数を超えることが要件となっている。

財政自主権組織法は、自治体の借入金を除く財源全体に対し、地方税、使用料・手数料などの固有財源の比率を一定の水準以上に維持するためのものである。地方税を廃止ないしは縮減して、それを国からの交付金に振替えることを事実上阻止したものである。なお、固有財源には、地方税のみならず、地方譲与税も含めることとした。この地方譲与税は、第二次権限移譲法による自治体への権限移譲に対する財源補償として創設されたものである（後述参照）。

第二次権限移譲法により移譲された権限を例示すると、州に関し

ては、①経済開発に関する調整権限の強化、②職業訓練に関する権限強化、県に関しては、①一定区間の国道の管理、②社会福祉に関する権限の強化、③中学校の学区の決定、市町村および広域行政組織に関しては、①住宅助成および学生用宿舎等の社会住宅に関する権限（一部）、②小学校の学区の決定などである。

　このほか、中学校および高等学校の校舎の維持管理・給食などに従事する9万5千人もの現業職員の身分が、国家公務員から地方公務員に移管されることとなった。

　このような権限移譲にともなう財源補償として、石油製品内国消費税（TIPP）の一部、自動車保険契約税（TCA）の一部が、地方譲与税の形で、州および県に税源移譲された。なお、権限移譲にともなう地方自治体への財源補償は、移譲時における国の当該権限の行使にかかる所要額を補填するのが一般原則である。

　このため第二次権限移譲法は、権限移譲にともなう地方自治体の財政負担の見積りを公正に行うことが重要であるとの認識から、従来からあった負担評価諮問委員会を地方財政委員会の内部に設けることとした。負担評価諮問委員会は、国からの権限移譲にともなう財源の評価方法と総額に関し、政府から諮問を受けるもので、国を代表する委員と地方自治体を代表する委員の同数により構成される。また、同委員会の委員長は、地方自治体を代表する委員が就任することも制度化された。なお、地方財政委員会は、国会議員、関係省庁の代表、地方自治体の代表からなり、経常費総合交付金（DGF：日本の交付税に類似した交付金）の総額の見積りに対する意見の表明、DGFの配分に関する監督などを任務とした独立的な行政組織である。

フランス

多様な選挙制度

フランスの選挙制度の特徴

　フランスでは、1974年以降、選挙権は18歳以上である（それまでは21歳以上）。選挙権の登録制度（登録しない人の割合は、6〜10％と推定）が原則であるが、1997年以降は低下傾向の投票率を引上げるため、18歳になった者に自動的に選挙権を与える職権登録制度が導入された。押しなべて被選挙権は、日本の年齢よりは低い。他方、投票率は、一般的にフランスの方が日本よりは高い。

　選挙方法は、小選挙区制（多数代表制）、名簿式比例代表制および両者の混合型が採用されている。投票は二回制が原則である。

　また、地方議会の選挙は、全国一律の統一地方選挙である。欠員が出た場合の選挙では、任期は次の選挙までの残任期間となる。

　多様なフランスの選挙制度の概要は、表3を参照。

地方議員の選挙方式

　地方議員の選挙方式に関しては、県議会選挙がカントンごとの小選挙区制であるのに対し、市町村議会の選挙方式は、安定した執行部が形成しやすい多数代表制を中心に、比例代表制を加味したものであり、州議会の選挙方式は、各般にわたる世論が反映できる比例代表制を中心に、多数代表制を加味したものである。

　市町村議会の選挙方法は、人口規模により異なる。このうち、人口3500以上の市町村議会の選挙方式は、拘束名簿式・混合式・2回制を採っている。すなわち、第一回目の投票で過半数を得た候補者名簿があれば、議員定数の半分（州議会選挙の場合は4分の1）を獲得し、残りの半分（州議会選挙の場合は4分の3）は、第一順位の名簿も含め名簿ごとに比例配分される。たとえば、60％の得票数があれば、80％（50％＋50％×0.6＝80％）の議席を得ることができる（州議会の場合には、70％（25％＋75％×0.6＝70％））。

　次に、第一回目の投票で過半数を得た候補者名簿がない場合は、第二回目の投票が実施される。この場合、第二回目の投票に立候補しない候補者名簿の中から、一部の候補者を選択し、差し替えるこ

とができ、また、その際には名簿の順位を変更することができる。この制度は、第二回目の投票に向けて、複数の名簿を融合し、多数派工作を可能にするために設けられているものである。

　第二回目の投票では、比較多数の候補者名簿が半分（州議会選挙の場合は4分の1）の議席を獲得し、残り半分（州議会選挙の場合は4分の3）は第一回目の場合と同様に比例配分される。例えば、40％の得票率を得た名簿が第一位だったとすると70％（50％＋50％×0.4＝70％）の議席数を獲得できる（州議会の場合には、55％（25％＋75％×0.4＝55％））。

　市町村議会あるいは州議会の選挙直後において、各議会の互選により、首長である市町村長（＝市町村議会議長）あるいは州議会議長が選出されるが、通常は、各候補者名簿のトップに掲載されている者が首長候補者なので、住民としては、自分たちが首長を直接選挙しているという意識が強い。これに対し、小選挙区による半数改選の県議会選挙では、選挙が終了してみないと誰が首長（＝県議会議長）になるのか推測し難い。

パリテ法

　議員に女性の比率が少ない状況を踏まえ、2000年に「候補者男女同数助長法」（以下「パリテ法」（フランス語で平等を意味する）という）が制定され、選挙の立候補者がなるべく男女同数となるよう助長する仕組みが導入された。

　パリテ法の要点は、拘束名簿式の選挙にあっては、各政党・会派が作成する候補者名簿において候補者数の男女の差が一を超えてはならないとし、小選挙区制の選挙にあっては、各政党・会派の全国の候補者数における男性の比率と女性の比率の差に比例して、政党助成金を減額し、できるだけ男女同数を奨励しようというものである。

　実際にパリテ法の適用の対象となる選挙は、国民議会、上院（拘束名簿式を採用している比例代表制部分のみ、総定数のおよそ半分が該当）、人口3,500以上の市町村議会、州議会、欧州議会の各選挙である。

　最近の選挙結果をみると、女性議員の比率は、州議会47.6％（2004年）、欧州議会43.6％（2004年）、上院（全体）16.9％（2004

フランス

年)、国民議会18.5%（2007年）、人口3500以上の市町村議会48.5%（2008年）である。また、女性の市町村長の人数、割合は、人口3500以上では264名、9.6%となっている（同年）。なお、県議会には、政党助成金の制度がないため、パリテ法は適用されないが、女性議員の比率は選挙ごとに増加している（半数改選議席数の13.1%、同年）。

さらに、2007年には、執行部内においてもパリテ原則を導入し、パリテ法の対象である人口3500以上の市町村の助役および州の副議長を男女同数とすることとした。

表3　フランスの選挙制度の概要

種類	被選挙権	任期	総定数	選挙区	選挙方法
大統領	23歳	5年	1	全国	多数代表・2回制
国民議会	23歳	5年	577	577（県内に複数）	多数代表・2回制・小選挙区制
上院	30歳	6年（3年ごと半数改選）	331（注1）	県	連記式・多数代表・2回制（定数3以下の県）
					拘束名簿式比例代表制（定数4以上の県）
欧州議会	23歳	5年	78	全国8ブロック	拘束名簿式比例代表制
市町村議会（注2）	18歳	6年	約51万	市町村（パリ、リヨン、マルセイユは区単位）	拘束名簿・混合式2回制（人口3,500以上）
					非拘束名簿・連記式多数代表・2回制（人口3,500未満）
県議会	18歳	6年（3年ごと半数改選）	4,037	カントン（1県あたり平均40）	多数代表・2回制・小選挙区制
州議会	18歳	6年	1,880	州（県単位の分区がある。）	拘束名簿・混合式・2回制

注1：人口変動等を考慮し、上院の定数は、2008年―343名、2011年―348名となる。
注2：フランス国内に住む欧州市民である外国人にも、選挙権及び被選挙権がある。

フランス

自立性の高い地方財政

地方財政の概要

　フランスの2006年国民経済計算によると、国の総支出は3804億ユーロ、地方自治体の総支出は1993億ユーロであった。地方財政の歳出規模は、国のおよそ二分の一である。日本と比較し、フランスの地方自治体の方が事務の範囲が狭い事情が反映されている。なお、教育公務員、警察官は、いずれもフランスでは国家公務員である。

　地方自治体の支出は、経常部門と投資部門に分かれるが、経常部門の全体に占める割合は約65％である（2005年決算）。経常部門の支出は、人件費、財・サーヴィスの購入費、移転支出（扶助費、補助金）、地方債の利子である。投資部門の支出は、土地建物の取得、施設整備、投資的事業への補助、地方債の元本償還である。

　また、地方支出全体に占める地方自治体の種類ごとの割合は、市町村46.6％、広域行政組織13.9％、県28.3％、州11.2％と、市町村および広域行政組織の比重が高いのが特色である（2007年当初予算）。

地方税

　地方自治体の収入は、大別して、地方税、国からの交付金、地方債、諸収入となっているが、地方税の占める割合が一番高い。

　国税は間接税（日本の消費税にあたるTVAの税率は、19.6％）が約半分を占めるが、地方税の85％は直接税である。地方税収は、全体で782億ユーロであった（2005年決算）。

　地方直接税の主なものは、①既建築固定資産税（建築物の所有者に課税、課税標準は土地台帳上の賃貸価格評価額の50％）、②未建築地固定資産税（未建築地の所有者に課税、課税標準は土地台帳上の賃貸価格評価額の20％）、③住居税（家屋の居住者に課税、課税標準は土地台帳上の賃貸価格評価額であるが、数種の人的控除がある）、④職業税（職業活動を営む自然人・法人に課税、課税標準は事業用の有形固定資産の賃貸価格（一律16％の控除がある））の4つで、地方直接4税と呼ばれる。

　地方税の税目、課税標準は法律事項であり、日本のような法定外

> フランス

普通税・目的税の制度はない。しかし、税率は地方議会が税法の定める制限税率内で比較的自由に定めることができる。

また、国税と地方税の徴収の一元化が行われ、地方税徴収は極一部の例外を除き、国税の徴収機関が行う。

フランスは、国内総生産に占める地方財政支出の割合は、北欧諸国と比較すると低いが、地方財政収入に占める地方税収入の割合は、欧州諸国の中で最も高い。地方財政観測所の報告書によれば、フランスの地方自治体全体の「借入金を除く全収入に占める地方税その他の固有財源の割合（＝自主財源比率）」は、61％である（2005年）。（固有財源は、地方税、地方譲与税、使用料・手数料、財産収入などであり、国からの交付金はカウントしない）

ちなみに、フランスと同様に国からの交付金（交付税、補助金）を固有財源にカウントしないと、日本の地方自治体全体の自主財源比率は、49.0％である（2005年）。

交付金

フランスでは特定補助金は例外で、使途の特定されていない一般補助金（交付金）が大部分を占めている。

交付金の総額の決定方法、配分の仕組みが、政策オリエンテッドで比較的分かりやすく、また、地方財政委員会を通じ、限定された範囲ではあるが、その配分に地方自治体の意思が反映されている。また、日本と比較し、財源保障部分の割合が高く、地方自治体間の財政力格差を縮小する平衡化部分の割合が小さいのが特徴である。しかし最近では、国からの権限移譲が増えるにしたがい、平衡化部分の割合を高める配分方法が工夫されている。

交付金は、大別すると、①経常費にかかる交付金（そのほとんどが経常費総合交付金）、②投資費にかかる交付金（TVA補償交付金が約半分を占める）、③権限移譲にかかる財源補償交付金、④法定減免税にかかる補償交付金に分けられる。このうち、経常費総合交付金（dotation globale de fonctionnement:DGF）が交付金全体の6割を占めている。なお、権限移譲にかかる財源補償は、税源移譲（地方譲与税を含む）によっても行われており、その総額は財源補償交付金よりも大きい。

また、豊かな自治体から貧困な自治体に対する水平的な財政調整

の仕組みも設けられている（ただし、市町村に関してはイル・ド・フランス州内のみ）。さらに、1996年以降は、経常費総合交付金を中心とした複数の交付金全体の総額の伸び率を、マクロ経済指標（国内総生産の実質伸び率の一定割合＋物価上昇率（タバコを除く））に連動させることがルール化されている。

国の合法性監督

　フランス憲法は、国は、地方自治体に対し、行政監督を行い、法律を遵守させる責務がある旨の規定を置いている（72条6項）。

　この規定の主旨に抵触することなく、自治権の拡大を図るため、第一次地方分権改革を導入した1982法は、それまでの国の事前の「後見監督」制度を廃止し、国（州地方長官、県地方長官）の発議による法令違反のみを、事後的に行政裁判所が判断する「合法性監督」制度に改めた。

　また、これと同時に、各州毎に地方自治体の会計および財政管理を監督する国の機関として州会計検査院が設置されている。会計上の監督は、地方自治体の出納事務を扱う官吏たる公会計官を監督するものであり、財政管理監督は、地方自治体の財政管理に関し、首長に対する審査意見の形（議会で公開される）により行われる。

　さらに、予算の特殊性に鑑み、地方自治体の予算が、収支均衡状態で議決されなかった場合、決算において経常収支に一定以上の赤字が生じた場合などには、地方長官の発議を受けて、州会計検査院が予算の修正に関する意見をまとめ、この意見をもとに地方長官が地方自治体に代わって、職権により予算についての是正措置をとることができる制度が設けられている。

参考文献

山﨑榮一「フランスの憲法改正と地方分権」日本評論社、2006年
自治・分権ジャーナリストの会編「フランスの地方分権改革」日本評論社、2005年
自治体国際化協会編「フランスの地方自治」自治体国際化協会、2002年

スウェーデン

VIII

スウェーデンの地方自治制度

基礎自治体コミューン

スウェーデンの地方自治体は基本的に2層制をとっており、基礎自治体であり市町村に相当するコミューン（Kommun）は、教育、福祉を中心とした生活全体にわたる社会サービス供給を担当する。

この規模は、人口76万人の首都Stockholmから、2,600人程のBjurholmまで様々であるが、そのほとんどは、5万人以下であり、約半数は1万5,000人を下回る。290団体のうち10万人を超えるコミューンは11で、基礎自治体の平均人口は3万1,000人ほどとなる。日本で合併が進み、3,000団体から1,800団体へ、1団体当り4万人規模から6〜7万人規模へと増加していることに比べれば少ないといえるが、ヨーロッパ諸国の中ではこれでも少ない方ではない。イギリス、アイルランドが10万人を超えていることを除けば概して小さく、フランス、ドイツのように平均数千人単位のところのほうがむしろ多い。コミューンの面積は、最大のKiruna（19,447 km^2）から最小のSundbyberg（9 km^2）まで多様であり、Kirunaは日本の岩手県を上回る大きさである。

市町村合併

スウェーデンの自治体は、もともと教区の境界によって分かれていた。地方自治規則成立当時の1862年、市町村レベル自治体は2,498コミューン、この時作られた広域自治体ランスティング（Landsting）が25であった。

市町村合併は、1946年に議会で承認され、52年に実施された。合併により、市町村は最低でも3,000人の人口をもつようになった。この改革で、市町村レベル自治体は1,037となり、村（Landskommun）の数は2,282から816へ減少する一方、市（Stad）が133、町（Köping）が88となった。

62年から74年に自治体再編はさらに進められ、1974年に278、1977年に277自治体となった。都市部への人口集中と小規模自治体の行財政上の能力、いわば分権の受け皿としての自治体の能力が、

再編を進めることとなった大きな要因である。ただ、その後、民主主義の視点からの批判もあり、合併の動きは一様ではなく、いくつかの自治体の分割があり、95年に288自治体、2005年現在、基礎自治体である市町村レベルの議会をもつコミューン（kommun）は、290自治体となっている。バルティック海の島であるGotlandは、合併でコミューンが1つになったため、広域自治体ランスティングのないコミューンとなっている。[1]

表1　スウェーデンの基礎自治体（現在はKommuner）

年	村 Landskommuner	町 Kopingar	市 Stader	計
1862	約2,400	約10	89	2,498
1901	2,384	20	92	2,496
1911	2,377	32	97	2,506
1921	2,371	35	110	2,516
1931	2,373	45	113	2,531
1941	2,353	53	117	2,523
1951	2,281	84	133	2,498
1952	816	88	133	1,037
1964	777	96	133	1,006
1969	625	91	132	848
1971				464
1974				278
1977				277
1980				279
1983				284
1992				286
1995				288
1999				289
2003				290

出典　Agne Gustafsson, *Kommunal Självstyrelse*, SNS Forlag, 1999, p. 16 他最近の資料より作成。

スウェーデン

地区委員会

　1999年まで、財政的自治をもつ教区（イギリスの parish に相当）であるフーサムリンガル（församlingar）が約1,800あったが、今日、自治権は失われている。

　また、自治体合併に伴う都市内分権、すなわち地区委員会（あるいは近隣政府）の設置は、1952年から74年の市町村合併により、平均人口が29,000人に増えた際に議論が高まった。合併の理由である経済効率性が政治的民主主義の観点から問題とされ、住民と自治体代表との間のギャップを埋め参加と民主主義を確保するためであった。その後、合計32自治体がある種の地区委員会制度を導入しているが、同時には、最も多い時でも24団体（1986年）に止まっている。自治体内全域でなく一部地域のみでの導入が多く、全域での導入は最盛時で15団体であった。もともと、人口10万人以上の都市自治体が多くないこともあり、1990年代に入って頭打ちの傾向にある。[2]

　地方議会に付与されている委員会設置の自由をもとに、人口45万人のヨーテボリでは、1987年に市域を21に区分し、平均人口2万人の各地区委員会に権限を付与している。市税の半分が地区委員会に交付され、福祉、教育に関する決定にあたる。地区委員会議員は市議会の政党配分に沿って構成され、直接選挙はない。[3]

　ヨーテボリの所得水準の高い地区委員会地域では、地域住民の税負担や需要を反映した交付金配分になっていないとして、コミューンとしての独立運動が起きたこともある。[4]

---

1) Sören Häggroth, Kai Kronvall, Curt Riberdahl, Karin Rudebeck, *Swedish Local Government*, Svenska Institutet, 1999.
2) *Urban Political Decentralisation, Six Scandinavian Cities*, Vs verlag, 2004, p.p. 19–22.
3) 伊藤和良「スウェーデンの地区委員会：住民自治の拡充をめざして」『生活経済政策』2004年12月号。
4) 槌田　洋「雇用保障型世界都市〜イエテボリコミューンの都市経営〜」『日本地方財政学会　第16回大会』2008年。

広域自治体はランスティング

　また、広域レベルには、自治体として県議会に相当するランスティング（Landsting）が置かれ、主に医療・衛生サービス供給を担当している。人口規模は、Stockholmの185万人からJämtlandの13万人までである。全部で20団体あるが、このうち12のランスティングは20万から30万人ほどの人口となっている。

　近年、広域自治体レベルでも合併の動きがあり、Malmöを中心とする南部のSkåneとGöteborgを中心とする西部のVästra Götalandがそれぞれ誕生し、1999年に、ランスティングは23から20団体に減っている。この2つの広域自治体は、レギオン（Region）と呼ばれ、ランスティングとしての機能を高め、元来、国の事務である地域発展計画に関わる地域経済や交通計画などの責任などを担当する責任をもっている。

レーン

　一方、国（中央政府）の広域行政単位レーン（Län）があり、通常、広域自治体のランスティングと同じ管轄区域をもっていることがスウェーデンの特徴である。ここを管轄する国の機関レーン府（Länsstyrelse）は、地域の発展計画、環境政策を進める一方、運転免許など国の許認可事務を行っている。ここの委員会議長である長官とともに、2003年以降は他の委員も政府任命（以前は自治体の任命）となっている。レーンの合併が行われると、ランスティング合併も行われており、中央と地方の協力体制の確保もその主要な役割である。ランスティングのないGotland島のレーンを含め、レーンの数はランスティング数より1つ多い21ということになる。

県・市町村の連携

　また、広域連合会議（Regionförbundet）を置いている地域もある。パイロットプログラムとして始められ、コミューンの範囲を越え、ランスティングとともに広域レベルでの対応が必要となる社会生活、地域経済の発展について議論する場となっている。コミューン、ランスティングの議員により間接的に選ばれる議員から構成される。事務局のメンバーも含め、コミューン、ランスティング、国

の資金によって運営され、やや位置づけのあいまいなところもある。課税権はない。レーンの主要な役割でもあった地域発展の責任を受け継いでおり、この制度導入は、レーンの役割をより国の地方機関のしごとに特化していく可能性がある。[5]

地方自治の法律規定

憲法は4つの基本法から構成されるが、そのうち政府の制度を定めた最も基本的な統治組織法（Regeringsformen）（1974年制定）第1章「政府の基本的原理」の第7条には、以下のように、二層制地方自治制度と議会、課税にも触れられている。[6]

「スウェーデンは、基礎的自治体（コミューン）と広域自治体（ランスティング）をおく。自治体の決定権は、公選の議会によって行使される。自治体は、事務の遂行のため税を課すことができる」。

より詳細に規定したものとしては、地方自治法（Kommunallagen）がある。地方自治法は、自治体にとっての「憲法」ともいえるものであるが、制度的には一般の法律であり、国会の通常の手続きで修正できる。現在の法律は1992年に施行（1991年成立）されており、コミューン、ランスティングに関して、境界を決める手続き、自治体権限、組織、議会など広範な内容が規定されている。自治体の供給するサービス内容については、社会サービス、衛生・医療、環境、教育などの各特別法に規定されており、さらに、政府や政府のエージェンシーが定める命令、規則に詳細な規定がある。コミューンでは、条例を制定でき、交通規則、治安規則、廃棄物収集規則などが決められている。

地方自治に関する最初の法制は、1862年の地方自治規則で、スウェーデン教会の責務と一般行政サービスを分け、後者の事務については、市町村レベルの自治体に配分した。1862年法は、当時存在した都市と農村の大きな違いを考慮に入れていたため、都市部（StadとKöping）と農村部（Landskommun）で別個の法律を制定して

---

5) John Loughlin, Anders Lidstrom, Chris Hudson, *The Politics of Local Income Tax in Sweden: Reform and Continuity, Local Government Studies*, June 2005.
6) *Kommunallagen*, Svenska Kommunförbundet, 2004.

いた。さらに、広域自治体ランスティング（Landsting）と教区を含めれば、自治関係の法律は4つであった。しかし、その後1962年から74年の間に市町村合併が進んだため、都市部と農村部自治体の法的区別はなくなった。[7]

---

7) Sören Häggroth, Kai Kronvall, Curt Riberdahl, Karin Rudebeck,op. cit. p. p. 11-16.

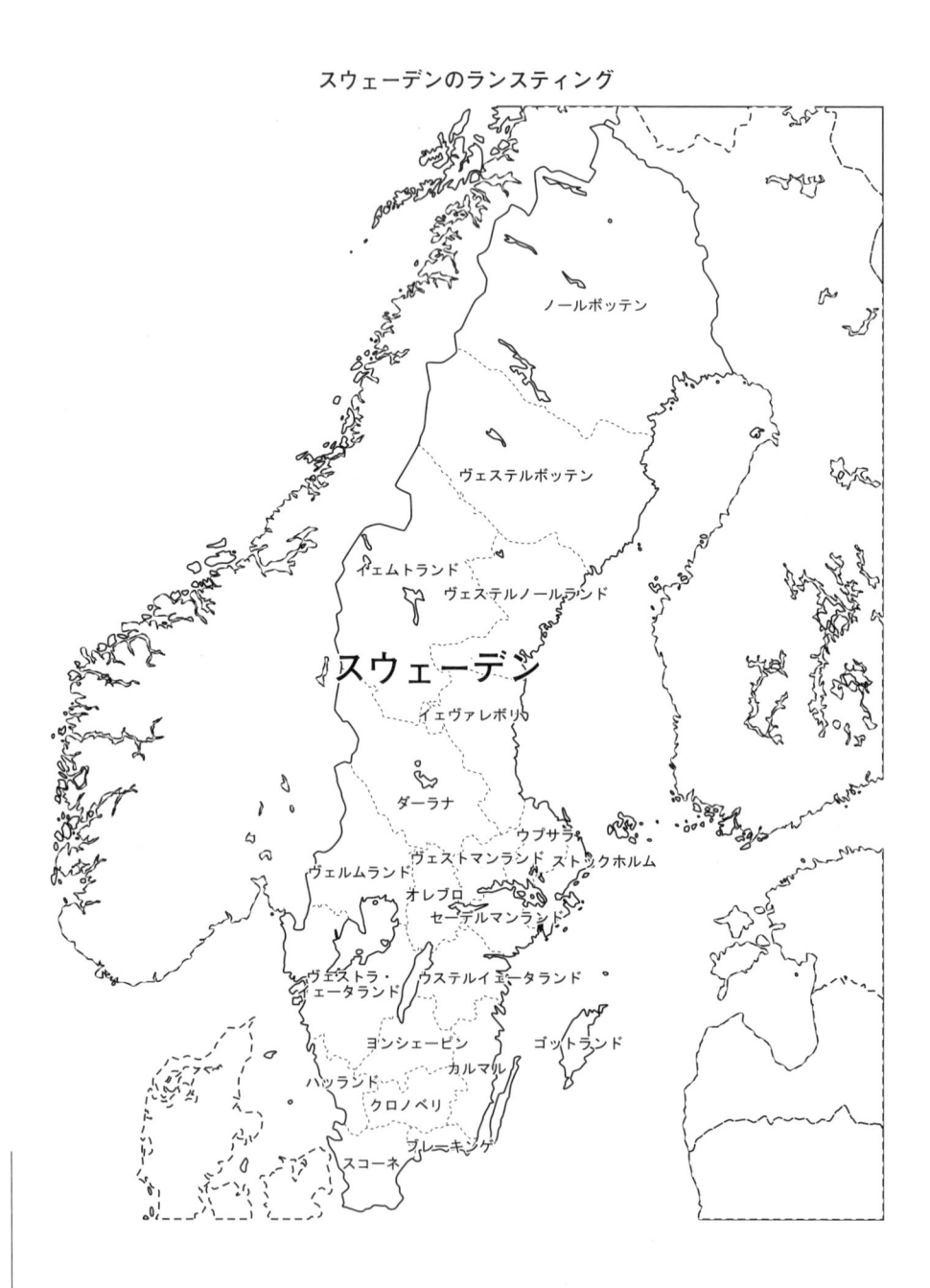

スウェーデン

スウェーデンのランスティング

- ノールボッテン
- ヴェステルボッテン
- イェムトランド
- ヴェステルノールランド
- イェヴァレボリ
- ダーラナ
- ウプサラ
- ヴェルムランド
- ヴェストマンランド
- ストックホルム
- オレブロ
- セーデルマンランド
- ヴェストラ・イェータランド
- ウステルイェータランド
- ヨンシェーピン
- ゴットランド
- ハッランド
- カルマル
- クロノベリ
- スコーネ
- ブレーキンゲ

地方行政

行政の構造

　スウェーデンの公共部門は、国（National）レベル、広域（Regional）レベル、地方（Local）レベル、3つのレベルの行政機関をもっている。自治体レベルには、ランスティング（県、広域レベル）、コミューン（市町村、基礎自治体レベル）があり、ほとんどすべて行政と議会の管轄区域は同じである。

　公権力の行使や、公共サービスを供給する行政システムはかなり複雑である。それは、自治体がある一方で、国が出先機関を有しているからである。国レベルには、内閣、省、中央政府のエージェンシー、広域レベルには、ランスティングの他、レーン（Län）府や中央政府エージェンシーの支部、地域レベルには、コミューンの他、中央政府エージェンシーの支部など、多くの行政関係機関が存在する。レーン府は、中央政府の機関として存在しており、主に、公共事業や環境保護を含む地域計画を指揮している。また、多くの地域では、中央のエージェンシーが、広域レベル、地域レベルに事務所をもっている。このことは、各レベルで機能分担、事務配分が明確になっており、コミューン、ランスティングが国の出先機関として委任事務を引き受けるというスタイルでないことから生じているといえる。また、スウェーデンにおいて、財政調整や補助金を含む地方自治体に関する決定に関わる政府部門は、財務省（Finansdepartementet）である。

コミューンとランスティングの関係（市町村─県関係）

　スウェーデンの県、市町村関係は、上下関係ではない。そもそも、コミューンとランスティングの関係を、県、市町村関係のイメージで捉えると不正確である。事務配分は法律で明確に分かれており、基本的に財政的関係もなく、ランスティングにコミューンを監督する権限もない。あくまで、それぞれの自治体の存在は、サービスに応じたものであり、ランスティングは、コミューン規模より大

スウェーデン

きな人口規模を必要とする衛生・医療のようなサービスを供給するためにある。結果として、より大きな面積を管轄することになるが、その立場は同格とされている。

ランスティング・レベルには、公選の議会があり、所得税を徴収し、主に公衆衛生や公共交通に責任を負っている。農村地域を含み全国に存在するコミューンにも、公選の議会があり、所得税を中心とする資金で学校、幼児や高齢者福祉、公益事業、住宅供給、文化・娯楽等の公共サービスを運営している。レーン府は、監督機能はもつものの、総括的地域発展計画がその主な仕事である。また、一部事務組合や広域連合のような組織を作ることにより、広域行政に対応することも可能である。

2006年、443.5万人の勤労者のうち、84.6万人がコミューン、26.9万人がランスティング、24.4万人が中央政府で働いており、のこり307.6万人が民間企業に勤めている。実に、仕事を持つ者の3割、総人口の15％が公共部門で働いていることになる。大雑把にいって総労働人口の2割がコミューン、ランスティングと中央政府が5％

図1　コミューン支出の内訳（2006年、単位％）

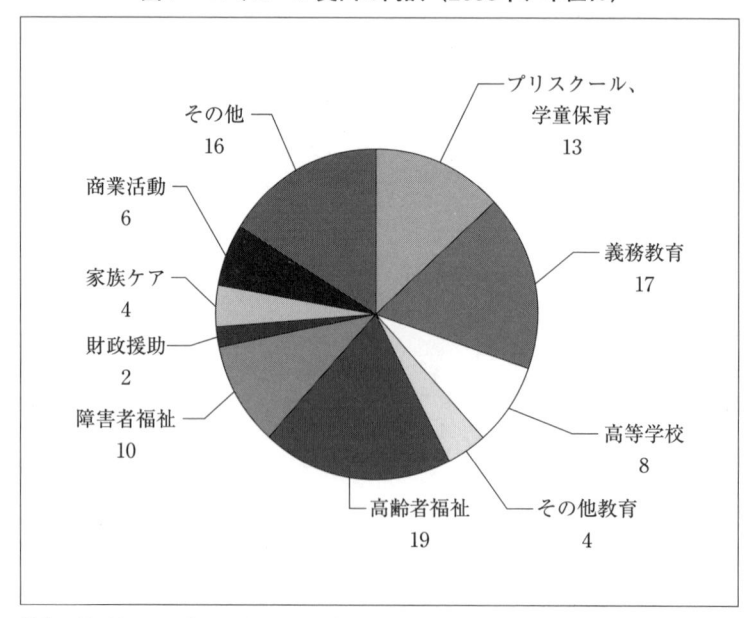

- プリスクール、学童保育　13
- 義務教育　17
- 高等学校　8
- その他教育　4
- 高齢者福祉　19
- 障害者福祉　10
- 財政援助　2
- 家族ケア　4
- 商業活動　6
- その他　16

出典　*The Economy Report,* Nov. 2007, SALAR.

ずつということになろうか。コミューンで働く多くの人が教育福祉に従事し、その多くは女性である。そのため、性質別でみた人件費比率が高く、コミューンで57.2％、ランスティングで49.9％を占める。

目的別に見た場合、コミューンでは、教育と衛生・社会サービスで財政支出の4分の3を占めている。また、ランスティングでは、健康維持・医療サービスが、財政支出のほとんど9割を占めている。なお、コミューンの財政規模は2006年、4億3,100万SEK、ランスティングは2億800万SEKである。[8]

このように、自治体の仕事内容が、人間が人間にサービスする性質のものが多いため、経費項目のほとんどはいわゆる消費的経費で、中でも人件費のウェートは大きいのが特徴である。日本では、GDP比でみた公共投資の大きさが国際比較で見ると極めて大きく、そのほとんどは自治体からのものであることと比べると、スウェー

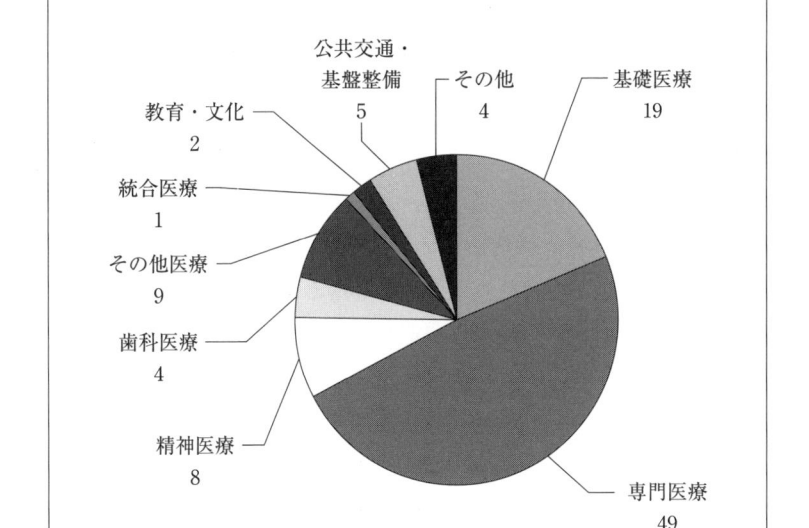

図2　ランスティング支出の内訳（2006年、単位％）

項目	％
基礎医療	19
専門医療	49
精神医療	8
歯科医療	4
その他医療	9
統合医療	1
教育・文化	2
公共交通・基盤整備	5
その他	4

出典　図1に同じ。

---

8) *The Economy Report, Nov. 2007*, SALAR.

デンにおける自治体の投資的経費ウェートは小さいといえる。ただ、公共交通機関、電気供給、遊園地なども公益企業形態で運営されているものが多く、この中にいわゆる投資的経費が含まれている。都市交通は、その営業地域によって、ランスティングと関係コミューンの共同出資の形をとる場合がある。

コミューン・サービス

　学校教育は、スウェーデンのコミューンの最も重要な機能の一つである。2003年度、公立学校は、178万人の生徒、学生を擁している。コミューンは、6歳の小学校入学直前クラス、7歳から16歳までの義務教育、義務教育修了生の9割が入学する高等学校、成人学校や移民向けスウェーデン語プログラム、青少年向けあるいは知的障害者向け教育プログラムなどに責任を負っている。国に承認された義務教育、高等学校レベルの私立学校を含み、大学に入るまでのあらゆる教育が含まれるといえる。こうしたところに、コミューンの補助が与えられる。

　児童福祉、プリスクールは、過去40年の間に、大きく成長してきたコミューンの仕事であり、両親が働いているか学校に通っている1歳児からサービス供給が始まる。学校入学前の幼児には、プリスクールや家族デイ・ケア・センター、オープン・プリスクールのサービスが供給される。小学校に入っても、放課後の時間を過ごす施設を設けている。2002年に、1歳から12歳まで73万児童がこうしたサービスを受けている。しかし、近年は、コミューンの直営でなく、補助を受けた民間の施設も増えてきている。

　高齢者福祉も、大きな位置を占めているものの一つである。高齢者が、希望をもち、プライバシーを守り、自力で安心して過ごせることがその目標とされる。この分野には、高齢者住宅や退職者ホームの供給の他、各住居やアパートに食事やホーム・ヘルプのサービスを供給する。また、タクシー利用への補助やデイ・ケア・センターの運営などを行う。医療の分野でも、老人医療については、県から事務を引き継いでおり、老人介護関係はすべてコミューンの事務となっている。

ランスティング（県議会レベル）

　ランスティングの主要な機能は、医療サービスである。若干の私立病院を除き、病院はランスティングの保有である。

　ランスティングは、病院での医療・看護（二次的ケア）、地域健康センターでの外来患者への医療（一次的ケア）の責任を負っている。外来医療システムには、産科や小児科もある。また、歯科、精神科に関する医療にも責任を負っている。

　一方、広域的公共交通システムは、県、市町村レベルの共同保有会社で運営されることもある。

スウェーデン

自治体議会

自治体議員と選挙

　1971年以来、自治体議員数は減少してきているものの、2003年にコミューンで46,000万人、ランスティングで3,500人ほどとなっている。この数は、18歳から80歳の有権者の約1％、総人口の0.5％に相当する。また、2002年選挙前の数値でコミューン議員の42％、ランスティング議員の47％が女性である。外国籍の議員も約1％いる。年齢構成では、約半数が50〜64歳、18〜29歳が5％、65歳以上も10％を下回る。政治への参加、女性の活躍など、エコノミスト誌で、世界一民主的な国とされているところである。

　自治体の政策決定権は、ランスティング、コミューンとも、選挙により選ばれた議員が構成する議会で行使される。選挙は、4年毎の国会議員選挙と同時に実施され、比例代表制をとり、各政党の名簿に登載されることで候補者となる。国政選挙と同時実施いうこと

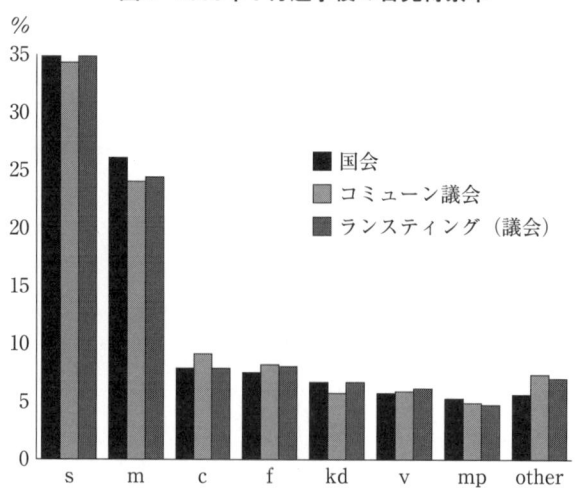

図3　2006年9月選挙後の各党得票率

（出典）　*Levels of Local Democracy in Sweden*, SALAR, 2006.
（注）　各政党名は s 社民党　m 穏健党　c 中央党　f 自由党　kdキリスト教民主党 v 左翼党 mp 環境党緑（緑の党）　other その他

で、図3にみるように、国、ランスティング、コミューン、各選挙結果は似かよった議席配分になっている。ということで、基本的に「ねじれ」はない。国会と同様、議席確保には得票率の足切りがあり、ランスティングでは3％の得票が議席の必要条件となるが、コミューンには、この条件はない。

各自治体の議員の数は、地方自治法の規定により、自治体内の有権者の数に基づいて決定されるが、自治体がこの最低議員数を超えることもできる。小規模コミューンで最低31人、大規模ランスティングやストックホルム市で最低101人の議員をおかねばならない。一自治体あたりの議員数はかなり多いようであるが、多くの議員はパートタイマーであり、フルタイムの給与が財政負担にはなっていないようである。農村部自治体では、与野党代表のみが有給のフルタイム議員のこともある。したがって、この大勢の議員は、民主主義を担保する意味合いが大きいといえ、Sweden Instituteの資料であるFact Sheetには、「合併は財政によい効果をもたらしたが、自治体の議会の議員数が減ったことは悪い効果をもたらしている」との記述がある。日本の人口比に当てはめれば、地方議員60万人にもなろうか。[9]

選挙の有権者になるには、18歳以上の成人であることが求められるが、スウェーデン人でなくとも、EU国民、アイスランド、ノルウェー人、スウェーデンに3年以上居住する住民も対象となる。[10]

自治体議会の機能

議会の主要な機能は、地方政治の重要な案件を決定することである。地方自治法によれば、これらの内容は、児童福祉計画の拡大プランや総合プランについて、運営目的や指針を含むとされている。また、予算や地方所得税率の決定、承認も重要な機能である他、その他の重要な財政案件の決定、多くの委員会の設置、組織構造、運営方法、委員会メンバーの選出など。さらに、議会は監査委員会を

---

9) *Local Government in Sweden*, Fact Sheet, The Swedish Institute, 2005.
   Local Government in Sweden, Organisation, activities and Finance, Finansdepartementet, 2005.
10) *Levels of Local Democracy in Sweden*, SALAR, 2006.

設置する。議員の財政的給付に関わる方針を決定したり、年報の承認、前年度決算の採択を行うのである。

これら議会の決定はすべて、国の特別な指揮監督の下におかれることはないが、議員が提訴した場合には、行政裁判所で審議されることになる。この制度は、地方自治に大きな内部的自由を与えるものであり、他国に見られないものといえる。

法律で特定された事項を除き、今日、自治体議会は、多くの政策決定権限を執行委員会やその他の委員会に委任することができる。議会が委員会の設置目的や指針を設定し、委員会は、様々な方法で議会に報告を行うことになる。議会は年4回から10回開かれ、通常、一般に公開されている。

執行委員会

執行委員会は、いわば自治体議会の内閣である。行政執行、調整、その他もろもろの役割をもつ。議会に出される議案のほとんどは、ここで準備される。また、他の特別委員会の議論や、地方政治の発展と財政状況に関するあらゆる事柄を把握しておかなくてはならない。その積み重ねが、予算案の作成において、各委員会の予算要求を調整する資料となり、公有財産の管理を行う場合に重要となってくるのである。したがって、公営企業の状況も把握しておかねばならない。

執行委員会は、県の場合も市の場合も、各自治体の議員から互選で選出され、最低でも5人、普通は11人から17人ほどで構成される。任期は4年。ほとんどは、パートタイムの議員であり、別に職業をもっている。執行委員会の議長は、通常、フルタイムで任務にあたり、市長や県知事と同等の資格をもつことになる。この他、フルタイムの議員は、常任委員会や主要な委員会の議長をしている場合がある。

ストックホルムに次ぐ大都市であるヨーテボリ市の場合、18人が執行委員会メンバーであり、有給である。日本的感覚からすると、この執行委員会員が地方議員ということになろうか。民主主義の観点からすれば、議員数は多ければ多いほど良いわけであり、効率性、実務面を考慮したしくみといえる。

その他の委員会

　以前は、各自治体に、社会福祉委員会、教育委員会、建設委員会など、一定の常任委員会をおくことが法律で決められていたが、1991年の地方自治法の改正で、一部例外を除き、自治体に自らの行政組織を決定する権限を与えている。ただし、選挙委員会と執行委員会はおかねばならない。どのような委員会を設置すべきか、各委員会の責任をどこにおくか、など、自由に決定できるようになった。

　多くのコミューンでは、学校、年少者に関する事柄を、児童・教育委員会など一つの委員会にまとめていることが一般的である。また、あるところでは、社会サービスと別個に高齢者サービス委員会を設置しているが、一方では、より伝統的社会サービス委員会の枠組みの中で、老人介護を実施している自治体もある。特定目的のこうした委員会の任期は、自由に決められるが、通常は4年である。

スウェーデン

スウェーデンの地方財政

地方財政原則

　国から地方への財政移転である交付金、補助金は、自治体の財源としての意義は大きいが、国と地方が経済関係をもつということで、国の自治体へのコントロール機能ももっていたが、1993年改革の際、財政原則（finansieringsprincipen）が作られている。

　財政原則とは、法規定ではないが、議会（Riksdag）で合意されているもので、国と自治体は、国がコミューン、ランスティングの活動の支出に関係する決定をする時、補助金水準を動かすなどして、相互調整しなければならないというものである。これにより、国の決定が、自治体にとっては財政的に中立、負担とならないということになる。

　自治体は、毎年11月までに翌年度の予算と税率を決定しなくてはならないが、その際、3年計画も示さなくてはならない。予算については、均衡予算の要請がある。地方自治法にも規定されており、極めて特別な状況がない限り、均衡予算を維持せよというもので、もし、赤字が生じた場合にはその年を含め3年以内に解消しなければならないというものである。

　また、地方自治法の第8章の初めには、コミューン、ランスティングはよりよい財政運営に心がけるべし（God Ekonomisk Hushållning）との規定がある。具体的方法については明示されていないが、均衡予算、資産売却、借り入れ、バランスシートなどの観点から望ましい財政運営をすべきということで議論されている。

地方所得税による地方財政

　GDP比でみたスウェーデンの租税負担率は、2005年、OECD30ヶ国中、社会保障負担を含めた場合、最も高い50.7%、含めない場合は4番目で37.2%である。個人所得課税については2番目で16.0%。他国では、デンマークが飛び抜けて高く、ニュージーランド、アイスランドが14〜15%台、ベルギー、フィンランドが13%台で続いている。個人所得課税と租税負担の状況には極めて強い関連がみら

表2　租税の分類（2005年）

	10億SEK	総税収の%	GDPの%
EU	8	0.6	
地方（所得）税	436	32.2	
年金負担	151	11.1	
国税総額	762	56.2	
総額	1356	100%	50.8%

（出典）*Skatter i Sverige 2007*, Skatteverket.

図4　所得税の限界税率（2007年）

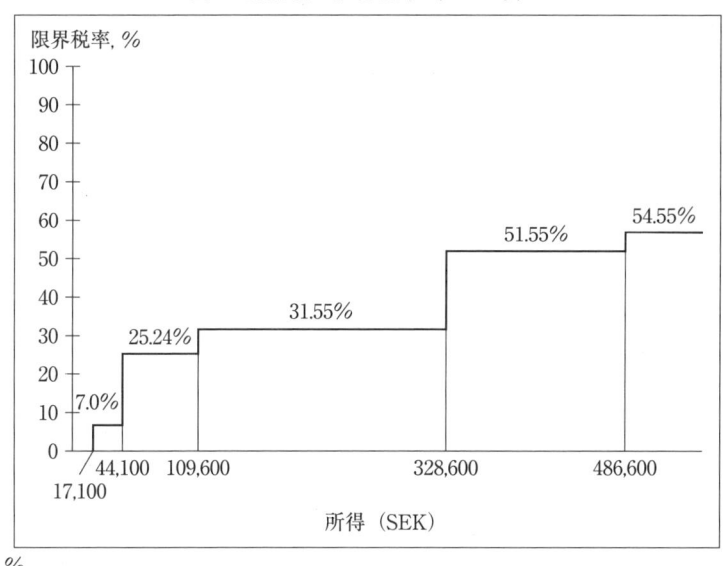

限界税率, %

7.0%　25.24%　31.55%　51.55%　54.55%

17,100　44,100　109,600　328,600　486,600

所得（SEK）

%

（出典）表2に同。
（注）地方の所得税率は2007年平均で31.55%、一定以上の所得に対する国の所得税率は20%、25%（地方税と合わせて51.55%、56.55%）。

れ、租税負担率の高い国は概して豊富な個人所得税収をもっている。

　地方税は、すべて個人所得課税である。個人所得課税が地方税収の8割以上を占めることは北欧諸国の特徴であるが、他国では一部を企業所得税や財産税によっている。単税制度といえる地方所得税をもっているのはスウェーデンのみとなっている。2005年、個人所得税（勤労所得税）のほとんど、還付前の個人所得税4,739億SEK

スウェーデン

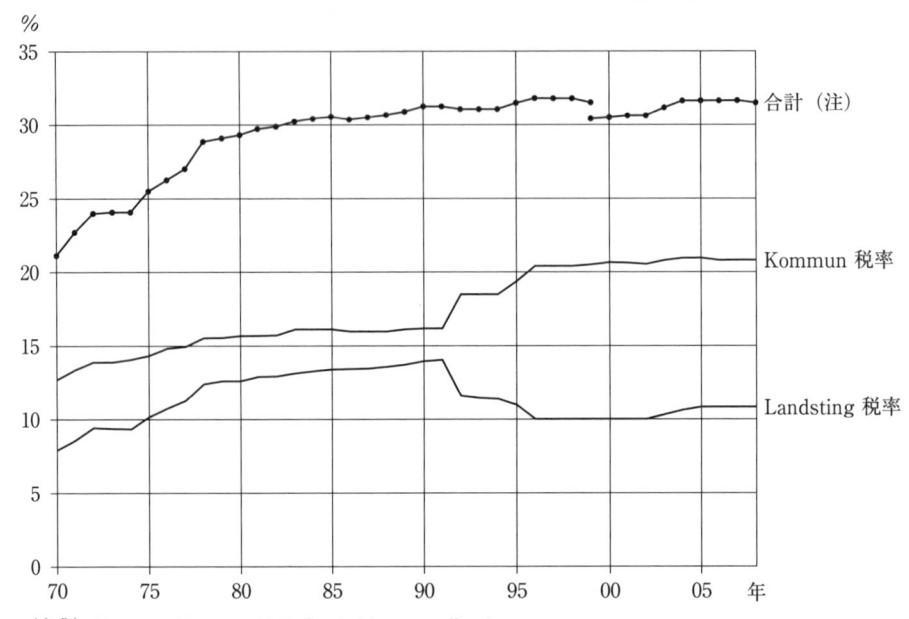

図5 地方税率（コミューン、ランスティング）
1970年-2008年

（出典）*Kommunalskatterna 2008*, Statistiska centralbyrån.
（注）1999年まで教会税（約1％）を含む。

のうち、4,356億SEKは国税の所得税ではなく地方所得税であるため、地方税としてばかりでなく、個人所得税の中でも大きな位置を占める。結果として、個人所得税としては地方税のみで納税が完了する者が85％。一定以上の所得者に課される国税の累進税率部分（現在は20％、25％）も負担する者はわずか15％程度である。国、地方を合わせた累進税率としては、自治体で決定される地方税率が30％であれば、30、50、55％の3段階税率となる。

　課税ベースの選択を決定する権限は国会にあるが、税率決定権は、自治体がもっており、地方自治と民主主義の重要な要素となってきた。しかしながら、1990年代初めの経済、財政危機に際し、政府は、税負担の全体的レベルについて関心を寄せ、1991年から94年にかけて、地方税である地方所得税の税率を凍結したが、課税権の侵害であり、憲法違反との批判にさらされ、この規制を緩和した結果、税率が上昇する自治体がみられた。そのため、政府は、97年か

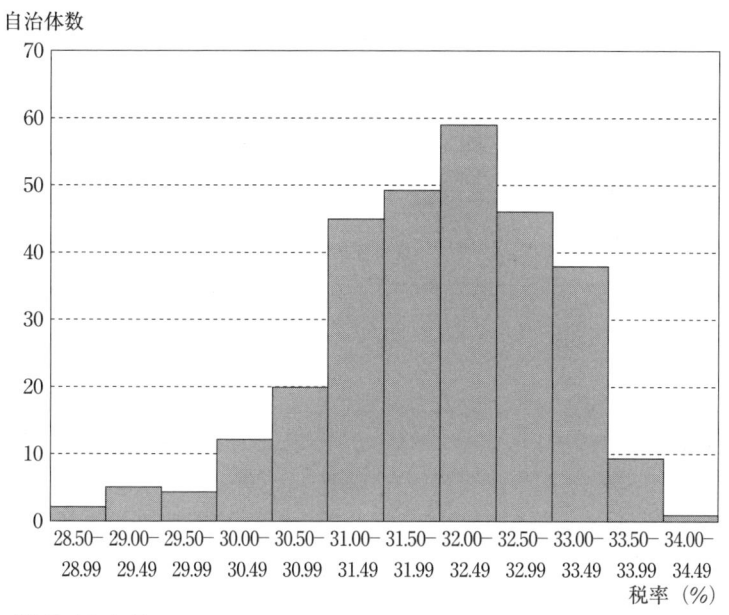

図6 地方税率の状況—当該自治体数（2008年）

(出典) 図5に同。

　ら99年には、増税する自治体に対し、増収分の半分の政府補助金カットを実施したが、2000年以降、この制限は取り払われている。

　2008年、スウェーデンの地方所得税は、全国平均で31.44％、その内コミューンが20.71％、ランスティングが10.73％である。近年、比較的安定的な課税ベースの伸びがあり、2006年から2007年までは一人当り課税ベース（課税能力）の伸びは4.3％。したがって、前年比平均税率の上昇幅は概して小さく、本年も前年比マイナスであった（2007年は平均31.55％）。全国最高税率は Västra Götaland の Dals-Ed で34.09％、最低税率は Skåne の Vellinge で28.89％となっている。ほとんどが31、32％台であり、一部例外を含めても最高自治体は最低自治体の約1.18倍にすぎない。日本の地方税にも、制限税率が標準税率の1.2倍に設定されているものがあるが、まさにその水準に自然と収まっているということである。

　同じく単税制度をとるイングランドのカウンシルタックス（地方財産税）は、毎年の負担上昇率で平均7％、時に10％を超えることもある。評価替えがなく課税ベースが上昇しないためであるが、こ

スウェーデン

の上昇率は、インフレ率のほぼ3倍、賃金上昇率のほぼ2倍である。スウェーデンの地方所得税は地域格差、年度間格差ともに小さいといえ、自然増収が税収増の主因となる。

　コミューンの財政収入（2006年）のうち、税は68％、一般交付金が11％、特定補助金が5％、料金収入・手数料が7％、販売収入が1％、賃貸料が3％。ランスティングの財政収入（2006年）のうち、税が74％、一般交付金が6％、特定補助金が3％、料金収入・手数料が3％、薬品給付補助10％。地方財政収入に占める地方税の割合は極めて高い。[11]

---

11) *The Economy Report*, op. cit.

スウェーデン

地方財政調整制度（2005年改正）

　地方財政調整制度は2005年に改正されたが、各種報告書の中で、それまでと目的は変わらないということが強調され、「スウェーデンでは、国内の住む場所にかかわらず、等しく社会福祉にアクセスできることについては、幅広い政治的合意がある。そのため、財源、構造的コスト、両面において等しい財政的基礎をもつことが必要となり、財政調整制度による財源の再分配が、福祉サービス供給のための等しい条件を確保できるのである」（*Kommunalekonomisk Utjämning, 2005*）とまとめられている。[12]

　スウェーデンの制度は、多くの国々と同様、財源と需要、双方を調整するが、日本のように組み合わせたものではなく、財源調整と需要調整を別個に行う。1996年から実施されていた前の制度は、財源調整、需要調整とも、完全な水平的財政調整制度であった。納付団体の資金が交付団体に回り、自治体間で調整するというものであり、その他に一般交付金が交付されていた。

　最も大きな変更点は、自治体の課税所得水準の均衡化を図る財源調整制度にある。自治体間での水平的財源調整制度から、それまでの一般交付金をここに取り込み、主として国が資金配分する垂直的財源調整制度に変わったことである。

　財源調整交付金・納付金は、各自治体の課税力と税均衡化基準との乖離から算定される。全国平均の一人当り課税力（一人当り課税所得）に対し、コミューンの場合115%、ランスティングの場合110%が基準とされ、この基準まで交付金が交付される。この基準を超える場合には、中央政府に財源調整納付金を納付することになる。

　各自治体の課税力算定の際には、コミューンの場合、（レーン毎の）平均税率の95%、ランスティングの場合、90%に減らした税率を用いる。ただし、納付団体の場合、コミューン、ランスティングとも、平均税率の85%とする。つまり、税収が豊かということで国

---

12) *Kommunalekonomisk utjämning*, Finansdepartementet samt Sveriges Kommuner och Landsting, 2005.

スウェーデン

図7 財源調整制度（2005年）

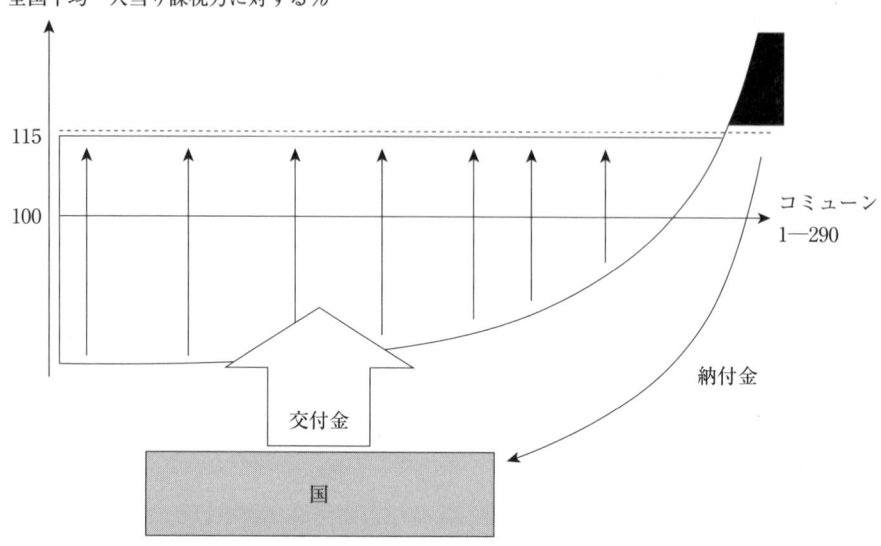

出典 *Kommunalekonomisk Utjämning, 2005.*

表3　財政調整・交付金額の変化（コミューン）

単位　100万 SEK

	財源均衡化 （交付金と納付金）	需要均衡化 （交付金と納付金）	一般 交付金	過度調整 （交付金と減額）	交付 総額
2004	13807　　－13239	5250　　－5298	34042	1598　　－1687	34473

	財源均衡化 （交付金と納付金）	需要均衡化 （交付金と納付金）	構造 交付金	過度的 交付金	調整交付金 と納付金	交付 総額
2005	45008　　－3414	4620　　－4650	1539	1522	－2000	42626
2006	46212　　－3229	4703　　－4732	1533	868	－160	45165
2007	48139　　－3289	4855　　－4862	1533	462	8317	55157

（出典）*Årbok för Sveriges Kommuner* 2007.

へ納付する団体は、課税力見積もりが交付団体より低めに算定されることになり、納付金額が少なくなるのである。2004年は54コミューン、2ランスティングが納付団体であったが、新制度の2005年には、13コミューン、1ランスティングにとどまった。2008年では、14コミューン、1ランスティングである。ランスティングの納付団体はストックホルムのみ、コミューンも多くはストックホルム内で

表4　財政調整・交付金額の変化（ランスティング）

単位　100万 SEK

	財源均衡化 （交付金と納付金）		需要均衡化 （交付金と納付金）		一般 交付金	過度調整 （交付金と減額）		交付 総額
2004	5253	－5687	1520	－1530	7484	1599	－1588	7052
	財源均衡化 （交付金と納付金）		需要均衡化 （交付金と納付金）		構造 交付金	過度的 交付金	調整交付金 と納付金	交付 総額
2005	14933	－2151	1207	－1208	658	624	－1486	12576
2006	15233	－1997	1091	－1096	657	348	－1272	12964
2007	15780	－1952	1164	－1165	658	235	937	15656

（出典）*Årbok för Sveriges Kommuner* 2007.

ある。

　財源調整交付金の財源は主として国からであり、以前の一般交付金が主たる財源となっている。財源超過団体からの納付金は、資金源としてはほんのわずかを構成するに過ぎず、より部分的な水平的財政調整となった。相変わらず納付団体となっている大都市部自治体の納付額も、納付団体に適用される算定税率が85％に設定されていること、および納付金は課税力が115％（コミューン）、110％（ランスティング）を超える部分についてのみ発生することにより減少している。以前の制度では、100％を超えると納付自治体となった。

　一方、需要調整制度は、自治体として影響を及ぼすことのできない、基本的構造的コストの違いを調整するものであり、それまでと同様、交付総額と納付総額がほぼ均衡する水平的財政調整のしくみをとっている。コミューンは、8つのサービス毎に、ランスティングについては衛生・医療のサービスについて均衡化が実施される。この他、共通項目として、両者が責任を分担する公共交通がある。

　これらは主に2つの種類に分かれる。一つは、公共サービスニーズの違いであり、年齢構成や住民構成（移民の状況など社会経済的条件）に関わるもの。もう一つは、特定のサービス供給の際の供給コストの違いであり、規模の経済性や地理的要因によるものとなる。すべてのモデルの標準的コスト合計が、自治体の構造的コストとよばれ、これが全国平均より多くかかる場合、国から交付金を受け、全国平均より低い場合、国への納付金となる。この制度は、国

の財政からみると中立であり、ネットで支出を伴うものではない。

基本的に需要調整制度は以前の制度と同様であるが、簡素化されたこと、以前は地域政策として含まれていた部分が新しい構造交付金として、需要調整制度の枠外に出たことが違いである。

「スウェーデン型」道州制の動向

現在、広域自治体には合併の動きがある。これまで実施されてきたパイロットプログラム、ヴェストラヨータランド（Västra Götaland、中心都市ヨーテボリ、予想図4）、スコーネ（Skåne、中心都市マルメ、予想図6）地域のレギオンがうまく機能したことで、全国的に20のランスティングを6から9レギオンに集約するプランが進行中である。この2レギオンは、それまで国の機関であるレーンがもっていた地域発展、計画権限を（行政区域的には）合併、拡大されたランスティング改めレギオンに移譲し、一般のランスティングより権限の大きな広域自治体になったものである。この制度を全国的に広げ、ランスティングをなくし、すべてレギオンにするというのが今日進められている計画である。かつての市町村合併のように強制合併ではなく地域の議論を基礎とする形の合併策となっている。（p285参照）

地域のプランづくりが国の機能からから自治体の機能へと移譲されること、および広域自治体の面積がより大きくなることで人材や資金における適正配分の可能性が広がることなどが期待されている。ただ、交通計画を含む地域発展計画以外の権限は、これまでどおり病院運営を含む医療関係がほとんどであることには変わりはない。レーン廃止の予定はなく、今後レーンの役割は規制、監督、許認可権限を中心としたものになるようである。

基礎自治体合併の後であり、府県合併の方向を向いているということでは日本の道州制論になぞらえられるが、そもそもランスティング改めレギオンの役割が（日本の）県の役割とは異なりかなり限定的な機能であるため、日本の議論と似たところを探すほうがむしろ困難であるといえる。

ノールボッテンを含む北部地域ランスティングは、合併、レギオン化に熱心であり、2010年、11年ころには実現すると見られてい

る。このあたりについては、道州制案が日本の北海道、東北地方で関心が高いことに通ずるものがありそうである。ヴェストラヨータランドとスコーネにはさまれた、比較的裕福なハッランド（Halland、予想図5）、首都ストックホルム（Stockholm）地域は独立を維持したいという意向をもっているようであるが、このままというのは難しい情勢にある。中部、南東部地域ではまだレギオンの区割りに関する議論が確定してないようであるが、遅くとも2015年実施が期待されている。[11]

スウェーデンの特色をまとめて

　スウェーデンは、福祉社会サービスに対する政府の強い関心の下で、基礎自治体中心の分権型地方財政を実現させてきた。基礎自治体規模はそれほど大きくはなく、またさらなる大規模合併の方向はみられていない。

　公共部門の大きさが大きいからといって無駄遣いの印象はない。ヴェストラヨータランドの場合、レギオン議会の建物はなく、レギオン庁舎（というより事務所）所在コミューン、ベーネルスボリ（Vänersborg）議会を利用して議会を開いていたことを付け加えておこう。県議会を市議会の建物で開いているということである。

　地方財政については、地方所得課税に信頼感と支持が得られており、強い改革の動きはない。かつて1980年代に、イギリスのレイト税制（地方財産税）が、低所得者向け減税制度をもつ世帯主課税で、有権者の一部しか納税しないことで批判され、住民がみな負担する人頭税導入と企業レイトの国税化、地方譲与税化に向かった。その観点からみれば、スウェーデン税制も有権者の多くが負担することで、政治への関心、政治参加、高い投票率の基礎となっている税制といえる。課税ベースが広く、普遍性があり、偏在性の少ない比例税率であり、経済政策の影響が財産税より敏感であることも、利点としてあげられるだろう。

---

11) Västra Götalandsregionen、Länsstyrelsen i Väntra Götalands län、Göteborgsregionens kommunalförbund（GR）、およびGöteborg Universitet Lennart Nilsson氏インタビューによる。

スウェーデン

　地方財政調整制度については、財源調整制度改正によりストックホルムへの過大な負担を減少させようとの試みは盛り込まれてきた。しかし、高い税負担と再分配で個人、家族ケアや教育サービスのレベルを維持してきたスウェーデンに、地域のサービス格差や税率格差の許容範囲がそれほど大きいとは思われない。国の教育、福祉施策が十分機能しないことに対する一般補助金批判や、児童ケアなどの個人負担額に制限を設け特定補助金で補填するなど特定補助金回帰への政策もみられている。福祉国家として格差を極力少なくしていくという基本姿勢に大きな変化はないとみられる。

　選挙制度で比例代表制、それもドント式でなく修正サン・ラグ式をとり少数意見重視の姿勢は、小選挙区制のように死票という形で無駄な票が出ることもなく、選挙でも負け組みを作らないとの意気込みともいえようか。

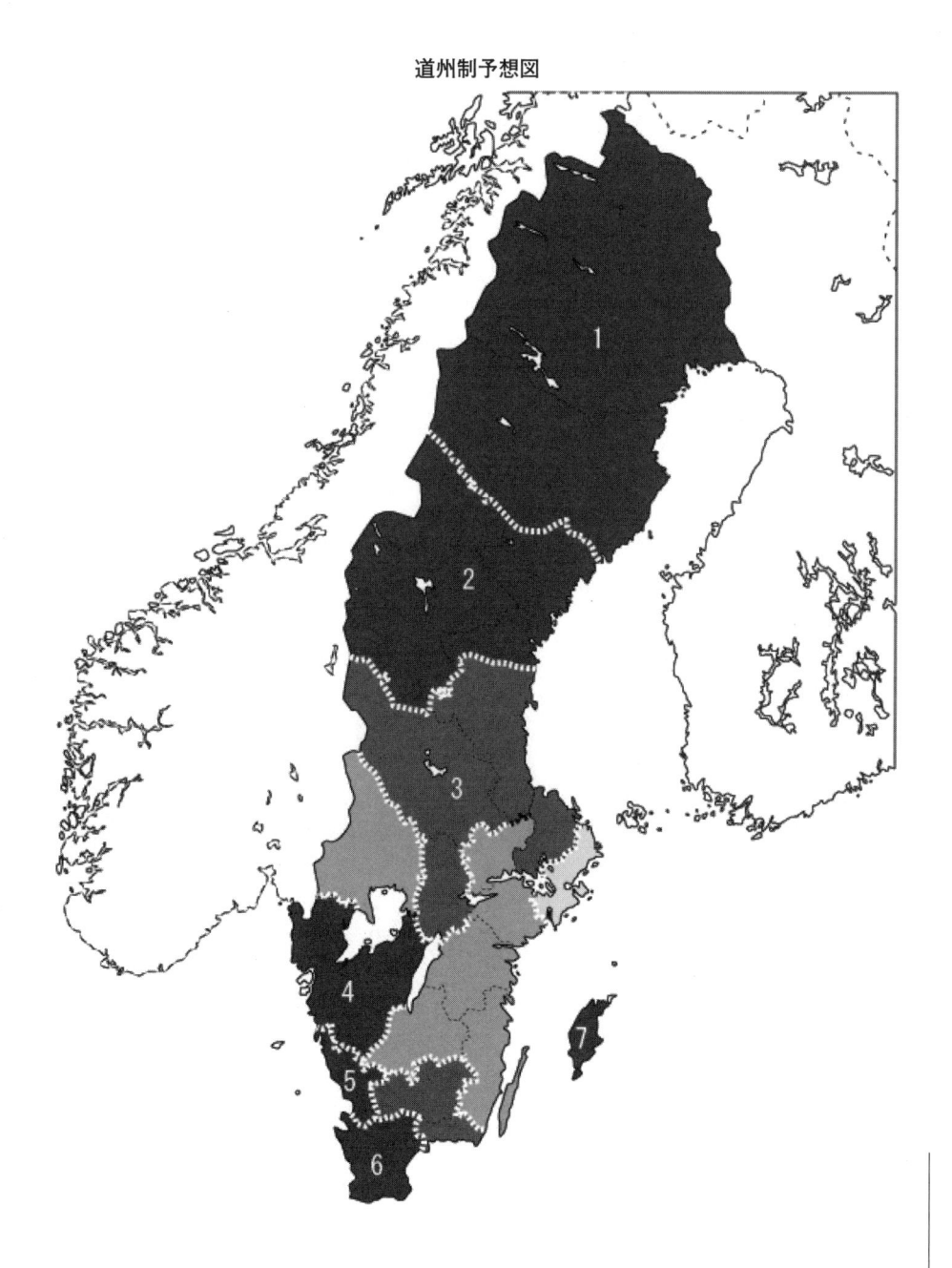

スウェーデン

道州制予想図

スウェーデン

参考文献

1) アグネ・グスタフソン、岡沢憲芙監修・穴見明訳『スウェーデンの地方自治』早稲田大学出版部、2000年。
2) 富永健一『社会変動の中の福祉国家』中公新書、2001年。
3) 『スウェーデンの地方自治』（財）自治体国際化協会、2004年。
4) 『平成17年度比較地方自治研究会調査研究報告書』（財）自治体国際化協会2006年。
5) *Revenue Statistics*, 1965-2006, OECD, 2007.
6) *Olof Petersson, Kommunalpolitik, 4ed.*, CE Fritzes AB, 2001.
7) *Kommunalekonomisk Utjämning*, Finansdepartementet samt Sveriges Kommuner och Landsting, 2005.
8) Jørn Rattsø, *Local Tax Financing in Nordic Countries*, Economic General Report for 2004 Nordic Tax Research Council Meeting in Oslo,Forthcoming in Yearbook foe Nordic Tax Reseach2005.
9) *Kommunalskatterna2008*, Statistiska centaralbyrån.
10) Hellmut Wollmann, Local Government Reforms in Great Britain, Sweden, Germany, and France: Between Multi-Function and Single-Purpose Organisations, *Local Government Studies*, Winter 2004.
11) Lars Söderström, Fiscal Federalism: the Nordic Way, Jørn Rattsø, *Fiscal Federalism and State-Local Finance -The Scandinavian Perspective*, Edward Elgar, 1998, p. 15.
12) *City of Göteborg Annual Report*, Göteborg City Office 各年版

フィンランド

IX

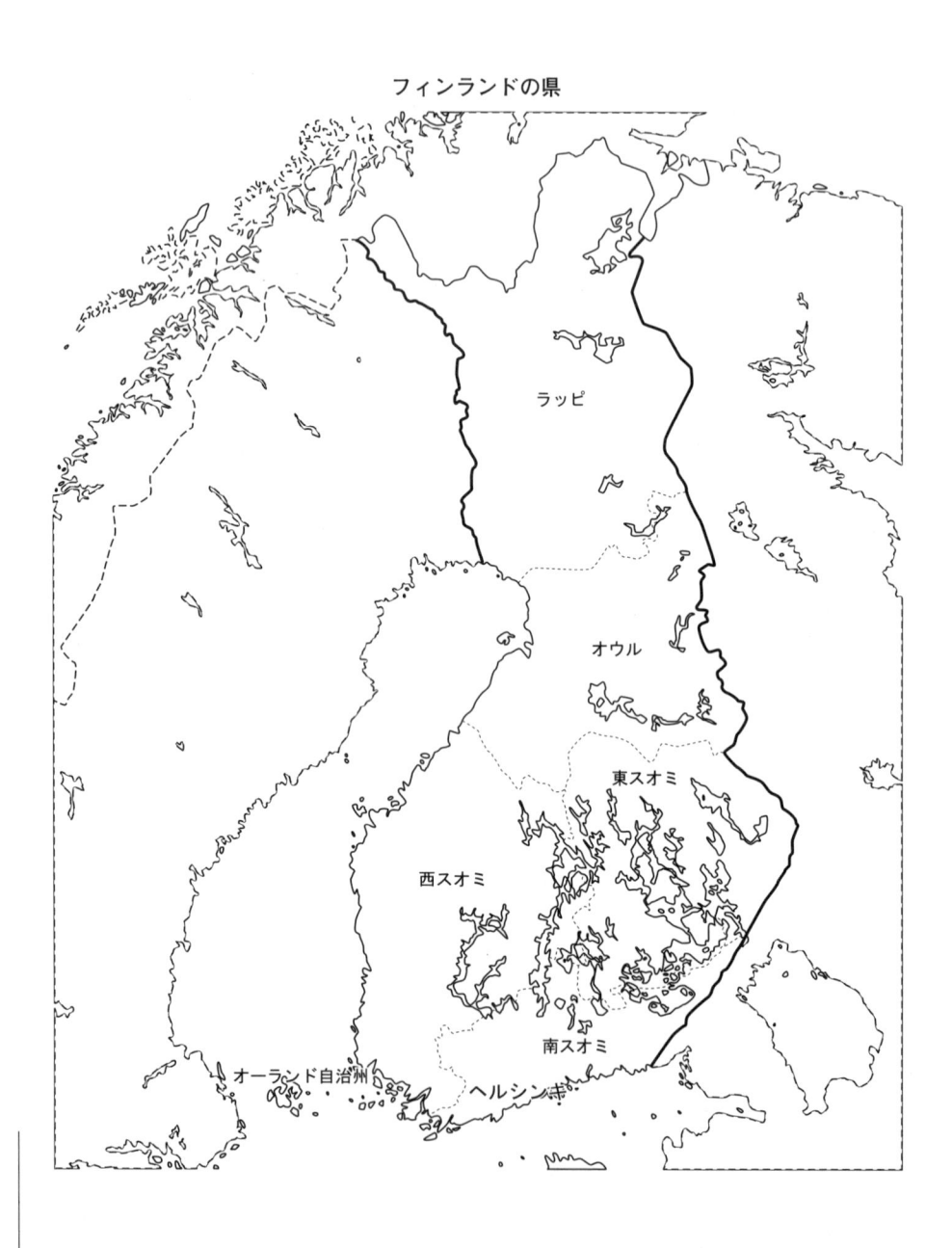

フィンランド

フィンランドの県

- ラッピ
- オウル
- 東スオミ
- 西スオミ
- オーランド自治州
- 南スオミ
- ヘルシンキ

フィンランド

地方自治制度のしくみ

地方自治制度の特徴

　フィンランドの地方自治は、他の諸国と同様に北欧型といわれるモデルで、その特徴は、①　地方自治が強調されており、憲法で保障されている、②　民主主義に基づいた決定と公開性が重要と考えられている、③　自治体財政において地方税が重要な役割を占める、④　自治体が福祉国家の提供する公共サービスの責任を担う、⑤　地方における政治と行政の一体的な協力関係が確立していることである。

　北欧諸国の中で、フィンランドの地方制度は、他の北欧諸国と異なり一層性で、国と基礎自治体（kunta）より成り立っている。本

図1　地方行政のしくみ（フィンランド内務省2003年資料）

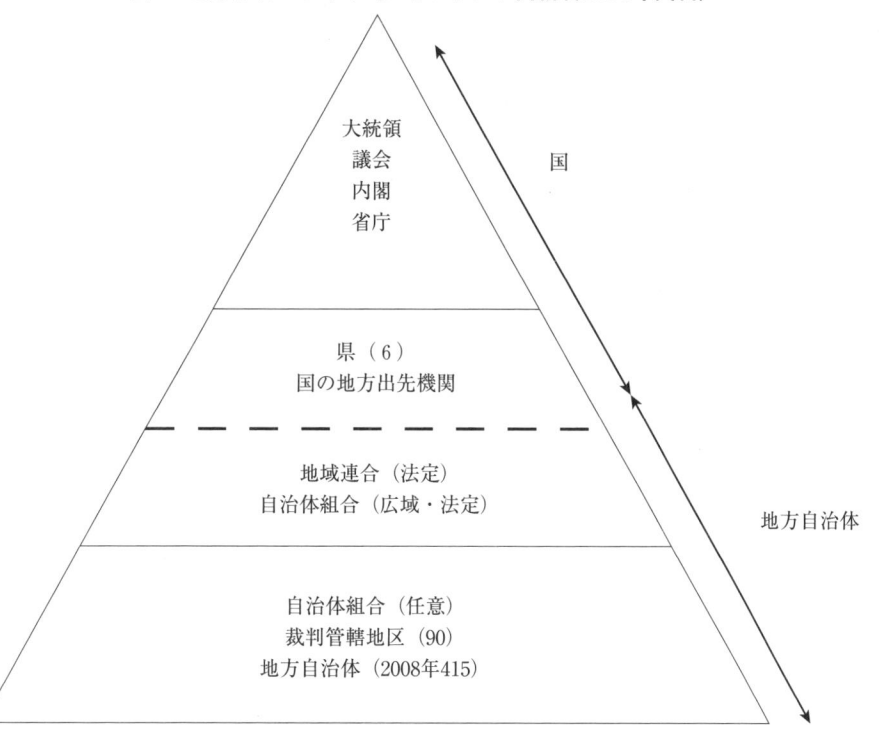

大統領
議会
内閣
省庁

国

県（6）
国の地方出先機関

地域連合（法定）
自治体組合（広域・法定）

自治体組合（任意）
裁判管轄地区（90）
地方自治体（2008年415）

地方自治体

289

土に5とアハヴェナンマー（オーランド）自治区と合わせて6ある県（lääni）は、国の出先機関であるので議会を持たず、県知事は大統領が任命する国家公務員である。また地方には県の他に国の出先機関がある。

図1は地方制度の仕組みを示している。

33万8,145 km^{2}の国土における自治体の数は415（2008年3月）であり、北部にいくほど自治体面積は大きくなり、人口密度は低くなる。平均人口密度は17.3/km^{2}である。2007年には人口が10万人以上の自治体数は6で、2,000人以下の自治体数は80である。最小の住民数は127人で、最高がヘルシンキ市の約56万人である。自治体は市（kaupunki）と町村に相当するクンタ（kunta）にわかれるが、法律上の差はなく、自治体はどちらを名乗るか決定することができる。全自治体の約4分の1が市である。

地方自治の歴史

フィンランドの地方自治の歴史は1800年代に遡り、1865〜1873年間の政令によって、地方は教会の行政区から独立し、自治体の形態を持つに至った。しかし、当時の選挙権は、納税者で他人の保護下にない男性のみに限られており、女性と被用者には選挙権が与えられていなかった。ロシアからの独立後、1917〜1919年の地方自治体法により、すべての住民が選挙権を持つようになった。1920年代末から市には首長制度が適用されたが、1948年に農村部の自治体と市に個別に存在した法律が一本化され、農村部の自治体にも首長制度が取り入れられた。1976年の地方自治体法は、それまでの首長の権限を縮小し、議会の権力と住民参加の可能性を強化した。さらに、当時国政にも計画制度が取り入れられたのに従い、自治体にも自治体計画作成が義務付けられた。住民自治については、1990年に住民投票に関する法律が制定され、議会民主主義の他に直接民主主義の可能性も広がった。

1993年に包括補助金制度の導入により、サービス供給の権限と財源が国から自治体に委譲された。同時に、国の指導監督は大幅に緩和され、原則として合法性に関する事項のみに限られるようになった。これをもって、フィンランドの地方分権はほぼ完成したといえよう。1995年には新しい地方自治体法が施行され、さらに大きく自

治体の自由裁量の幅が広げられ、住民参加が強調されるようになった。

　なお、それまで都市部と地方農村部、スウェーデン語系住民区域部と3つに分離していた自治体の中央組織は、1993年の地方分権改革時に統合され、全自治体が加盟する自治体協会が誕生した。この協会の役割としては、国家予算と税、自治体に関係する立法や改革などについて中央政府との交渉に当たることがもっとも重要であるが、その他、自治体職員の研修・教育、情報の公開、地方行政についての調査研究等も行っている。

政治的主体としての地方自治体

　フィンランドでは、国政においても地方政治においても代表民主主義、すなわち間接民主主義が尊重され、住民は選挙によって議会（valtuusto）の意思決定をコントロールすることができる。しかし、同時に地方民主主義における直接民主主義の可能性も、地方自治体法で保障されている。地方自治体と国の政治の異なる点は、自治体の内閣に相当する参事会（hallitus）が、国の内閣と異なり、自治体議会に選出されたすべての政党および団体が参加することにより成り立ち、議員の任期が終了するまで在任することである。

　図2は自治体の行政組織を示している。地方自治体法（kuntalaki）によると、自治体の最高機関は住民によって選ばれた議会であり、首長は、期限を限って議会によって任命されるので、シティーマネジャー的な役割であるといえよう。議会は首長の他に参事会、委員会などのメンバーも選出し、任期中でも罷免すること

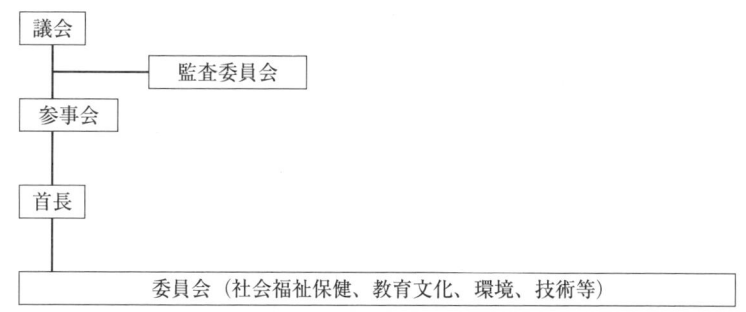

図2　自治体の行政組織

議会
├─ 監査委員会
参事会
首長
└─ 委員会（社会福祉保健、教育文化、環境、技術等）

ができる。

自治体議会と選挙

　地方選挙は4年に1回行われ、議員（代理人）は原則としてボランティアである。地方選挙法（714/1998）によると、選挙権・被選挙権は18歳以上のフィンランド国民、および他のEU諸国またはノルウェーとアイスランド国民で、選挙より51日以前からその自治体に在住していることが条件である。また、2年以上在住している上記以外の外国人にも同様の権利がある。議員は通常他の職業を持っているため、議会は夕刻に開かれ、住民は傍聴することが可能である。出来るだけ多くの住民を代表できるように、議員数は日本と比べて多く設定されており、その自治体の住民数によって17～85人の間で定められている。2,000人以下の自治体は17人以下に設定することができるが、13人以下に減らすことはできない。なお、地方議員はフィンランド議会議員を兼務できる。

　政党は地方民主主義において重要な地位を占めている。自治体議員候補を擁立し、選挙運動を行い、その他、さまざまな方法で自治体の決定に影響力を行使する。各政党は議員数の1.5倍まで候補者を擁立できる。また政党は、保守政党間、左派政党間というように選挙において連立を組むことができる。投票は、候補者に与えられた番号を書くことによって行われる。所属議員の総得票数に応じて議席は政党に配分され、各政党の議員が得票数の多い順に選出されるしくみである。

　地方議会に占める女性議員の割合は、1980年には22.2%であったが、2004年には36.3%に増加した。2004年の選挙結果では社会民主党が24.1%、中央党が22.8%、国民連合党が21.8%、左派連合が9.6%、緑の党が7.4%を占めた。

サービスの供給主体としての自治体

　地方自治体法の第1条に、「地方自治体は、住民の福祉の向上と地域の継続的な発展に努めなければならない」とあるように、自治体は、住民の福祉と地域開発に責任を持つ。自治体は、これらのサービスを単独で、または委託して、または他の自治体と共同で、または自治体組合を結成して行うことができる。自治体の担う公共サ

ービスは、①教育・文化サービス、②社会福祉・保健サービス、③環境・インフラ整備サービスである。

① 教育・文化サービス

教育・文化サービスとしては、義務教育の提供、中等教育、職業教育および訓練、図書館サービス、美術、文化、青少年を対象とするレクリエーションサービス、生涯学習教育、音楽学校への助成などがあげられる。

1980年代になると、それまで国の指導監督が強かった学校行政において、自治体や学校の裁量の余地が拡大されるようになった。1999年に新しい学校法が制定されると、学校教育については、さらに自治体の運営に任されるようになり、生徒や保護者の学校選択の権利が強化された。フィンランドにおいては、義務教育は給食と教科書も含むすべてが無料である。また2000年には94％の義務教育卒業者が職業学校または高校に進学している。高校および職業学校、生涯学習校は、主に自治体と自治体組合が運営している。

図書館サービスは、1800年代から行われており、自治体の責任で全国に図書館ネットワークが整備されている。

② 社会福祉・保健サービス

社会福祉・保健サービスには、保育、高齢者ケア、障害者ケア、生活保護、アルコール薬物依存症ケア、予防保健事業および一次医療ケア、二次医療、歯科治療、環境衛生などが含まれる。

保健事業は自治体のもっとも重要な事務であり、国民がもっとも高く評価するサービスである。保健事業は、国民保健事業（一次医療）と病院ネットワーク運営を行う特別医療ケア事業（二次医療）に二分される。前者は自治体が単独、または委託、または自治体組合を結成して行われるが、後者については、自治体は自治体組合に所属して住民に医療ケアを提供する。

社会福祉事業と社会サービスについては、1982年に制定され1984年に施行された社会福祉法（710/1982）が基本となり、さまざまな特別法が定められている。保育については1973年に保育法が制定され、時代の経過につれて保育の権利が拡充し、1996年にはすべての就学前児童に公的保育の権利が保障された。また児童保護法（683/1983）により、自治体には児童保護の義務がある。保護された児童の半数が里親ケアを受け、残り半数が施設ケアを受けている。多く

の自治体が、学童保育、いじめ問題、レクリエーションなどの青少年のためのプログラム作成を積極的に行っている。

　高齢化が加速する今日では、高齢者ケアは自治体の重要なサービスである。ケアの方向としては、できるだけ自宅で暮らすということを目指しており、そのためにホームヘルプサービス、ホームケア、デイケアや配食などの補助サービスを提供している。また親族介護の支援も行う。身体障害者サービス法（380/1987）は自治体に、移送、通訳、サービスつきの生活、および住宅改造のサービスを義務づけている。知的障害者や精神障害者ケアも自治体の責任である。

　このほかの事務については、依存症ケア法（41/1986）に基づくアルコール・薬物依存の予防とケアも自治体の責任である。所得保障は国の管轄分野であるが、生活保護は住民と最も近い自治体が担当する。同じように、児童の養育費の未払いがある場合は一定の額を代わりに支払う義務があり、未支払い者から徴収する。約130の自治体が亡命・移民者の受け入れを行っており、その負担については国が自治体に支払う。また海外からの移住者の適応訓練プログラムも自治体が提供している。

③　環境・インフラ整備サービス

　土地利用、給水およびエネルギー供給、ごみ処理、インフラ整備、環境保全、消防・救助サービス等は自治体の責任である。建築認可も自治体が行う。これらのサービス供給の他に、自治体は商業や雇用を促進する義務があり、地域連合に参加して所属する地域の開発を行う。また、今日では情報ネットワークの整備も道路整備や

表1　歳出に占める自治体の業務の割合
（2006年　フィンランド自治体協会資料）

社会福祉・保健事業	49%
教育・文化事業	23%
環境・インフラ整備事業等	14%
投資	10%
金融支出	2%
その他	2%

給水事業などと同様に主要な事業である。これは特に地域開発にとって重要であり、農業においても情報化が進んでいる。

このように幅広い住民のための公共サービスを担っているため、公共政策における自治体の役割は重要であり、公共消費支出の約3分の2を自治体が占めている。表1のように2006年の自治体の歳出の70％以上が社会福祉・保健事業費と教育・文化事業費である。また同年の自治体職員数は431,000人で、これは雇用全体の20％弱に相当する。そのうち社会福祉・保健職員が56.4％、教育・文化事業の職員が27％で全体の80％以上を占める。

これらの事務を行うために、自治体には課税権があり、税率を設定することができる。地方税の全国平均は18.4％で、最小が16％、最高が21％である。2006年の地方税収入は自治体の歳入の46％で、続いて料金収入が26％であり、国庫支出金は17％に過ぎない。

国と地方自治体の関係

それでは、1993年の地方分権改革後、国民がどの自治体に居住していても等しくサービスを受ける権利を保障するために、国はどのような指導・監督を行っているのだろうか。指導の方法については、以下に述べるような可能性がある。

① 県の指導監督

県は、自主的に自治体の事務の指導監督に行うことはできないが、サービスに不満を持つ住民が不服申し立ての訴えを起こせば、訴えに基づき指導できる。しかし強制力はない。自治体の決定や手続きに違法性の疑いがあれば、住民は異議申し立てを書面で行う。自治体の解答に満足できなければ、住民は県の行政裁判所に訴えることができる。

② 法律による指導

特別法を制定することによって、自治体に事務を課すことができる。特別法においては自治体の裁量の余地が狭り、執行することが義務付けられる。これによって全国どの自治体に住んでいても平等に市民がサービスを受ける権利を保障できると考えられている。この役割は国会が行うので、国民の総意に基づくといえよう。保健ケアおよび社会福祉サービスにおける市民の権利については、法律（782/1992、812/2000）によって自治体にオンブズマン制度が設け

フィンランド

られている。
③　情報の収集と公開による指導
　地方分権で問題になるのは、地域格差と少数グループの権利である。そこで国の役割は、自治体の行うサービスについての研究・追跡調査を行い、自治体に対して情報を公開する。例えば、国立社会福祉保健研究開発センター（STAKES）は研究業務に加えて全自治体の社会福祉・保健の統計・情報の収集・分析作業を行い公開し、サービスの評価も行っている。自治体は、これらの情報によって、自分達のサービスのレベルを知ることができ、評価が低い自治体は少なくとも平均値に近づくようにレベルアップの目標を設定することができる。これは情報による指導と呼ばれている。

自治体組合制度について

多様な自治体間協力の形態

　フィンランドにおいては、自治体間協力が発達している。自治体は住民の福祉と地域の開発に責任を持つ。しかし、その方法については、先に述べたように自治体が単独で、あるいは民間または他の自治体への委託によって、または他の自治体と共同で、さらには自治体組合を結成して、というように多様な選択肢がある。

　実際には、自治体が行う事務の多くは財政的な負担が大きく、専門的な組織が必要なものであるので、一般に個々の自治体の規模では、住民に質の高いサービスを提供することは困難であることが多い。合併論はここにその根拠を見出している。しかし、フィンランドでは、サービスの提供については、これまで自治体間の協力によって対処している。

　自治体間協力には、①自治体組合（kuntayhtymä）、②複数の自治体が所有する会社、協同組合、財団、協会、③職の共有、④委員会の共有、⑤サービスの購入契約がある。

　この中で、⑤のサービスの購入契約とは、日本でいう委託に当たる。つまり、自治体がある事業の執行を、他の自治体、または民間団体に委託することを指すが、委託する自治体は、その内容と財政について監督することになる。たとえば、老人ホームを民間委託する場合は、委託される団体は、事業内容と予算を毎年自治体に提出して契約を結ぶことになる。また、③、④、⑤は、手続きなどが簡単なので、小規模自治体に適しているといえよう。

　自治体にとって最も重要な自治体間協力の形態は①の自治体組合である。自治体組合は独立した法人で、2005年には全国で231存在し、参加自治体とは別の法人で、独自の財政と行政組織を持つ。自治体組合には長い発達の歴史があり、その一部は、法律によってすべての自治体が所属する。フィンランドの自治体組合は、日本でいう広域連合組織、一部事務組合などの自治体間の協力の形態に近いものといえよう。

自治体組合制度の概要

　自治体組合の原型は100年前に遡ることができる。自治体組合という形態が定められたのは1932年である。法制定の自治体組合が誕生したのは、1948年の地方自治体法制定時であった。

　自治体組合が現在の形態に集約されたのは、1993年の地方分権改革に備えて1992年に制定された地方自治体法の改正に関する法律（979/1992）によってである。1993年に施行されたこの法律により、それまでの自治体組合（kuntainliitto）の名称が自治体組合（kuntayhtymä）と変わり、その規則もより柔軟なものへと改正された。すなわち自治体議会の承認にもとづいて、自治体間で自由に自治体組合の契約を結べるように改正されたのである。この1992年の法律の内容は、1993年に行われた地方分権改革を経て1995年に施行された新しい地方自治体法（365/1995）に、ほぼそのまま移された。

　上記の二つの法律のほか、1992年に制定され、1993年に施行されたいわゆる包括補助金法（KVOL, 688/1992）は自治体組合にとって重要である。包括補助金制度導入に伴い、それまで自治体組合に国から支払われていた補助金は、1993年以降自治体に直接支払われることになった。しかし、1997年には法律の改正が行われ、教育機関に関する補助金は、自治体にではなく教育機関に直接支払われることになった。職業学校、職業大学校などは自治体組合が運営することが多いので、これ以降は教育分野の自治体組合に補助金が直接支払われることになったのである。

　以上が、自治体組合に関わる基本法である。このほかに、特別法の中に、主に自治体に加盟の義務のある法定自治体組合に関する規定がある。それらは、1989年制定の特別医療ケア法（1062/89）、1977年制定の知的障害者の特別ケアに関する法律（519/1977）、1993年制定の地域開発法（1135/1993）である。また、法制定の組合ではないものの、1972年制定の国民保健事業に関する法律（66/72）と1987年の職業学校に関する法律（487/1987）にも自治体組合についての規定が存在する。

　なお、フィンランドにおいては、自治体組合は自治体と同格ではない。自治体組合は、あくまでも自治体間の協定で設置されるもの

で、課税権も、選挙で選出される議会もなく、その業務については、参加自治体が定めることができる。

　自治体組合数は1950年代から増加の傾向があったが、1970～1980年代にかけて一時は400を超える数になった。増加は主に社会福祉・保健分野と教育・文化分野に集中していた。しかし80年代後半になると、自治体組合数は減少の傾向にあり、2000年には250以下となった。自治体組合数の減少の要因としては、1993年に包括補助金制度が導入され、それまでのように使用限定の潤沢な補助金制度ではなくなったこと、さらに1990年代の深刻な不況のため自治体財政が悪化したことなどから、どの手法でサービス供給を行うのが最も効率的であるか、見直しが行われた結果とされている。

　今日、自治体組合の財政は、全自治体の財政の約5分の1を占めるとされている。自治体組合の財源の各自治体の配分は、以前は特別法に定められている方法、または自治体間の基本契約において決められていた。しかし、近年サービス料金を利用度で決定する傾向が強まった。例えば、特別医療の組合では治療ごとの価格が設定される。参加自治体がその住民のために特別医療の病院での治療を何回利用したかによって、その自治体の負担額が決まるというしくみとなっている。つまり利用度と住民数が負担額にもっとも影響する

表2　自治体組合数の変遷
（1998年まではPekola-Sjöblom 2000、2005年についてはTilastokeskus 2005）

年	自治体組合数
1960	195
1970	289
1980	381
1992	約300
1995	約270
1997	256
1998	249
2005	231

要素となる。このほか、参加自治体から徴収する設備投資費もある。これらの負担額および遅滞した場合の利子、前払い金等については基本契約で定めることとなっている。

フィンランド統計センターの資料によると、2005年の自治体組合の事業収入は79億3200万ユーロで、事業支出は75億9200万ユーロであった。また、2005年度の自治体組合数は231で、そのうち86が保健事業、30が社会福祉事業、69が教育、36が公共サービスであり、9が自治体組合の運営する企業であった。支出の中では保健事業が69.2％（一次医療13.6％、二次医療55.6％）と群を抜いて大きい。二次医療が大きい割合を占めるのは、公的な病院ネットワークによってフィンランドの医療の大部分が賄われているからである。

一般に自治体組合の人件費は自治体の人件費より大きいが、これは保健と教育事業が主に自治体組合によって運営されているからである。しかし、自治体組合は、自治体と違って支出を税収入でカバーすることはできない。自治体にとっては税と国からの補助金が最も大きな収入源であるが、自治体組合にとっては、最大の収入は売り上げ収入である。これは1990年代半ばで約80％であったといわれている。

自治体組合は、自治体間の基本契約に基づいて設立される。その事業は加盟自治体が自治体組合会議で執行するか、基本契約で定められた加盟自治体間の執行機関によって執行される。このほか基本契約で定めれば、他の種類の執行組織を持つこともできる。自治体組合の執行機関の平均メンバー数は8人である。そのうち女性は30％を占めている。60％の執行機関のメンバーには各参加自治体の代表者が就任しており、各参加自治体の代表者が執行機関に参加していない自治体組合は、20万人以上の住民を対象とし、平均22自治体によって構成されているような大型自治体組合である。

執行機関の代表の選択には、①　政治勢力の反映（政党間バランス）、②　地域的均衡、③　専門能力の3要素が重要視されている。自治体組合の職員は約10万人で、これは自治体セクターの職員数の約4分の1に当たる。

三つの法制定の自治体組合

これまでに述べたように、法制定の自治体組合は3つある。地域

開発のために設置された地域連合（maakunnanliitot）、特別医療の自治体組合（sairaanhoitopiirit）、知的障害者の特別ケアの自治体組合（erityishuoltopiirit）である。すべての自治体はこれらの組合に所属することが義務づけられている。所属地域を変更することは自治体が自治体組合の区域と地理的に接していることが条件で、さらに国の許可が必要となる。以下にこれらの組合の概要をまとめる。

① EU基金の受け皿を担う地域連合

地域開発は、地域によって地理的、経済的、人口などの条件に大きな差があるので、開発計画も個々の地域のニーズに応えるものでなければならない。フィンランドの地方政策の目標は、一つの地方の中の、人口が増加し発展途上にある複数の中核となる地域に加え、30〜40のさまざまな規模の中心部をつくり、これらを統合して競争力のある地方ネットワークを整備することである。

フィンランドは、1995年に欧州連合（EU）に加盟した。その準備段階で、地方政策や開発事業をEUの地域政策に沿うものにするために、法制度の改正を行った。こうして誕生したのが新しい地域開発法で、1994年に施行された。EUは加盟国内の地域開発のみならず国境を越えた地域間協力も補助の対象としている。フィンランドは、国の地方政策と、EUの地域・構造政策を用いて地域の格差の解消を目指している。自治体組合である地域連合は、国の地方行政の出先機関と協力しつつ地域開発の中核の役目を担っている。

地域連合は全国で19あり、これは文化、風土を共有する伝統的な地域圏に沿った分割となるように設定されている。法律で定められている事務は、地域開発、地域の土地利用基本計画の作成であり、地域の利益監視、地域にかかわる調査研究等の業務については、自治体間の契約で決めることができる。国の地域政策もEUの地域政策も、地域の自主的でかつ独自の開発を強調しており、特にEUのプロジェクトでは自治体、民間企業、NGO等とのパートナーシップを強調している。地域連合の議会が、地域連合と国の機関との協力で作成された地域開発計画を承認する。内務省は地域の開発とそのコーディネートを行い、EUの政策により設置された調査委員会が計画の実施を見守り、欧州委員会に報告する役割を担う。

② 病院ネットワークを維持する特別医療の自治体組合

フィンランド

　特別医療（二次医療）とは、医学的、歯科医学的に特別とされる分野の疾病の予防、検査、治療、救急医療、医学リハビリテーションにかかわるサービスを指す。運営の財政的効率性とその目的の適正運用のために大きな人口を対象とするので、自治体は特別医療ケア法において特別医療組合に所属し、共同で運営することが義務づけられている。このような組合数は本土で19である。医療にかかわる補助金は包括補助金として個々の自治体に支払われる。自治体は特別医療組合から住民のためのサービスを購入する。自治体組合は事前に料金を設定し、加盟自治体と予め契約を結ぶ。自治体の負担は事前に利用予約量と実際の利用量をもとに段階をつけて算出されるが、1人の患者のケアの費用が例外的に莫大なものになった場合は、その患者が所属する自治体に過度の負担がかからないように、加盟自治体全体で分割する方式がとられている。

③　知的障害者の特別ケア組合

　1977年に制定された知的障害者法（519/1977）によって、知的障害のある人達には、特別サービスが提供される。このため、全国を16の地区に分割し、そこに設置された自治体組合によって知的障害者のための特別ケアが提供される。これらの地域のほかに、スウェーデン語を母国語とする知的障害者のためにもう一つ組合がある。加盟自治体は利用量に応じて経費を負担する。

フィンランド

自治体合併の状況

地方自治の課題

　今日のテクノロジーと情報社会の発達は、グローバリゼーションの流れを加速させた。自治体間の境界は狭まり、企業の活動範囲も拡大し、生産拠点の移転がより自由に行われるようになった。さらに、先進国の間では少子高齢化の問題がある。フィンランドも例外ではなく、高齢社会はサービスの需要の増加をもたらすが、一方で、サービスを提供する労働力不足が深刻になることが予測される。自治体は労働力の確保を国と民間企業と競争せざるを得なくなる。自治体の規模が小さければ、今後さらに深刻化する高齢社会のニーズに応えられず、憲法に明記されている平等なサービスを受ける権利を保障することが困難になるであろう。このため政府は自治体合併を奨励する政策を行っていたが、合併は自治体の自由意思で決定されているので、これまでは国が合併支援金を提供しても、自

表3　自治体数の推移（Oulasvirta 1992, 17、およびフィンランド自治体協会資料）

1900年	510
1917	532
1920	542
1940	602
1950	547
1960	548
1970	518
1980	464
1990	460
2000	452
2005	432
2007	415

治体の数はさほど減少するに至らなかった。例えば2002年の調査によると、54%の自治体住民が自治体数は多すぎると考えていたが、それが自分の自治体の合併となると、賛成意見は32%に過ぎなかった。

　2000年以降、国は、自治体のサービス供給基盤を強化するために、二つの大きな政策を打ち出した。その一つはカイヌー地方行政実験と呼ばれる、大型合併へのソフトランディングの基盤を作る実験プロジェクトの開始である。もう一つは、2005年9月に自治体とサービス構造の改革の準備に着手したことである。これに伴い、国は、期間を限定した合併と3自治体以上の合併に対して多額の助成金の交付を決定したので、表3で明らかなように、2006年から2007年にかけての合併数が増加した。

フィンランド

カイヌー地方特区の実験プロジェクト

カイヌー地方の問題と実験の目標

　カイヌー地方は2003年には深刻な過疎化（人口密度 4 /1km^2）と高齢化（18.1%）と雇用機会の減少による失業問題（失業率17.4%）を抱える地域であった。この年の全国の自治体の地方税率は18.03%であるが、カイヌー地方の平均は18.82%とこれを上回る。また国からの補助金率は他の地方と比較して高い。このように実験開始時のカイヌー地方の問題は、もはや地方税率を引き上げても、国庫支出金額を追加しても、この地域は開発から取り残されるであろうという状況であった。実験はサービスの供給主体を一つに統一して連合体とし、住民への平等なサービス供給を目指すものである。カイヌーの 9 自治体が実験に参加した。

　プロジェクト開始前に行われた調査の結果に基づき、次のようなしくみでカイヌー地方の実験を 8 年間かけて行うこととなった。

① 　カイヌーにカイヌー連合を設置し、そこに議会（maakunta-valtuusto、カイヌー連合議会）を設置し住民が議員を選出する。
② 　議会は連合議会参事会を任命する。首長は選挙で選出され参事会の議長となる。
③ 　国の地域開発支援は、構造基金とともにカイヌーに直接交付することとする。またカイヌーについては予算段階において国庫支出金を一つにとりまとめカイヌー連合に交付する。
④ 　カイヌー連合議会は、カイヌー地方にある自治体組合の上位に位置する決定機関とする。カイヌー地域連合、特別医療組合、知的障害者特別ケア組合、社会福祉・保健分野の自治体組合、学校関係の自治体組合は、カイヌー連合議会の管轄下に置く。

法律の制定とプロジェクトの開始

　カイヌーの行政実験について法律（2003/343、カイヌー行政実験法）が2003年の 5 月 9 日に制定され、2012年の12月31日までの時限

フィンランド

をもって2003年の6月1日に施行されることになった。この法律によってカイヌー連合には、カイヌー地域連合、社会福祉・保健分野の自治体組合と教育分野の自治体組合が統合されることになった。カイヌー・プロジェクトは2005年1月1日から開始された。

2004年10月24日の統一自治体議会選挙（地方選挙）と同時に、カイヌー連合議会選挙が施行された。議会議員数は39人と設定され、カイヌーに居住する住民が立候補できるが、地方の監視業務を行う地位にある国家公務員、国の出先機関、地域連合、議会の管轄下の自治体組合の管理職にある者は立候補の資格はない。全国の地方選挙の平均投票率は58.6％であったが、カイヌー地方の自治体議会の投票率は52.4％で、カイヌー連合議会の投票率はそれより低く51.3％であった。11の政党およびグループが155人の立候補者を出し、地方の利益を代表する中央党が19議席、左派連合が9議席、国民連合党が5議席、社会民主党が4議席、緑党が1議席、カイヌー無所属グループが1議席を占めた。

プロジェクトの評価

継続中のプロジェクトの評価については、2005年の中間報告によると、プロジェクトは全体として好意的に迎えられている。その理由として、カイヌーの実験が自治体改革の将来について、現時点では明確な展望を与えることができないので、改革推進者たちは、一般によくなったと思われる事項に目を向けているからとしている。報告書は、EUの地方担当委員会が、カイヌーの実験は、地域が国との関係を強化するという観点において、ヨーロッパの地域の見本となりうるとの見解を持っているとしている。

自治体協会と内務省作成の2006年2月2日の報告書では、プロジェクトの成功の鍵は、特別法を制定したことにあるとしており、この法律の時限を除去し、他の同じようなサービス供給構造の再編に関する改革にも適用できるようにすることが提案された。

実験は2012年まで続行する。2006年3月4日の全国紙（Helsingin Sanomat 4.3.2006）によると、カイヌー連合は3百万ユーロの赤字であったが、人件費を80万ユーロ削減できたので、全体としては良い結果であったと連合長は評価しており、これまでの自治体の歳出は毎年6～7％増加したが、2005年は1.9％に止った。

2006年3月のフィンランド自治体協会の機関誌は、カイヌーの実験は現在のところ社会福祉・保健分野では支出の抑制に成功したと評価している。プロジェクトによって財政の強化に成功するかが評価の重要な鍵となる。しかし、自治体住民はサービスが効率的に供給されるようになることには賛成であるが、サービスが削減されることには強く反対する。また、人件費を削除できたとしても、それが現職の職員の疲労をもたらし、その結果サービスの質が低下する可能性もある。効率化にはこのような課題がある。

　さらに、地域開発を進展させるためには、産業政策もカイヌー連合の実験の重要な課題である。カイヌー連合のもとで効率化と産業育成がどのように進展するかが、今後の評価に大きく影響するであろう。

フィンランド

地方自治制度の再編成

自治体改革の三つの案

　現在フィンランドでは自治制度の再編成が進行中で、近い将来自治体数は大幅に減少し、サービス供給制度も変化すると予測される。改革計画には県の廃止案も含まれるといわれている。

　内閣が、2005年9月28日に、自治体改革の基本方針として承認した内務省の三つの自治体改革モデル案によると、改革の目標は、①自治体およびサービスの構造改革は一地域に止まらず国全体に行う、②地域経済をよりダイナミックなものに強化し、国際競争に耐え得るものとする、③行政上の区分をできるだけ減らす、④行政をより明確化・軽減化し、地域の民主主義を強調することで、個々の合併ではなく、複数の合併した自治体が地域の基盤となるべきと考えられている。

　政府は、同年10月13日に、内務省に自治体・サービス構造改革法律作業部会を設置し、基本方針に基づき、改革を実現するための法律改正の必要性の解明とその準備案の作成と、三つのモデル案においてどのようにして言語的少数民族であるフィンランド・スウェーデン市民とサーメ市民（ラップランドに住む先住民族）が自分たちの母国語（スウェーデン語、サーメ語）でサービスを受ける権利を守ることができるかについて調査を行った。

　自治体改革の三つのモデルの内容は次のとおりである。

　①　連合自治体モデル（peruskuntamalli）

　この案では、少なくとも人口が20,000〜30,000人となるような、通勤圏などを共通の基盤とする自治体の連合体をつくり、連合自治体が現存の自治体が行っているサービスの供給と財源に責任を持つ。特別医療など広域なサービスを必要とするものについては現存の特別医療自治体組合が行う。この案の自治体は3案の中で最も小規模となるが、それでも自治体が自由意志で合併を承知するかについては疑問が残る。通勤圏を基盤とすることの利点は、企業との協力、土地利用、交通ネットワークなどがうまく機能すると考えられることである。

② サービス地域モデル（palvelupiirimalli）

　この案では、社会福祉事業、国民保健ケア事業（一次医療）、特別医療ケアを統合し一つの組織とし、効率性の強化を図る。この組織にサービスの供給を義務づける。さらに教育関係のサービス等もそこに統合することも可能である。サービス地域が対象とする人口は、少なくとも100,000人とするが、望ましくは150,000～200,000人である。サービス地域案は自治体に替わるものではなく、自治体組合または特別医療地域組合に相当する。自治体が地域組合の運営組織代表者を決定するので、自治体住民にとっては間接的民主主義となる。

③ 圏域自治体モデル（aluekuntamalli）

　この案では、全国を20～25に分割して圏域自治体とし、現在ある自治体を圏域自治体の所属自治体（lähikunta）とする。圏域自治体はサービスの供給と財源に責任を持つので、課税権と国庫支出金の権利を持つ。圏域自治体と所属自治体の議会議員は住民の直接選挙で選出する。圏域自治体によって、地域連合やその他の自治体組合の大部分を解消する。このモデルでは間接民主主義を避けることが可能であるが、圏域自治体と所属自治体間の役割分担が問題となる可能性がある。

　これらのモデル案の発表直後は政党の見解も統一されておらず、国民の意見としては、合併よりも自治体間協力でサービスを強化すべきと合併に反対の声も多かった。その間に政府は構造改革の準備を整え、2007年3月の国会選挙を経て改革は新しい内閣に受け継がれた。国民の意見も、必ずしも合併を好ましいとは考えないが、サービス供給の構造改革を行う必要があるので改革もやむをえないと考える方向に向いつつある。

自治体とサービス構造改革に関する法律と将来の展望

　2007年1月17日に自治体とサービス構造改革に関する法律が制定され、2月23日に施行された。これは2012年12月31日を期限とする時限立法である。つまり2012年末までに改革は完成する予定である。この法律によって自治体は合併の準備を行い、サービス供給実施計画を2007年8月31日までに政府に提出することが義務付けられた。同時に首都圏自治体と、全国の15の都市を中心とする地域の自

治体に、自治体の境界を越えた土地利用、住居、交通などの政策の統合とサービス利用について計画を作成するように義務づけられた。これに応えて自治体は計画書を提出した。国はそれを検討し、構造改革の青写真を2008～2009年の間に発表すると予測されている。近い将来、この改革が実施されれば、自治体数は大幅に削減されるだけでなく、全く新しいサービス供給のしくみが誕生することになるであろう。このようにしてフィンランドは高齢社会とグローバライゼーションのもたらす挑戦に備えつつある。

参考文献

- Airaksinen, Jenni & Jäntti, Anni & Haveri, Arto 2005. "Siniset ajatukset‐sanoista tekoihin. Kainuun hallintokokeilun ariviointi. Ensimmäinen väliraportti" Sisäasiainministeriön julkaisuja 37/2005, Helsinki.
- Haveri, Arto & Laamanen, Elina & Majoinen, Kaija 2003. "Kuntarakenne muutoksessa?" Suomen Kuntaliitto, Helsinki.
- Hautamäki, Antti 1995. Kohti kuntien ja valtion yhteisvastuuta. Sisäasiainministeriö.

- Helsinki.
- Heuru, Kauko & Mennola, Erkki & Ryynänen, Aimo 2001." Kunnallinen itsehallinto" Kauppakaari, Lakimiesliiton Kustannus, Helsinki.
- Honkanen, Mika 1995. "Julkisen hallinnon aluejaot" Sisäasiainministeriön julkaisuja 6/1995, Helsinki.
- Juntti, Seppo (toim.) 2004. "Kuntien peruspalvelujen arviointi" Suomen Kuntaliitto, Helsinki.
- Kainuun koordinaatioryhmä 2006. "Kainuun maakunnan vastaus kunta-ja palvelurakenneuudistuksen toisen vaiheen kysymyksiin" Sisäasiainministeriö, Helsinki.
- Kunnallisvaalilaki 714/1988.
- Kuntalaki 365/1995.
- Laki sosiaalihuollon asiakkaan asemasta ja oikeuksista 812/2000.
- Laki kunta-ja palvelurakenneuudistuksesta 169/2007
- Ministry of the Interior 2003. Municipal Cooperation in Finland, Presentation at Finnish-Japanese Seminar, Hausjärvi, 5.8.2003.
- Mäenpää, Olli 1997. Kuntien itsehallinto EU-Suomessa Kunnallisalan Kehittämissäätiö, Vammala.
- Niemivuo, Matti 1979. "Aluehallinto ja aluepoliittinen lainsäädäntö julkisen vallan välineinä." Kustannusliike Juridica ky. Helsinki..
- Oulasvirta Lasse (toim.) 2001. "Toimiva kunta" Kuntakoulutus OY, Helsinki.
- Oulasvirta Lasse 1992. "Kuinka kunta toimii" Suomen Kaupunkiliitto & Suomen Kunnallisliitto, Helsinki.
- Pekola-Sjöblom, Marianne 2000. "Kuntainliitoista kuntayhtymiin" Suomen Kuntaliitto, Helsinki.
- Perttunen Juhani 2002. "Sininen Kainuu-ajatuksesta toiminnaksi" Sisäasiainministeriön julkaisuja 8/2002, Helsinki.
- Suomen Kuntaliitto 2006. "Kunta" 3/2006. Helsinki.
- Suomen Kuntaliitto 1998. "Kuntayhtymän hallinto ja toiminnan rahoitus", Helsinki.
- Suomen Perustuslaki 2000.
- Tilastokeskus 2005. "Kuntayhtymien talousarviot 2005" Tilastokeskus, Helsinki.
- Työryhmän mietintö 2006. "Kunta-ja palvelurakenneuudistus" Sisäasiainministeriön julkaisuja 8/2006.
- www.kunnat.net
 本稿は平成16年度〜17年度科学研究費補助金による研究成果報告書「フィンランドの町村合併と自治体組合」をもとに作成した。

イタリア

X

イタリア

変革期のイタリア地方自治
——分権化とEU統合のはざまで——

イタリア共和国の州

イタリア

現代イタリアの地方自治をめぐる状況と問題

　イタリアは、伝統的に、きわめて地域的多様性に富むことで知られている。その象徴として、しばしば、イタリア人は、教会の鐘の音の届く範囲を自分のアイデンティティーとして意識するであり、それを超えた国家などの拡がりには、疎遠な思いしか持たない（カンパリニズモ）と言われてきた。たとえば、シエナのパリオというお祭りでは、徒歩でも廻れるほどの決して広くない市街が、何世紀もの伝統を持つ幾つかの街区に別れて大いに盛りながら競争し、異なる街区出身者同士の夫婦では、子供をどの団体に属させるかが諍いのタネになるほどである。

　このような伝統を持つイタリアにおいて、近代的な統一国家が産声を上げたのは、日本の明治維新とほぼ同時期の19世紀後半のことである。現在、国土は約30万平方キロ、人口は現在約5700万人である。統一によって、政治的・社会的・経済的に強固な地域的独自性を有する国に、フランスのナポレオン時代の制度をモデルとした中央集権的な統治制度が急遽覆い被さることになった。地域的多様性（南部、北部）、地域社会への愛着の強さに直面して、その国家的統一は困難を極めた。『母をたずねて三千里』などで有名なデ・アミーチスの『クォーレ』にも書かれていたように、多様な地域意識を抱える人々をひとつの国民に鍛え上げ、さらには統一された近代国家を作り上げるのは未曾有の「冒険」であった。そのため近年まで、イタリアの地方自治は、それぞれの地域の多様性という現実と、中央集権的な制度の間のズレという問題を抱える中、困難な歩みを記してきた。

　さらに近年、イタリアの地方自治は、大きな変革期にある。1970年代以来、徐々に分権化を進めてきた。さらに、1990年代前後から、変化は加速している。ヨーロッパ統合の進展は、欧州連合（EU）の進める地域政策・雇用政策などさまざまな政策を通じて、地方自治に直接的・間接的影響を及ぼしている。グローバル化の進行も、自治体の経済・財政への影響はもちろん、移民問題などを通じて、多面的刻印を残してきた。そして、1990年代前半、大規模な汚職摘発をきっかけに生じた政治的混乱の中で、第2次世界大戦後成立した第1共和制が崩壊し、第2共和制が成立するという大きな

イタリア

政治的変化を経験した。これらの内外の変化を受けて、イタリアの地方自治も憲法改正などを経て大きく姿を変えているのである。

イタリアの地方自治は、いかなる課題を抱え、どのような対応をしようとしているのだろうか。以下では、地方自治の制度的特徴、歴史的歩み、現在の特徴をみながら、日本の地方自治に対する示唆を探すことにしたい。

基本的構造—中央集権国家と三層制の地方自治制度

イタリアの基本的な地方制度は、州（Regione）・県（Provincia）・コムーネ（Comune）の三層制を取っている。このような地方制度は、統一以来およそ1世紀の間、幾つかの決定的な節目を経て、形成されてきた。

コムーネは、日本の市町村に当たる基礎自治体である。コムーネは、中世の都市国家時代から連綿と続く長い伝統を有するものもあり、現在まで最も基本的な地方自治の単位としての地位を維持してきた。

イタリアの地方自治制度が最初の大きな転機を迎えたのは、19世紀初め、ナポレオン1世のイタリア侵攻である。彼は支配下においたイタリアに、フランスで導入した県・コムーネから成る二層制の地方制度を持ち込んだ。コムーネは規模の大小に関係なく単一の基礎自治体として存在し続ける一方で、県は地方自治体であるとともに国の地方統治の手段として位置付けられた。県には、議会や執行機関の評議会が置かれたが、その議長を務めたのは中央政府（内務省）から任命された地方長官としての県知事であった。

次の大きな節目は、1860年代の統一国家の成立である。新しい国家ができると、その地方制度について、生れたての国家の強化を優先して、統一の障害となるような地方自治の強化は避けるべきであるという中央集権論者と、地域の実情を考慮した統合のためにも地方自治を強化すべきであるとする地方分権論者の主張が、真っ向から対立した。結局、統一を率いた北部サルデーニャ王国の指導者達の意向を反映して、前者の立場が優り、イタリア国家は、地方自治を抑制したまま、立憲君主制の下、高度に中央集権的な統治制度を採用したのである。

しかし、その後も、中央集権的な制度が地域社会を十分取り込め

ないという障害は容易に解決されず、この問題はしばしば政治的社会的不安定の一因となった。第1次世界大戦後、左右の対立が燎原のように拡がると、ムッソリーニ率いるファシストが民主主義体制を打ち倒した。ファシズム独裁政権では、地方自治は事実上廃止され、県知事や警察を通じた地方への統制は、大いに強められたのであった。

　第2次世界大戦が終結し、ファシズム独裁が滅ぶと、新たな政治体制の成立が課題となった。地方自治も次の転機を迎えた。1946年の国民投票の結果、王制は廃止されて共和制が採用された。新たしい共和国憲法制定に際して、ファシズム時代の過度の中央集権への反省から、地方自治の強化は重要な課題とされた。1948年に制定された憲法では、地方自治の推進が唱われ（第5条）、新たな地方組織として州が設置された。

　しかし実際には、地方自治の発展は、厳しい制約の下に置かれた。州制度の本格的な確立は、政治的対立のあおりを受けて、その後数十年先延ばしにされた。また県やコムーネに対しても、新憲法に相応しい地方自治法の制定は直ちに行われず、ファシズム時代のそれが適用されていたのである。

　しかし、1970年代以降、政治的・社会経済的改革を求める流れが強まるにつれて、地方自治を巡る状況も大きく動き始めた。1970年には、ついに州制度が完全実施された。その後1990年代初頭には、新地方自治法が制定された。その後も、地方首長の直接公選化、権限移譲、財源移譲、憲法改正など、全体としては地方分権が急速に推進されている。ただし、同時に地方自治がさまざまな問題を抱えていることもまた事実である。それでは、次に、コムーネ、県、州の各地方組織ごとに、制度的特徴と地方自治の状況をみてゆこう。

〈図：イタリアの地方制度：三層制〉

州（Regioni：20）

県（Provincie：107）

コムーネ（Comuni：8101）

イタリア

コムーネ（基礎自治体）

戦後の原型

　コムーネは、日本の市町村に当たる基礎自治体である。ただし、日本のように規模による区分は原則として存在せず、等しくコムーネと呼ばれる。中には中世都市国家以来の長い伝統を有するものも少なくなく、人々の愛着はきわめて強い。ただし、現在のコムーネと制度的に同一性が維持されているわけではない。

　国家統計局（ISTAT）等の統計によると、コムーネは8,101を数え、平均人口規模は約7000人である。人口5万人以上のコムーネは144（2007年推計値）である一方、7割以上のコムーネが人口5000人未満となっている。ローマ、ミラノ、ナポリなど人口100万超の大都市から、人口500人未満のコムーネまで、多様な規模が併存している。このように、イタリアの基礎自治体は、きわめて数が多く、大多数が小規模であり、規模の点で格差が著しいのが特徴である。

　しかし、それらの多様性を抱えるコムーネが、基本的には、同一の行政的・政治的組織・制度を採用していることが、日本と異なる重要なポイントである。基礎自治体制度（municipalità）の画一性は、フランスにモデルを取った、いわゆる「ナポレオン型」地方自治制度の特徴でもある。

政治行政組織

　コムーネの政治・行政組織の基本的構成は、次の通りである。
　<u>市町村長（シンダコ）</u>：シンダコは、コムーネ政治の代表者、行

〈図：組織図〉

市町村長（シンダコ：Sindaco）

評議会（Giunta comunale）：シンダコ＋評議員（assessore）

議会（Consiglio comunale）

政の指導者としての両面を併せ持ち、評議員の任命やさまざまな政策の執行を担う。かつては議員の間接選挙で選出されたが、1993年の地方選挙法改正（法律第81号）を経て、現在は直接公選で選出されている。シンダコの任期は、原則連続して2期・5年（1期以上置いての再任可）。つまり、連続多選は事実上禁止されている。同時に、シンダコは、国などから委任された事務（戸籍関係など）の執行者（国の機関）としての側面も有している。

コムーネ評議会：コムーネの執行機関であり、シンダコと評議員から構成される。評議員は、シンダコによって任命されるが、通常その中から1名の副シンダコを任命する。評議員の陣容は、議会での報告事項である。評議会は、シンダコをトップとする内閣のような機関であり、評議員はそれぞれ担当分野を持ち、コムーネの役所の当該分野の各部局を指揮する。

コムーネ議会：コムーネの議決機関である。議員任期は5年。新地方自治法の規定によれば、人口15,000人以下のコムーネでは、シンダコ（市町村長）が議会を招集し、議長を務めることができる。コムーネ憲章の定めにより、別途議長を置くことも可能である。人口15,000以上のコムーネでは、議長は議会の互選により選出される。議会は予算の承認など通常の活動の他、シンダコに対する不信任案議決の権限を有している。

内部行政区画

コムーネは基礎自治体として分割も合併もきわめて難しいが、近年はさらに住民自治を推進するため、コムーネ内での分権に向けた行政単位の細分化も実施されている。まず、区（circoscrizione）は、地方自治法17条で規定され、コムーネはその事務の一部を委ねることができる。コムーネにおける区の設置は、人口10万人以上の場合は義務、3万以上10万未満の場合は任意である。その他、ムニチピオ（municipio）、フラツィオーネ（frazione）などの単位がある。

財政

イタリアのコムーネ財政の基盤は、伝統的に脆弱であった。既に1960年代から、公共事業支出の拡大に伴い、地方財政の悪化は始ま

イタリア

っていた。さらに、1970年代前半、経済危機下で公的財政が悪化すると、地方財政もまた危機に陥った。まず、EC（ヨーロッパ共同体）型付加価値税導入の要請の下で行われた全国的な税制改革のあおりを受けて、小売税を含む既存の地方税の多くが廃止された一方、補填のために増額されるはずであった国庫補助金は国の財政事情悪化のために抑制された。

　そのため、地方財政は、国への依存度が高い。1970年代以前は5割超を示していた地方税収入は、70年代後半には約10％まで落ち込み、その後若干回復したものの、80年代一杯まで10％代後半で推移した。他方国庫補充金への依存度は飛躍的に向上した。しかも、その多くは特定補助金であり、国の統制が厳しく効いていた。

　近年の分権化の過程で、コムーネの財政を強化するべく、独自財源の充実が図られた。現在コムーネの主要な税は2つあり、まずコムーネ固定資産税（ICI）が5割程度（※2008年総選挙で勝利した中道右派政権では、その廃止論が浮上している）、ゴミ処理税としての都市固定廃棄物処理税（TARSU）が2割程度を占める。その他、個人所得税付加税などである。この結果、歳入全体が増加すると共に、独自財源の比率も高まり、およそ5割程度に上昇する一方、移転収入は3割以下に低下している。

　近年は、財政的自律性の向上が著しく、この面でも、分権は進ん

〈歳入〉

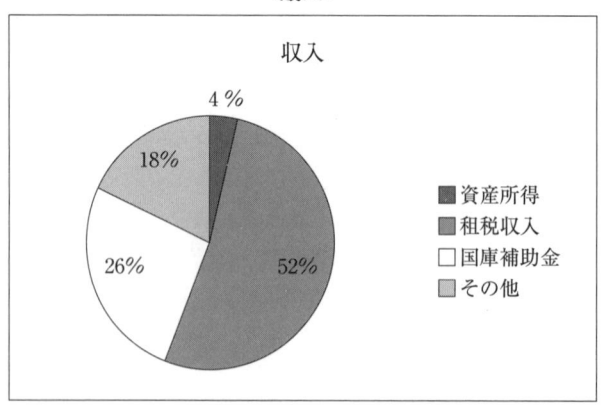

収入

- 資産所得
- 租税収入
- 国庫補助金
- その他

資産所得 4％
租税収入 52％
国庫補助金 26％
その他 18％

〔2005年推計値　出典：ISTAT. Annuario Statistico Italiano 2007. Tab. 25.8 より筆者作成〕

でいる。ただし、その負の側面として、デリバティブ的手法を駆使した資金調達が破綻して財政危機に陥る危険性を抱える自治体もあると指摘されている。また分権の進展に増える事務量に比して財政的手当は十分ではなく、コムーネ財政は恒常的圧力にさらされているのは変わりない。依然として、行政的自律性に比して財政的自律性はなお課題となっている。

政策的権限

コムーネは、福祉や公衆衛生など、伝統的に住民への各種サービスの提供者として重要な役割を果たしてきた。その事務としては、独自の権限によるもの（都市計画・建築許可など）の他、国の出先機関として委任を受けたもの（戸籍事務など）がある。

1990年代後半、いわゆる「バッサニーニ法」と呼ばれる一連の立法によって、従来国や州などの権限とされてきた多くの事項が、「補完性の原理」に則ってコムーネへと移管された。代表的なものは、生産活動の統制や福祉分野などである。

いまや権限移譲の結果、コムーネの権限は大幅に拡大した。コムーネは、法律の範囲内において、自治体の憲法に当たる「憲章」を制定し、自らの行政組織を定めるなど、住民等が遵うべき規範を定めること、自らの行政組織を構成・管理すること、課税や財政面での自由度を確保することなど、基本的な自治を有している（地方自治法典第3条4項）。

組織的画一性と現実の対応

既述のように、イタリアのコムーネは、規模の格差がきわめて大きく、平均規模は非常に小さい。多くのコムーネは、単独での行政能力には大きな限界を抱えている。この問題をいかに克服するかが、コムーネ・レベルの地方自治に関する伝統的課題であった。

近年も、ひとつの対策として、合併促進に向けた誘導策が打ち出された。しかし、ほとんど全く効果を上げぬまま挫折を余儀なくされた。その原因はいくつかあるが、やはり多くのコムーネがそれぞれの歴史的伝統や地域的アイデンティティーと強く結び付いていることが、融合を困難にしている背景であろう。実際、戦後イタリアの歴史をみると、コムーネの数は減るどころか、むしろ増えてい

る。この点は、最近急速に市町村合併を進めた日本と大いに対照的である。

<u>コムーネ共同体</u>：しかしながら、近年分権化が一段と進む中で、ゴミ処理、社会福祉、公衆衛生、地域開発その他、単独のコムーネでは対応できない課題はますます増える傾向にある。イタリアのコムーネは、このような問題に対して、合併を経ない現実的な解決策、すなわちコムーネ間の連携によって臨んでいる。コムーネ共同体（unione di comuni）は地方自治法第32条に規定されたものである。共同体は、原則として人口5,000人未満の小規模コムーネ（piccolo comune）が2つ以上連合して形成され、警察、図書館、公共交通など各種サービスを提供したりしている。1990年代末以降急速にその数は増加し、2003年には200を超えるまでになっている。

<u>大都市制度</u>：コムーネの問題は、その規模が小さ過ぎることだけに限られない。対照的に、他国の大都市並に大きなコムーネも、基本的には小規模コムーネと同一の権限しか有さず、大都市故のさまざまな問題に対処する力を欠いていることが、深刻な問題となっていた。たとえば、周辺コムーネを一つの通勤圏とする状況下で交通網整備など、ひとつのコムーネを超える問題も多い。そこで、1990年代以降、大都市制度の整備が法律や憲法で定められてきた。

大都市制度（città metropolitana）では、トリノ、ミラノ、ヴェネツィア、ジェノヴァ、ボローニャ、フィレンツェ、ローマ、バリ、ナポリの9大都市圏について、中心都市と深い関連性を有する周囲コムーネの間で形成される制度である。大都市は、県と同等の機能を持つ地方団体として、交通網・上下水道網の整備や地域計画を担う他、執行機関、議決機関なども含む内部運営機関も設置される。

しかしながら、実際には、大都市制度の現実化はいまだ進んでいない。その背景には、県や州など内部に競合相手が出現することへの反対に加えて、中心都市以外の周辺市町村から、大都市に飲み込まれることへの危惧が存在している。

地方自治の変化と地方政治

コムーネの地方自治は、伝統的にも重要であったが、特に1990年代以降進む分権化によって飛躍的に高まっている。その背景には、

以上のような地方自治の行政的側面での改革だけでなく、政治的側面での改革が大きく寄与している。

　1993年の地方選挙制度の改革によって、コムーネの政治において、住民の直接選挙で選ばれる首長シンダコのリーダーシップは非常に際立つものとなった。コムーネ議会とシンダコを軸とする執行部とのバランスも、議会選挙がシンダコの選挙との関連性を深めることによって、シンダコの側に傾き、「大統領的市長」・「CEO型市長」という言葉さえ言われるほどである。実際の政策運営でも、シンダコなどの執行部は、分権化で増大した権限、高まる政治的リーダーシップを併せて、自律性を増している。地方政治の意義の高まりは、例えば、ローマなど大都市の市長ポストが、国政の主要政治家にとっても魅力あるものとして争奪の対象となったり、地方の政治的趨勢が総選挙など国政の動向をますます左右する傾向を強めたりしていることにも現れている。

イタリア

県

原型と特徴

県（Provincia）は、ナポレオン侵攻時代に起源を持つ。統一国家成立時には、中央任命の県知事（prefetti）を通じて、地方を統制する拠点としての役割を担ってきた。そのため、戦後一時期、州とコムーネに挟まれた県に対して、政治的・行政的に不要論が唱えられてきた。しかし、現在では、そのような中央行政の経路としての側面だけでなく、地方政治の最適な単位、地方行政の調整役としての意義を増している。

県は全国で107、地方の中核コムーネとその周辺の中小コムーネをまとめて構成されている場合が多い。自治県は州に準じて、特別な地位を有する。

政治行政組織

基本的構成は、コムーネと同様である。

〈図：組織図〉

県知事（presidente）　　　　地方長官（prefetto）

評議会（Giunta propvinciale）：県知事 ＋ 評議員（assessore）

県議会（Consiglio provinciale）

県知事：第2次世界大戦以前は、内務省から派遣される中央任命の県知事（prefetto）が県の政治行政の代表役を果たしていたが、戦後は県議会から互選された県議会議長（1993年の地方選挙法改正以降は直接公選：任期5年）が県知事（presidente della provincia）となり、かつてのprefettoは地方長官としてもっぱら国の出先機関と位置付けられている。

県評議会：執行機関として、県知事および評議員（assessori）から構成される。通常それぞれ特定分野を担当し、担当部局を率い

イタリア

[財政]

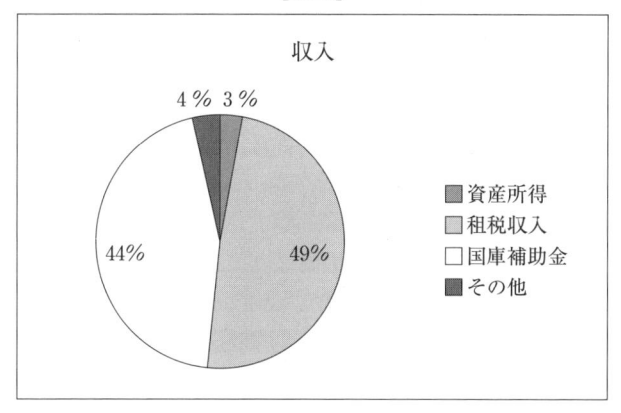

収入

- 4% 資産所得
- 3% 租税収入
- 49% 国庫補助金
- 44% その他

〔2005年推計値　出典：ISTAT2007. Tab. 25.7〕

財政

県議会：予算の決定などの権限を有する。議員の任期は5年、県をいくつかに分けた選挙区について、比例代表的な選挙制度に基づいて選出される。

歳入・歳出の特徴は、それぞれコムーネと類似している。

主要な県税は、1990年代後半の地方税改革以降を見ると、県自動車登録税（IPT）、県自動車保険税、ごみ処理税、公共空間使用税、県個人所得税付加税（IRPEF）などがある。

経常部門・資本部門において、移転収入の比率は4割程度である。近年の分権によって、独自収入が拡大しているのも同様の傾向である。

制度的権限・政策的権限

県は、環境保護、防災などを管轄する他、国・州から委任された公衆衛生・教育関係の事務（学校建設など）を担う。

県の機能としては、域内コムーネの調整が重要である。前述のように、小規模コムーネへの破片化が著しいイタリアでは、コムーネ単独で公共事業・ゴミ処理などの行政能力を十分有しない場合がある。県は、それらのコムーネのとりまとめ役として、実務運営でも

枢要な役割を果たしている。

同時に、県は、上位の州とコムーネの間の媒介役としても活動している。1970年代以降経済計画など各種地域計画の策定・実施において州の役割が拡大しているが、県も区域内コムーネの要望とりまとめを行い、これらの政策形成・執行に関与する。

政治的・行政的意義の変化

県の政治的・行政的位置づけについては、近年まで否定的評価が優勢であった。もともと、ナポレオンの侵出、ピエモンテ王国の「征服」によって「外から」「押しつけられた」地方制度であったが、1970年代の州制度設置以降、コムーネと国を結ぶ調整役としての意義が低下することで、その行政的意義は大きく低下した。県は、州に地域開発計画などの主導権を奪われ、国民健康保険サービスの実施によって公衆衛生分野での主導権も失った。

実際の人的配置を見ても、例えば、ミラノ県には数千人の職員しかいないのに対して、内部の中核都市ミラノの職員数は数万人と、一桁違う。政治的にも、第1共和制の最盛期には、県が主要な大組織政党の組織単位として非常に重要な意味を持っていたのに対して、それらの政党が軒並み姿を消した現在は、コムーネと州の政治的意味が高まるにおうじて、県の姿は後景に退いていった。

しかし、近年、県に対する政治的・行政的注目は、再び高まりつつある。第1に、1990年代末からの分権化の加速によって、今後州から県へと重要な権限が移譲される予定となっている。第2に、ローカルな環境問題など最近一段と浮上している課題への対応のためには、国・州は広すぎる一方、コムーネは小さすぎるため、県が適切な単位・調整役として見直されている。第3に、首長の直接公選導入などによって、州やコムーネとも異なる政治的単位として、重要性を増している。これらの要因によって、今世紀に入ると、県はもはや無用の長物ではなく、独自の政治的・行政的存在感を確立しているのである。

イタリア

州

概要

　イタリアの州（regione）は、広域自治体である。州制度は、第2次世界大戦終結後、それまでの中央集権的国家の改革の一環として、共和国憲法において制定された。現在のイタリアでは、15の普通州と5つの特別州が存在する。なお、厳密にいうと、州は、地方自治法上の地方団体ではない。

　近代イタリア国家上、州は新しい地域区分である。しかし、その境界の相当部分は、統一以前の各地の王国の境界などを反映しており、一定の歴史的伝統・地域的アイデンティティーを踏まえた区分である。

　州制度を人口規模・業務量などの点から見ると、ほぼ日本の都道府県に相当する存在である（面積は約2倍）。近年日本で分権化のための課題となっている道州制導入の参考事例としてイタリアを見る向きもあるが、この点に注意が必要である。

　特別州は、新憲法制定後まもなく、主に南部および北部国境地域に設置された。具体的には、シチリア、サルデーニャ、ヴァレ＝ダオスタ、トレンティーノ＝アルト＝アディジェの4州が1948年に、次いで1963年にフリウリ＝ヴェネツィア＝ジュリア州が制定された。これらの地域は、それぞれ特に強い歴史的伝統・地域的独自性を持つゆえに、憲法では、立法・予算などの点で高度の自治権を与えられた。実際には、北部の自治州はオーストリアやスロヴェニアなど隣接地域との間で法的帰属や文化的繋がりの点で微妙な問題を有していること、南部、特にシチリアは終戦後まもなく分離運動が浮上したことなどを懸念して、それらの地域を新生イタリア国家に引きつけるために、普通の州よりも大きな自律性を付与する必要が生じたのである。

　他方普通州の具体的設置は、1970年代初頭まで数十年を待たねばならなかった。その理由は、キリスト教民主党など中道保守与党の勢力が、共産党など左翼勢力との激しいイデオロギー対立を前にして、左翼勢力による重要な地方政府の掌握を危惧し、立法化を見送

ったからであった。しかし、1960年代の社会党入閣による中道左派政権の成立、60年代末からの左翼勢力・労働運動の盛り上がりなどに直面して、ついに政権側も重い腰を上げた結果、1970年、普通州制度が設置されることになった。

1970年代以降、州の権限は、紆余曲折を経ながらも、徐々に拡大されていった。1980年代には、EUの地域政策の担い手として独自性を獲得した。そして、1990年代からは、第1共和制の終焉に伴う政治的変化の中で急速に地位を高め、第2共和制では政策的権限や財政的権限を多く獲得していった。さらに、現在は、イタリアの分権化、連邦制に向けた改革の中で、最大の焦点となっている。

政治行政組織

州監督官

州知事（presidente）

評議会（Giunta regionale）：議長 + 評議員（assessore）

議会（Consiglio regionale）

州の行政組織も、基本的には、コムーネや県と同様に、議院内閣制的構造から、直接選挙化を経て政治行政指導者として州知事のリーダーシップが強まる方向へと変化している。

まず、州の創設後しばらくは、中央政府から派遣された州監督官のコントロールが強く作用していた。しかし、その役割は、分権化を通じて州が自律性を高めると共に、大きく減じていった。

<u>州知事</u>：州のトップとして、自らの内閣である評議会を率いる。かつては州議会議員の互選に基づく間接選挙によって選出されていたが、1999年の憲法改正を経て、今世紀初頭からは、住民の直接選挙によって選出されるようになった。任期は州議会議員と同じく5年である。

州知事は、州行政のリーダーとして、州の権限とされた各種事項の統括者である共に、国から委任された事務の執行者という性格も

有する。さらに、直接公選化の前後から、州の政治的重要性の向上に対応して、全国政治の動向にも大きな影響を与える州政治のリーダーとしての意義は大きく高まっている。

　<u>評議会</u>：州の執行機関として、州知事および州評議員から構成される。かつては州議会により選出されていたものの、州知事の直接公選化に伴い、知事による任命により選出されることに改められた。評議員は、各自の担当分野を持ち、傘下の局を率いる。その役割は州の行政権限拡大と共に増加し、1999年の憲法改正を経て、評議会自体に条例制定権が認められるようになった。

　<u>州議会</u>：州の立法機関として、一院制の州議会は、州に帰属する権限に関する立法、州条例の制定、予算の議決などを行う。議員の任期は5年である。その選出については、1990年代初めに新たに、比例代表制を基本に、最大名簿に多数派プレミアムを与える選挙制度が導入された。

　なお、州行政の特徴としては、州そのものに帰属する職員（公務員）の数が少ない点を挙げることができる。それは本来州の行財政的権限が限られていた事情を反映してのことであった。しかし、近年の急速な分権化の過程で、国から州への公務員の移管も実際に進み、職員数は増加傾向にある。

財政

　州の財政基盤は、従来、非常に弱かった。1970年代の分権化開始以降多くの法的権限が州に移管されたものの、それを裏付ける財政的資源の移転は、財政再建を重視し、分権化に慎重な中央政府・財政当局の意向を反映して、十分に進まなかった。そのため、州財政は、恒常的な財源不足に悩まされていた。財源構成の点からも、州の独自財源は県やコムーネに比べても小さく、国からの移転収入に大きく依存していた。

　しかし、高齢化の進展と共に、州の主な権限である医療・健康保険関係の負担が大きくふくらむ中で、州財政の自立化に向けた根本的改革は不可避となっていた。1990年代末、州生産活動（IRAP）が導入された。IRAPは外形標準の地方法人課税である。IRAPの創設によって、各種の登録税など大幅な改廃・収税の簡素化が可能になるとともに、医療保険行政の分権化を裏付ける資源を獲得でき

イタリア

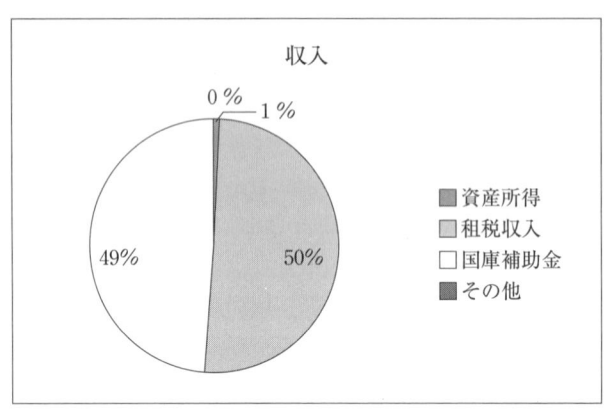

収入

- 資産所得 0%
- 租税収入 50%
- 国庫補助金 49%
- その他 1%

〔2005年推計値　出典：ISTAT. 2007. Tab. 25.6〕

た。その他重要な財源としては、個人所得税（IRPEF）州付加税があるほか、付加価値税（IVA）の一定割合を州が受け取ることも可能になった。これらの措置の結果、州財政の自律性は、飛躍的に向上している。

政策的権限

　州の権限は、医療・社会保障・保育・教育・職業訓練などの社会サービス、経済政策、都市計画などに分かれる。

　最大の中核は、医療であり、州財政のかなりの割合を占める。しかし、その活動は、イギリスの国民保健サービス（NHS）に習って導入されたUSLの制度に基づいて行われているため、国の運営に大きく影響を受けることは避けられない。職業訓練・社会保障などの面では、州は県・コムーネとの関係において、主要な計画策定を担うなど、調整役としての機能が重要である。

　経済政策面では、州内の工業・農林水産業など各種産業に対する産業政策を所管する。ただし、この分野では、国の権限も以前強い上に、EUとの関連で、大きな制約を受ける分野（農業）や手法（補助金とEU競争政策の規制）があることに注意が必要である。

　なお、政策的権限について、既に指摘したように、特別州は、当初個別の立法（憲法的法律）によって、普通州と比較して大きな権限を与えられていた。しかし、90年代以降の急速な分権化の進展によって、普通州との違いは相当程度縮小しているとされている。

イタリア

ヨーロッパ統合と地方自治
―地域政策と地域開発

　現代では、ヨーロッパ統合の進展が、さまざまな角度から各国の地方自治に大きな影響を与えている。地方自治の関係で特に重要なのは、ヨーロッパ地域開発基金などEUの構造基金（Structural Funds）に基づくヨーロッパ地域政策のインパクトである。

　ヨーロッパ地域政策は、従来各国の責任で行われていた地域開発政策が市場競争の平等を損なう可能性があることを懸念して、1970年代に誕生した。その中で特に重要なのは、経済的に発展が遅れた地域を対象にした援助である。イタリアにとっては、それまで一貫して国政上の課題となっていながら十分な効果を挙げてこなかった南部地域の開発に大きく貢献すると期待された。2006年までの期間では、カンパーニャ、プーリア、バジリカータ、カラーブリア、シチリア、サルデーニャ、モリーゼなどが後進地域に指定されている。また、その他の地域でも、衰退産業を抱える地域の再開発などに向けられる資金提供は、大きな期待を集めた。実際、イタリアは、最近まで、EU（前身のEC時代も含め）、スペインなどに次ぐ主要な構造基金の受取国であった。

　地方自治にとって構造基金の配分が重要であるのは、単に地域開発の資金を得られるからではなく、むしろその配分方法にある。まず、構造基金は、基本的に州など広域自治体を主たる対象とし、国の役割はそれらの地域の計画立案の側面支援など大きく限定されていた。このような制度設計は、EU側による加盟国の地方分権促進への意図を背景としていた。さらに、その配分に際しては、地域が立案する計画の質が重要な配分基準になった。それゆえ、各地域は競って優れた計画を立案しようとした結果、開発計画など地域の政策立案能力は大きく向上させること期待できた。ただし、同時に、地域ごとの行政能力の有無に、配分が大きく左右されたるために、格差が一段と開くという問題も明らかになった。

　いずれにせよ、EUの地域政策は、EUと各国の中央政府、州その他の地方政府の相互関係を緩やかながら、大きく変えてゆくきっか

けとなったのである。

現代イタリアにおける中央・地方関係の変化と地方自治のゆくえ

イタリアの地方自治制度は、19世紀の統一国家成立以来、政治的状況に大きな影響を受けて変遷を重ねてきた。その後州制度創設など分権化の流れは強まったものの、最近まで長らくナポレオン型の中央集権国家という基本構造そのものに変化は無かった。

しかしながら、1990年代以降、第1共和制の崩壊と第2共和制への移行の中で、連邦制への接近など新たな潮流が生じ、イタリアの中央地方関係は根本的な変革期にある。それは、さまざまな法制度改革や政治改革の中で、次々実現している最中である。

第1共和制の崩壊と第2共和制成立の影響

地方自治の本格的改革への流れは、第1共和制末期から始まっていた。1970年代以来の分権化で徐々に自律性を高めていた州やコムーネなど地方からは、停滞する中央の政治・行政に対して批判を強め、分権化を求める声がいっそう高く上がるようになった。また中央の側でも、EU統合に向けた財政改善などを実現するべく、中央政府の負担軽減のためにも、一段と地方自治の強化を図るべきとの意見が広まっていった。

その結果、最初の大きな成果として実現したのが、1990年の新地方自治法（1990年法律第142号）制定である。この法律は、地方自治の強化を狙って。旧来の地方自治法を抜本的に変える法律として、地方自治体の地位、権限、組織の内容を定めた。新たな改革点としては、地方自治体に対するコントロールを削減して、その自律性を尊重したこと、地方自治の充実のために自治体内部の住民参加の仕組みを強化したこと（「区」制度）、全てのコムーネを等しく扱う従来法制の問題点を意識して、広域行政の単位として県の意義を再評価したり、あらたに大都市圏の設定を法制化したりしたことなどを挙げることが出来る。

1993年には、コムーネと県について地方選挙制度の改正（法律81

号）が行われ、前述のように、シンダコや県知事の直接選挙化を通じたリーダーシップの強化が図られた。さらに、その後も、財政面での自主性強化など一連の措置が行われて、地方自治の充実を実体化する改革が続いた。

分権化の流れは、さらに州レベルにも波及した。1990年代後半、中道左派政権時代のいわゆる「バッサニーニ法」（97年法律59号・127号）は、州への分権化推進を軸として、行政全体の合理化・再編を行った。また、同時期、州などへの財政面での分権化も進んだ。他方、分権化の流れと並行して、バッサニーニ法では、国と州・地方団体の各種協議機関および合同協議機関を設置して、国全体に関わる事項について協議を行うことを通じて、相互の連携も担保しようとした。イタリアの国家構造は、連邦制に接近しつつあった。

2001年の憲法改正では、補完性の原理を柱に、まず、コムーネ、大都市圏、県、州を相互に対等な自治体と明記した上で、立法権は国に制限列挙的に帰属するもの以外は、州に帰属するものとした。同時に、行政権は基礎自治体としてのコムーネに優先的に帰属し、その内容に応じて適宜県・州・国に属するものと改められた。すなわち、原理的には、中央集権国家の枠組が、根本的に転換されたことを意味したのである。

実体的にも、この改正の意義は大きかった。例えば、改正の結果、従来の中央政府による州および地方団体に対する立法審査権限は廃止された。その結果、州と国との争いは、憲法裁判所などを通じた司法的解決の対象となった。この傾向は、ヨーロッパ全体の中央地方関係に見られる「法化」の流れと軌を一にしているが、イタリアの地方自治体と中央との関係は、あらたな局面に入ったのである。

流動期の地方自治：中央集権国家のなごりと連邦制化と拮抗

1990年代以降の急速な分権化とともに、イタリアでは、連邦制導入の是非が議論の焦点となってきた。州への分権化を軸とした「行政的連邦主義」・財源移譲を軸とした「財政的連邦主義」、上院の州代表議会化構想を軸とした「政治的連邦主義」が視野に入ってい

る。実際、バッサニー二法、2001年憲法改正、国民投票により不成立となった2006年憲法改正など一連の制度改革は、そのような潮流が現実化していることを示している。州に加えて、県やコムーネの権限拡大をみても、連邦制化の流れとしてイタリアの地方自治は強化されていると言える。

　しかし、その方向性はなお不透明な部分も多い。第1に、分権化は、その対象となる州・県・コムーネの間に、競合関係も産み出している。バッサニーニ法、2001年憲法改正などでは、州に移譲された権限の一部が、県やコムーネに際移譲されることを定めていたが、この具体化の過程で相互に綱引きが生じている。第2に、中央政府の統制は弱まったものの、中央集権的国家の残滓は随所に作用している。例えば、第2次ベルルスコーニ政権時に、中央政府の景気刺激策の都合から、地方税の根幹であるIRAP付加税を凍結したり、現在のベルルスコーニ政権でもコムーネの最重要財源ICI廃止を政策課題として掲げたりする事態をみても、地方自治が十分確立したかどうか、慎重な判断が必要である。第3に、連邦制など地方自治の制度改革は、既に示唆されたように、国政の動向と極めて強く連動し、それに揺り動かされてきた。1990年代以降の分権化は、中道左派・中道右派が相互に争って分権化を進めた成果である。しかし、中央政府と地方レベルで優勢な党派が異なる場合はとりわけ、制度改革の狙いが党派的に傾きがちとなる。2006年憲法改正の動きは、ベルルスコーニ政権内で強まる北部同盟の発言権を明確に反映していた。

　このように、イタリアにおける連邦制化の現状をみると、ドイツのような歴史的伝統・経験に基づく安定した「協調的連邦制度」とは異なり、政治状況などによりその運営が左右されやすい「競争的連邦制」により近い特徴を有する。そのような潮流の下、イタリアの地方自治は、地方だけでなく、中央のさまざまな事情を含みながら発展を示してゆくのである。

参考文献

CLAIR『イタリアの地方自治』、2004年
工藤裕子『イタリアにおける国と地方との関係』、CLAIR比較地方自治研究会、2008年
ISTAT. Annuario Statistico Italiano. 2007
Vandelli, Luciano. Il sistema delle autonomie locali. Il Mulino. 2004

韓国

XI

韓国

地方制度の変遷

基礎自治体は自治区、郡、市

　韓国には、日本と同じように2層制の自治体がある。しかし、全国画一的というわけではない。大都市と地方では自治体の制度が異なる。大都市では、たとえば首都のソウル市は「特別市」という独特の位置づけをされ、また、釜山市などの大都市には「広域市」という特別の地位が与えられている。2008年5月現在、釜山広域市、仁川広域市、光州広域市、大田広域市など、7つの「広域市」がある。

　ソウル特別市と「広域市」は広域の自治体であり、その下に、基礎自治体として、「自治区」が置かれている。また、「広域市」には、「自治区」のほかに、「郡」という基礎自治体もある。

　地方圏には、広域自治体として、「道」が置かれている。これは、日本の県に相当するということができる。2008年現在、京畿道、江原道など、8つの「道」がある。この「道」の下に「市」と「郡」が設置されているが、これが基礎自治体である。

　このほかに、従来は「道」であった済州道が、2006年7月から、「済州特別自治道」という特殊な広域自治体になったが、これについては、項を改めて紹介する。

　2007年現在、基礎自治体は、韓国全体で75市、86郡、それに大都市圏の69の自治区がある。全体では、230の基礎自治体があるということになる。

昔は邑、面が自治体

　地方圏の「郡」や大都市の「自治区」が基礎自治体となったのはそれほど古いことではない。韓国の地方制度は1949年の地方自治法がそのはじまりといってよいが、このときには、「市」は基礎自治体とされたが、農村部の「郡」は自治体ではなく、「郡」の下にある「邑」と「面」が基礎自治体とされた。そのため、基礎自治体は非常に規模が小さく、人口が千人ちょっとという自治体も少なくなかった。

韓国

　この1949年の地方自治法にもとづき、1952年に最初の地方議員の選挙が行われた。が、この時点で、住民の選挙で選ばれたのは議員だけであった。「市」「邑」、「面」の首長は、住民の直接選挙ではなく、それぞれの議会で選出されたのである。

　1956年には、「市」「邑」「面」の首長も住民の直接選挙で選出されるようになった。住民の自治権の拡充という様相が出てきたわけであるが、しかし、残念ながら、1961年に、軍事クーデターが勃発。軍事政権により、自治の機能（選挙）が否定されてしまった。基礎自治体の首長を住民が選べなくなっただけではなく、地方議員の選挙も停止されてしまったのである。

　この直後に、「邑」や「面」は基礎自治体としてあまりにも小さ過ぎるということが問題となり、「郡」が基礎自治体となり、「邑」と「面」はその行政区画となった。

自治の復活

　1980年代後半になると、地方自治を復活するべきという議論が活発となり、そうした動きのなかで、1988年に地方自治法が改正され、ソウルや大都市に、基礎自治体としての「自治区」を設置することになった。

　1991年には、地方議員の選挙も行われ、30年ぶりに、地方議会が復活した。1995年6月には、基礎自治体の首長はもちろんのこと、ソウル市長も道知事も住民の選挙で選ばれた。最近では、2006年5月31日に、ソウル市長や広域市の市長を含むすべての首長選挙が一斉に行われた。次回は2010年である。

　住民の直接参政制度も充実するようになった。いまでは、監査請求ができることはもちろん、住民訴訟も提起することができる。また、住民投票の制度も、2004年に、実現をみた。こうした直接参政制度なかでも特色があるのは「住民召還」の制度である。この制度が導入されたのは2006年のことであるが、この点についても、項を改めて、説明することにしたい。

「邑」「面」「洞」の現在の機能は

　「邑」「面」は、基礎自治体としての機能を喪失して以来、「洞」とともに、「自治区」や「市」「郡」の出先機関として、いわば第一

線の行政機関として機能してきた。住民の身近なところで、事務処理をしてきたわけである。しかし、交通が発達し、通信設備が普及するようになってくると、こうした昔ながらの行政機能を担う必要性は、次第に小さくなってきた。

　このため、「邑」「面」「洞」の役割は1999年に大きく変えられた。担当する行政事務が申請や苦情を受けるという窓口業務に限定され、その他の機能は「市」や「郡」に移されたのである。これに伴い、職員が「市」「郡」に移動したのはいうまでもない。その結果、空き部屋など、施設の余裕スペースが大量に生じたが、そこに、「住民自治センター」を設置するという政策を採用した。

　この政策のもとに、1999年には、まず都市地域に「住民自治センター」を設置することになり、そのモデル地区として、約300の「洞」にセンターが設置された。2001年には、すべての「洞」がその対象となり、また、農村部の「邑」や「面」にも、「住民自治センター」が設置されることになった。2008年時点では、ほとんどの「洞」にこのセンターが設置され、「邑」や「面」でも573数いところにセンターが設置されているという。

韓国の地方自治体

韓国

直接請求制度の導入

住民召還

　1995年に、すべての自治体の首長や議員が住民の選挙で選ばれるようになったが、この直後から、これらの公職者が、不正や汚職に関わったときには、どうするかが問題になっていた。これらの公職者には、裁判で制裁を加えるだけではなく、有権者である住民に公職者の不正や汚職を追求する権限を与えるべきではないか、と考えられたわけである。

　このような背景のもとに、2002年の大統領選挙および2004年の国会議員選挙の際に、主要政党が公約で「住民召還」制度の導入を打ち出し、それ以後、マスコミでも「住民召還」制度の早期導入を主張する論議が活発に展開されるようになった。

　こうして、2006年5月に法律が定められ、「住民召還」が導入された。その主な内容としては、次のような事項をあげることができる。

① 対象となるのは、不正な行為をしていると住民が判断する自治体の首長、議員である。ただし、比例代表背選ばれた地方議員は、この召還の対象とならない。
② 「住民召還」は、最終的には、住民投票で決められるが、この住民投票が効力を発揮するためには、まず、有権者総数の3分の1以上の投票がなければならない。
③ 「住民召還」の住民投票は、"賛成"または"反対"という形で投票される。
④ "賛成"が過半数を超した場合、対象者である首長や議員は、投票結果が公表された時点で、その職を喪失する。
⑤ 「住民召還」投票の対象となった首長や議員は、投票結果が決定するまで、権限の行使が停止される。
⑥ こうした「住民召還」の投票を請求するには、ソウル特別市長、広域市長、道知事を対象にする場合は、有権者総数の100分の10以上の署名が必要であり、また、市長、郡守、自治区の区庁長の場合は、100分の15以上の署名を必要とする。

⑦ 「住民召還」の請求及び投票ができる有権者は19歳以上の住民である。外国人でも、大韓民国に永住できる資格を持っている者は請求することができ、もちろん投票もできる。これは、韓国の選挙資格でもある。

これまで、このような「住民召還」の対象となったものとしては、火葬場の建設に不正があるとされた市長・議員の事例、共同住宅の管理に関連して監督の無能ぶりを訴えられた市長の事例などがあるという。

住民投票

韓国では、すでに、1994年の地方自治法により、住民投票の規定が設けられていた。しかし、住民投票の対象や投票手続きなどは「別途法律に定める」とし、その別途の法律が定められなかったため、住民投票の規定はしばらく日の目を見なかった。が、実際には、多くの自治体で、住民投票が実施された。たとえば、ゴミ埋立場に関して、また、地下鉄入り口の位置の決定に関して、高速鉄道の駅名の決定に関して、等々、様々な住民投票が行われた。

こうした状況のもとに、2003年には、政府が住民投票の制度化に本腰を入れるようになり、2004年1月、住民投票法が制定された。（実施は2004年7月）。この法律の主な特色としては、次のような事柄をあげることができよう。

① 法律では基本的な事項だけを規定し、具体的な内容は、可能な限り、自治体の条例に任せているという点である。たとえば、住民投票を請求するのに必要な有権者の具体的な数は条例で定めるとしているのは、その端的な例だといってよい。法律で定めているのは有権者総数の1/20以上、1/5以内の有権者の請求というように、大枠を定めているだけである。

　また、どのような事柄を住民投票の対象とするかという点についても、法律は「住民に過度な負担を課し、重大な影響を及ぼす事項」と定めているだけで、具体的な内容の提示は条例に任している。外国人への投票権の付与も、条例で定める事項である。

② 地方議会が安易に住民投票にたよることを否定しているという

特色がある。たとえば、地方議会が住民投票を請求しようとすれば、出席議員の3分の2以上の賛成が必要であるとしているのは、議会で解決することを第一とし、議会ではどうしても解決できない場合にのみ、住民投票に訴えることができるという趣旨であるといってよいであろう。、また、自治体の首長が住民投票を発議するときには、議会の同意を得なければならないとされている。

③ 住民投票の結果が効力を発揮するためには、有権者総数の3分の1以上の投票が必要である。

④ 中央政府の機関がリードする住民投票もある。たとえば「自治体の廃置・分合」にあたって、住民の意見を聞く必要があると判断する場合、関係自治体の首長に住民投票の実施を要求することができる、というのがその事例である。この要求を受けた首長は、直ちにこれを公表し、地方議会の意見を聞かなければならないという。

　住民の直接請求制度としては、このほかに、1999年に導入された条例の制定・改廃の請求、住民監査請求の制度があり、また、2005年に導入された住民訴訟の制度がある。このなかでも、とくに、住民監査請求の導入は、住民が代表者を継続的に監視できる装置として期待されている。選挙という手段での住民の監視はいわば選挙の時だけという"点（point）"の監視であるが、住民監査請求制度の導入によって、代表者の在任期間を通じて、いわば"線（line）"の監視をすることができるからである。

韓国

済州特別自治道

特別自治道の誕生

　済州道は、2006年7月1日に、「特別自治道」になった。離島である済州道の地理的特殊性を勘案したものであるが、将来的には、アメリカの州に準じるものにしていこうというものである。

　この済州道特別自治道を設置するという道筋が示されたのは、2003年2月だといわれている。ノ・ムヒョン（盧武鉉）大統領が、大統領当選者として、済州道を特別自治道に育成していくという意思を明らかにしたのである。これを受けて、2003年10月に、済州道特別自治道の構想を発表。それをきっかけに、済州道どのような自治道にするかという研究・議論が活発になり、2005年5月、「政府革新地方分権委員会」によって、済州特別自治道基本構想が発表された。

　2005年7月になると、済州道は道庁内に「済州特別自治道推進企画団」を設置して、特別自治道推進のために、済州道の世論をもり立てはじめた。また、中央政府も「済州特別自治道企画団」を設置し、中央政府機関の意見をまとめるようになった。

　こうして、2005年11月、済州道を特別自治道とする法案がまとめられ、2006年2月に国会を通過、7月に「済州道特別自治道」がスタートした。

住民投票と行政市の設置

　済州道には、それまで、済州市、西帰浦市、北済州郡、南済州郡の4市郡の基礎自治体があった。「特別自治道」の改編に際して、この4つの基礎自治体をどうするかということが当然に問題となった。そして、この問題の解決は、住民投票で決するということにされた。それまでの制度を当面維持する「斬新案」と、基礎自治体の議会を廃止するという「革新案」のいずれを採択するか、住民投票で決めるということになったわけである。

　この住民投票は2005年7月27日に実施され、その結果、基礎自治体は廃止するという「革新案」が選択された。これにより、済州道

の「特別自治道」への移行に合わせて、済州市と北済州郡が統合して済州市となり、また、西帰浦市と南済州郡が統合して西帰浦市となり、それぞれが自治権のない"行政市"になるということになった。2006年7月、「済州特別自治道」のスタートと同時に、この"行政市"も発足した。

"行政市"である以上、現在、この2つの市に議会が設置されていないのはもちろんである。市長も選挙ではなく、道知事によって任命されるようになった。

済州国際自由都市

済州道を「特別自治道」にしたのは、地方自治のモデルをつくるためであったが、それと同時に、済州島を香港やシンガポールと並ぶ「国際自由都市」にする目的もあった。このため、「済州特別自治道」には大幅な自治権の付与とともに、他の自治体とは異なる様々な特権が与えられるようになっている。

たとえば、自由市場とするために、「済州自治道」が規制を大幅に緩和することができ、また、カジノの新規許可やホテルの等級決定も「済州特別自治道」の裁量でできるようになっている等々は、その端的な事例である。ほかにも、世界的レベルの教育を提供するために、教科書や教育課程を独自に定めることができ、また、国際自由都市に向けての環境づくりを「済州特別自治道」の裁量でできるようになっている。

自治権の拡充という点でも、「済州特別自治道」が特異な立場にあることはいうまでもない。国の事務が大幅に委譲されたのはもちろん、条例の制定範囲も大幅に拡大され、これからも、拡大される予定である。国の法律に関しても、「済州特別自治道」が法案を作成し、中央政府の担当部署に請求できるようになった。この担当部署は、その法案を採用するか否かを検討し、その結果を2ヶ月以内に「済州特別自治道」に通知しなければならない。

教育監と教育議員の選挙

「済州道特別自治道」が成立した時点では、教育行政の組織にも大きな特色があった。教育監（日本の教育長に当たるか？）と教育委員が、住民の直接選挙で選ばれるようになったのである。

> 韓国

　また、「特別自治道」になる前は、教育委員会で審議されたことが、道議会の教育担当の委員会でもう一度審議されるという、いわば2重の審議をしていたが、この制度も、「特別自治道」では改められた。教育委員会と議会の委員会が統合され、議会の常任委員会の一つである新「教育委員会」となったのである。このため、「教育委員会」の半数以上のメンバーは教育委員（「教育議員」という）でなければならないことになっている。

　このような教育行政制度は、他の地域でも、直ぐに導入されるようになり、ソウル特別市でも、京畿道でも、議会の常任委員会のひとつとして、新「教育委員会」が設置されている。

　また、教育監が住民の直接選挙で選ばれるようになったため、その権限は実際に非常に大きくなり、首長の監督や調整を全く受けずに、独自に教育に関連する事務を執行するようになった。

韓国

地方議会の変貌

女性議員の議会進出

　2005年6月、選挙制度が大幅に改正されたが、その改正には3つの特色があった。第1は議員定数が大幅に削減されたという特色である。しかし、この削減は、すべての自治体が画一的に削減されたわけではなかった。削減されたのは、基礎自治体の議員であり、広域自治体の議員数は、削減ではなく、逆に、増員された。これが、第2の特色である。

　この定数が適用された2006年の選挙では、基礎自治体、すなわち市・郡・自治区の議員数は2,922人となったが、これは1995の議員数4,541人と比べると、1,619人の減少であった。

　広域市議会や道議会では1995年の公職選挙法の改正によって比例代表制の選挙が導入されていたが、2006年の改正で、これが市・郡・自治区にも、拡大された。比例代表で選ばれる議員の数は定数の100分の10であった。

　ただし、広域市や道の場合は、算定された比例代表の議員定数が3人未満のときは3人の定数とすることになっている。この結果、たとえば、大田市の場合、議員定数が19人で、100分の10という規定通りに計算すれば、比例代表議員の定数は2人ということになるが、実際には、3人選出されている。

　また、2006年の改正では、各政党が比例代表の候補者名簿をつくる際には、50％以上を女性候補にし、しかも、奇数の最上位に女性を推薦しなければならないことになった。女性が地方議員になりやすくしたわけであり、事実、これで、女性議員が大幅に増えたという。

　なお、韓国では19歳以上の国民、および、永住資格を取得してから3年経過した外国人に選挙権が与えられているが、被選挙権は25歳以上の国民に限定されている。しかも、投票日の前に継続して60日以上、立候補する自治体の管轄区域内に住民登録していることが必要である。

韓国

"名誉職"議員から"有給"議員に

　　韓国の地方議員は、以前は、無報酬の名誉職であると法律で定められていた。1995年には、"無報酬"という文言が削られ、以後、若干の「議政活動費」が支給されるようになったが、支給額は少なかった。しかし、2003年の法改正で"名誉職"の規定も削除され、有給議員になる基盤が整った。

　　2005年の地方自治法の改正によって、1ヶ月単位での「手当」の支給が定められたため、現在は、「議政活動費」、「旅費」、「月決め手当」を支給されているということになる。議政活動費と旅費は全国共通に支給される。このうち多いのは「月決め手当」であるが、その額は、それぞれの自治体が定めるため、自治体によって異なる。現在では、たとえばソウル特別市議会の議員は6,804万ウオン（約724万円）/年を支給されているが、郡議会のなかには、1,090万ウオン（約116万円）しか支給していないところもある。ただし、郡議会のすべてが低い手当しか支給していないというわけではなく、仁川にあるオンジン郡議会は、2007年に、それまでの2,304万ウオン（約245万円）から5,328万ウオン（約567万円）に引き上げたとのことである。

　　こうした支給額を決めるのは、自治体の住民で構成された議政費運営委員会である。この委員会は10人の委員で構成され、そのうち

表2　改正前の議政活動費の内容

区分	金額	備考
議政資料の収集・研究費	市・道議会議員50万ウォン以内 市・郡・区議会議員35万ウォン以内	財政能力により条例で定める
補助活動費	市・道議会議員10万ウォン以内	

表3　改正後の議政活動費の大幅な引き上げ

区分	金額	備考
議政資料の収集・研究費	市・道議会議員120万ウォン以内 市・郡・区議会議員90万ウォン以内	財政能力により条例で定める
補助活動費	市・道議会議員30万ウォン以内 市・郡・区議会議員20万ウォン	

韓国

図1　地方自治法第32条の主な改正内容（2005年6月30日改正、2006年1月1日施行）

区分	従来	改正
支給項目	議政活動費、旅費、会期手当て（2005.8.）	議政活動費、旅費、月決め手当て（05.6.30.改正、06.1.1施行）
決定手続き	大統領令が定める範囲内で条例により決定する	大統領令により議政費審議委員会で決定する範囲内で条例による決定
決定機構		自治体の議政費審議委員会

韓国の地方議員数（定数）

市・道	広域市議会議員数 2002年 地域区	比例代表	合計	2006年 地域区	比例代表	合計	基礎議会議員数 2002年	2006年
ソウル	92	10	102	96	10	106	513	419
釜山	40	4	44	42	5	47	213	182
大邱	24	3	27	26	3	29	140	116
仁川	26	3	29	30	3	33	130	112
光州	16	3	19	16	3	19	84	68
大田	16	3	19	16	3	19	74	63
蔚山	16	3	19	16	3	19	59	50
京畿	94	10	104	108	11	119	496	417
江原	39	4	43	36	4	40	180	169
忠北	24	3	27	28	3	31	150	131
忠南	32	4	36	34	4	38	209	178
全北	32	4	36	34	4	38	236	197
全南	46	5	51	46	5	51	291	243
慶北	51	6	57	50	5	55	334	284
慶南	45	5	50	48	5	53	314	259
済州	16	3	19	29	7	36	36	－
合計	609	73	682	655	78	733	3,459	2,888

韓国

5人は首長が選定、残りの5人は議会の議長が選定する。選定される委員は、当該自治体に、1年以上、住民登録されていなければならない。

支給額が決定されると、ホームページなどに公表されることになっているが、これは、もちろん、住民がその内容をしることができるようにしているのである。言い換えれば、それぞれの自治体の住民が納得のいくかたちで、議員の手当が定められているといえよう。

地方議会の事務機構

1991年に初めて地方議会が導入されたが、当時の市・郡・区議会の事務機構の組織では、幹事（課長級）とその下に専門委員と議事係長、職員を置いた。その定員は市・郡・区当たり標準定員によって、10名ないし16名とし、ソウル特別市の自治区を除いた全国の市・郡・区議会の事務職員の定員は2,566名であった。議員定数が3,526名（ソウル特別市の区議会は除く）であることからすれば、議員一人当たり平均職員の0.7名が議員の議政活動を支援し、10名以下の議員定数である市・郡・区議会においては議員一人当たり平均職員が1名以上となった。

市・道議会の事務機構は、事務局長とその下に総務課と議事課をはじめ専門委員室から構成されており、各課には二つの係を置いた。事務職員の定員は市・道当たり標準定員により23名ないし33名とし、総定員は391名（ソウル特別市は除く）であった。当時、市・道議会議員定数は734名（ソウル特別市は除く）であったので、議員一人当たり平均職員0.5名が議員の議政活動を支援した。

しかし、市・道議会の事務局と市・郡・区議会の幹事は地方議会の地位からすると、適切でないという地方議会からの指摘があり、1991年12月31日付の地方自治法改正により、市・道議会の事務局は事務処に昇格され、市・郡・区議会の幹事は事務局あるいは事務課に変更して現在まで至っている。地方自治法第90条では、条例に基づいて市・道議会には事務処を、市・郡・区議会には事務局・事務課を置くと規定されている。また、市・道議会の事務処には総務担当官と常任委別の専門委員制がある。それに対して市・郡・区議会の事務局には議政係、議事係、専門委員があり、事務課は議事系、

専門委員を有している。また、自治体の行政機構と定員基準などに関する規定では、市・道議会には議会事務処を、常任委員会が設置される市・自治区議会には議会事務局を、郡及び常任委員会が設置されない市・自治区議会には議会事務課を設置するように規定された。

こうした基準は2006年6月29日付の地方自治団体の行政機構と定員基準などに関する規定の改正により、市・道には議会事務処を、地方議員の定数が10人以上の市・自治区には議会事務局を、郡及び地方議員の定数が10人未満の市・自治区には議会事務課を設置する

表5　地方議会における事務機構の職員定数（2006年6月30日現在）

（単位：人）

区分	議員定数		事務職員定数		議員一人当たり事務職員数	
国会	299		2,965		9.92	
自治体名	広域議会	基礎議会	広域議会	基礎議会	広域議会	基礎議会
全体	732	2,922	1,346	3,812	1.84	1.30
ソウル特別市	106	419	233	635	2.20	1.52
ブサン広域市	47	182	98	228	2.09	1.25
デグ広域市	29	116	65	135	2.24	1.16
インチョン広域市	33	112	69	156	2.09	1.39
グァンジュ広域市	19	68	58	97	3.05	1.43
デジョン広域市	19	63	57	85	3.00	1.35
ウルサン広域市	19	50	51	74	2.68	1.48
キョンギ道	119	417	142	528	1.19	1.27
ガンウォン道	40	169	66	231	1.65	1.37
チュンチョン北道	31	131	65	170	2.10	1.30
チュンチョン南道	37	178	69	224	1.86	1.26
ゼンラ北道	38	197	76	242	2.00	1.23
ゼンラ南道	51	243	70	291	1.37	1.20
キョンサン北道	55	284	93	335	1.69	1.18
キョンサン南道	53	259	78	324	1.47	1.25
ジェジュ道	36	34	56	57	1.56	1.68

出典：行政自治部　内部資料（2006.6.30基準）

ように変更された。特に、市・道議会においては事務処の下部組織としての担当官が設置できるように改正し、立法と政策研究機能を担当する立法政策担当室・立法政策支援室・政策研究室などが設置されている。

初期の地方議会に比べて、現在の事務機構は、大幅に強化されており、2006年6月30日現在、広域議会の場合、議員一人当たり平均職員1.84名が、基礎議会の場合、議員一人当たり平均職員1.3名が地方議会議員の議政活動を支援している。日本の都道府県議会の場合、最高の配置である東京都と富山県が1名で、平均は0.74名である。

議会事務局―「専門委員」の配置

韓国の議会には、「専門委員」と呼ばれる人々がいる。これらの人々は、議員ではない。議会の立法活動を支援する人々、いわゆる専門家である。

地方議会が立法活動をする場合、議員を構成メンバーとする委員会で、実質的な審議をする。これが、通常の形態であるが、この委員会の審議を補佐するのが、専門委員の役割である。この役割を果たすためには、行政に精通していなければならず、また、審議事項に関連する情報や資料も集めておかなければならない。専門委員は、こうした調査・研究も日常的にしているといってよいであろう。

議会に住民から請願などがある場合、それを事前に審査しておくのも専門委員の任務であり、また、議会の立場にたって、あるいは有権者である住民の立場に立って、行政をチェックし、その結果を議会の委員会に報告するというのも、専門委員の任務である。

このように、専門委員は委員の"頭脳"のような働きをしているため、一般には、給与も高い。また、人数もかなり多い。たとえば、広域自治体の議会の場合、議員数が20人以下というように、非常に規模小さいところでも、5人の専門委員を配置できることになっている。基礎自治体も、ある程度の人口を抱えている自治体では、4～5人の専門委員を置くことが可能である。

議会の普通の事務局職員は、自治体の首長が任命していることから連想できるように、首長を頂点とする自治体機構の一部になって

いる。これらの専門委員も、最近までは、こうした事務機構の一部に組み込まれていたが、2006年の地方自治法の改正により、議会の委員会に所属することとされた。いわば、純粋に議会の機関になったわけである。これにより、議会の独自性が高まり、ひいては、行政部局に対する議会のチェック機能が増強されたことは確かといえるであろう。

表6　広域議会の常任委員会における専門委員の職級と定数基準

地方議員の定数	専門委員		
	総定数	4級	5級以下
20名以下	5名以内	4名	1名
30名以下	6名以内	5名	1名
40名以下	8名以内	6名	2名
50名以下	10名以内	6名	4名
60名以下	12名以内	7名	5名
80名以下	15名以内	7名	8名
100名以下	17名以内	8名	9名
110名以下	20名以内	10名	10名
111名以下	21名以内	11名	10名

表7　基礎議会の常任委員会における専門委員の職級と定数基準

地方議員の定数	専門委員		
	総定数	5級	6級以下
7名以下	2名以内	1名	1名
9名以下	2名以内	2名	－
15名以下	3名以内	2名	1名
20名以下	4名以内	2名	2名
25名以下	5名以内	3名	2名
30名以下	6名以内	3名	3名
31名以下	7名以内	4名	3名

オーストラリア

XII

オーストラリア

政府の姿

国の概要と連邦制のあらまし

　オーストラリアは、アラスカを除くアメリカ合衆国とほぼ同じ面積の769万km^{2}に、人口2,000万人が居住する。西部大地と中央低地の大部分は乾燥地帯であり、人口は大陸の沿岸部、特に南東部に占める割合が大きい。

　ヨーロッパ人がオーストラリアに到達したのは17世紀初頭、その後は、英国植民地としての経験を持っている。独立後の政治原理としては、英国にならい議院内閣制と立憲君主制を採用しながら、連邦制を採っている。

　オーストラリアにおける連邦制成立は、1829年にオーストラリア大陸全土が英国支配下に置かれてから、1830年代から40年代にかけての移民激増を経て、1850年のオーストラリア植民地統治法制定に遡る。同法で各植民地に自治権を認め、1855年にニュー・サウス・ウェールズとビクトリアに自治政府が成立、以後、南オーストラリアとタスマニア、クイーンズランドと自治政府設立が続き、1890年に西オーストラリア植民地に自治権が付与されて、6つの植民地が憲法を持つ自治政府となった。

　入植者の属性や主要産業において相違のある6つの植民地が連邦形成へと動いた背景としては、第1に、1880年代半ば以降の経済不況によって、植民地を越えた大きな市場の形成が経済停滞打開のために求められたことが挙げられる。第2に、フランスや日本などの脅威に対する共同防衛の必要性である。こうした社会経済的要請に対して、1891年の憲法制定会議から1895年の植民地首相会議を経て、1900年7月にオーストラリア連邦憲法が英国議会を通過、1901年1月1日にオーストラリア連邦が誕生したのである。

連邦政府と州政府

　オーストラリアの政府構造は、連邦憲法に根拠規定をおく連邦政府と旧英国自治植民地であった6つの州政府、自治権を持つ3つの特別地域政府、州の下部組織である地方自治体から成っている。州

政府、特別地域政府の概要は下図のとおりである。

図1　オーストラリアの各州の概要

州・特別地域	面積 千 km²	%	人口 万人	%
ニュー・サウス・ウェールズ州	801	10.41	645	33.8
ビクトリア州	227	2.96	474	24.8
クイーンズランド州	1,731	22.50	354	18.6
南オーストラリア州	983	12.79	150	7.9
西オーストラリア州	2,530	32.89	187	9.8
タスマニア州	68	0.89	47	2.5
北部特別地域	1,349	17.54	19	1.0
首都特別地域	2	0.03	31	1.6
合計	7,691	100.00	1,908	100.0

出所：在日オーストラリア大使館ホームページ「オーストラリア概観」(2008年2月8日現在)

図2　連邦政府と州政府との役割分担

連邦政府 専属的権限	連邦・州政府 共管的権限	州政府のみが 行使し得る権限
連邦のみに専属する権限	連邦・州政府ともに行使可能な権限	専属的権限・共管的権限以外の州政府の包括的権限
【例】 ・関税、内国消費税の課税 ・物品の生産または輸出に対する奨励金の賦課 ・硬化製造 　　　　　　　　など	【例】 ・関税・内国消費税以外の課税 ・防衛 ・外交 ・社会福祉 ・年金 ・度量衡制度 ・銀行運営 ・保険運営 　　　　　　　　など	【例】 ・警察 ・消防 ・救急 ・公立学校 ・公立病院 ・環境保全 　　　　　　　　など

出所：オーストラリア連邦憲法および自治体国際化協会（2005年）「オーストラリアとニュージーランドの地方自治」から作成

オーストラリア

　連邦政府−州政府−地方自治体の三層構造の政府の権限については、アメリカ合衆国の連邦制をモデルとしたため、連邦政府の権限を憲法において限定的に列挙し（連邦の専属的権限）、その他を全て州政府の権限とするという「包括的権限」として、州政府に幅広い権限を認めている。

　連邦の専属的権限には、連邦憲法第90条に規定される関税、内国消費税および物品の生産または輸出に対する奨励金の賦課、硬貨製造などがあるが、第51条では、連邦政府も州政府も権限を行使することができる「共管的権限」が規定されている。なお、共管的権限の行使について連邦政府と州政府と競合した場合には、第109条の規定により連邦政府の権限が優越することになる。

地方自治体の姿

地方自治体は州の創造物

　連邦政府と州政府との関係が、連邦憲法によって両者の権限を分担する「対等」関係であるのに対して、地方自治体に関する規定は連邦憲法にはなく、「地方自治体は州の創造物」と言われる。この言葉が、州政府と地方自治体との関係を全て言い表していると言ってよい。

　実際に、地方自治体の構成や権限は、各州における立法政策上の問題とされており、各州は、州憲法で地方自治体の存在を認知する条項をおき、地方自治体に関する基本法である「地方政府法 (Local Government Act)」で地方議会の権限・役割・責任を規定している。また、州憲法は各州の立法手続きによって修正されるため、地方自治体に関する条項が存在していても、これを修正したり、地方制度事態が廃止されたりする可能性も残している。各州憲法における地方政府条項をについては、図3に示すとおり、6州の間でも、地方政府条項の修正に州民投票を必要とする州(クイーン

図3　各州憲法における地方政府条項の比較

州	地方政府に関する各州憲法条項の修正に必要な条件	地方政府に関する各州憲法条項の修正手続きの変更に必要な条件
ニュー・サウス・ウェールズ州	上院と下院それぞれの投票による過半数の賛成	上院と下院それぞれの投票による過半数の賛成
ビクトリア州	州民投票による過半数の賛成	州民投票による過半数の賛成
クイーンズランド州	州民投票による過半数の賛成	議会の投票による過半数の賛成
西オーストラリア州	上院と下院それぞれの投票による過半数の賛成	上院と下院それぞれの投票による過半数の賛成
南オーストラリア州	上院と下院それぞれの投票による過半数の賛成	上院と下院それぞれの投票による過半数の賛成
タスマニア州	上院と下院それぞれの投票による過半数の賛成	上院と下院それぞれの投票による過半数の賛成

出所：Departemnt of Transport and Regional Services (2006) *2004-05 Report on the Operation of the Local Government (Financial Assistance) Act 1995, Local Government National Report*

オーストラリア

ズランド州、ビクトリア州）のように地方政府条項の強い州がある一方で、上院と下院の投票による過半数の賛成によるという比較的弱い州（ニュー・サウス・ウェールズ州、西オーストラリア州、タスマニア州）とがある。

　また、州政府は、地方自治体に対して強力な行政監督権限を有しており、地方自治体の行政検査権とともに、議会の解散権を有している。解散権という強権は、汚職事件により地方自治体の機能が麻痺しているような場合のほかに、州政府の政策に地方自治体が従わない場合、地方自治体の合併を推進する場合などに、発動されてきた事実がある。

地方自治体は一層制

　オーストラリアと同じように連邦制を採用しているドイツやアメリカ合衆国における地方自治体は、わが国と同じように広域自治体と基礎自治体の二層制であるが、オーストラリアの地方自治体は、一層制であり、全体で680自治体となっている。

　地方自治体の名称は州により異なるが、都市部では、市（city）、ミュニシパリティ（municipality）、タウン（town）が多く、農村部では、シャイアー（shire）、ディストリクト（district）等が多くなっている。

　オーストラリア全域に地方自治体が設置されているわけではな

図4　州別地方自治体数と平均人口

州・特別地域	地方自治体数	平均人口
ニュー・サウス・ウェールズ州	172	37,500
ビクトリア州	79	60,000
クイーンズランド州	125	28,320
南オーストラリア州	68	22,059
西オーストラリア州	144	12,986
タスマニア州	29	16,267
北部特別地域	63	3,016
合　　　計	680	28,059

出所：Australian Bureau of Statistics（2007）*Year Book Australia 2005* 等から作成

く、ニュー・サウス・ウェールズ州と南オーストラリア州では、設置されている区域の割合が、それぞれ、85％、15％となっている。また、地方自治体の設置の状況のみならず、その面積や人口もさまざまである。最小面積は、西オーストラリア州のペパーミント・グローブの1.5 km^{2}であり、最大面積は、西オーストラリア州の東ピルバラの約38万km^{2}と、日本全土とほぼ同じ面積の地方自治体まである。また、人口は、最大がクイーンズランド州ブリスベンの90万人から最小がニュー・サウス・ウェールズ州シルバートン・ビレッジの58人となっている。後述するように、近年の地方自治体合併の推進によって、各州ともに、地方自治体の規模が大きくなってきている。

図5　オーストラリアの州と都市

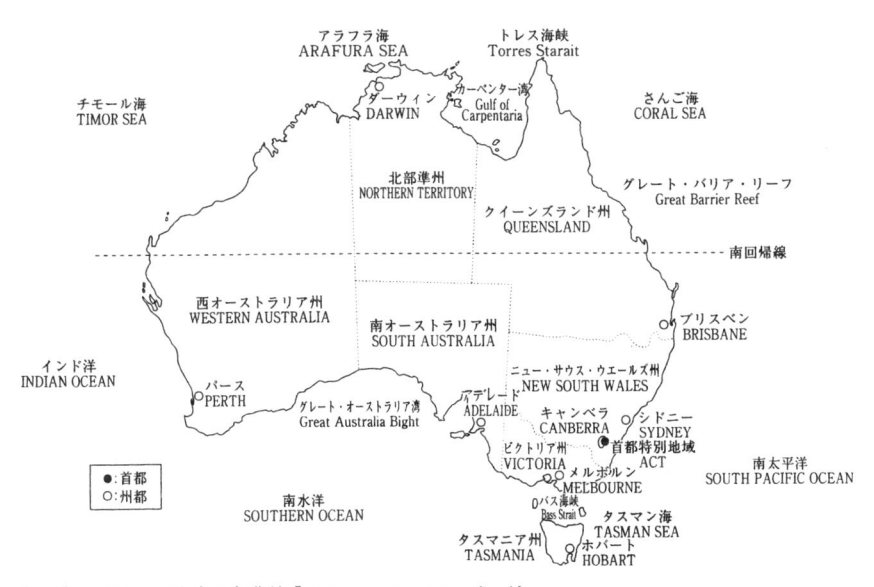

（出所）シドニー日本商工会議所『2007 オーストラリア概要』p8

オーストラリア

地方自治体の仕事

3Rからの権限拡大

「地方自治体は州の創造物」とみなす考え方から、州政府が、地方自治体の活動を地方政府法や他の州法によって統制してきた。また、条例制定権についても、区域内の建築物や開発を規制するためなど、目的が列挙された場合に限って制定が認められており、州政府がその制定を認可することになっている。

州政府による統制の強かった時期には、実際の地方自治体の事務も、「3つのR」すなわち、道路（Road）、地方税（資産税であるRate）の賦課徴収、ごみ処理（Rubbish）に例えられ、その権限の範囲は限定的であった。これは、資産を保有する住民を対象に、資産保有に関連するサービスを提供するために地方自治体が創設され、その財源を資産に課税するレイト（Rate）に依存してきたことに由来する。しかし、近年になって、地方自治体の事務は資産保有に関する仕事だけでなく、いわゆる対人サービスまで拡大してきているのが現状である。

また、州政府と地方自治体の役割分担では、教育、警察、保健医

図6　地方自治体の仕事（例）

- インフラ整備・資産関連サービス：地方道路建設・維持管理、橋梁建設・維持管理、フットパス（散策路）管理、街灯設置管理、下水道、ごみ収集・処理など
- レクリエーション施設の提供：公園、スタジアム、ゴルフコース、スイミング・プール、スポーツ・センター、キャンプ場の設置・管理など
- 保健衛生関連サービス：飲料水・食物検査、ワクチン接種、公衆便所管理、騒音対策、動物関連検査など
- コミュニティ関連サービス：児童ケア、高齢者ケア、高齢者入所施設など
- 建築規制関連：建築検査、建築許可、など
- 開発計画許可
- 各施設管理：空港、港湾施設、墓地、駐車場、道路駐車　など
- 文化施設関連サービス：図書館、美術館、博物館の建設・管理
- 上下水道施設の建設・管理

出所：Australian Local Government Association（2008）HP（2008年2月8日現在）から作成

療、交通、農林水産業、道路など、諸外国の多くの地方自治体が担っている役割を州政府が担っているのが特徴である。一方で、地方自治体の役割は、州や地域によって異なるものの、一般的には、地方道路、上水道等の日常生活関連のインフラ整備、ごみ収集等の生活関連サービス、建築規制、公衆衛生管理等の規制行政を担っている。また、都市部の地方自治体では、このほかに、カルチャーセンターや図書館、美術館、芸術センターの建設・運営、公園整備等の生活文化関連サービスを担っていることもある。そのほか、電気や上下水道、公営バスといった公益事業の運営については、州によって事業主体が異なるものの、上下水道事業は、クイーンズランド州とタスマニア州が地方自治体の運営のほかは、州政府および地方自治体とが役割分担をして担っているのが現状である。たとえば、ビクトリア州では、雨水処理が地方自治体、それ以外は州営団体や州営企業が主体となり運営している。また、電気事業については、6州全て州政府が事業主体である。

オーストラリア

地方自治体の組織

議長が市町村長

わが国の地方自治体は、議決機関（議会）と執行機関（首長）が分離した二元代表制であるが、オーストラリアの地方自治体は、こうした分離がなく、議会（council）が議決機関と執行機関を一体として担う一元代表制である。議会の主な任務は、以下のとおりとされている。

- 重要な政策決定を行うこと
- 予算の決定および決算の認定を行うこと
- 連邦政府および州政府との協議を行うこと
- 住民の請願を処理すること
- 首席行政官（ジェネラル・マネージャーまたはシティ・マネージャーと称される）を任免すること

議会の議事を主宰する議長は、一般的にメイヤー（Mayor）と呼ばれており、他の名称としては、ロード・メイヤー（Lord mayor）、プレジデント（President）、チェアマン（Chairman）がある。議会の決定を執行する場合は、議会で選出された市町村長（Mayor等）の名において行う。すなわち、議長が市町村長を兼ねているということになる。議長の選出方法は、住民による直接選挙（公選）を採るのがクイーンズランド州、タスマニア州、北部特別地域であり、議員による互選を採るのがビクトリア州、地方自治体によって公選または互選を選択するニュー・サウス・ウェールズ州、南オーストラリア州、西オーストラリア州と3通りに分けられる。また、議長の任期も州により、1年から4年と異なっている。

日本に比べて少ない議員数

議員定数は日本の市町村に比べて少なく、オーストラリア最大人口の地方自治体であるブリスベン市（人口90万人）でも27人となっている。なお、議員の任期や議員定数については、州によって大きな開きがある。

図7　各州地方議員の任期と議員定数

州	任期	議員定数
ニュー・サウス・ウェールズ州	4年	各5～15名
ビクトリア州	3年	各5～12名
クイーンズランド州	3年	各5名以上 条例が各地方自治体の定数を規定
南オーストラリア州	3年	法・条例による定数規定なし 定数は、各議会が個別に設定
西オーストラリア州	4年※	各6～15名
タスマニア州	4年※	地方政府法が各地方自治体の定数を規定
北部特別地域（準地方自治体は除く）	4年	各5名以上

※2年ごとに半数改選
出所：自治体国際化協会（2005年）「オーストラリアとニュージーランドの地方自治」P29
　　　図表2-10をもとに作成

日常の行政運営に首席行政官制を採用

　議決権に加えて行政権を議会が掌握することは、地方自治体の仕事が多岐に及ぶようになると、非効率的かつ専門性の欠如という指摘がされるようになった。そして、近年になって、アメリカ合衆国や英国の地方自治体にならい、日常的な行政運営を首席行政官に委ねることが、各州の地方政府法で定められるようになってきている。

　首席行政官は、州によって、CEO（Chief Executive Officer）あるいは、ジェネラル・マネージャー（General Manager, GE）、シティ・マネージャー（City Manager）と呼ばれる。

　首席行政官制度の例として、ニュー・サウス・ウェールズ州では、1993年の地方政府法改正に伴い、議会が従来保持していた職員の任免権や指揮監督権を首席行政官（同州では、ジェネラル・マネージャーと呼ぶ）に移譲し、ジェネラル・マネージャーが行政の実質的な責任者となった。その主たる役割は以下のとおりとされている。

- 日常の地方自治体運営

- 議会による決定事項の遂行およびその確認
- 歳入・歳出の適正な管理
- 地方自治体の記録の正確な管理
- 職員の任免及び指揮監督　など

　なお、議会および首席行政官のもとに、いくつかの部局が設けられ、さらに、その下位組織が細かく分化した職務分担を担っている。シドニー市の行政機構図では、首席行政官（ジェネラル・マネージャー）の下に、都市開発部、コミュニティ開発部（図書館やコミュニティ担当）、財務部、都市事業部（北地区と南地区とで2つの部に分かれる）、都市計画部（北地区と南地区とで2つの部に分かれる）、総務部の8部があり、加えて、ジェネラル・マネージャーの直轄室（人事、訴訟など）が見られる。

オーストラリア

地方自治体の選挙制度

拡大する選挙権

　かつて地方自治体の仕事が道路・橋梁の建設管理など、資産保有者に対する公共施設整備を中心としていた頃は、資産税の納税者（rate payer）にのみ、選挙権が与えられていた。しかし、地方自治体の提供するサービスが、社会福祉やレクリェーション事業などといった対人サービスへと拡大してくるにしたがって、選挙権の付与される住民の範囲が拡大されていった。結果、現在では、各州ともに、州議会議員選挙における選挙人名簿に登録された住民すべてに地方議会議員選挙の選挙権が与えられている。

　さらに、クイーンズランド州と北部特別地域を除く各州では、当該選挙区の住民でなくても、地方自治体に資産税（レイト）を納税している資産所有者、借地人、賃借人は選挙人名簿への登録申請をする資格を有している。

図8　選挙人名簿（electoral roll）の概要

18歳以上のオーストラリア国民は、現住所に少なくとも1ケ月居住するごとに、選挙人名簿に登録する義務があり、登録されていない限り投票することはできない。住民登録制度のないオーストラリアでは、選挙権を確認する不可欠のプロセスである。 　名簿更新のため、オーストラリア選挙委員会は、転居などのため現在の登録記録が空白になっている住所宛に登録用紙を随時送付して住民に返送を要請したり調査員が直接訪問する方法を採っている。

（出所）自治体国際化協会（2005年）「オーストラリアとニュージーランドの地方自治」p26の記述を基に作成

　なお、地方議会議員の被選挙権は、オーストラリア国民であること、および、当該選挙区の有権者であることとなっている。

投票義務違反制度

　オーストラリアでは、連邦議会議員および州議会議員において、義務投票制度が採用されている（南オーストラリア州の上院議員選挙を除く）。地方議会議員選挙については、ニュー・サウス・ウェールズ州、ビクトリア州、クイーンズランド州の3州が同制度を採用している。義務投票制度とは、投票しなかった有権者に対して罰

オーストラリア

金を課すものであり、たとえば、ニュー・サウス・ウェールズ州では、地方議会議員選挙で55豪ドル、州議会議員選挙で25豪ドルの投票義務違反罰金が課されている。

投票率だが、連邦議会議員選挙の全国平均が94.85%（2001年度）であるのに対して、投票義務規定のある州の地方議会議員選挙が70%程度であり、義務規定のない州では、20〜60%と低くなっている。

さまざまな投票制度

オーストラリアでは、州ごとに投票制度が異なり、わが国と同じ多数票獲得者を当選者とする方法から、比例代表方式まで、以下の図9に示すとおり、さまざまである。

図9　投票制度の概要

移譲式比例代表制（Proportional Representation）
投票者が候補者に優先順位を付ける方式。候補者は、優先順位1位を数える初期集計で当選基数（総有効投票数÷〔議席数＋1〕に1を足した数）に達するか、優先順位2位以下を数える分配集計の結果、当選基数に達すると当選する。当選者が出た場合、その者の当選基数を超える得票を優先順位2位の候補者に比例配分する。移譲式比例代表制には次の2つの投票法がある。 ① 単一移譲投票法：候補者に優先順位を付ける投票法 ② 上欄選択投票法：1つの政党またはグループ（以下「政党等」）に投票する方法。ある政党等に投票すると、その政党等が登録した優先順位を候補者に付したとみなされる
ヘア・クラーク法（Hare-Clark system）
移譲式比例代表制の一種。投票は単一移譲投票法に限られる。
相対多数当選制（First-Past-Post）
得票数も最も多い候補者が当選する方式。
優先順位付投票制（Preferential Voting）
小選挙区制に用いる方式。集計方法は移譲式比例代表制とほぼ同じだが、当選者は過半数票を獲得しなければならない。
包括的優先順位投票制（Exclusive Preferential）
優先順位付投票制と同様の手順で進められるが、当選者が複数の場合に用いられる方式で、過半数を獲得した当選者が出ると、その者の獲得票が回収され分配集計が行われる。
コンセンサス方式（Consensus）
投票ではなく協議で選出する方式。北部特別地域内の準地方自治体においてのみ採用。

出所：Electoral Council of Australia HP（2008年2月8日現在）および自治体国際協会（2005年）「オーストラリアとニュージーランドの地方自治」から作成

オーストラリア

地方公務員制度

地方公務員法なきところの地方公務員

　連邦政府・州政府・地方自治体の職員数を比較すると、州政府の職員数が圧倒的に多い状況である。地方自治体の職員数は、1993年まで増加傾向が続いたが、その後、1998年まで経済情勢の悪化を受けた行財政改革の進展によって減少し、また、2000年以降は、全般的に増加傾向にある。

図10　政府ごとの公務員数の内訳

	連邦政府	州 政 府	地方自治体	合　　計
職員数（1,000人）	253.0	1,198.9	166.6	1,618.7
割合（％）	15.6	74.1	10.3	100.0

出所：Australian Bureau of Statistics（2006）*Wage and Salary Earners, Public Sector, Australia, Dec. 2005.*

　オーストラリアには、わが国の地方公務員法に相当する法律は存在しない。地方公務員の労働条件や給与に関して、各州の地方政府法の中に数か条の規定が設けられているほか、当該規定のない事項については、州労使関係法、同法に基づく裁定（award）などによっている。ニュー・サウス・ウェールズ州を例に挙げると、州内の地方公務員に適用される裁定は、ニュー・サウス・ウェールズ州地方裁定（Local Government (state) Award）である。これは、同州地方自治体協会と、職員を代表する主要な4つの職種別組合との合意に基づいて労使関係委員会（Industrial Relations Commission）が決定したものである。ただし、幹部職員である上席職員（主にdirector：部長職）の任用等に関しては、原則的に同裁定の適用外である。

　給与決定に関して、ニュー・サウス・ウェールズ州の例では、まず、雇用条件の違いから上席職員と一般職員に大別される。地方裁定には、上席職員群給与基準および一般職員に適用される専門職群給与基準など職群ごとに4種類の給与基準があり、合計15級が規定されている。それぞれの職群基準は、職に要求される資格・能力、

責任、難易度に対応している。上席職員の給与の決定は、裁定または給与表に基づいてジェネラル・マネージャーとの合意による。また、ジェネラル・マネージャーの場合は議会との合意により、決定される。

地方公務員の労働基本権（組合加入権、団体交渉権、争議権）について明文の規定はないが、判例上は承認されている。オーストラリアの労働組合は職種別組合であるため、地方公務員の加入する組合も複数にわたっている。このうち、大きな組合としては、地方自治体のエネルギー・輸送・水資源・港湾関係職員を包含する「オーストラリア・サービス・ユニオン（The Australian Service Union）」が全国14万人の地方公務員のうち、5万人弱を組織している（数値は2001年度）。

職員採用は公募制、定期異動はなし

一般職員の採用には、定時の採用は行っておらず、ポストの新設も含めて、ポスト人員に不足が生じた場合に、募集する。これは、地方自治体の組織がポストの体系として定められているためである。採用の権限は、首席行政官にあり、募集の方法は、通常、日刊紙や地方行政専門紙への募集広告などによる公募である。

なお、議会が決定した組織機構図による職員の補充は、法律上公募が義務付けられており、一方で、任用選考方法については、特別の定めはなく実施方法は各地方自治体に任せられている。なお、筆記試験制度は採られていない。

こうした任用方法である以上、一定のポストに雇用されるのであって、定期的な人事異動の考え方はなく、組織内部の人事で昇任することもない。ニュー・サウス・ウェールズ州の例では、かつて一般的であった内部昇任制度は原則として廃止されており、昇任を希望する職員は、上位等級のポストの人員募集に応募して、任用過程を経て選考される。

オーストラリア

地方財政制度

歳入の概要-自主財源比率の高さ

　地方財政の歳入規模は、約183億豪ドル（2003年度）であり、連邦政府・州政府・地方自治体を合わせた「一般政府」歳入総額の約6％を占める。一般政府歳入のうち、連邦政府が約73％、州政府が21％となっている。連邦政府の主要な財源が個人・法人所得税であるのに対し、州政府のそれは、連邦政府からの交付金となっており、連邦‐州政府間の財源移転が大きくなっている。

　一方で、下図の地方自治体の歳入内訳によれば、主たる財源は、地方税（資産税＝レイト）が38％、使用料・手数料が31％であり、この２つの財源で全体の約70％近くを占め、自主財源比率は、８割を超えている。なお、その他の財源としては、連邦政府と州政府からの補助金、すなわち、依存財源である。ただし、州によって、この割合は大きく異なっているのが現状であり、北部特別地域の地方自治体では、歳入総額の６割近くを連邦政府からの補助金に依存している。また、都市部と人口希少地域である内陸部の間にも格差があり、都市部に比べて内陸部の地方自治体は自主財源の比率が低く、歳入の８割を連邦政府からの補助金に依存しているところもある。

図11　地方自治体の歳入内訳（2003年度）

歳入項目	構成比（％）
地方税（レイト）	37.8
使用料・手数料	30.5
利子収入	2.5
（上記自主財源　小計）	(70.8)
補助金	12.0
その他	17.2
合　　計	100.0

出所：Australian Local Goverment Association (2007)
Financing Local Government. Chart 1.

オーストラリア

歳出の概要

歳出総額についても、地方自治体の場合、歳入総額とほとんど同じ額であるのに対して、連邦政府と州政府とでは、財政移転があるために、連邦政府が一般政府全体の54％、州政府が40％となっており、歳入における比率と大きく異なっている。

地方自治体における主要な歳出項目は、図12に示すとおり、交通・通信（地方道路の建設・維持）が最も大きく、住宅・居住環境整備、レクリエーション・文化と続き、これら3項目で、全体の6割超となっている。ただし、歳出においても歳入同様、州によって、また、地方自治体によって、その構成比が大きく異なっているのが現状である。

図12　地方自治体の歳出内訳（2003年度）

歳　出　項　目	構成比（％）
交通・通信	24.9
住宅・居住環境整備	24.0
レクリエーション・文化	14.9
社会保障・社会福祉	6.1
その他経済サービス	3.8
公共秩序・安全	2.3
一般公共サービス（総務事務）	15.2
公債費	2.0
その他	6.8
合　　計	100.0

出所：Australian Local Goverment Association（2007）*Financing Local Government. Chart 2.*

地方自治体の財政健全化に関する責任

地方財政に関する責任は、主に、各州の地方政府法の中にその規定があるが、特に、借入（起債）に関しては、州政府大臣の承認等を受けることが定められている。

ニュー・サウス・ウェールズ州の例では、1993年地方政府法の中

で、地方自治体がいかなる時にいかなる目的でも借入をすることを認めている。だが、借入手法については、地方政府省大臣の承認が必要であり、同大臣は、地方自治体の借入に制限を課す権限を持っていることから、毎年個々の地方自治体に対する借入上限を設定している。また、2005年地方政府（一般）規制（Local Government (General) Regulation 2005）によって、地方自治体が借入を行ってから7日以内に、ジェネラル・マネージャーは地方政府省長官に借入の詳細を報告することが義務づけられている。

連邦・州・地方自治体の政府間関係

連邦政府と州政府との政府間財政関係

　連邦政府・州政府の歳入・歳出規模を比較すると、図13に示すとおり、いずれも連邦政府が大きいが、州政府の場合、歳入に比較して歳出規模がほぼ倍近くになる。これは、連邦政府から州政府への交付金による財源移転による。

図13　連邦政府・州政府・地方自治体の歳入・歳出割合
（2003年度）（％）

	連邦政府	州政府	地方自治体	合計
総歳入	72.6	21.4	6.0	100.0
総歳出	54.0	39.5	6.5	100.0

出所：Australian Bureau of Statistics（2003）*Year Book Australia 2003.*

　連邦政府から州政府に対する交付金による財源移転は、州政府の歳入の46％を占め、GST交付金、一般歳入交付金、特定目的交付金によっている。

　GST交付金とは、2000年の財政改革で導入されたGST（物品・サービス税：Goods and Service Tax）と呼ばれる一般消費税を連邦政府が徴収し、徴収事務費を除いた額を各州に交付するものである。GSTは州固有の財源であるという考えから、その目的は、州間の水平的財政調整であり、使途の特定されない一般目的交付金として交付される。各州の交付額は人口に基づいて算出するが、住民1人当たりの相対係数という補正係数を用いて額の調整を行う。

　図14でもわかるように、ニュー・サウス・ウェールズ州、ビクトリア州、西オーストラリア州の3州のGST税収が、他の3州等に水平的に配分されている。

　次に、一般歳入交付金とは、こちらも使途を特定しない交付金であり、予算均衡交付金（2000年の改革に伴う激変緩和措置としてGST交付金と一緒に交付される）、全国競争政策交付金（行政改革のアジェンダである「国家競争政策」に則った改革を行った成果に

オーストラリア

図14　州間財政調整の様子

州	補正配分額 (百万豪ドル)	人口割配分額 (百万豪ドル)	A左差額 (百万豪ドル)	B人口 (百万人)	A/B人口1人当 財政調整額
ニュー・サウス・ウェールズ州	11,656.6	13,057.9	−1,401.3	6.7	−208.0
ビクトリア州	8,385.9	9,621.5	−1,235.6	5.0	−249.0
クイーンズランド州	7,574.9	7,420.9	154.0	3.8	40.2
南オーストラリア州	3,607.9	2,971.4	636.5	1.5	415.3
西オーストラリア州	3,705.6	3,815.8	−110.3	2.0	−56.0
タスマニア州	1,475.1	920.7	554.4	0.5	1,167.4
北部特別地域	1,691.3	384.9	1,306.4	0.2	6,579.1
首都特別地域	727.9	632.0	95.9	0.3	294.2
合　　　計	38,825.2	38,825.2	0.0	20.00	0.0

出所：自治体国際化協会（2004年）「オーストラリアの政府間財政関係概要」P28.表17

応じて交付されるもの）、特別歳入交付金（首都特別地域に交付）から成っている。

　以上3つの連邦政府→州政府の財源移転のうち、地方自治体の財源に関係するのが、特定目的交付金である。特定目的交付金には、州政府への交付金と、州政府を通じて地方自治体等に交付される交付金、および、連邦政府から地方自治体に直接交付される交付金とがある。

連邦政府・州政府と地方自治体との財政関係

　地方自治体への財源移転には、以下の3つがある。
① 連邦政府が、地方自治体に直接交付する「特定目的交付金」
② 連邦政府が、州政府を経由して地方自治体に交付する「地方自治体財政支援交付金」
③ 州政府が、地方自治体に交付する「特定目的交付金」

　まず、①の連邦政府からの特定目的交付金は、地方自治体に使途を特定して交付されるもので、その使途には、道路建設維持管理事業、児童福祉、老人福祉、身体障害者サービスなどである。このうち、道路建設維持管理事業が全体の7割を占めている。

　次に、②の地方自治体財政支援交付金は、使途を特定しない一般目的交付金と使途を特定する地方道路交付金とに分けられる。連邦

政府から州政府への配分額の決定は、一般目的交付金は各州の人口比を基準とし、地方道路交付金は前年度の支給額を基準とする。そして、州政府から地方自治体への配分額については、1995年地方自治体（財政支援）法（Local Government (Financial Assistance) Act 1995）に基づいて、各州における地方自治体交付金委員会（Local Government Grants Commission）が勧告することになっているが、一般目的交付金の配分額の決定方法は各州で異なっている。地方道路交付金の配分額については、道路の総延長・種類・交通量などを考慮しながら決定されている。③の州政府から地方自治体に交付される「特定目的交付金」について、②の一般目的交付金と、趣旨及び計算方法は同様である。

なお、交付金等の配分額算定に当たって、オーストラリアでは、「水平的衡平の原則」が採用されている。水平的衡平の原則とは、各州政府、各地方自治体が歳入増加のために同等の努力をし、かつ同等の効率性をもって財政運営を行った場合に、同等の水準の行政サービス提供能力を保持するように支援する原則である。

政府間関係の調整の場

オーストラリアにおける連邦政府と州政府との関係は、対等平等性が特徴である。このことに加えて、地方自治体の行財政を監督したり財政支援したりする主体が州政府であることを考え合わせると、連邦政府と州政府を中心とした連邦−州−地方自治体の3層政府間の協議の場が非常に重要な意味を持ってくることになる。

こうした意義を持つ協議機関として最も重要なものは、オーストラリア政府間評議会（Council of Australian Governments：COAG）である。同評議会は1992年に発足し、その構成員は、連邦政府首相、各州・特別地域首相、全豪地方自治体協議会会長であり、その役割は、以下のとおりである。

【オーストラリア政府間評議会の役割】
- 全国的な課題において政府間の協力関係を強固にすること
- 統合された効率的な経済環境や全国単一市場を達成する改革のために政府間協力関係を築くこと
- 政府の構造改革と全国的な課題に調和した政府間関係の見直し

を図ること
- 協定によりその他の主要課題の解決を図ること

　さらに、個別の政策分野に関する連邦政府と各州政府の閣僚会議（Ministerial Committee）も多数設立されており、運輸、文化、地方自治など地方自治体も深い関わりを持つ分野では、全豪地方自治体協議会会長もその構成員となっている。閣僚会議は、各行政分野別に40以上ある。

　このほかに、オーストラリア政府間評議会や閣僚会議をサポートするために常任委員会（Standing Committee）が設置されている。構成員は、首相府や各州各省の代表者やオーストラリア地方自治体評議会の代表者などである。

　また、資本市場での連邦と各州間の競合を避けるために、起債の時期、借入条件などの調整を図ることを目的に、起債委員会（Australian Loan Council）が設立されている。構成員は、連邦財務大臣、各州首相・特別地域首席大臣または財務大臣で、連邦財務大臣が議長を務めている。

地方自治体の州組織・全国組織

　連邦政府・州政府との政府間関係においては、地方自治体の代表機関が機能することになる。各州の「地方政府協会（Local Government Association）」は、州内の地方自治体を代表して、州政府や連邦政府に対してロビー活動を行うほか、構成団体への調査活動を行ったり、財務管理・雇用対策・人材斡旋・労使調停・職員研修などの支援を行ったりしている。

　全国の地方自治体の連合体としては、1947年に発足した「全豪地方政府協議会（Australian Local Government Association: ALGA）」がある。同協議会は、「所属団体および全国の地方自治体関連団体の活動に対して付加価値を高めること」を目的に、地方自治体の政府としての役割を拡大すること、国民に対する地方自治体の評判を高めることを目標として掲げている。また、同協会は、地方自治体に影響を及ぼす全国的な課題・政策・市場動向に関する情報の提供を行ったり、オーストラリア政府間評議会をはじめとした全国的団体への参加・代弁、連邦省庁との折衝などを行ったりして

オーストラリア

いる。

地方自治体改革

地方自治体の権限拡大

　オーストラリアの地方自治体は、英国の制度にならって、各法律で地方自治体の事務とされた仕事のみができる「限定的権限」であった。だが、1990年代にはいり、各州で地方政府法の改正が行われて、「当該地域のために必要な各種の給付・サービス、施設管理を行うことができる」という「包括的権限」へと移行していった。それに伴い、地方自治体が執行する仕事の範囲も広がっていき、特に、福祉、経済開発などの分野での活動が拡大している。

地方自治体合併

　権限と活動範囲の拡大に伴って、地方自治体の合併も1990年代に一気に進んでいる。図15に示すとおり、1910年から91年の80年間における地方自治体数の減少数が241（減少度23%）だったのに対して、91年から2003年のほぼ10年間の減少数は、146（減少度18%）となっている。減少度の大きいのが、タスマニア州、ビクトリア州、南オーストラリア州である。タスマニア州では、包括的権限の

図15　地方自治体数の変遷

州	地方自治体数		
	1910年	1991年	2003年
ニュー・サウス・ウェールズ州	324	176	172
ビクトリア州	206	210	79
クイーンズランド州	164	134	125
南オーストラリア州	175	122	68
西オーストラリア州	147	138	144
タスマニア州	51	46	29
北部特別地域	−	−	63
合　　計	1,067	826	680

出所：自治体国際化協会（2005年）「オーストラリアとニュージーランドの地方自治」P67図表5-1

オーストラリア

拡大を前提とした州政府から地方自治体への権限移譲を進めるために、地方自治体合併を位置づけた。また、ビクトリア州では、首席行政官の任命など自治体内の構造改革による効率化を進める過程で、合併策が推進されている。一方、南オーストラリア州では、経営改革を進める中で、住民の意向を尊重しながらの合併を進めた。

ニュー・パブリック・マネジメントによる行政経営改革

1980年代、英国に端を発する新しい公共経営（New Public Management. 以下「NPM」）による公共部門改革は、当時、厳しい経済財政状況を抱える世界各国へと伝播していった。特に、隣国ニュージーランドは、英国とともにNPMの急進的な推進国となり、オーストラリアもその影響を受けることになる。

民間の経営手法・ノウハウを活用して公共部門の刷新を行うNPMの核心は、「①業績/成果による統制（業績/成果志向）と組織内分権、②市場（競争）原理の導入、③顧客主義への転換、④組織の簡素化」である。オーストラリアでは、それぞれの州政府が掲げるNPM改革の方針にしたがって、地方自治体の行政経営改革が取り組まれていった。NPMの①業績/成果志向については、地方自治体の行政実績を数値化する取り組みとなって現れ、③顧客主義については、地方自治体の総合計画（corporate plan）の策定に当たって住民志向のものになるよう住民意識調査を経て優先施策を決定するようになった。さらに、④組織の分権化については、首席行政官制度を主とする自治体内組織の戦略化・効率化の推進を進めた。そして、地方自治体の行政経営改革において特筆すべきは、②競争原理の導入であった。1995年に、オーストラリア政府間評議会で最終合意にいたった「国家競争政策（National Competition Policy）」によって、各州政府は、地方自治体での取組を進めていったのである。

地方自治体における国家競争政策の具体的な取組例としては、民間委託の推進が挙げられるが、すでに民間委託の進んでいるごみ収集や道路維持管理に加えて、図書館やスポーツ施設などの施設管理および法律相談や職員研修事業などの専門性の高い事務も競争入札によって外部委託を推進していった。また、ビクトリア州では、英

国やデンマークなどで取り組まれていた「強制競争入札（Compulsory Competitive Tendering）」を導入し、義務的な官民競争が進められた。

参考文献

久保田治郎編著（1998年）「オーストラリア地方自治体論」ぎょうせい
自治体国際化協会（2004年）「オーストラリアの政府間財政関係概要」
自治体国際化協会（2005年）「オーストラリアとニュージーランドの地方自治」
シドニー日本商工会議所編集委員会（2007年）『2007　オーストラリア概要』
橋都由加子（2006年）「オーストラリアにおける連邦・州・地方の役割分担」『主要諸外国における国と地方の財政役割の状況　報告書』所収

ニュージーランド

XIII

ニュージーランドの概要

国の概要

　ニュージーランドは、オーストラリア大陸の南東の海上に位置する島国である。人口は約410万で、うちヨーロッパ系（pakeha）が約79％、先住民族マオリ（Maori）が約15％、その他が南太平洋諸島系やアジア系である（Statistics New Zealand, 2006, p.8）。国土面積は約27万平方キロメートルで日本の約70％に当たり、北島（North Island）と南島（South Island）を主要島として構成される。主な都市は、北島の中心地オークランド（Auckland）、北島の南端に位置する首都ウェリントン（Wellington）、南島の中心地クライストチャーチ（Christchurch）などである。

　国の政治制度は、イギリス女王を国家元首とする立憲君主制である。ニュージーランド国内には、ニュージーランド人の総督（Governor-General）が置かれ、議院内閣制が採用されている。国会は一院制で定数は120、任期は3年である。

　選挙制度は93年選挙法（Electoral Act 1993）により単純小選挙区制から小選挙区併用比例代表制（Mixed Member Proportional）へと変更された。小選挙区は一般選挙区とマオリ選挙区に分かれており、マオリは5年ごとの国勢調査の後に、どちらの選挙区で投票するかを登録する[1]。マオリ選挙区はマオリの代表を確実に保証するために設けられた制度である。

　2008年4月現在の首相は、ヘレン・クラーク（Helen Clark）労働党（Labour Party）党首である。労働党を中心とする連立政権となっており、労働党は野党第一党の国民党（National Party）と二大政党を形成している。なお、ニュージーランドでは、97年に首相に就任したジェニー・シップリー（Jenny Shipley）国民党党首（当時）に続き、二代続けて女性が首相を務めている。

　地方自治の所管省庁は内務省（Department of Internal Affairs）で、担当大臣は地方自治大臣（Minister of Local Government）で

---

1) ニュージーランドでは、選挙に際して登録を要する有権者登録制度を採用している。

ある。

地方自治制度の概要

　ニュージーランドの地方自治は、イギリスを母国としてアングロ・サクソン系諸国に普及したいわゆる「分権・分離型」の地方自治制度である（西尾, 2001, p.65）。これは、市町村の事務権限の範囲は狭いが、授権された範囲内では事務権限の裁量の余地が広い地方自治制度である。

　具体的には、広域自治体（regional council）と基礎自治体（territorial authority）の二層制になっている。広域自治体は12あり、環境保護を主要な業務とするほか、地域防災、地域公共交通機関など広域的対応が必要な業務を担当している。基礎自治体はおおむね人口5万以上の市（city）が16、それ以外の町村（district）が57[2]あり、上下水道、道路、都市計画、ごみ、地域公園、図書館など、市民生活に身近な業務を担当している。事務権限の範囲の広さは、国＞基礎自治体＞広域自治体の順であり、広域自治体の事務権限が狭いため、基礎自治体が広域自治体を兼ねて（「広域自治体が基礎自治体を兼ねて」ではない）存在することができる。57の町村のうち4つがこの「統合自治体」（unitary authority）である[3]。なお、特定目的自治体（special purpose authority）（後述）も6つ残っている。

　「分権・分離型」の地方自治制度であるニュージーランドでは、必ずしも基礎自治体の境界は広域自治体の境界と一致しないことに留意が必要である（図1参照）。広域自治体は河川管理を一つの業務とするため、広域自治体の境界は河川の集水流域を基に設定されている。

　人口規模は、広域自治体が約3万〜134万、基礎自治体が約3,600〜43万である[4]（Statistics New Zealand, 2006, pp.89-90）。

　広域自治体の領域内に位置する全ての自治体は、3年ごとの選挙

---

2) 正確にはdistrictではないチャタム島自治体（Chatham Islands Council）（人口約750）を含む。
3) チャタム島自治体も広域自治体の業務を兼ねるが「統合自治体」には含まれない。
4) 人口約750のチャタム島自治体を除く。

ニュージーランド

図1　ニュージーランドの地方自治体

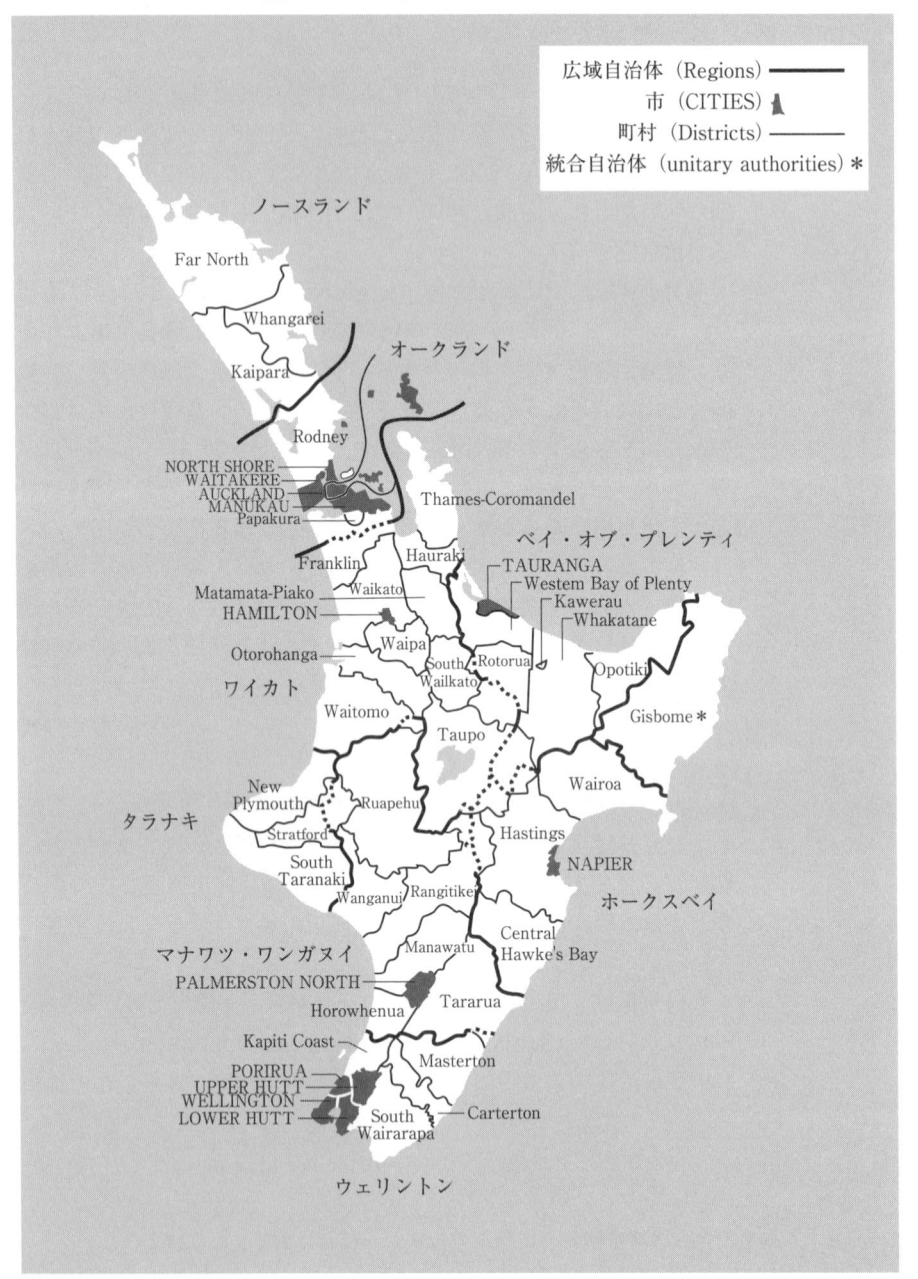

ニュージーランド

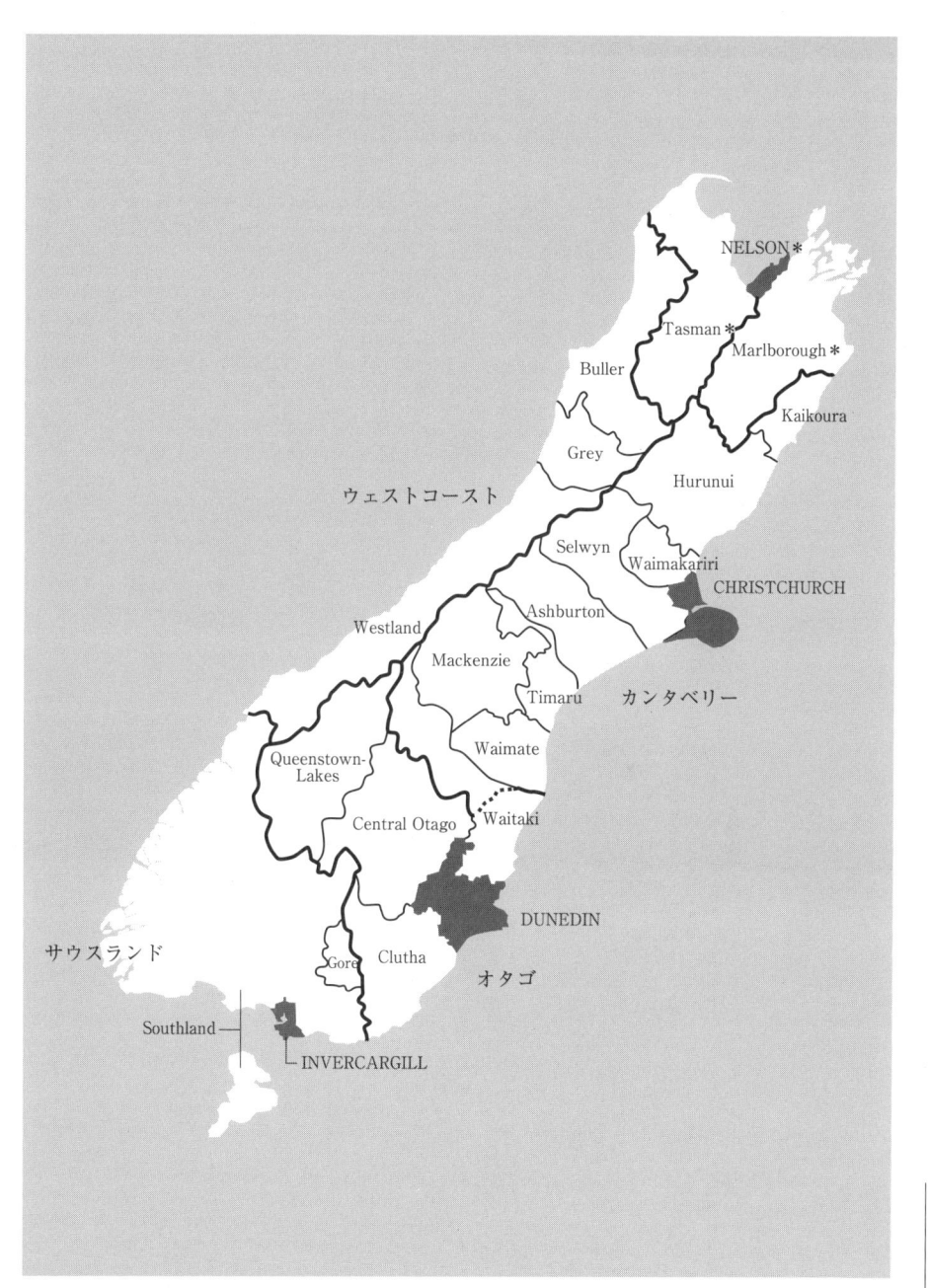

(資料) Statistics New Zealand (2002) *New Zealand Official Yearbook 2002*, pp. 56-57より作成。

ニュージーランド

の後に連絡調整を密に行うための協定(agreement)を結ぶことが義務づけられている。そのようにして、広域自治体と基礎自治体とが協力して業務を遂行することが目指されている。

地方自治の歴史

地方自治制度の発達

　イギリスを中心とするヨーロッパの人々がニュージーランドへの入植を開始したのは、1769年にイギリス人探検家ジェームズ・クック（James Cook）がニュージーランドに到達して以来である。しかし、先住民族マオリは14世紀半ば頃までには太平洋・東ポリネシアから移住していたとされる。1840年にマオリの代表とイギリス女王がニュージーランド北島の地ワイタンギ（Waitangi）で条約を締結したことが、ニュージーランドの歴史の一つの節目となった。

　条約締結の時期は、イギリスで1835年地方自治法（Municipal Corporations Act 1835）による地方自治制度の整備が行われていた時期であったため、ニュージーランドにおいてもその影響を受けた地方自治制度の構築が目指されることになった。

　1842年ニュージーランドにおいても地方自治令（Municipal Corporations Ordinance）が定められ、ニュージーランドではじめての自治体（borough）がウェリントンに誕生した。その後、1852年には全国を6つに分けて広域自治体（province）が設置された。また、農村部を中心に道路委員会（road board）という特定目的自治体も発達した。道路委員会とは、道路整備という特定の業務のみを担当する自治体である。広域自治体・特定目的自治体ともに、公選議員から成る自治体であった。

　広域自治体は、その後交通網などコミュニケーション手段が発達したこと、財政が逼迫してきたこと、中央政府の力が大きくなってきたこと、基礎自治体が育ってきたことなどの理由から、1876年に廃止された。そして、農村部における郡（county）が制度化された。郡は道路委員会などを吸収し総合的な基礎自治体になることを目指したものであったが、実際には道路委員会だけでなく、港湾委員会（harbour board）、河川委員会（river board）、病院委員会（hospital board）、消防委員会（fire board）などの特定目的自治体はその後も発達した。

　このように、ニュージーランドの地方自治の歴史は、数が多く細

分化して存在する自治体をどう合併し総合化を図っていくかが一貫して大きな課題であった。その一つの答えとして、1963年には再び広域自治体がオークランドに創設されることになった。オークランド広域自治体（Auckland Regional Authority）は、それまで特定目的自治体が行っていた基幹上下水道、公共交通機関、広域道路、広域計画、防災、空港などの業務を引き継いだ。

オークランド広域自治体の成功にならい、1974年に地方自治法（Local Government Act 1974）が制定され、全国にオークランドを含む22の広域自治体が設置された。しかしながら、新しく創設された広域自治体は、オークランド広域自治体のように特定目的自治体を廃止するものではなかったため、特定目的自治体はその後も数百と存在し続けることになる。

広域自治体には2種類あり、一つは公選議員から成る自治体（regional authorityおよびregional council）で、オークランドとウェリントンに置かれた。その他は、構成基礎自治体の議員により議員が選出される団体（united council）であった。

74年地方自治法では、コミュニティ自治体（community councilおよびdistrict community council）も制度化された。コミュニティ自治体は、基礎自治体の下に任意に置かれるものであり、住民自治の強化を目的としたものであった。

1989年の自治体合併

以上のように、自治体の合併と総合化はなかなか進まなかったが、1984年にロンギ労働党政権が誕生し行政改革が進められた結果、自治体の合併もその一環として実行されることになった。1989年に地方自治法は改正され、22の広域自治体を12に、200以上あった基礎自治体を72に、そしてほとんどの特定目的自治体を廃止する自治体合併が実現された。また、コミュニティ自治体は、コミュニティ協議会（community board：以下、地域協議会と呼ぶ）として再編された。

1989年の地方自治法改正では、国の改革で国有営利事業の株式会社化（State Owned Enterprises: SOEs）が実施されたのと同じように、地方自治体企業（Local Authority Trading Enterprises: LATEs）[5]が制度化された。また、国の改革で、国民に対するアカ

ウンタビリティを強化するため「年次計画」(departmental forecast report: DFR) や「年次報告」(annual report) などの作成が省庁に義務づけられたのと同様に、地方自治体でも「年次計画」(annual plan) と「年次報告」の作成が義務づけられた。年次計画を作成する際には、「特別協議手続き」(special consultative procedures) と呼ばれる住民に対する一定の協議手続きを経ることが義務づけられた。

2002年新地方自治法

1990年代は労働党に代わり国民党政権が80年代の行政改革路線を引き継いだが、2000年以降はクラーク労働党政権が、改革路線の一部修正を行った。国の改革でいわゆる「効率化」だけでなく「パートナーシップ」を重視した新たな改革が進められたのに沿う形で、地方自治体では2002年に新地方自治法（Local Government Act 2002）が制定され、「住民自治」をより強化するための改革が行われた。具体的には、地方自治体の目的が、
(a) コミュニティの民主的な意思決定を実現すること、
(b) 現在そして将来にわたりコミュニティの社会的、経済的、環境的、文化的な幸福（well-being）を推進すること
と定められた。「現在そして将来にわたる社会的、経済的、環境的、文化的な幸福」とは、資源管理法（後述）にも表れる考え方であり、サステイナビリティ（sustainability）、すなわち長期的視点を自治体に求めるものである。

「民主的な意思決定」および「長期的視点」の二つは、2002年地方自治法の特徴ではあるが、実際にはニュージーランドの地方自治制度が発達する過程で少しずつ実現されてきたものであることを理解する必要がある。例えば、2002年地方自治法の「特別協議手続き」は既述したように1989年地方自治法改正で法制化されたものである。また、自治体の長期計画は96年地方自治法改正によりはじめて作成が義務づけられた。そのように改正に次ぐ改正でいわば「つぎはぎ」だらけとなった1974年地方自治法をオーバーホールする形

---

5) 現在では2002年新地方自治法により「council-controlled trading organisation」とされた。

で、2002年新地方自治法が定められたのであった。特に、日本の現状と比べた場合、「民主的な意思決定」はニュージーランドの地方自治における一貫した特徴であることに留意すべきであろう。

なお、2002年地方自治法だけでなく、2001年には地方選挙法（Local Electoral Act 2001）が、また2002年には地方税法（Local Government (Rating) Act 2002）も制定されている。以下で説明する現在のニュージーランドの地方自治制度は、おおむねこの３法により形作られているものである。

地方自治制度

基本構造

　　ニュージーランドの地方自治体の基本構造は、図2のようになっている。

　　主権者である住民は選挙で議員を選出する。議会（council）は決定機関であり、その長は、基礎自治体では住民の選挙で議員と別に選ばれる首長（mayor）、広域自治体では議員の互選で選ばれる議長（chairperson）である。議会は、執行機関の最高責任者であるチーフ・エグゼクティブ（chief executive）を任命する。チーフ・エグゼクティブは、職員（staff）を任命し、議会の決定を執行するとともに、決定機関である議会に対してアドバイスを行う。

　　基礎自治体には、地域協議会（community board）を置くことができる。地域協議会の委員は4名以上12名以下で、うち少なくとも4名は当該地域住民の選挙で選ばれ、それ以外は議会の任命でも選ぶことができる。当該地域の代表として、審議の結果を議会に報告・提案したり、議会から委任された事項を執行することが主な役割である。

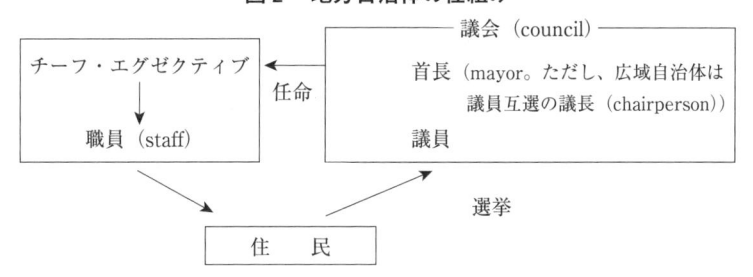

図2　地方自治体の仕組み

選挙制度

　　地方自治体の選挙は、3年ごとの10月第二土曜日に、統一地方選挙として行われる。投票の対象は、広域自治体の議員および基礎自治体の首長・議員・地域協議会委員であるが、病院委員会

ニュージーランド

（District Health Boards: DHBs）の委員選挙も同時に行われる。病院委員会とは、地域の公立病院を統括し運営する委員会であり、全国を21に分けて設置されている。現在の病院委員会はクラーク労働党政権下の2001年に整備されたものであるが、もともとは特定目的自治体であった病院委員会がはじまりである。医療サービスを税金で提供するニュージーランドでは、公立病院の運営委員の一部も地方選挙で選ぶのである[6]。

選挙区は、広域自治体議員選挙では必置であり、基礎自治体議員選挙では任意である。選挙区を設置する場合には、広域自治体・基礎自治体ともに、マオリ選挙区を設置することができる。地方自治体では国に比べマオリの代表が進んでいないことから、2002年地方自治法により新たに制度化されたものである。なお、少なくとも6年に一度は議員定数を含む選挙区の見直しを行わなくてはならない。病院委員会では、2名以上のマオリを委員にすることを義務づけるという形で、マオリの代表が確保されている[7]。

選挙制度は、連記投票制と単記移譲式のどちらかを各自治体が選択する。そして、住民投票によりそれを決定・変更することができる。連記投票制とは、候補者の中から定数以下の人数まで投票することができ、得票数の多い候補者から当選する制度である。また、単記移譲式とは、候補者に順位をつけて投票する制度であり、比例代表の効果を持つものである。少数意見をより反映させる制度として従来の連記投票制に加え新たに単記移譲式が選択肢として2002年地方自治法により導入された。なお、病院委員会の選挙は、単記移譲式で行われる。

参政権は、国政選挙と同様に、18歳以上の国民および永住外国人に選挙権が、そして18歳以上の国民に被選挙権が与えられる。それに加え、地方選挙では当該自治体への固定資産税納税者（ratepayers）にも選挙権が与えられる。

---

[6] 病院委員会の定数は11で、7名が地方選挙で、4名が保健大臣（Minister of Health）の任命で選ばれる。なお、病院委員会の公選制度は国民党政権下の行政改革により一時中止されていた。

[7] 具体的には、7名の委員が地方選挙で選ばれた後、マオリが計2名以上になるよう、残り4名の委員が保健大臣に任命される。

地方選挙は、国政選挙と異なり、郵送投票で行われている。もともとコストの削減と投票率の向上が目的であったが、最近の投票率は50%前後と低迷している。通常70%を超える国政選挙に比べて低いのは、地方の事務権限の範囲が国に比べて狭く、住民の関心を集めにくいからだと考えられる。また、国政選挙と同様、投票用紙に候補者名等を書く「自書式」ではなく候補者名等の書かれた投票用紙に印を付ける「記号式」の投票方式を採用している。そのようにして、高齢者だけでなく英語の不得意な移民なども投票しやすいよう配慮している。

議会

地方議会には、委員会（committee）を設置することができる。委員会は、本会議に対して報告・提案を行うほか、本会議から委任された事項について決定を行うことができる。

議員定数は、広域自治体は議長を含め6名以上14名以下、基礎自治体は首長を含め6名以上30名以下と法定されている。その範囲内で各自治体は議員定数を定めるが、2007年統一地方選挙前の時点で、広域自治体の議員定数は6〜14、基礎自治体の議員定数は8〜25[8]であった（Statistics New Zealand, 2006, p.45）。

人事

ニュージーランドの公務員制度は、ポストに必要な人材をその都度採用する「開放型任用制」（open career system）を採っている。民間企業と同じく、新聞等に求人広告を出して公募する方法が一般的である。外国人でも応募することができる。

最高責任者であるチーフ・エグゼクティブは、公募により議会が任命する。任期は5年以下で、業績によって2年以内の再任が可能である。

一般職員は、チーフ・エグゼクティブが採用する。チーフ・エグゼクティブは「よい雇用者（good employer）」の原則に合致する人事政策をとることが義務づけられている。「よい雇用者」とは、

---

[8] 議員定数が25と最大であったクライストチャーチ市は2007年統一地方選挙で14に削減した。

(a) 良好で安全な労働環境の提供
(b) 雇用機会均等（equal employment opportunities）計画の策定
(c) 最適任者の公正な採用
(d) マオリに対する配慮
(e) 職員への能力開発機会の提供
(f) 少数民族に対する配慮
(g) 女性に対する配慮
(h) 障害者に対する配慮

などを含む公正で適切な人事政策を展開する雇用者を指す。

財務

　地方自治体の財源は、日本の固定資産税におおむね相当する地方税（rates）が約56%、国からの補助金が約13%、運用収入が約6%、使用料・手数料が約5%、その他収入が約20%となっている（http://www.localcouncils.govt.nz）。日本の地方交付税に相当するものはなく、日本に比べ自主財源が多いことが特徴である。地方税は、使途が限定されない「普通税」（general rates）と使途が限定される「目的税」（targeted rates）に大きく分かれる。税率は「年次計画」を作成する過程で毎年自治体ごとに決定される。つまり、ニュージーランドでは自治体ごとに税率が異なるのであり、税率は毎年の年次計画作成時の最大の住民の関心事となっている。

　なお、自治体の監査は、会計検査院（Office of the Auditor-General）が行う[9]。会計検査院は、毎年監査を行い、「年次報告」に監査意見を付す。監査意見は、財務業績だけでなく非財務業績、すなわち各種指標の妥当性などにも及ぶものであり、監査の範囲は日本よりも広くなっている。

---

9) 実際の監査は、会計検査院から委託された民間監査法人が行うこともある。

ニュージーランド

住民へのアカウンタビリティ

ローカル・ガバナンス文書

　ニュージーランドの地方自治は、徹底した住民参画や住民に対する協議のプロセスが大きな特徴である。これまでにもみてきたように、2002年地方自治法では「コミュニティによる民主的な意思決定」が地方自治体の目的として明記され、住民自治の原則がさらに強化された。以下では、その主な点について再度整理することにしたい。

　まず、地方自治体は、その機能や所管法令をはじめとする当該自治体の概要を説明する「ローカル・ガバナンス文書」(local governance statement) を3年ごとの選挙の後に整備・公表することが義務づけられた。同文書には、選挙制度とその変更方法、主な計画とその作成プロセスへの参画方法、情報開示請求の方法、議会の仕組み、住民協議の方針（consultation policy）、その他議会・役所への参画の方法などを盛り込むこととされ、自治体の意思決定に対する住民の参画を促すことを目的とした文書である[10]。

意思決定および協議の原則

　次に、意思決定および協議に関する原則がそれぞれ定められた。第一に、意思決定の原則であるが、

① 自治体が意思決定する際は、実行可能な全ての選択肢を明らかにし、それらの選択肢について、a. 社会的・経済的・環境的・文化的な便益とコスト、b. コミュニティ・アウトカム（後述）の達成に向けた貢献度、c. 地方自治体が現在そして将来にわたって業務を遂行する能力に与える影響度、などの観点から評価しなければならない、

② 意思決定によって影響を受けるであろう、また利害を持つ人々の意見を考慮しなければならない、

---

10)「ローカル・ガバナンス文書」や「住民協議の方針」は自治体のホームページに掲載されることが一般的である。

③ 特に、マオリに対しては、a. 意思決定に貢献するプロセスを整備し、b. 意思決定に貢献する能力を高める方策を考え、c. 必要な情報を提供しなければならない、

などの原則に基づき、各自治体は具体的な適用方法を定めることとされた。

第二に、協議に関する6原則が次の通り定められた。

① 協議は次の6原則に基づき行われなければならない。
a. 影響を受けるであろう、また利害を持つ人々に、情報へのアクセスを保証すること。
b. 影響を受けるであろう、また利害を持つ人々に、意見を表明するよう促すこと。
c. 意見を表明しようとする人々に、協議の目的と何を決定するのかについて、明確な情報を与えること。
d. 意見を表明しようとする人々に、彼らの意向やニーズにそってその機会を与えること。
e. 表明された意見は公平な心で受け止め、十分に考慮すること。
f. 意見を表明した人々に対し、最終的な決定とその理由に関する情報を与えること。

② 上記6原則に基づきマオリに対する協議手続きも保証しなければならない。

特別協議手続き

89年地方自治法改正で法制化された「特別協議手続き」は2002年地方自治法でも次の通り引き継がれた。そして、自治体コミュニティ長期計画（後述）、年次計画、条例を制定する際などに、経ることが義務づけられた。

① 原案（statement of proposal）とその要約版を作成する。
② 原案は議会に提出するとともに、役所本庁舎をはじめ住民が閲覧しやすい場所に備え付ける。
③ 要約版は広く配布する。
④ 協議手続きを住民に公表する。具体的には、要約版を手に入れる方法、原案を閲覧する方法、意見募集期間などを明示する。意見募集期間は1ヶ月以上でなければならない。
⑤ 意見を提出した人に、意見を受領したことおよびヒアリングの

機会が与えられることを書面で知らせ、その人が望む場合には相応のヒアリングの機会を与える。
⑥　ヒアリングおよび審議を行う議会（委員会、地域協議会を含む）は住民公開で行う。
⑦　書面による意見は全て住民に公開する。

コミュニティ・アウトカム

2002年地方自治法では、少なくとも6年に一度、自治体の中長期目標である「コミュニティ・アウトカム」（community outcomes）を策定することが、新たに義務づけられた。

コミュニティ・アウトカムの策定は、次のような目的を持つものである。
①　コミュニティにとって望ましいアウトカム（成果）を現在および将来の社会的・経済的・環境的・文化的な幸福という観点から議論する機会を、コミュニティに提供する。
②　コミュニティ・アウトカム間の優先順位を現在および将来の社会的・経済的・文化的幸福という観点からコミュニティに議論してもらう。
③　コミュニティ・アウトカムの達成度を測る機会を提供する。
④　コミュニティ資源のより効果的な投入・調整を促す。
⑤　（最終的に）自治体の活動に関する優先順位付けにつなげる。

具体的な策定プロセスは各自治体が決めるものであるが、①コミュニティ・アウトカムの策定に影響力を持つ団体やグループから当該プロセスに関する同意を得ること、②住民がコミュニティ・アウトカムの策定に貢献することを促すプロセスであること、が義務づけられた。

各種計画・報告

2002年地方自治法では、上記コミュニティ・アウトカムを含む「自治体コミュニティ長期計画」（long-term council community plan: LTCCP）を、特別協議手続きに従って策定することが義務づけられた。同計画は、自治体の今後10年以上の計画で、少なくとも3年に一度改定しなければならない。

また、「自治体コミュニティ長期計画」を策定しない年には、「年

次計画」を特別協議手続きに従って作成することが義務づけられた。

「長期計画」「年次計画」ともに、達成度を測る指標、予算、財務諸表等を含むものであり、日本における総合計画（あるいは戦略計画）と予算書を合わせたものとおおむねイメージすることができる。

そして、コミュニティ・アウトカムの達成度を測る報告書を少なくとも3年に一度作成しなければならない。また、「年次報告」を毎年作成しなければならない。

地方自治体情報・会議公開法

上記5項目は地方自治法で規定される事項であるが、地方自治体の情報と会議の公開については、1987年地方自治体情報・会議公開法（Local Government Official Information and Meetings Act 1987）で定められている。なお、会議とは、議会の会議を指すものであり、議会本会議・委員会・地域協議会の原則公開が定められた。

資源管理法

資源管理法とは

　ニュージーランドの地方自治体が業務を遂行する上で、もっとも重要な位置を占める法律の一つが資源管理法（Resource Management Act 1991）である。同法は、それまでばらばらに存在していた水質・土壌保全法（Water and Soil Conservation Act 1967）や都市計画法（Town and Country Planning Act 1977）などの環境関連の法律を一つにまとめた包括的環境法である。

　同法を貫く基本概念は「持続可能な管理」（sustainable management）である。「持続可能な管理」とは、1987年国連・環境と開発に関する世界委員会（World Commission on Environment and Development）のいわゆる「ブルントラント報告」（Brundtland Report）などにより広まった「持続可能な開発」（sustainable development）の概念に基づくものである。ニュージーランド国内では、同時期にロンギ労働党政権の行政改革により新しく環境省（Ministry for the Environment）が創設され、都市計画をはじめとする環境関連の主な法律が同省に一括して移管された。それにより、法律自体も一本化する機が熟し、国民党政権下の1991年に資源管理法の制定として結実することになった。

　資源管理法の目的は、「自然資源および物的資源の持続可能な管理を推進すること」（to promote the sustainable management of natural and physical resources）である。自然資源および物的資源とは「土地、水、大気、土壌、鉱物、エネルギー、動植物および全ての構造物」と定義され、構造物とは「建物、設備、装置、その他施設など人間によって作られ土地に固定されるもの」とされた。また、持続可能な管理とは、「(a) 将来世代のニーズに応えられるだけの自然資源・物的資源を維持し、(b) 大気、水、土壌、エコシステムの環境保全能力を守り、(c) 環境に対する悪影響を回避・是正・緩和し、ながら、人々が社会的・経済的・文化的な幸福を享受できる方法で自然資源・物的資源の使用・開発・保護を行うこと」と定義された。

以上の資源管理法における地方自治体の役割は主に二つある。一つ目は、各種計画を策定することである。広域自治体では、「広域政策」(regional policy statement) と「広域計画」(regional plan) の策定が、また基礎自治体では「地域計画」(district plan) の策定が求められた[11]。

　二つ目は、上記計画の中で許可がいると位置づけられた行為について、申請に対する同意 (resource consent) を与えることである。一定の開発行為など許可がいるとされた行為は担当自治体の同意を得なければ行うことができない。

　なお、広域自治体の担当領域は、大気・水・土壌をはじめとするいわゆる環境保護に関する分野であり、基礎自治体の担当領域は、主に土地利用に関することである。上記の計画策定や同意付与は、担当領域の広域自治体又は基礎自治体がそれぞれ行う。

住民参画・協議手続き

　資源管理法の最大の特徴は、以上の計画策定および同意付与のプロセスにおいて徹底した住民参画・協議を義務づけていることである。計画策定における住民協議手続きはおおむね次の通りである。
① 計画案を公表し、40営業日以上の意見募集を行う。
② 提出された意見の要約を公表し、それに対する意見募集を20営業日以上行う。
③ 提出された意見のヒアリング（公聴会）を行う。
④ 計画を決定する。

　また、同意付与における住民協議手続きはおおむね次の通りである。
① 申請を受理する。
② 法律の規定に基づき申請を公開するかどうかが決定される。
③ 申請が公開される場合、意見募集が行われる。一般に、行為の場所において申請行為の内容を告知する看板が設置され、意見募集の期間と宛先が明記されることが一般的である（写真参照）。意見は何人も提出することができ、公開の日から20営業日以内に提出することが規定されている。

---

11)「広域政策」と「地域計画」の策定は義務であり、「広域計画」の策定は任意である。

④　申請者又は意見提出者がヒアリング（公聴会）の実施を望む場合、ヒアリング（公聴会）が開かれる。
⑤　申請に対する決定が行われる。なお、審査・決定機関は担当自治体であるが、実際には議員および議員に任命される委員からなる委員会（panel）が審査・決定することが一般的である。

　計画策定の場合も、同意付与の場合も、決定に不服のある意見提出者は、環境裁判所（Environmental Court）に訴えることができる。

　以上のように、資源管理法は自治体の計画策定や開発の申請に対して住民参画を保証しようとするものであり、ニュージーランドにおける環境保護、そして地域における住民自治の確立に大きな役割を果たしている。一方で、協議プロセスが申請者に多大なコストを強いているという課題も指摘されている。

資源管理法に基づき申請の内容を告知する看板

ニュージーランド

その他の関係機関

オンブズマン

　ニュージーランドでは、行政機関に対する住民の苦情申し立てを政府から独立した立場で調査し勧告する公的オンブズマン（Ombudsmen）が、1962年より設置されている。1975年以降は、国だけでなく地方自治体に対する苦情申し立ても受け付けるようになった。

　また、オンブズマンは、地方自治体情報・会議公開法に基づく情報公開に関する種々の決定に住民が不服の場合、不服申し立てを受け付け審査する機能も持っている。

議会環境オンブズマン

　行政活動に対する一般的な苦情申し立てを受け付ける公的オンブズマン（以下、総合オンブズマンと呼ぶ）に加え、ニュージーランドでは分野別の公的オンブズマンが多数設置されている（表1参照）。そのうち1987年に設置された議会環境オンブズマン（Parliamentary Commissioner for the Environment）は、地方自治体に大きく関わる分野別オンブズマンである。というのも、ニュージーランドの地方自治体は、環境分野で多くの事務権限を持つからである。

　地域の環境が適切に守られていないと感じる住民や、地方自治体が環境保護に対し適切な対応をとっていないと感じる住民は、当該自治体に苦情を申し立てることができる。その際、十分な回答や対応が得られなかった場合に、住民は議会環境オンブズマンに申し立てることができる。議会環境オンブズマンは、政府から独立した立場で調査し勧告を行う。

地方自治委員会

　地方自治委員会（Local Government Commission）は、地方自治体の合併を促進するため、1947年に設置された公的独立機関である。現在の主な任務は二つにまとめられる。

表1　ニュージーランドの主な分野別公的オンブズマン（苦情処理機関）

分野別オンブズマン	分野
議会環境オンブズマン (Parliamentary Commissioner for the Environment)	環境保護
警察苦情処理機関 (Police Complaint Authority)	警察活動
児童オンブズマン (Children's Commissioner)	児童の権利擁護
個人情報オンブズマン (Privacy Commissioner)	個人情報保護
人権委員会 (Human Rights Commission)	人権擁護一般
医療・障害者サービスオンブズマン (Health and Disability Commissioner)	医療・障害者サービス

　第一は、従来どおり、自治体の廃置分合に関する手続きを進めることである。

　自治体の合併手続きとそれに関する委員会の権能は時代とともに変化してきたが、現在の主な手続きと委員会の権能は次の通りである。地方自治体、地方自治大臣、あるいは10％以上の署名を集めた有権者は、「合併提案」（reorganisation proposal）を地方自治委員会に提出することができる。地方自治委員会は、利害関係者から書面および口頭（ヒアリング）による意見を聴取し、「合併計画案」（draft reorganisation scheme）を策定する。地方自治委員会は、「合併計画案」に対してさらに書面・口頭で意見を聴取し、「合併計画」（reorganisation scheme）を策定する。「合併計画」は住民投票にかけられ、有効投票の50％以上の賛成で成立する。

　なお、自治体の廃置分合に関して、人口１万未満の基礎自治体や５万以下の広域自治体を作る提案は原則として認められないことが2002年地方自治法に明記された。

　第二に、各自治体が少なくとも６年に一度行う選挙区・地域協議会の区割りや議員定数などの見直しに対して、住民から反対意見が提出された場合に、最終的な決定を行うことである。具体的には、自治体の決定に対し住民から反対意見が出された自治体は、当該意

見を地方自治委員会に提出し、委員会が最終決定を行う。

地方自治委員会の委員は3名で、地方自治大臣に任命される。うち、1名はマオリの知識を持ったものでなければならず、マオリ政策大臣（Minister of Maori Affairs）と協議の上任命される。任期は5年以下で再任を妨げない。

地方自治体協会

ニュージーランド地方自治体協会（Local Government New Zealand）は、全ての自治体（council）[12]、すなわち自治体の首長（議長を含む）と議員から成る団体である。地方自治体の意見を国の政策に反映させるために活動する団体である。

同協会は、6つの地域（zone）、そして4つの分野別グループ（sector group）に分かれている。4つの分野別グループとは、人口9万超の大都市グループ、2万〜9万の地方都市グループ、2万未満の農村グループ、そして広域自治体（統合自治体含む）グループである。協会の全国評議会（national council）は、各地域および分野別グループの代表により構成され、多様な自治体の利害に偏りがでないようにしている。

協会の予算は、構成自治体の拠出によりまかなわれている。

なお、自治体の職員による団体としては、「ニュージーランド地方自治体管理職協会」（New Zealand Society of Local Government Managers: SOLGM）がある。

12）特定目的自治体を除く。

参考文献

Bush, G.（1995）*Local Government & Politics in New Zealand, 2nd edition* Auckland, Auckland University Press.
Drage, G.（2002）*Empowering Communities? Representation and Participation in New Zealand's Local Government* Wellington, Victoria University Press.
Environmental Defence Society（2007）*The Community Guide to the Resource Management Act 1991, 2nd edition* Waitakere.
Local Government New Zealand（2003）*The Local Government Act 2002: An Overview* Wellington.
Palmer, K.（1993）*Local Government Law in New Zealand 2nd edition* Sydney, Law Book Company.
Statistics New Zealand（2002）*New Zealand Official Yearbook 2002* Wellington.
Statistics New Zealand（2006）*New Zealand Official Yearbook 2006* Wellington.
自治体国際化協会（2005）『オーストラリアとニュージーランドの地方自治』。
竹下譲監修・著（2002）『新版　世界の地方自治制度』イマジン出版。
西尾勝（2001）『行政学（新版）』有斐閣。
日本ニュージーランド学会編（2006）『ニュージーランドにゆこう』。
和田明子（2000）『ニュージーランドの市民と政治』明石書店。
和田明子（2007）『ニュージーランドの公的部門改革―New Public Managementの検証―』第一法規。

ニュージーランド内務省	http://www.dia.govt.nz
	http://www.localcouncils.govt.nz
ニュージーランド地方自治体協会	http://www.lgnz.co.nz

スペイン

XIV

スペイン

「連邦制」的秩序へ

民主化と分権化

　　　　　　イベリア半島の8割の面積を占めるスペインは、人口規模においても西欧4番目の大国であり、その国土の中には多様な地理的条件と独自の文化的背景を持つ地域が混在している。このような多様性を背景に、現在のスペインは著しい分権的国家であることを特徴とし、17の自治州と2つの自治都市（セウタとメリーリャ）に大幅な自律性を認める地方制度の実態は、連邦制に限りなく近づいている。長い目で見ればこの特徴は、領土回復運動（レコンキスタ）によってイベリア半島に生み出された複数の権力中心が、独自の地方特権、慣習、固有の諸法を維持することで成立した「複合王政」の延長線上にある。しかし、現代の分権化への潮流が、18世紀初頭以来の近代国家建設の取り組みの中で、独裁者フランコの支配の下で頂点に達した集権的国家体制に対抗する形で現れたことは重要である。

　　　　　1812年のカディス憲法以来、スペインでは中央政府の代理人である県知事（governador civil）が画一的に地方自治体を統制するピラミッド型の地方制度が徐々に整備されていったが、19世紀末には、この過程で圧殺された地域の自治・独立を求める運動が出現していた。こうした周辺ナショナリズムを背景に、カタルーニャとバスク（とガリシア）は政治的自治を勝ち取り（バスク自治政府の成立はスペイン内戦勃発後。ガリシアは自治憲章草案の国会上程直後にフランコ軍に占領）、第2共和制期（1931〜1936年）を通じて領域的自治が拡大しつつあった。しかし、この流れはフランコによってせき止められ、カタルーニャとバスクの2地域は、国家解体をもくろむ敵性分子の温床として徹底的に弾圧された。これら2地域が反フランコ闘争の拠点となり、現在でも地方自治の先端的地域であることは偶然ではない。

　　　　　近年では、欧州統合においてしばしば強調される「補完性原理」との関連で、国家と国家より下位の政治・行政的単位との間での分業関係が重要な意味を持ち始めている。また、現代スペインには、

PSOE（社会労働党）やPP（人民党）に代表される全国政党の他に自治州を基盤とする地域政党が存在し、それらの間で多層的な競争が繰り広げられている。スペインにおける分権化は、こうした様々な歴史的背景や政治的力学の中で、複雑な様相を呈しながら「連邦制」的な現在に至った。本章では、その限られた側面として、スペイン憲法における「自治州国家」（Estado de las autonomías）の特徴に触れ、第2の分権化としての市町村改革を中心に述べてゆきたい。

憲法上の妥協

　現代スペインにおける政府間関係は、1975年のフランコの死を契機とする民主化の過程に直接の起源を持つことになったが、地方分権の再確立は、単に第2共和制の時点に時計の針を巻き戻すことではなく、複雑かつ繊細な作業を必要とした。1978年憲法第2条には「憲法は、すべてのスペイン人の共通かつ不可分の祖国たるスペイン国（la Nación española）のゆるぎなき統一に基礎を置き、これを構成する民族体（nacionalidades）および地域（regiones）の自治権ならびにこれらすべての間の結束を承認し、かつ保障する」と規定されている。この冗長で曖昧な条文には、民主化の過程で必要とされたいくつかの妥協が集約的に表れていた。

　1つは、国家の解体を懸念する保守派を懐柔しながら、民主化の拠点となった歴史的地域（とりわけカタルーニャとバスク）に自治権を保障するための妥協である。「自治州国家」の異名を持つスペインは、今日まで表向きには「連邦制国家」ではない。このことは、2004年にバスク自治州議会が可決した自治憲章改正案（通称「イバレチェ・プラン」）に対する反応にも表れていた。同改正案は、歴史的諸法を前提としてスペイン国家との「和約」による共生をうたっていたが、そこに込められたスペインの不可分の一体性への挑戦、自決権の主張、複数の「民族」からなるスペインという捉え方が、憲法原理と抵触するおそれがあったことから、2005年2月に下院で否決された。

　もう1つは、「民族体」と、それ以外の「地域」を併記することで、前者の特権的地位を相対化するための妥協である。「民族体」が固有の言語・文化的背景を有する歴史的諸地域（上記の他にガリ

シアを含む）を指すことは文脈上明らかであったが、明確な定義はなく、「地域」との区別を示す基準も示されなかった。しかし、これらの憲法上の妥協が、民主化後のスペインにおける分権化の潮流を規定したことは確かである。この妥協は、主に歴史的地域への導入を念頭に置く自治州の制度が全土に普及し、スペインが「自治州国家」に変貌する最大の要因となった。

スペイン

二重の分権化

分権化の第1の局面

　民主化後のスペインにおける分権化の第1の局面は、「民族体」とそれ以外の「地域」を単位とする自治州（原語表記はcomunidad autónoma［自治共同体］であるが、本章ではより一般的な「自治州」の呼称で統一する）の創設である。自治州とは、領域内に県および市町村の2層の自治体を有する広域政治・行政単位であり、それ自体が準憲法的な法的位置づけを持つ「自治憲章」の下に、立法・議決機関である自治州議会と、執行機関である自治州政府を有する第3の自治体である。この第3層目が民主憲法に明記され、1980年代前半までに全国的制度として急速に普及したことは、19世紀以来のスペインの政府間関係の展開における画期的な出来事であった。

　スペインにおける自治州の創設は、中央政府との厳格な権限配分と画一的制度を地域に適用する形ではなく、各地域が自治憲章を制定し、要求する自治のレベルまでも自己決定するホーム・ルールの手続きを基本とする。その編成方法は、若干の例外を除いて、おおむね次の2つの方法によっていた。1つは1978年憲法第143条に基づき、自治州を構成する予定のすべての県議会と各県の3分の2の市町村議会の賛同を得て発議した後、国会承認を経て自治州を編成する方法である。もう1つは憲法第151条に基づき、すべての県議会および各県の4分の3の市町村の賛同を経て発議し、住民投票で各県有権者の過半数の賛同を経た後に、国会で審議される。さらに国会承認の後に再度住民投票にかけられ、再び国会承認を受けて自治州を編成する方法である。

　住民投票を必要としない「143条自治州」の方が自治州設置のハードルが低いが、その分獲得する権限の範囲も狭く（憲法第148条第1項に列挙された権限）、最初から広い範囲の権限を持つ「151条自治州」（憲法第149条第1項に規定される国家の専管事項［司法・外交・国防など］以外の広範な権限）と同等の自治権を獲得するためには、自治憲章の制定から5年が経過した後の憲章改正が必要と

スペイン

図1　スペインの自治州

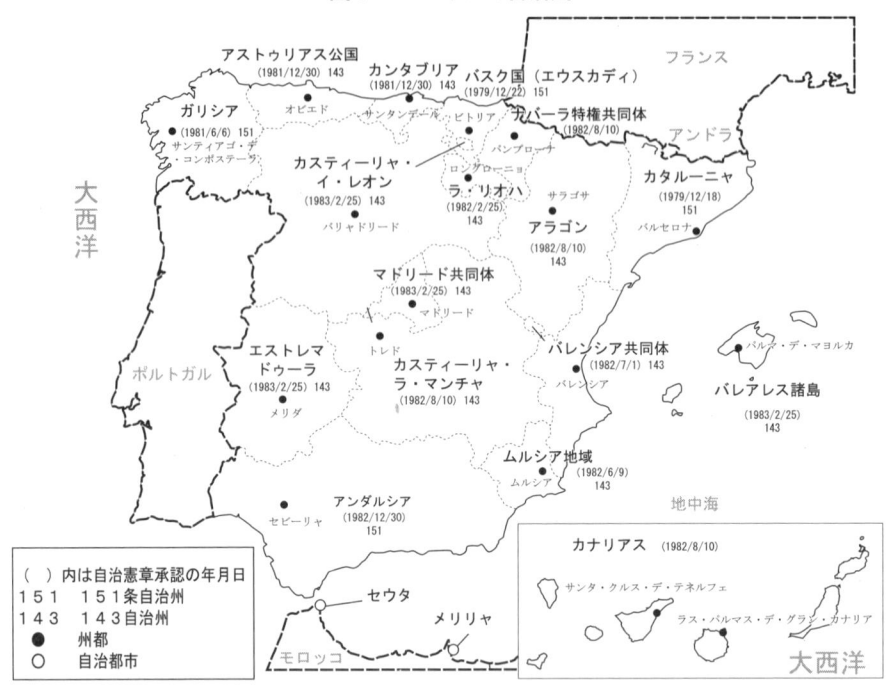

出典：Julio López-Cavalillo Larrea, *Atlas de historia contemporánea de España y Portugal*, Sintesis, 2002, p. 184の地図より作成。

注1：地図中の自治州は正式名称をもとにしているが、本章のその他の部分では通称を用いる。
注2：フランコ体制期も一定の自治を享受していたナバーラは、憲法経過規定第4に基づく特別立法で自治州に移行した。
注3：バスク国の領域内にはカスティーリャ・イ・レオンの飛び地（ブルゴス県の一部）が存在する。
注4：カナリアス諸島はテネリフェ島とグラン・カナリア島に2つの州都を持つ。

された。当初、憲法が自治州の設置を予定していたのは、バスク、カタルーニャ、ガリシアの3つの歴史的地域のみであり、これらの地域では第151条の住民投票が省略されるなどの例外的措置（経過規定第2）が取られた。

　いったんこのような手続きが確立すると、共通のアイデンティティさえ希薄な地域にも自治州設置の動きが生まれた。アンダルシアは「151条自治州」の正規手続きに挑戦したが、住民投票段階での要件が満たされず、政府与党（民主中道党）とアンダルシア社会主義党との妥協に基づく超法規的措置で自治州の地位を得た。さらに1981年2月には、テヘロ大佐のクーデタ未遂事件を契機として、

UCD（民主中道党）とPSOEが権限移譲過程の統制を目的とする自治協定を締結した結果、143条自治州も経過期間満了以前に大きな自治権を獲得し、1983年までに17自治州がなし崩し的に成立した。

　歴史的3地域は当然のように自らを「民族体」と規定したが、後にアンダルシア、バレンシア、アラゴン、カナリアスも自治憲章の中で「民族体」を称している。憲法上の「地域」に相当するその他の自治州も、自治憲章において何らかの歴史的独自性をほのめかすのが一般的であり、純然たる「地域」として自己規定を行うのは、エストレマドゥーラ、ムルシア、カスティーリャ・ラ・マンチャのみである。このような歴史的独自性の強調は、規模の面のみならず、社会経済的特徴などの点でも多様な自治州を誕生させる結果となった。自治州に対する不均等な権限配分（非対称性）と相まって、このことは、「自治州国家」体制において、自治州間の協調よりも競争に支配される競争的「連邦制」への傾斜を生み出している。

分権化の第2の局面

　分権化の第2の局面は、自治州よりも下位にある自治体の組織・権限・財政に関する改革であった。体制移行期の首相アドルフォ・スアレスは、総選挙の日程との関係で早期の地方選挙の実施に消極的であり、1977〜1979年4月には、自由選挙を経て成立した中央政府とフランコに任命された地方行政機関との間に鋭い緊張が生じた。結局1979年に最初の地方選挙が行われ、1985年以降は「一般選挙法」（LOREG）に基づいて地方選挙が実施されるようになったが、憲法制定過程における左派の譲歩を受けて、過去における中央集権の象徴である県は、1977年・1978年の選挙法で選挙区として残されることになった。

　民主体制下における地方自治の基本的枠組みの整備は、1985年にPSOE政権が「地方制度基本法」（LBRL）を成立させたことに始まる。1978年憲法は、国家と自治州の権限については明記しているが、それ以下の自治体については詳しく述べていない。この法律は、スペイン史上初めて自治体の権限や他の行政機関との協働に関するガイドラインを定めたもので、画期的である。地方制度の第1層目には「市町村」（municipio）が存在しているが、市町村はフラ

スペイン

ンコ期を除いて選挙された執行機関を有し、自治の単位としては、1833年の国家機構改革で導入された県以上によく定着している。ポルトガルの「市町村」とは異なり、スペインではこれが最小の自治の単位である。したがって、ポルトガルの市町村よりも一般にかなり小規模であり、総数は8,000を超える。

市町村の基本的組織は、ドント式比例代表選挙によって選出された立法機関の市町村議会（pleno del ayntamiento）（任期4年）と、議会から選出された市町村長（alcalde）である。市町村議会はイギリスのカウンシルにも似ているが、スペインの場合、市町村長は単なる名誉職ではなく、実質的権限を行使して活発な政治的・行政的活動を行うのが一般的である。市町村ごとの議員定数は人口に比例するが、郡部の小規模な自治体には最低5人の議員が確保される。市町村議会は国会または州議会の立法の範囲内で条例（ordenanza）を起草・承認する権限を有し、市町村長の業務を監視する機能を有する。

LBRLは、バスク3県（アラバ、ビスカヤ、ギプスコア）を例外として、市町村議員から間接的に選ばれる県議会（diputación provincial）を設置するなど、県についても限定的ながら民主的改革を加えた。県議会も一定の範囲で条例の制定権を持つが、県議会と市町村議会との大きな違いは、後者が国家財政および州財政からの移転を補完するための独自の課税権を持つこと、また市町村を超えたレベルの機関に参加し、市町村以下のレベルの機関を創設し、市町村の境界線を変更し、上級機関との協議の上で市町村を改廃することができる点である。

しかし、従来の県と市町村を温存しながら自治州が設置されたために、行政コストは1980年代に大幅に上昇し、自治州より下の行政単位の実質的な整備は遅れがちとなった。しかも、45％が500人未満、85％が5,000人未満に区分される市町村の規模の小ささは、財政基盤の貧弱さを意味する。市町村が担うべきサービスの種類は、多くの自治体が、自治体としての基本的サービスを提供することさえおぼつかない状態にあることを意味していた。後に述べるように、市町村の構造的な弱さを克服する方法として、現在のスペインでは、様々な形態の自治体間協力が発達しつつある。

いずれにしても、自治州の成立に次ぐ「第2の分権化」が実質的

に始まったのは、スペイン県・市町村連盟（FEMP）が自治体権限について様々な改革案を検討し始める1993年以降である。FEMPは、自治体権限に関わる諸問題を特定するために、交通・運輸、消費、スポーツ、教育、雇用、青年、環境、女性、市民保護、保健、社会サービス、観光、都市問題といった広範な分野を対象に、諸政党や中央政府を含む当事者間で結ばれる「地方協定」（pacto local）を重視した。地方協定の目的は、①市町村行政の権限が及ぶ範囲の再定義と、②国家および自治州から市町村への権限委譲を通じて、市町村の地位を強化することである。アスナール政権はFEMPの提案に応じ、1997年に「地方協定の促進に関する合意のための基礎」を策定し、1999年まで様々な交渉が続いた。

　中央レベルではLBRL等の基本法の改正を通じて、市町村自治に関する憲法裁判所への提訴権、市町村長および市町村議会の権限の強化（特に前者の予算権限、許認可権、契約締結の権限など）の重要な制度的改革がなされ、次いで自治州レベルに協定実施の場が移った。しかし、一般に自治州から市町村への大幅な権限委譲は起こりにくく、また市町村も十分な財政的裏付けを欠く権限委譲に慎重であったことから、カスティーリャ・ラ・マンチャ（都市計画）、アストゥリアス（自治州政府との協議機関の設置）など、一部の領域について、ごくわずかな自治州が対応を示したに過ぎない。

スペイン

「自治州国家」体制

非対称「連邦制」の姿

　1978年憲法の規定を受けて創設された17の自治州は、空間計画、公共住宅、公共事業、文化、医療、スポーツ、環境などの分野における排他的権限と、農業、教育、経済発展の分野における大きな権限を有し、この30年間に広域自治体として確固たる位置を占めてきた。多民族間の権力共有のための処方箋を提供しているかに見えるスペインの国家体制は、国連開発計画（UNDP）の2004年度報告書でも非対称「連邦制」として高く評価されているが、本国で「自治州国家」と呼ばれるその全体像は、サグラダ・ファミリアの外観を彷彿とさせる複雑な様相を呈している。ここでは、非対称「連邦制」としての側面に焦点を絞りながら、そのいくつかの特徴について述べる。

　すでに述べたように、民主化直後の政治状況の産物として性急とも言える形で発足した17自治州は、それぞれの立脚する「歴史的独自性」以外の点でも、様々な点で多様であった（表1参照）。面積については最大（カスティーリャ・イ・レオン）と最小（バレアレス）の差が約19倍であり、人口については（同じくアンダルシアとラ・リオハ）約26倍もの差がある。1人当たりGDPについても、最高値（マドリード：全国比129.33）と最低値（エストレマドゥーラ：同70.47）の格差は無視できないほど大きく、アンダルシア、カナリアス、ガリシアにおける社会的排除も深刻であるとされている。こうした格差は、EU内で成長著しいスペインが、今なお国内的収斂を必要とし、州ごとの多様な社会政策を生み出している原因である。

　また、17自治州のうち、単独の県で構成された自治州は7つであり、複数県による自治州の中でも、特にアンダルシア（8県）とカスティーリャ・イ・レオン（9県）は突出しており、カタルーニャのように、独自の自治憲章の規定に基づいて、県と市町村の間に群（comarca）のような特別の枠組みを設けている例もある。公共サービスの供給主体としての県の即時廃止が難しい以上、複数県を抱

スペイン

表1　スペイン自治州・自治都市の基本的特徴（2004年）

自治州（設置年）	県数	市町村数	当初権限	財政制度	人口（千人）	（％）	面積[km²]	（％）	1人当りGDP[€]（平均= 100）
アンダルシア（1981）	8	70	大	LOFCA	7,688	(17.80)	87,597	(17.31)	14,361　(77.75)
アラゴン（1982）	3	730	小	LOFCA	1,250	(2.89)	47,720	(9.43)	19,662　(106.45)
アストゥリアス（1981）	1	78	小	LOFCA	1,074	(2.49)	10,604	(2.10)	16,148　(87.42)
バレアレス（1983）	1	67	小	LOFCA	955	(2.21)	4,992	(0.99)	20,636　(111.73)
カナリアス（1982）	2	87	大	LOFCA	1,916	(4.43)	7,447	(1.47)	17,094　(92.54)
カンタブリア（1982）	1	102	小	LOFCA	555	(1.28)	5,321	(1.05)	18,370　(99.45)
カスティーリャ・ラ・マンチャ（1982）	5	916	小	LOFCA	1,849	(4.28)	79,463	(15.70)	14,626　(79.19)
カスティーリャ・イ・レオン（1983）	9	2,248	小	LOFCA	2,494	(5.77)	94,223	(18.62)	17,851　(96.64)
カタルーニャ（1979）	4	946	大	LOFCA	6,813	(15.77)	32,114	(6.35)	21,517　(116.49)
バレンシア（1982）	3	542	大	LOFCA	4,543	(10.52)	23,355	(4.60)	17,851　(92.33)
エストレマドゥーラ（1983）	2	382	小	LOFCA	1,075	(2.49)	41,634	(8.23)	13,016　(70.47)
ガリシア（1981）	4	315	大	LOFCA	2,751	(6.37)	29,574	(5.84)	15,420　(83.49)
マドリード（1983）	1	179	小	LOFCA	5,805	(13.44)	8,028	(1.59)	23,889　(129.33)
ムルシア（1982）	1	45	小	LOFCA	1,295	(3.00)	11,313	(2.24)	15,277　(82.71)
ナバーラ（1982）	1	272	大	自治憲章	585	(1.35)	10,391	(2.05)	23,163　(125.41)
バスク（1979）	6	251	大	自治憲章	2,115	(4.90)	7,234	(1.43)	23,867　(129.22)
ラ・リオハ（1982）	1	174	小	LOFCA	294	(0.68)	5,045	(1.00)	20,310　(109.96)
セウタ（1995）	0	1	—	—	75	(0.17)	19	(0.00)	17,374　(94.06)
メリーリャ（1995）	0	1	—	—	68	(0.16)	13	(0.00)	16,754　(90.65)
合計	50	8,110	—	—	43,198	(100.00)	505,987	(100.00)	18,741　(100.00)

出典：Table 11.1, Julio Lopéz Laborda and Carlos Monasteiro Escudero, "Regional Governments : Vertical Imbalances and Revenue Assignments," in Jorge Martinez-Vazquez, ed., *Fiscal Reform in Spain*, Edward Elgar, 2007, pp. 424-5をもとに作成。市町村数は2005年1月1日現在のもの。

える自治州は二重行政の負担を背負うことになる。

　すべての自治州は、比較的早い段階で151条自治州と原理的には同じ「大きな権限」を持つことになったが、自治憲章の規定の違いや中央政府との交渉能力の差に応じて、実際に行使できる権限の範囲が大きく異なっている。例えば、原則として課税の原権限は国家に属し（憲法第133条）、多くの自治州の財政は国庫からの財政移転と州間の財政調整の枠組みに依存している。しかし、バスクとナバーラは、歴史的諸法の延長線上に国家との「経済協約」（concierto, convenio）に基づく独自の税制を持ち、個人所得税、法人所得税、

付加価値税などの形で徴収した税の一部を国家行政に対する分担金として国庫に納入する形がとられている。

　自治州への権限委譲に関するこのような特殊な取り決めは、地方公用語の認定、自治州警察、民事法などにも及ぶが、これらは「特別の地位」(hechos diferenciales) と総称されている。「特別の地位」は「自治州国家」の非対称性の最たるものであるが、このような特権的な地位の拡充を求める傾向は、歴史的3地域を中心とする歴史的個性の強い自治州で顕著であり、それ以外の自治州との対立・競合関係を生み出す原因となっている。スペイン国家は建前上「連邦制」ではなく、自治州間の調整や協力のための制度的枠組みをほとんど持たない。それゆえに、自治州同士の横の関係は、個々の自治州と国家との間で結束基金の分配や権限委譲をめぐって展開される2者間関係（垂直的協定または憲法裁判）の影響を受け、競争的性格を強めている。

　例えば、財政制度に関するバスクとナバーラの特権的な体制を常に批判し、同時に独自の財政的権限を強く求めてきたのは、地域主義政策に対する強い支持を持ち、中央政府との交渉にも長けたカタルーニャであった。しかし、カタルーニャのように豊かでない自治州は、国家から委譲された事務事業を支える目的で創設された地域間補償金（FCI）からの国庫移転が、カタルーニャを含む人口密度の高い州に有利であることに不満を持っている。また、バスクとカタルーニャは、基金の一方的負担を避けようとするなど、自治州間の経済格差に起因する財政紛争にまで発展している。憲法において自治州への権限配分や資源配分の基準が明示されていないだけに、「自治州国家」の非対称的構造に由来する自治州間の競争は激しくならざるを得ないのである。

地方制度と政党政治

　「自治州国家」における競争の図式は、地域主義政党を巻き込む複雑な政党政治によって、政治化する傾向がある。スペインの政党政治は、現在のところ、PSOEとPPを2つの中心として展開されており、2008年3月の総選挙で、2大政党は併せて下院議席の92.0%（350議席中322議席）、上院議席の91.3%（208議席中190議席）を占有した。しかし、特に1993年以降の政党政治においては、いずれか

表2　地域政党と州政府の政権構成（2008年6月現在）

自治州	下院と州議会に議席を持つ	州議会にのみ議席を持つ	州政府の政権構成
カタルーニャ	CiU：集中と統一 ERC：カタルーニャ左翼共和党 ICV：カタルーニャ主導-緑の党	－	PSC（カタルーニャ社会党＝PSOEカタルーニャ）＋ERC＋ICV（2003～）
バスク	EAJ-PNV：バスク民族主義党 EA：バスク連帯党	EH：バスク人民連合	EAJ-PNV＋EA＋IU（2001～）
アンダルシア	－	PA：アンダルシア党 IULV-CA：統一左翼・緑・アンダルシアのための動員	PSOE（1982～）
アラゴン	ChA：アラゴン評議会	PAR：アラゴン党	PSOE＋PAR（2003～）
カナリアス	CC：カナリア離島連合	－	CC＋PP（2007～）
ガリシア−	BNG：ガリシア民族主義ブロック	－	PSG（ガリシア社会党＝PSOEガリシア）＋BNG
バレアレス	－	BM：マヨルカのためのブロック UM：マヨルカ同盟 PSM-V：マヨルカ社会党・緑 EC：変化へのイビサ AIPF：フォルメンテラ人民独立グループ	PSOE＋BM＋UM＋EC（2007～）
ナバーラ	ナバーラ民族党（Na-Bai）：PNV＋EA＋Aralar（アララール党）	UPN：ナバーラ人民同盟 CDN：ナバーラ民主集中 PNV：バスク民族主義党	UPN＋PP（1991～）
カンタブリア	－	PRC：カンタブリア地域主義党	PRC＋PSOE（2003～）
カスティーリャ・イ・レオン	－	UPL：レオン人民同盟	PP（1987～）
ラ・リオハ	－	PR：リオハ党	PP（1995～）
アストゥリアス	－	－	PSOE（2007～）
マドリード	－	－	PP（1995～）
カスティーリャ・ラ・マンチャ	－	－	PSOE（1983～）
エストレマドゥーラ	－	－	PSOE（1983～）
ムルシア	－	－	PP（2007～）
バレンシア	－	－	PP（1995～）

出典：Table 6.4 in Richard Gunther, José Ramón Montero and Joan Botella, *Democracy in Modern Spain*, Yale University Press, 2004, p. 315を元に最新の選挙情報等を補充して作成。

スペイン

の政党による単独多数の確保が容易でなくなっている。したがって、少規模な地域主義政党がしばしばキャスティング・ボートを行使する立場に置かれる。州選挙は次第に国政選挙の予備選挙としての性格を強くしているが、州政治の「全国化」はより深いところで起きているのである。

　スペインの議院内閣制にはドイツの建設的不信任制度に類する安定装置があり、少数派政権が簡単に倒壊することはないが、多数決を基本とする国会審議においては、各自治州に基盤を持つ地域主義政党の存在を無視することができない。地域主義政党の中には、州議会にのみ議席を持つ政党もあれば、国会に議席を持つ政党もある（表2参照）。多くの地域主義政党の目標は分離・独立ではなく、自治権の拡大や地域利益の実現であり、下院における地域主義政党は、中央政府に対して、各地域の利益の最大化を求める圧力集団の役割を果たしている。2大政党が単独で議会の多数を制することが難しい中で、これらの政党は政府との交渉相手となり、また閣外協力の形をとりながら、議席数が表す以上の影響力を行使する。

　州政府の政権構成に着目すれば、バスクを除く（2008年6月現在）すべての自治州で、2大政党のどちらかが政権に参画しているが、カタルーニャ、アラゴン、カナリアス、ガリシア、バレアレス、ナバーラ、カンタブリアでは地域主義政党を含む連立政権が成立し、その他の地域でも2大全国政党による少数派政権が増加している。2大全国政党は、これらの地域主義政党との交渉や妥協によることなく、自治州を統治できない。州議会にしか議席を持たない政党さえも、この点では影響力を発揮する余地がある。多くの地域主義政党は、欧州統合に伴ってEUが強化されれば中央政府の相対的比重が下がり、自治州を含む下位政府の重要性が高まると考え、圧力活動を強めていった。

　地域主義政党の影響力の拡大は、1989年総選挙でPSOEが大幅に後退した時からあらわになり始めたが、その傾向は衰えず、1996年総選挙で少数派政権（アスナール首相）を余儀なくされたPPは、地域主義政党に歩み寄り、欧州統合と経済問題、法の支配の問題などの共通課題について正式な協定を取り結ぶに至った。また、このPP政権は、カタルーニャ自治州政府与党CiU（集中と統一）と個別に交渉し、ブリュッセルにカタルーニャの代表を置くことが承認さ

れた。しかし、このような地域主義政党の影響力行使の力点は、自治州の権力の一般的な増大ではなく、むしろ他の自治州への同化を避けるため、中央政府との2者間関係に置かれてきたことは強調されてよい。

　地域主義政党との関係で触れておかなければならないのは、バスクの政治的暴力である。カタルーニャの政党の多く（ただしERC［カタルーニャ共和主義左派］を除く）は、一様に現行憲法を受け入れ、政治的自治と固有の言語・文化が維持される限り、スペイン国の一部であることに満足している。これに対してバスクでは、穏健なPNV（バスク民族主義党）から急進的なHB（バタスナ党）に至るまで、バスクの主権を認めない現行憲法には批判的である。特に、HBと結びつきの強いETA（バスク祖国と自由）は民主化以降も実力行使を緩めておらず、いわゆる「バスク問題」は、歴代政府に重い課題を突き付けている。

　バスクにおける優越政党であるPNVは、実際には体制を受け入れているが、急進的なバスク・ナショナリストに包囲されていることで、中央に対する批判的な姿勢を維持せざるを得ない。しかし、中央政府により非合法化されているHBはバスク自治州における連立政権のパートナーではあり得ないので、PNVは場合によって全国政党と組まなければならず、ここにバスク政党政治のジレンマがある。2003年に政権の座を失ったカタルーニャのCiUとは異なり、PNVは依然としてバスク政治を支配しているが、HBの潜在的支持者の排除が、バスクの政党政治を不安定なものとしているのである。

スペイン

さらなる分権化に向けて

地方財政の課題

　国家との政治的交渉に基づく権限委譲の過程は、非対称かつ複雑にならざるを得ない。教育と保健衛生について当初から権限を持つ自治州はわずかであった。カタルーニャ、アンダルシア、バスク、バレンシアは1980年代に保健衛生に関する権限を与えられ、ガリシア，ナバーラ，カナリアスは1990年代初頭にその権限を獲得した。教育に関する権限委譲も、1980年代から1990年代初頭にかけて行われ、10年以上かけて、社会政策上の重要権限を持つ7つの自治州が誕生することになった。1992年の自治協定で全自治州に対する等しい権限委譲が承認されたことを受けて、1996年には残りの自治州に対して教育に関する権限委譲が合意され、2001年12月には残りの10州に保健に関する権限委譲を認める合意が成立した。

　自治州の権限拡大は、遅ればせながらの福祉国家の発達と関係しており、社会サービスと所得保障が適用範囲や手続きの面で州ごとに異なるのも、このことを反映している。1986年のEC加盟によって、中央政府が欧州諸機関への参加を通じて自治州の管轄事項に介入し、自治権の実質的縮小を招くおそれが生じたが、最も重要な制限は、自治州と中央政府が責任を分かち合う保健衛生と教育の分野に対するものであった。これらの分野では、サービス供給の基本的条件の設定やアクセスに関する手続きなどを自治州が変更することはできず、自治州に対しては、基本的サービスを引き下げることなく、制度の運用や条件の改善について、領域内でのみ有効な法律を定めることだけが許されている。

　さらに自治州の権限の実質的制約は、財政面での制約にも基づいている。1978年憲法の規定によれば、自治州が財政的権限を持つには議会立法による明示的な権限委譲が必要である。当初6年間の暫定的立法として成立した1980年の自治州財政法（LOFCA）は、自治州に対する財政権限の委譲を行わず、基本的に国庫からの税収の移転や州間の財政調整の枠組みによって自治州の財政がまかなわれる仕組みの原型が作られた。EUからの構造基金・結束基金の配分

についても、国庫を通じての間接的な移転として処理される。現在、中央財政は公共支出の約50%を占め、自治州は35%、市町村は15%を占めるが、自治州の支出の多くは国家財政に依存している。

　自治州に付与された全ての権限は、かつて国家の業務として、中央政府の予算から支出されていた。したがって、自治州に予算を配分する場合には、「サービス劣化の回避」と「財政的効率性の確保」が2大原則となる。権限委譲に伴う財政支出は、中央政府と関係自治州政府の代表からなる「権限委譲混合委員会」（Comisiones Mixtas de Transferencias）により検討されるが、①そもそも予算計上方式が、費用計算ではなく支出統制の観点に基づくので、信頼できるデータが存在しないこと、②権限委譲の時点での計算が基準となり、同様の権限を委譲された自治州の間で不公平が生じるおそれがあること、③自治州の財政が既存の国家財政から分離されたものである以上、自治州は完全に自由に権限を行使できるのではなく、文字通りの排他的権限は、自治州の公共事業、インフラ、交通など、一部の領域にしか及ばない、などの問題がある。

　このように、権限委譲の水準では連邦制国家に限りなく近づいている「自治州国家」体制は、財政面での連邦制的構造を欠いており、結果的に国家の介入を伴わずに権限を行使する上では不十分な財政的資源しか持ち合わせていない。しかも、EUのさらなる拡大に伴って、地域開発に関わる構造政策の焦点は、東欧の新規加盟国に移動しつつある。自治州は独自の収入減を持ち、補助金や国庫移転に依存しない財政構造を構築する必要がある。そのためには、バスクやナバーラに見られる「経済協約」体制を各自治州が持つか、「経済協約」体制を国家と自治州の普遍的関係にまで高めるかの選択が必要となるであろう。しかし、すでに見たように、この問題は「特別の地位」をめぐる自治州間の対立と競争の最大の焦点の1つであり、解決は容易ではない。

　一方、1978年の時点で市町村の公的支出に占める割合は13%であり、現在でもその値は15%程度に留まる。これは近隣諸国に比べて低い値である。もっとも、GDPに占める地方財政支出の割合が1980年の5.02%から2000年の6.15%に上昇し、GDP自体も911億6千万ユーロから6105億4千万ユーロに成長したことから、民主化後のスペインにおいて公共部門の役割が急速に拡大し、それに応じて市

町村財政の重要性が高まったことは明らかである。しかし、こうした責務の拡大に市町村の能力が追い付かず、改革が後回しにされたことは、民主化直後から差し迫った市町村財政危機を引き起こしてきた。政府は1980年代を通じて市町村の財政的権限を拡大するなどの措置を講じたが、結果的には累積赤字を増やしただけに終わった。

1988年の地方財政法（LRHL）の制定は、地方税率の設定を認めることによって市町村の財政収入の自律性を強化した。もっとも、地方税を設定する権限は市町村ではなく国または自治州に留保されているのであり、地方税収や手数料収入だけで市町村財政を充足することはできない。そのために、市町村への国庫または自治州財政からの移転と起債の権限が、補完的な措置として必要となっているのである。市町村がますます増大する業務をこなすために、公共支出の25％程度を占める必要があるとする試算もある。

スペインの市町村の公共支出が近隣諸国に比べて比較的小規模に留まっているのは、教育に関する権限委譲がまだ実現していないためである。教育は連邦制的な体制の下では特に「第2の分権化」が求められる分野であるが、逆に言えば、スペインでは市町村がこうした新しい権限を獲得する上で、財政権限の強化という前提が満たされていない。2001年の一般財政安定法（LGEP）により、あらゆるレベルの政府に財政工学に基づく厳しい財政規律が求められるようになった点に加えて、特に自治州が財政的権限を含む権限委譲を嫌う傾向にあるため、公共支出の25％という理想への到達は、きわめて困難であると予想される。

自治体間協力の発展

1970年代の民主化を通じて、スペインは自治州制度の導入による分権化の決定的な一歩を踏み出したが、その一方で、フランコ期に国家行政の重要な部分をなした県の地位が脅かされることになった。複数県からなる自治州では、実際に県を中間的行政レベルと見なしている場合もあるが、県の頭越しに独自の行政区を設置したり、市町村と直接交渉したりする自治州もあり、全体として県の地位が下降線をたどっていることは明らかである。市町村機能の強化も、県と同様に自治州の急激な発達の犠牲とされてきた。LBRL第

26条には、市町村の人口規模に応じて提供すべき最低限のサービスが規定されているが、すでに述べたように、スペインの市町村の多くは極小規模であり、単独で提供可能な基本的公共サービスの種類が、権限の面からも財政の面からも著しく制約されている。

県の衰退に伴って、圧倒的に小規模な市町村が調整機能を失い、ますます窮地に陥っているという事態に対応すべく、市町村は、様々な形態の相互協力の枠組みを活発に利用しつつある。現代スペ

表3　自治体間協力の様々な形（2006年）

自治州	市町村連合	行政コンソーシアム	都市圏
アンダルシア	86	254	0
アラゴン	68	22	0
アストゥリアス	17	14	0
カナリアス	20	17	0
カンタブリア	18	4	0
カスティーリャ・イ・レオン	216	48	0
カスティーリャ・ラ・マンチャ	122	30	0
カタルーニャ	75	247	2
エストレマドゥーラ	83	25	0
ガリシア	43	21	0
バレアレス	7	84	0
ラ・リオハ	25	2	0
マドリード	41	38	0
ムルシア	10	20	0
ナバーラ	64	11	0
バレンシア	56	54	2
バスク国	35	n.a.	0
計	988	(891)	4

出典：Table 2 in Eva Nieto Garrido, "Inter-Municipal Cooperation in Spain : Dealing with Microscopic Local Government," in R. Hulst and A. van Montfort (eds.), *Inter-Municipal Cooperation in Europe*, Springer, 2007, p.175を元に作成。バスクについては、市町村連合と都市圏についてのみ Ministerio de Administraciones Públicas, *Libro Blanco para la Reforma del Gobierno Local*, 2005, pp. 75-76 の付表より。

注：バスクにおける行政コンソーシアムの実数は把握できなかった。

スペイン

インの自治体間協力には、①市町村連合（mancomunidad）、②都市圏（area metropolitana）、③行政コンソーシアム（consorcio）の3種類がある。市町村連合は自治体間協力の純粋形態であり、市町村間の相互協定により成立する。都市圏は自治州によって法的に定められるので、手続き的に地方自治体は都市圏政府を自ら作ることはできないが、都市圏評議会は地方自治体の代表から構成される。行政コンソーシアムは市町村連合と同様に自発的性格を持つが、市町村の他に県代表団、自治州、国家、場合によっては非営利団体も含まれる。

　市町村連合はLBRL第44条により規定され、自治州の立法においてもその基本的性格は尊重されている。現在、全市町村の70％以上が何らかの市町村連合に属していることからも、その重要性は明らかである。市町村連合の結成は基本的に自発的であるが、領域の確定については、自治州の立法が認める範囲でしか越境的連合を組織できない。複数の市町村が連合体を結成して協力する事例が増えている最大の理由は、すでに述べたように、細分化された市町村が、単独では基本的公共サービスを提供する能力を欠いていることである。

　もっとも、市町村連合は、単独の市町村が権限を持たない業務（例えば5,000人未満の市町村における警察業務）を担えるわけではない。水道、ごみ処理、墓地管理など、単独の目的しか持たない市町村連合が全体の40％を占めているとはいえ、市町村連合は参加市町村の様々な行政的ニーズを満たすために本来多目的性を持ち、参加市町村の地位はあくまでも平等である。また、多くの市町村連合は、財政基盤の弱い参加市町村の出資にのみ依存するので、共通事務の管理の効率化や、提供されるサービスの質の向上については、あまり適切ではない形態であると言える。

　一方、自治州が定める特別法に基づく都市圏については、そもそも都市圏の設定に関する憲章規定を有する自治体自体が少数であり、現在ではバレンシアとカタルーニャに2つずつ都市圏事業体が存在するだけである。これらは、交通、水道、ごみ処理などの特殊領域に関するもので、他のヨーロッパ諸国に見られるように、都市圏が包括的な広域行政の枠組みとして発達しておらず、都市計画にさえ関与していない。スペインでは、都市問題への対応として都市

圏という枠組み自体の有効性が疑問視され、これに代わるものとして、自治州自身が市町村の政策調整と大規模なサービス提供を行うか（マドリード）、広範な業務と権限を持つ多目的市町村連合を活用する（アンダルシア）などの形がとられている。

　市町村連合、都市圏がそれぞれに問題点を抱えていることを背景に、1990年代以降には行政コンソーシアムが急増している。コンソーシアムは参加する行政機関の共通の利益あるいは公益の実現のために設立されるが、その目的は、若年層の職業訓練、雇用促進、地域および外国文化の普及、社会サービス、森林管理および環境、消費、都市計画、廃物処理、地方行政の調整など多岐にわたる。また、コンソーシアムは、多様な参加主体、特別の目的、常任機関の設置の必要性という3つの点で、他の行政協力の形態とは大きく異なる。LBRLはこれに関してほとんど規定を持たず、コンソーシアムを市町村協力の基本的形態とは見ていないが、このことは、コンソーシアム方式が地方行政の枠外にあり、その設立にあたって州政府や中央政府の承認を必要としないことを意味する。

　合同事業の専門的管理に加えて、市町村に上級政府の財政的コミットメントと政府間調整の常設の枠組みを与える点にこそ、コンソーシアム方式の最大の利点がある。今日では、欧州統合の進展とともに、国境を超えるコンソーシアムも発達しつつある。その最初の事例は、1995年のバイヨンヌ条約に基づいて、1997年末にスペインとフランスの自治体間で設立された「ビダソア＝チングディ・コンソーシアム」であった。EUは、国境地帯の不利益を克服するために、こうした地域の市場統合を促進する「越境地域協力資金」（インターレグ）を提供している。コンソーシアムは、柔軟性と強力な調整機能を背景に、その受け皿として機能している。こうした新しいガヴァナンス・モデルの普及は、規模の経済の論理にとらわれ続けてきた市町村が、「第2の分権化」に向かう新しい活力を与えることになるであろう。

スペイン

参考文献

Aja, Eliseo, *El Estado autonómico: federalismo y hechos differenciales*, 2.ª edición, Alianza Editorial, 2003.

Barreiro, Belén and Ignacio Urquizu-Sancho, "Under the Impact of Territorial Reform: The May 2007 Local and Regional Elections in Spain," *South European Society and Politics*, vol. 12, no. 4 (December 2007).

Carrillo, Ernesto, "Local Governance and Strategies for Decentralization in the 'State of the Autonomies'," *Journal of Federalism*, vol. 27, no. 4 (Fall 1997).

Gunther, Richard, José Ramón Montero and Joan Botella, *Democracy in Modern Spain*, Yale University Press, 2004.

Magone, José, *Contemporary Spanish Politics*, Routledge, 2004.

Martinez-Vasquez, Jorge and José Félix Sanz-Sanz (eds.), *Fiscal Reform in Spain*, Edward Elgar, 2007.

Parada Vásquez, Ramón and Jesús Ángel Fuentetaja Pastor (dirs.), *Reforma y retos de la administración local*, Marcial Pons, 2007.

Nieto Garrido, Eva, "Inter-Municipal Cooperation in Spain: Dealing with Microscopic Local Government," in R. Hulst and A. van Montfort (eds.), *Inter-Municipal Cooperation in Europe*, Springer, 2007.

Subirats, Joan and Raquel Gallego (eds.), *Veinte años de autonomías en España*, CIS, 2002.

Vilalta Reixach, Marc, *El consejo de gobiernos locales*, Iustel, 2007.

立石博高・中塚次郎編『スペインにおける国家と地域　ナショナリズムの諸相』国際書院・2002年

萩尾生「自治州国家スペインにおける『歴史的諸法』―地域自治に対する歴史的独自性の射程」宮島喬・若松邦弘・小森宏美編『地域のヨーロッパ　多層化・再編・再生』人文書院・2007年所収

横田正顕「スペイン―ヨーロッパ化と政府間関係の変容―」大島美穂編『EUスタディーズ3　国家・地域・民族』勁草書房・2007年所収

ポルトガル

XV

ポルトガル

単一制国家の伝統と分権化

歴史的背景

　　　　　　ユーラシア大陸最西端に位置するポルトガルは、西欧の中でも最も古い歴史を持つ国家の1つである。13世紀までに、いわゆる領土回復運動（レコンキスタ）を通じてほぼ現在と同様の国家領域を確定したポルトガルが、その余勢をもって「地理上の発見」の先駆的役割を果たしたことはよく知られている。17世紀末にハプスブルク帝国に編入され、大国の興亡の中に埋没していったポルトガルは、1668年の再独立後も、大航海時代に築き上げた植民地帝国の宗主国であり続けたが、その間に本土では、隣国のスペインがたどった軌跡とは対照的に、現代に受け継がれる主要な特色である集権的国家体制と高度の文化的同質性が形作られていった[1]。

　フランス革命の影響の下で1820年の自由主義革命の後に導入された諸改革、とりわけ1835年のモウジーニョ・ダ・シルヴェイラ改革に始まる行政改革は、典型的なナポレオン型近代国家の形成を目指し、伝統的自治体（コンセーリョ）に対する統制を強めていった。中央集権化への傾向はその後も一進一退を繰り返すが、1932年に成立したオリヴェイラ・サラザールの独裁体制の下で一気に加速した。サラザール体制の思想的基盤である「コーポラティズム」とは、端的に言えば自由主義革命以前の身分制的構造への回帰を通じて社会的調和を達成しようとするものであり、個人主義に代えて、職能・家族・地縁などの一次集団を基礎とする利益の代表と調整を重視していた。

---

1) 1990年代以降の移民の急速な増加に加えて、ポルトガル固有のエスニック少数派の問題も認識されるようになった。1999年1月に発効した「ミランダ言語法」（法律7/99）は、北東部のスペイン国境地域に近いミランダ・ド・ドウロ市周辺で話されているミランダ語を公認し、ミランダ語をミランダ市域における公用語の1つに認定することを定めている。しかしその一方で、ポルトガルは欧州評議会の地域・少数言語憲章に署名さえしておらず、また2001年の憲法改正で追加された第11条3項の文言「ポルトガル語を公用語とする」と、ミランダ言語法との整合性などの問題が残されている。

サラザール体制下での「地方自治体」は「ネイションの構成要素」の一部であり（1933年憲法第5条・第6条）、領域内の家族を代表し（第11条・第13条）、自らは職能評議会に代表される（第19条）と規定されていた。このように地方制度はコーポラティズム的秩序の根幹をなしていたが、他方で国家の小部分としての位置づけ（第124条）から、市町村長の政府による任命（行政法第36条）を始めとする中央からの厳格な統制に服し、また任務に対してわずかな収入源しか持たない「自治体」は、政府補助金への依存や共同統治を余儀なくされていた。そして中央と地方の政治的紐帯を確固たるものにするために、官製政党である「国民同盟」の地方支部長が「自治体」の長を監督していたのである。

民主化後の地方自治

　戦間期に起源を持つ強固な独裁体制として知られていたサラザール体制は、1961年に始まるアフリカ植民地解放戦争を戦う中で最終的にポルトガル軍の離反を招き、1974年4月25日のMFA（国軍運動）のクーデタによって倒壊した。その後2年にわたる革命的混乱を経て、ポルトガルは民主的国家としての第一歩を歩み始める。現代の地方自治制度の直接的起源は、この民主化の過程に求められると言って良いが、そこにはいくつかの大きな問題が残されていた。

　第1に、革命を通じた民主化の過程が、実質的に新たな中央集権化を引き起こし、地方分権の課題を先延ばしにしてしまったことである。サラザール体制期に「自治体」が置かれた惨憺たる状況は、市民生活の向上の必要性と結びついて、潜在的には地方自治の確立・強化に対する強い欲求を生んでいた。しかし、体制移行の革命的段階を通じて、中央・地方の行政機構に対する粛清の嵐、基幹産業の国有化や農地集団化の実施、自発的に生じた工場占拠や住宅占拠の運動を制御しようとして、様々な国家的介入が試みられた結果、実質的自治の拡大を求める声はかき消されてしまい、その後も自治体の国家への依存傾向が続いた。特にこれは、自治体の財政基盤の弱さに表れている。

　第2に、1976年憲法第238条（現第236条）第1項では、本土における行政教区（freguesia）、市町村（município）、行政州（região administrativa）の3層の地方自治制度が想定されていたが、新た

な制度としての行政州については、憲法制定後30年以上を経た今も導入の見通しが立っていない。ポルトガルには革命以前から18の県（distrito）も存在するが、そのままではEC/EUの地域政策の受け皿としてのNUTSIIには小さすぎる。州制度あるいはそれに代わる、民主的基盤を持つ中間的な行政枠組みの問題は、中央・地方関係の再編成の問題と絡み合い、分権化の課題を難しくしている。

民主化の過程でポルトガルが抱え込んだこれらの課題への取り組みは、欧州統合の進展に伴う外部からの変化の要請と、1990年代以降に世界的にも顕著となった新公共経営（NPM）の理念の影響を受けて、大きな動きを示しつつある。以下では、地方自治制度の基本枠組みの概要について検討した後に、ポルトガルにおいて州制度の導入がほぼ不可能となった1990年代以降に、どのような地方分権改革が試みられているかについて詳しく見ていきたい。

ポルトガル

アゾレス自治州

ポンタ・デルガダ

マデイラ自治州

フンシャル

北部地域

ヴィアナ・ド・カステロ
ブラガ
ヴィア・レアル
ブラガンサ
ポルト
ヴィゼウ
グアルダ
アヴェイロ
コインブラ
カステロ・ブランコ
レイリア
中部地域
サンタレン
ポルタレグレ
リスボン
リスボン地域
エヴォラ
アレンテージョ地域
セトゥーバル
ベジャ
スペイン

――― 地域調整開発委員会
……… 県

アルガルヴェ地域
ファロ

出典：Instituto Nacional de Estatística（http://www.ine.pt）の地図データより作成。

ポルトガル

地方制度の概要

市町村と行政教区

　すでに述べたように、1976年に施行されたポルトガル憲法は、行政教区、市町村（ポルトガルでは第2層目の地方政府に市・町・村の区別を設けていないので、これを便宜的に「市町村」と呼ぶ）、行政州の3つのレベルの地方政府を規定する。市町村と行政教区は伝統的自治体であり、2008年3月末現在で308の市町村と4,261の行政教区が存在している（1950年にはそれぞれ303、3,853）。自治体の共通目標として、地方自治の促進・擁護とともに、その威厳を高め、利益を代表する組織として、全国自治体連合（ANMP）と全国行政教区連合（ANAFRE）が存在する。政府提案の自治体関連法案は、共和国議会に提案する前にANMPまたはANAFREに諮問する必要がある（ただしその回答に法的拘束力はない）。

　法律100/1984で定められた自治体権限は、「住民の具体的で共通かつ固有の利益に関連する」権限で、固有資産および法的権限の及ぶ資産の管理、開発、公共的供給、公衆衛生・下水、保健、教育、文化・スポーツ、環境保護と生活の質の保障、市民保護を含む。これらの分野について、自治体は包括的権限を有するが、自治体が実際に行使できる権限は財政に依存する。財政基盤の弱さまたは国家依存が、ポルトガルの地方自治の最大の問題である。また、このような漠然とした権限規定が、かえって国家行政との責任分担を曖昧にしているという問題もある。

　今日1,011万人に達するポルトガルの本土人口（2006年度推計）を考えれば、平均的市町村の規模は過度に大きくも小さくもなく、民主化後に自治体業務の合理化のために統廃合が強く求められることもなかった。しかし、通常複数の行政教区によって構成される市町村ごとの相違は、実はかなり大きい。バルセロスには最多の89行政教区が存在するのに対して、アルピアルサ（サンタレン県）、バランコス（ベジャ県）、ポルト・サント（マデイラ自治州）、サン・ブラス・デ・アルポルテル（ファロ県）、サン・ジョアン・ダ・マデイラ（アヴェイロ県）には1つの行政教区しかなく、コルヴォ

（アゾレス自治州）には行政教区がない。

　また、本土人口は、経済活動の活発なミーニョからセトゥーバル半島に至る沿岸部に特に集中し、都市と農村、沿岸部と内陸部の地域格差は深刻である。このことは公務員の空間的配置にも如実に反映されている。ポルトガルでは1968年から1999年までに公務員数が345％増加した（716千人、うち17.9％が本土の地方公務員）が、1999年の時点ではその圧倒的多数が2つのNUTSII（リスボン・テージョ渓谷地域［当時］、北部地域）、特にリスボンとポルトに集中していた。当時の社会党政権は行政の分散化に向けての方策を打ち出したが、中央から地方への権限委譲は、地域間格差の拡大という矛盾を避けることなく進みそうにない。

　これらの自治体は、それぞれに民主的基盤を有している。市町村では選挙で選ばれる審議機関（地方議会）と執行機関（執行評議会）が置かれている。市町村議会は行政教区の執行委員と直接選出された代議員（行政教区数に1を加えた数）で構成され、議員の任期は4年（1985年以降）である。地方執行評議会（Câmara Municipal）の評議員は政党の候補者名簿からドント式比例代表制に基づいて選出される。評議会の定数は有権者数に応じて5〜17である。行政教区については、有権者数が200人未満の所には議会が置かれず、行政教区総会が決定を行う。行政教区委員会は委員長と有権者数に応じた数の委員によって構成され、200人以上の規模の行政教区では名簿式によって、200人未満の行政教区では住民総会によって選出される。

　執行機関の選出をも比例代表選挙に委ねることには、地方政府に対する民主的統制の方法としてそれなりに意味があるが、執行機関の政治的一元化を困難にし、迅速な決定や政治的なアカウンタビリティーの確保の点でかえって問題があるとする批判もある。したがって、地方選挙制度の改革も地方自治改革の重要な焦点の1つである。2007年末から2008年にかけては、2009年に実施される予定の地方選挙に向けて、執行機関の選挙で最多得票の政党（候補者リスト）が評議会の全議席を押さえる勝者総取り的枠組みの導入が共和国議会で検討された。社会党と社会民主党[2]の共同提案には、この他に行政教区委員長の市町村議会への参加も含まれている。

ポルトガル

行政州と自治州

　　すでに述べたように、ポルトガルには憲法の予定する行政州が未だに導入されていない。行政州の導入問題は、常に分権化や地方自治の強化の問題と重ねて論じられてきたが、1980年代にはECの構造政策との関連で活発に議論された。民主化後初めての社会民主党による長期安定政権（カヴァコ・シルヴァ首相、1985～1995年）は、1991年にようやく州設置法案を成立させた（法律59/91）。しかし、カヴァコ・シルヴァは、民主的基盤を持つ新たな地方政府がECとの交渉における政府の足かせとなることを懸念し、この問題を迂回して行政サービスの分散化に力を注いだ（保健、社会保障、環境、教育、産業などの中央省庁出先機関の増設）。

　　しかし、州制度の導入を決定的に阻んだのは、1998年に社会党政権（グテーレス首相）の下で発議された国民投票において、政府が提起した州分割案が拒否されたことである。各党や政治団体による事前の宣伝活動にもかかわらず、実際には投票率自体が有権者の過半数に達しなかった。こうした否定的な投票結果は、この新奇な制度が、一層の民主化の進展やリスボン・ポルトへの権力集中の解消、ひいては市民生活の向上に何ら貢献するものではないという一般認識を反映していた。行政州に関する憲法規定はまだ生きているが、この国民投票の結果がトラウマとなり、いずれにせよ近い将来における行政州の導入は難しくなった。

　　これとは別に、1976憲法第238条（現第236条）第2項で規定されている自治州（região autónoma）とは、大西洋の島嶼部すなわち、本土からそれぞれ1,000 kmと1,500 kmの沖合にあるマデイラ諸島とアゾレス諸島に対して特別に認められた強力な自治の枠組みである。これらの地域は植民地独立運動に触発され、分離主義的要求を含む自治権拡大の要求を掲げて、一時的に大西洋アゾレス共和国の樹立を宣言するほどであった。しかし、こうした急進的運動は、イ

---

2) ポルトガルの主要政党は、左から右に向かって左翼ブロック、共産党、社会党、社会民主党、社会民主中道党の5つであるが、左翼革命を経て民主化したことで、政党名が政党の実際のイデオロギー的位置より左にずれている。したがって2大政党である社会党は中道左派政党、社会民主党は中道右派政党である。

タリアの1948年憲法の規定を参考にしながら考案された自治州の成立（行政州はイタリアの普通州、自治州は同じく特別州に当たる）によって収束した。

当該地域の「地理的、経済的、社会的条件および自治に対する歴史的熱望」（憲法第227条［現第225条］第1項）に鑑みて認められた自治州の地位は、本土への導入が予定される一般行政州に比べてかなり強力であり、憲法229条［現第227条］第1項によれば、憲法の枠内での立法権を有するほか、独自の国旗、郵便切手、国歌などを制定することさえ認められている。他の自治体に明示されていない権限として、自治州に関わる国家的計画の策定、金融・財政政策および海洋政策の策定と実施、国際条約や国際合意に関する交渉への参画が規定されているほか、第4次憲法改正（1997年）以降は、欧州統合に関連して自治州の権限や利害に関わる問題について意見を述べ、欧州統合過程に参画することができる、とされている。

自治州は他の自治体と同じようにドント式比例代表選挙で選ばれる自治州議会を持つ。自治州政府は自治州議会に責任を負うが、州知事は州議会選挙の結果を考慮して自治州担当相から任命され、その他の自治州閣僚は、州知事の提案に基づいて自治州担当大臣により任免される。マデイラ自治州では、社会民主党が優越的な地位にあり、1978年以来、ジョアン・ジャルディンが州知事を続投している。ジャルディンは欧州人民党の副代表を務めた有力者であるが、政治手法的にはマデイラの利害を全面に押し出し、中央政府との激しい対決を特徴とするポピュリスト政治家でもある。したがって彼の言動は、国政にも大きな影響を与えるものとして常に注目されている。

その他の広域行政の枠組み

市町村と行政教区の上には、選出的協議機関を持たない行政機構として18の県が置かれている。現行の枠組みはサラザール時代（1959年）に作られたが、その前身は19世紀の行政改革にまでさかのぼり、一定の歴史を有している。ドント式比例代表制で共和国議会を選出する現行の選挙法の区割りや、サッカー協会や企業家連合の設置単位も県である。しかし、新たに計画地域として設置された北部、中部、リスボン［旧名称：リスボン・テージョ渓谷］、アレ

ポルトガル

表1　ポルトガルの地域区分

NUTS I（計1地域）	NUTS II（計5地域）	NUTSIII（計30地域）	市町村数
ポルトガル本土	北部（ノルテ） 21,286.4 km^2 3,475,236人 （2007年）	ミーニョ・リマ、ガヴァド、アヴェ、グランデ・ポルト、ターメガ、エントレ・ドウロ・イ・ヴォウガ、ドウロ、アルト・トラズ・オズ・モンテス（計8地域）	86 平均247.5 km^2 平均40,409.7人
	中部（セントロ） 28,198.5 km^2 2,385,911人	バイショ・ヴォウガ、バイショ・モンデゴ、ピニャル・リトラル、ピニャル・インテリオール・ノルテ、ダン・ラフォンイス、ピニャル・インテリオール・スル、セラ・ダ・エストレラ、ベイラ・インテリオール・ノルテ、ベイラ・インテリオール・スル、コーヴァ・ダ・ヴェイラ、オエステ、メディオ・テージョ（計12地域）	100 平均282.0 km^2 平均23,859.1人
	リスボン（旧名称：リスボン・テージョ渓谷） 2,934.8 km^2 2,808,414人	グランデ・リスボア、ペニンスラ・デ・セトゥーバル（計2地域）	18 平均163.0 km^2 平均156,023.0人
	アレンテージョ 31,551.4 km^2 760,933人	アレンテージョ・リトラル、アルト・アレンテージョ、アレンテージョ・セントラル、バイショ・アレンテージョ、レジリア・ド・テージョ（計5地域）	58 平均544.0 km^2 平均47,558.3人
	アルガルヴェ 4,996.0 km^2 426,386人	アルガルヴェ（計1地域）	16 平均262.9 km^2 平均26,649.1人
自治州	アゾレス自治州 2,322.0 km^2 244,006人	アゾレス自治州（計1地域）	19 平均122.2 km^2 平均12,842.4人
	マデイラ自治州 801.0 km^2 246,689人	マデイラ自治州（計1地域）	11 平均72.8 km^2 平均22,426.2人

出典：INE, *Anuário Estatistico* のデータをもとに作成。
注1：2002年の政令244/2002により、オエステ、メディオ・テージョ、レジリア・ド・テージョは、リスボン・テージョ渓谷地域から中部地域、アレンテージョ地域に編入され、NUTSIIの編成が変化した。
注2：NUSIIIは隣接する市町村の集合で構成されており、県よりも小さな地域単位となっている。

ンテージョ、アルガルヴェの5つの「地域調整開発委員会」（Comissão de Coordenação e Desemvolvimento Regional：CCDR、2007年までの旧名称は「地域調整委員会」［CCR］）は、伝統的な県の区分を必ずしも前提としていない。県は依然として重要な地方行政単位であるが、必ずしも機能的であるとは言えず、次第に新たな広域行政の枠組みに取って代わられつつある。

　CCDRは、行政州の成立までの暫定的措置として導入された中央政府のための政策調整機関であって、県と同様に民主的基盤を持たず、現在は「環境・領域管理・地域開発省」（MAOTDR）の監督下にある。その主な役割は、人材、コンピュータ技術、財政などの運営上のニーズを持った地方自治体を支援し、地方ないし地域開発計画の策定を助けることである。また、CCDRは地域開発計画の実施状況のモニタリングや、地域における国家の土地計画、地域開発、環境政策などの調整も行う。CCDRは中央の諸官庁に比べて調整技術と財政基盤の点で脆弱であった。しかし、EC加盟（1986年）とともに、欧州地域開発基金（ERDF）の管理と、構造基金へのアクセスを必要とする地域発展計画の策定に関与するようになって以来、CCDRの重要性は高まっている。

　また、自治体と地域調整委員会の中間のレベルでは、1991年にリスボン（18［当時19］市町村）とポルト（14市町村）が特別市町村連合として「都市圏」（AM：área metropolitana）に指定された（法律44/1991）。2003年の法改正に伴って都市圏は「大都市圏」（GAM：grande área metropolitana）に再編され、9以上の市町村と35万人以上の人口を条件に、ミーニョ（12市町村）、ヴィゼウ（21市町村）、アヴェイロ（13市町村）、コインブラ（16市町村）、アルガルヴェ（16市町村）の5つが新たに大都市圏の地位を得た。また現在、大都市圏よりも小規模な枠組みとして、12の「都市共同体」（ComUrb：comunidade urbana）（15万人以上30万人未満）と、2つの「市町村間共同体」（ComInter：comunidade intermunicipal）（15万人未満）とがあり、今後も順次拡大の予定である（2008年6月時点）。

　これらの共同体は、自治体としての法人格を持ち、第1に、道路、上下水道、公共交通、環境保護、市民保護などの分野における構成市町村間の政策調整、第2に、都市計画または市町村マスター

ポルトガル

プランの策定と実施、第3に、国庫またはEUからの基金提供に基づく都市計画の策定と実施にあたっての諮問に関する権限を担う。大都市圏と都市共同体については、市町村議会から選出される議会、域内の全市町村長から構成される評議会のほか、諮問機関として協議会が置かれており、市町村間共同体には基本的に議会と執行評議会だけがある。これらの共同体の中でも、特に大都市圏には、様々な行政レベルの間の調整を行うことが期待されている。

しかし実際には、財政基盤や政策手段の欠如、中央政府およびCCDRとの権限の潜在的競合などから、これらの共同体は、都市交通や住宅などの重要な政策分野で問題を解決する潜在的能力が小さいとされてきた。雇用、保健、教育といった基幹的分野での領域分割が一致しない点に加えて、全ての委員会を有効に調整・統合する機関が存在していない。また、構成市町村間の利害調整も難しい。その1つの要因は、直接的に選出された代表機関を有する構成市町村に対して、それら市町村の間接代表で組織される共同体の議会と評議会の政治的正統性が相対的に弱く、決定に強制力を持たせられないことである。

地方自治の今日的課題

地方政治の意味

　　　　ECへの加盟と長期安定政権の成立に伴い、民主体制の安定が誰の目にも明らかになり始めた1980年代半ばごろから、ポルトガルではあらゆる種類の選挙における投票率の低下が観察され始めた。このことは共和国議会選挙において特に顕著であり、1976年選挙で90%以上の高投票率を記録した後、今日までに60%近くのレベルに低下している。また欧州議会選挙の棄権率は、1995年以降、常に60%を超えている。これに対して、市町村と行政教区に関する選挙は、当初から棄権率が高い水準で停滞しており、国政選挙がこれに追い付く形となった。

　　市民にとって最も身近に存在する地方自治の執行機関と審議機関が、ともに民主的選挙で選ばれる形をとっているにもかかわらず、このような低い投票率が一般化しいている原因はいくつか考えられる。地方自治における民主的な参加自体が、ポルトガルでは制度として定着していないことも十分に考えられるが、より大きな原因

図2　市町村評議会選挙における棄権率の推移

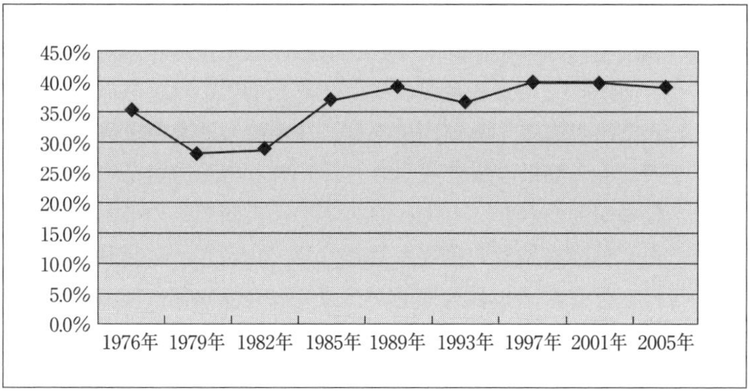

出典：CNEの選挙データをもとに作成。
注：市町村議会の棄権率の推移は、評議会選挙とほとんど重なる。行政教区議会選挙の傾向もほぼ同様で、1985年と1989年にそれぞれ41.5%、44.8%に達した部分だけが逸脱的であった。

は、堅固な地方基盤を持つ政党の不在と、地方選挙のキャンペーンに投入されるメディア資源の少なさであろう。また、自治体の権限の曖昧さや、人的・物的資源（特に財政的資源）の欠如によって、業務遂行能力に疑いが持たれていることも、投票率の不振に大きく作用している。

　こうして地方選挙での投票は、政策評価や業績評価ではなく、首長の個人的性格や人物像に左右される傾向が強くなる。しかし、2005年以前には、市町村と行政教区の選挙が共和国議会の任期のちょうど中間に行われることによって、次の共和国議会選挙の帰趨を占う意味を持つことが多かった。このように、地方選挙は国政に対する支持や抗議の表明手段としても一定の機能を果たすことがある。実際に2001年の選挙では、当時の政権与党（社会民主党＋社会民主中道党［人民党］、ドゥラン・バローゾ首相）に対する逆風が強く、逆に2005年の選挙では、社会党政権（ソクラテス首相）の強さを印象付けた。

　そもそも地方選挙の実施は、革命期における政治闘争の中で、地方に吹き荒れる粛清の嵐を鎮め、正常化を実現する手段として、穏健派の側から提起されたものであった。現在でも、地方選挙には革命/反革命の亀裂が刻印されており、北部（右派支持）と南部（左派支持）の違いが顕著である。1976年の第1回地方選挙では、自治体の首長の数は、左派・右派ともに同数であった（152）が、1979年、1982年、1985年、1993年の地方選挙では右派が多数を占め、1989年、1997年、2001年、2005年の選挙では左派が多数を占めた。

　同一政党による左派政権が続く自治体では、右派政権と比べて財政支出が膨張する傾向にあり、住宅政策、都市計画、社会・文化政策にも党派的差異が見られる。1997年の地方選挙で外国人市民に参政権が開かれたことで、リスボン都市圏郊外の市町村の左派政党から、外国人議員の誕生も見られた。しかし、現行制度の下では市町村と行政教区の執行機関が複数党派の混成体にならざるを得ず、首長の所属政党の違いだけが政策面で明確な違いをもたらしているわけではない。自治体が利用できる資源と政策手段に限界があり、行政機構全体を通じて合理化の圧力が強まる中では、むしろ市民参加の形態やNPM的手法の活用が、自治体間の相違を決定する大きな要因となりつつある。

欧州統合のインパクト

　民主化後のポルトガルにおける地方制度の発展に対して、EC/EUの地域政策が及ぼした影響は大きかった。1980年代半ばのポルトガルはEC内の最周辺国であり、市場統合への軟着陸を目指す当時のECにとって、社会経済的収斂の筆頭対象であった。1988年の構造基金改革に対応して、ポルトガルでは、地域開発計画と第1次共同体支援枠組（CSFI：1983～1993年）の実行プログラムの策定が必要となった。CSFは地域開発に対する資源供給面で極めて重要であった。特にERDFのインフラ整備事業による建築物の代表は、1998年のリスボン万博に向けて作られたオリエンテの多目的駅である。リスボンの地下鉄駅の建設、ポルトガル発祥の地であるギマランイス旧市街の整備や、アレンテージョの文化的インフラ整備なども可能となった。

　もっとも、ポルトガルには構造政策への適応の他にも重要な課題が控えていた。第1に、構造政策においては当初ポルトガル全土が「目的1」（貧困地域対策）の対象となり、国全体としてのキャッチアップ努力に対する支援が行われたが、1960年代以降に顕在化し始めた地域間格差が解消されていない点である。このことはポルトガルの多くの地域に当てはまり、特に過度に農業経済に依存するアレンテージョとアゾレス・マデイラは、EU内（15カ国体制時）でも最も経済発展の水準が低い地域に属する。地域的不均衡は、衛生、電力供給、教育水準・識字能力、平均余命などにも表れているが、構造政策はこれら地域間の収斂にあまり貢献してこなかった。

　構造政策を通じて「成功した」リスボンやアルガルヴェなども、交通渋滞、環境問題、土地利用をめぐる紛争、土地価格の上昇、産業技術の不足などの問題に直面している。こうした地域や地方の固有の問題にきめ細かく対応するには、自治体レベルでの政策調整や調和的開発計画の策定が不可欠であるが、このことが第2の課題につながる。欧州統合過程への関与を深めるにつれて、国家への権力集中という歴史的問題が再び表面化し、地方自治の役割をますます狭める可能性が浮上したことである。実際に、国立行政研究所（INA）出身のエリートの尽力によるCSFIへの対応は、高度に集権的で、地域や自治体のニーズを十分に反映していないという批判が

あった。

　CSFIにおけるトップダウン型の政策決定に対する批判を踏まえて、CSFII（1994～1999年）、CSFIII（2000～2006年）では、経営者団体、労働組合、市民運動団体、全国市町村連合、専門家等に対する諮問を経て、地域あるいは地方レベルの必要性に適合した計画の策定が試みられるようになった。また1998～1999年にかけては、地域開発計画に関する議論が公開の場で行われ、公式記録では3,000人が参加したとされている。参加者は社会経済開発国家計画（PINDES）と地域開発計画（PDR）について活発に意見を交換した。しかし、計画の立案・決定・実施に至る全ての過程で、このような市民参加が安定的に得られる保証はない。地域開発計画への市民参加は実験的段階にある。

　すでに述べたように、行政州の導入までの暫定的な役割を想定されていたCCR/CCDRは、州制度の導入が無期限に見送られる中で、構造政策の実施過程を通じて実質的な重要性を高めていった。領域内にはエンジニア、建築家、その他の専門家を含む10～20人のスタッフからなる技術支援事務所（Gabinetes de Apoio Técnico: GAT）が複数存在し、市町村のプロジェクトを助言・支援にあたっているが、GATはしばしば質の高い仕事を行う上での人材と資金を欠くという批判があり、CCDRがその機能を吸収しつつある段階である。

　州制度に代わり得る広域自治の形態として、市町村連合や市町村のコンソーシアムの可能性についても議論が続いているが、現時点では十分に機能していない。自治体同士の互いに競い合う傾向が、こうした自治体間の共同体の発展を阻害している。しかし、ポルトガルでは、包括的権限と民主的正統性を兼ね備える既存の自治体に、十分な人的・物的資源が欠如している点がより根本的な問題である。欧州地方自治憲章を批准するポルトガルでは、補完性原理の観点からも、第1層・第2層目の自治体の強化が急務であるが、中央・地方の行財政の合理化と簡素化が求められる今日、この課題は難しさを増している。

地方税制改革

　欧州統合は、一般に加盟（候補）国に対して様々な適応と調整の

課題を課するが、そうした適応と調整の最前線に位置し、最も大きな政治的・行政的・財政的負荷をこうむるのが地方自治体である。この欧州統合の深化の過程でポルトガルが経験した行政州導入の挫折は、既存の自治体に対する新しい権限や機能の付与の必要性を高め、自治体の強化に関する政党間の合意を促した。特に後発国家としてECに加盟したポルトガルは、構造政策の一環としての地域開発に加えて、社会保障の充実という課題にも直面し、中央と地方の権限と資源の再配分の問題が深刻化せざるを得なかった。

　1974年以降、中央政府の手足から地方「自治体」への変化を遂げた市町村と行政教区は、財政面で見る限り全公共支出の10%未満であり、EU内でも依然として最低のレベルに留まっていた。地方財政収入は3つの主要要素、すなわち国家財政からの移転（一括補助金と条件付補助金）、税収入、借入からなる。一括補助金には、自治体の基本的業務の大半を支える「地方一般基金」（FGM: Fundo Geral Municipal）と、自治体ごとの1人当たりの税収入の均衡を図る「地方結束基金」（FCM: Fundo de Coesão Municipal）（行政教区には行政教区財政基金［FFF: Fundo de Financimento das Freguesias］）があり、中央と地方、自治体間の均衡を促進する目的がある。

　地方財政の国家補助金への依存傾向は、サラザール時代の遺産の1つであり、地方財政の強化は地方自治の強化の核心であった。地方財政は、公共支出における比率と地方税率の引き上げ権限の点で高度に中央集権化されており、自治体の増収能力の弱さ、自治体財政の安定をもたらす多様な課税基盤の欠如、地方税の公平性の欠如が最大の問題であった。2007年に施行された新しい地方財政法（法律2/2007）でも、これらの問題点への取り組みがなされている。

　2007年法による改正点をいくつか挙げれば、①市町村がIMI（地方資産税）、IMT（地方資産譲渡税）、IMV（地方車両税）の減免について権限を持つこと、②法律の範囲内における市町村の課税権の強化、③IRS（個人所得税）の2～5％の範囲での直接徴収（徴収率の設定は市町村の判断に委ねる）、④教育、保健、社会事業の分野における新たな業務に対してのみ支給される「市町村社会基金」（FSM: Fundo Social Municipal）の創設、⑤市町村間・行政教区間の財政基盤の格差に対応した収斂政策（補助金配分の重点化）

などである。これらは自治体の財政上の権限の強化につながる要素である。

他方で2007年法では、財政赤字を理由とする地方債の起債制限や、国庫補助金総額の5％削減が盛り込まれた。ヨーロッパの先進国が社会政策の比重を自治体レベルに移行させているのに対し、ポルトガルではこの課題自体が自治体にとって新しい挑戦である。行政州の不在も、現代ポルトガルにおける地方自治の強化は、財政基盤の単純な拡充で権限の拡大に応じるのではなく、行政の合理化と簡素化、あるいは必要に応じて様々なガヴァナンスの活用を要求する。新公共経営（NPM）の手法を用いた地方自治体の経営革新は、2次グテーレス政権（1999～2002年）の下で本格化し、ドゥラン・バローゾ政権（社会民主党＋社会民主中道党、2002～2005年）の下で加速した後、実質的にソクラテス政権（社会党、2005年～現在）にも受け継がれている。

地方自治の新たな挑戦

地方行政サービスの構成が1990年代初頭から根本的に変化したことは、単なる財政緊縮への適応の結果ではなく、新しい形態の公共経営の導入に関する超党派的合意、さらにはANMPの賛同に基づくものであり、サービス供給の質と効率性の改善を重視するイデオロギー的要素と実際的関心から生じている。こうした経営革新の中には、アウトソーシング、契約管理、地方公共企業体の創設などが含まれるが、地方サービス（教育、交通、下水、道路の建設・補修、文化活動、工業団地・市場の運営など）の提供に関する民間企業との契約や公私のパートナーシップの拡大も、多くの政策分野で用いられ始めた。また、全国の市町村の拠点に設置されている総合窓口「シティズンズ・ショップ」（Loja do Cidadão）は、市民と行政の距離を縮めると同時に、行政サービスの簡素化と利便性を高めるものとして全国に普及している。

近年ではあらゆる政策分野で自治体の関与が顕著に拡大しているが、特に社会事業、教育、開発計画、環境の分野への進出が著しい。かねてから社会政策の分野における市町村の活動は、法的義務を超えていたが、この分野での自治体の活動を財政面で支援するために、すでに述べたように、2007年の地方財政法によってFSMが

新たに創設された。またポルトガルは、初等・中等教育の質の向上という古典的課題に加えて、知識社会における労働市場政策と結びついた教育政策の展開を念頭に置き、職業訓練や技能教育にも力を入れている。市町村はそうした新しい教育政策の現場としての役割を期待され、1990年代後半のグテーレス政権以降、とりわけポルトガルがEU議長国を務めた2000年度前期に採択された「リスボン戦略」以降、この分野で多くの新しい権限を獲得した。

開発計画もまた、自治体が関与する政策分野の中で1974年以来根本的に変化したものの1つであるが、近年ではCFSを通じての資源配分によらずに、自治体そのものが生産活動に直接介入する場面が増加している。また、開発計画に付随して、環境影響評価に関する新しい立法が開発における市町村の役割の重要性を増している。市町村は、環境計画、ローカル・アジェンダ21、環境監査、あるいはエネルギー消費の削減や大気環境などに関する中央政府とのパートナーシップを強化し、環境問題にもますます関与を強めている。

こうした様々な政策分野に対応して、自治体の活動の柔軟性と機動性を高めるために、新しいガヴァナンスの形態が積極的に活用されている。民間資本とのパートナーシップに基づく自治体レベルの公共企業体の創設や共同事業もそうした試みに含まれる。法律58/98以前には、既存の法律の特別解釈によって、2つの市町村だけが地方公共企業体を有していた。リスボンでは1994年以来、EMEL（駐車場）、GEBELIS（公共住宅管理）、EMELIS（基礎的インフラ管理）、EBHAL（歴史的区域の設備管理）などの公共企業体が作られていた。ナザレではマリーナ運営と関連して、観光業務のための公社が自治体の35％の出資で作られている。またブラガには、環境、都市公共交通、博覧会会場運営に関する公共企業体が存在している。地方公共企業体の活用は、着実に拡大しつつある。

2007年の地方財政法は自治体間の差異を認め、その収斂に目配りしているが、人口分布や通勤形態の変化に対応する自治体の統廃合や、自治体間連合の活用など、地方自治の領域的再編に関する議論も続けられている。しかし、自治体の具体的ニーズは多様であり、これらを一律に量的な指標で捉えることは適切ではない。この点で、「リスボン戦略」に先立ち、デジタル技術を活用した多様な地方自治の実験が行われていることは注目される。「デジタル・シテ

ィ・プログラム」(Programa Cidades Digitais)は、1998年に、予め選ばれた都市における実験的プロジェクト群として始まり、今日では他の都市にも普及しつつある。初期段階で認められたプロジェクトには以下のようなものが含まれていた。

　例えば、アヴェイロでは、都市生活の様々な問題を改善するために、遠距離通信網による公共サービスの統合が計画された。マリーニャ・グランデでは、窯業向けに、新たな通信技術を用いた国際競争力の強化が目指されている。ブラガンサでは、様々な主体の協力により、内陸性の克服の取り組みとして、教育機関から企業に至る様々な機関で、遠距離通信手段（とりわけインターネット）の普及促進などが目指されている。大リスボンとセトゥーバルでは、ACIME（移民及びエスニック・マイノリティのための高等委員会）との協働で、エスニック・マイノリティの統合が図られている。これらのささやかな実験の中に、革命後30余年を経た今、ようやく芽生え始めた自治の息吹を感じることができる。

参照文献

Costa, Adalberto and Carlos Ribeiro, *O poder local em Portugal*, Elcla, 1995.
Magalhães, José, *Dicionário da revisão constitucional*, Notícias, 1999.
Magone, José, *The Developing Place of Portugal in the European Union*, Transaction, 2004.
Nanetti, Raffaella with Helena Rato and Miguel Rodrigues, "Institutional Capacity and Reluctant Decentralization in Portugal: Tagus Valley Region," *Regional and Federal Studies*, vol. 14, no. 3 (Autumn 2004).
Oliveira, César, (dir.), *História dos municípios e do poder local*, Temas e Debates, 1996.
Reis, António (coord.), *Retrato de Portugal*, Temas e Debates, 2007.
Santos Bravo, Ana Bela and Jorge Vasconcellos e Sá, *Autarquias locais*, Verbo, 2000.
Souza Santos, Boaventura de and João Arriscado Nunes (eds.), *Reinventing Democracy*, Routledge, 2006.
Silva, Carlos Nunes and Syrett, Stephen, "Governing Lisbon: Evoluving Forms of City Governance," *International Journal of Urban and Regional Research*, vol. 30, no. 1 (March 2006).
Syrett, Stephen (ed.), *Contemporary Portugal*, Ashgate, 2002.
寺尾智史「ポルトガルにおけるミランダ語—『言語内言語』認知に向けて—」『国際文化学』第14号（2006年3月）。
横田正顕「現代ポルトガル政治における『ヨーロッパ化』のジレンマ—ガヴァナンスの変容とデモクラシーの『二重の赤字』」日本比較政治学会編『EUのなかの国民国家　デモクラシーの変容』2003年所収。

オランダ

XVI

背　景

　オランダは、北海に面した九州ほどの面積（4万2000平方キロメートル）に、約1640万人（2008年現在）の人口を抱える国である。英語の正式名称は、"The Kingdom of the Netherlands"であるが、ヨーロッパ大陸のほかに、南米のオランダ領アンティル諸島とアルバ島も含まれる。また、"Netherlands"が「低地」を意味するとおり、国土の大部分は平坦な低地からなり、その約4分の1は、海面下のレベルにある。そのため、オランダに暮らす人々は長い間、堤防等によって人工的に国土を守らないかぎり、絶えず水害の危険にさらされるという歴史を歩んできた。

　他方で、この水に対する脅威は、オランダに堤防づくりや治水管理を通して、比較的早い時期から民主的な組織を生み出すことになったといわれるが、すでに13世紀に治水管理評議会（hoogheemraadschappen）が結成されていた（Anderweg & Irwin：2005：p.4）。

　また、平地を利用した交通手段として自転車が発達しており、各地に自転車専用道路が整備されている。これまでオランダは、世界の中でも人口密度が高い国として知られてきたが（1平方キロメートル当たり486人：2008年）、国土の有効面積が多いことから、実際にはそれほど住宅等が密集しているわけではなく、鉄道の駅と駅との間には、牧草地やポプラ並木など、のどかな田園風景が広がっている。

　都市機能の一極集中は見られず、首都アムステルダムのほかに、政治の中心地であるデン・ハーグ、また商業・貿易の都市ロッテルダム、そして歴史的に交通の要所でもあるウトレヒトの四大都市を中心に、政治・経済などの機能が分散されてきた。これらの4大都市を結ぶ西側の都市圏域（Randstad）は、自治体間の連携推進地域として政策的に重視されている。また、「小国」でありながら、各地域の個性が強く残されてきたこともオランダの特徴といえる。

オランダ

図1 オランダの国土と12の州

オランダ

地方自治の歴史

法制度・政策の展開

オランダの現在の地方自治制度を支える法的基盤は、1848年の改正憲法におかれている。同法は、立憲君主制と議院内閣制を確立し、地方自治を保障するとともに、分権化された統一国家をめざすものであった。同法にもとづき、1850年には州法（Provinciewet）が、1851年には地方自治体法（Gemeentewet）がそれぞれ制定され、各行政レベルでの自律的な活動の根拠が明確にされた。また、地方自治体法には、中央政府と地方自治体の行政権限のバランスをつくり上げることと、規模にかかわらず、すべての地方自治体に平等な法的権限を与えることが原則としてあげられたが、それは現在の地方自治の基盤ともなっている。

その後、1865年には、地方財政制度に抜本的な改正が行われ、それまで地方自治体に独自の歳入であった物品税などの地方税を廃止する代わりに、中央政府が徴収する地域住民の個人税の5分の4を自治体の歳入に組み入れることになった。この改正は、オランダの補助金システムのきっかけになったといわれるが、具体的な補助金制度のはじまりは、1878年の教育分野における「特別補助金」であった。さらに1897年より、地方自治体の住民数に応じて、「一般交付金」が 配分されるようになった。

20世紀の前半は、地方自治体の機能を発展させた時代であったが、中央―地方の財政関係も大きく変化した。1929年に制定された財政配分法（Financiele verhouding wet）は、それまで地方自治体の歳入としてきた個人税の配分を、完全に中央政府からの「一般交付金」に置き換えるものとなった。同補助金は、「自治体基金」（Gemeentefonds）として、各自治体での教育、警察、公的扶助の支出割合に応じて支給された。そうすることにより、拡大した地方税の格差をより均等に近づけることがねらいであった。

第二次大戦後には、小規模自治体の機能を充実させるために、自治体の合併や,自治体間での協力をはかることがめざされた。そしてさらに1960年代から1970年代にかけて、都市部を中心とした地方

自治体の再編過程では、「地区」の設置など新たな行政システムの導入が検討された。議会を有する公式な「地区」を設けているのは、アムステルダム（Stadsdeel：14地区）とロッテルダム（Deelgemeente：11地区）である。

さらに1980年代以降、中央政府は新たな地方分権化政策を明確に打ち出し、行政にビジネスのアイデアを取り入れた新行政経営（New Public Management：NPM）の手法をいち早く取り入れた。その結果、効率化を優先した改革が推進されるようになり、オランダの地方自治体は大きな変革の波にさらされることになった。

「列柱状社会分割」の影響

以上のような法制度・政策だけでなく、特有な社会構造が、オランダの地方自治に少なからず影響を与えたことも見逃せない。列柱状社会分割（verzuiling）とよばれるその社会構造は、19世紀から1960年代中期頃をピークとして、オランダの社会に、政党を頂点とするサブカルチャーを形成した。

つまり、それは宗派別のイデオロギーに支えられた3つないし4つの「柱」（カトリック、プロテスタント、無宗派の3つの柱に大別され、無宗派はさらに自由主義と社会主義に分かれることもある）が、お互いの存在をみとめあって共存するシステムであった。

たとえば、学校、病院、老人ホームをはじめ、新聞社やテレビ局などが宗派別に分かれて設立されたほか、ホームヘルプや訪問看護などの在宅へのサービスも宗派別に異なる団体によって提供された。住民は、みずからが属する「柱」が提供するサービスを利用したが、この「柱」による分割が政治舞台だけでなく、日常生活全般にまで浸透していたことが特徴である。

特筆すべきは、それぞれの集団が多数派をめざすことなく、お互いにマイノリティのまま共存していたことである。その伝統は、今日でもマイノリティ政党による連合政治にも見出すことができる。

また、この社会分割によって、それぞれの柱の内部ではインフォーマルな社会管理が強まり、犯罪の抑止効果がみとめられたという指摘もある（Jones：1995：pp.17-18）。

他方で、これらの「柱」の間における各種の調整は、それぞれの「柱」を代表するエリートたちの合意と協力により行われた。その

際に、国レベルでの協力と実践を必要としたため、この過程で中央集権化が進み、オランダの地方自治を不在にしたという見方がある（廣瀬：1991：pp.89-93）。

つまり、戦後期にはこの列柱状社会分割自体が、「機能的な分権化」を果たしていたが、社会構造が衰退をみせた1960年代末以降、州と基礎自治体による「領域的な分権化」へと変化したといわれる（Gladdish：1991：p.147）。

さらに興味深いのは、この「柱」に基づく厳格な社会集団の「分離」が、政府に対しても独立した立場を主張したことである。たとえば戦後、中央政府から直接補助金を受けた宗派別民間非営利団体が、「準公的機関」として住民へのサービスを拡大した時期があったが、そこでの地方自治体の役割は、民間非営利団体の活動が不十分な場合に、それを補完するものにとどまった。

列柱状社会分割の機能や評価についての見解はいまだに一致していないが、オランダにはこれらの「柱」が社会の構成単位として不可欠であり、その特有な社会構造が、オランダの地方自治に少なからず影響を与えたことはたしかであるといえよう。

オランダの行政構造

　オランダの行政構造は、中央政府と州政府（Provincie）と市町村レベルにあたる基礎自治体（Gemeente）の3つの異なるレベルからなる。そのほか、前述したオランダで最も古い政府機関である治水管理委員会が、独立した機関として全国に27機関設置されている（2006年）。

　これらの行政レベルが責任を分担する「分権化された統一国家」を目標にかかげて、憲法は、地方自治体に対して、管轄する地域内の規制や運営に関して、州政府と中央政府の政策に矛盾しないかぎり、みずからの業務を決定する自由と権限を与えている。他方で、地方自治体には、増大した福祉国家としての業務について、可能な限り自治体間、または州・中央政府との協力活動を行うことも同時にもとめられている。

中央政府

　現在、ベアトリクス女王（1980年即位）を国家元首として、議院内閣制を採用しており、議会は二院制となっている。第一院（議員定数：75名）は州議会における選挙により選出され、第二院（議員定数：150名）は18歳以上のオランダ国民による直接選挙により選出される。組閣に当たっては、女王より任命された組閣交渉者（informateur）がまず連立政権の基盤調整を行った後、組閣担当者（formateur：通常は次期首相）が組閣を行う。

　現在は、2007年2月に発足した第4次バルケネンデ内閣が政権を担当しているが、キリスト教民主党（CDA）、労働党（PvdA）、キリスト教連合（CU）の連立政権となっている。

　また、国家の諮問機関として、枢密院（Road van State）、会計検査院（Algemene Rekenkamer）、全国オンブズマン（Nationale Ombudsman）が設置されている。

州政府

　干拓によって1986年にフレヴォラント州が増えたことから、現在は12州となっている。2008年現在の各州の名称と州都、そして人口

表1　オランダの12州の概況（2008年）

州　名	州　都	人　口	基礎自治体数
フローニンゲン	フローニンゲン	574,041人	25
フリースラント	レーワールデン	643,189人	31
ドレンテ	アッセン	487,893人	12
オーファーアイセル	ズヴォレ	1,119,906人	25
フレヴォラント	レリスタット	378,651人	6
ヘルダーラント	アーネム	1,983,779人	56
ウトレヒト	ウトレヒト	1,201,310人	29
北ホラント	ハーレム	2,626,375人	61
南ホラント	デン・ハーグ	3,460,194人	77
ゼーラント	ミデルブルグ	380,647人	13
北ブラバント	スヘルトヘンボス	2,424,562人	68
リンブルグ	マーストリヒト	1,123,735人	40

出典：Centraal Bureau voor de Statistiek（2008a）pp. 1-3より作成

規模と基礎自治体数は表1に示すとおりである。

　州政府の役割は、基礎自治体に比べると市民に対しては間接的であり、「政府のための政府」と呼ばれている。つまり、その主な役割は、中央政府と市町村自治体の間を結ぶ調整や計画業務が中心であるが、具体的には、都市整備計画、環境・エネルギー管理、社会福祉サービス、スポーツ・文化事業のほか、治水や環境に関する専門業務の一部について責任を担っている。加えて、基礎自治体の監督機能も有している。

　州政府は、①州議会（Provinciale Staten）と②執行部（Gedeputeerde Staten）と③州知事（commissaris van de koningin）からなる。州議会の議員定数は各州の住民規模に比例しており（2007年現在、39名から55名まで）、4年ごとに18歳以上の国民の直接選挙によって選出される。州議会は、第一院の議員を選出する義務を負う。また、州議会はその内外から執行部の役員を選出する。州の規模に比例して任命される執行部の役員（4名から8名まで）は、4年間の任期期間中、州知事とともに、議会で決定された政策の実施責任を担う。州法の改正により、2003年からは立法

機関と行政機関を分離するために、執行部の役員と議員を兼任できないことになった（dualisering）。

なお、州議会議員はフルタイム職ではなく、通常は別の職と兼任しているため、その報酬は給与とはなっていない。他方、執行部はフルタイム職であり、給与が支給される。

州知事の選出は、選挙ではなく、国王の任命による。任期は6年であり、その後に再任命されることもある。州知事はまた、地方自治体の首長の指名について市議会に諮問した後、候補者を内務大臣に推薦する役割を担っている。

州政府の主な財源は中央政府からの一般交付金（Provinciefonds）であるが、自主財源としては、自動車税が主である。

基礎自治体

オランダには2008年現在、443の基礎自治体があり、地域住民の生活に密着した業務を行っている。具体的には、住宅建設、道路整備、公共交通、廃棄物収集・処理、社会福祉サービス、教育、消防、警察、マーケット、下水道管理、スポーツ、芸術など多岐にわたる業務を担当している。

各自治体は、①地方議会（gemeenteraad）、②首長（burgemeester）、そして③首長と助役（wethouders）による執行部（college van burgemeester en wethouders：B en W）からなる。基礎自治体の最高機関である地方議会の議員は、4年ごとに18歳以上の住民の直接選挙により選出される。1983年の憲法改正により、一定の要件を満たす外国人にも基礎自治体の参政権が与えられるようになった（1985年より施行）。議員数は、各基礎自治体の住民規模に比例して決められているが、2005年現在、全国の自治体議会の議員数には7人から45人までの幅がある。

首長は、議会の委員会による推薦にもとづき、国王により任命され、議会と執行機関の長を兼ねる。任期は6年であるが、議会の承認を得られた場合に再任できる。首長はまた、警察と消防の長でもある。近年、この首長の任命制に対して見直しをもとめる声が高まり、2005年には、首長の直接選挙を盛り込んだ憲法改正案が議会に提出されたが、第一院で否決されている。

助役は議会の内外から選出され、議会によって任命されるが、議

会が解任することもできる。助役の数は市議会議員の規模によって決まり、2人から6人までの幅がある。

　そして、首長と助役による執行部は、議会の決定事項の実施について準備を行うほか、中央政府の政策（環境管理など）の実施権限を有する。つまり、制度的には、自治体の意思決定について、議会が第一決定権を有するが、実際には首長と助役による執行機関が大きな権限を掌握しているといえよう。

オランダ

基礎自治体数の変化

　州政府に比べて基礎自治体は、より住民に身近な存在であることから、その業務は多岐にわたっており、住民からも重視されているが、これまで小規模自治体の合併が進み、自治体数は減少の一途を辿ってきた。

　図2は、1936年から2007年までのオランダの自治体数の変化をみたものである。1936年には、1,064の自治体が存在していたが、合併の結果、2008年には、443自治体にまで減少した。この再編の過程で、980の自治体が消滅して、新たに359の自治体が生まれた。

　また、自治体の住民規模は、最小のスキーモニコーフ（Schiermonnikoog）の981人から、アムステルダムの約72万5000人までの幅がある（2006年現在）。合併が進んだ結果、自治体の平均住民数は、2008年現在約37,000人となっている（CBS：2008：p.1）。

　さらに図表4は、各州における基礎自治体数を1936年と2008年の間で比べたものであるが、フレボランドを除くすべての州で、その数が減少している。とくに、ゼーラント、リンブルグ、北ブラバント、南ホラントなど、南部で自治体の減少幅が大きい。

　基礎自治体の再編の背景には各地域の人口減少があるが、2006年には半数以上の自治体で人口が減少しており、なかでもリンブルグ州で人口減少が目立っている。

図2　オランダの自治体数の変化（毎年1月時点）（実数）

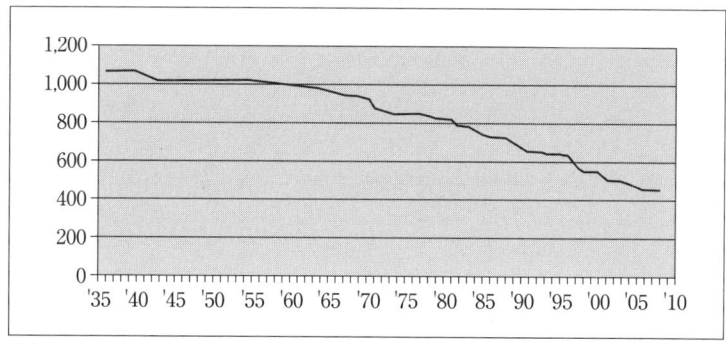

出典：Centraal Bureau voor de Statistiek（2008b）p.1図より

オランダ

図3 各州における自治体数の変化（1936年・2008年）（実数）

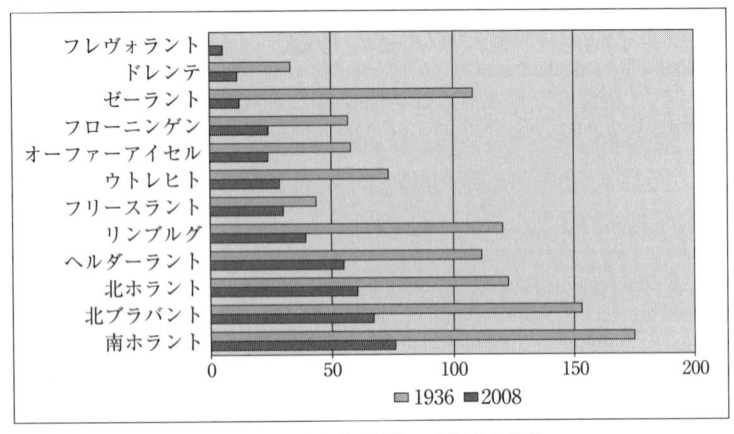

フレヴォラント
ドレンテ
ゼーラント
フローニンゲン
オーファーアイセル
ウトレヒト
フリースラント
リンブルグ
ヘルダーラント
北ホラント
北ブラバント
南ホラント

■1936 ■2008

出典：Centraal Bureau voor Statistiek（2008b）p.2 図より作成

選挙制度

オランダでは、1917年の憲法改正により、男子の普通選挙制度（女子は1919年より）と比例代表制度が導入された。そして、同年より1970年まで選挙への投票は義務とされ、投票しなかった場合に罰金規定が設けられたが、その後、1970年に同規定は撤廃された。現在の投票方法は、少数の自治体をのぞいて電子化されており、地域の各箇所に設けられた投票用の機械により行われている。

図4は、1970年から2004年までの直接選挙の投票率について、①国政選挙（第二院）、②州議会選挙、③基礎自治体選挙、④EU議会のそれぞれの推移を示したものである。投票の義務規定が撤廃された後、全体的に投票率は低下傾向を示したが、国政選挙については、最近では約80％となっている（2002年の投票率の回復は、選挙活動中に極右政党の党首が暗殺された事件の影響が大きいとみられている）。

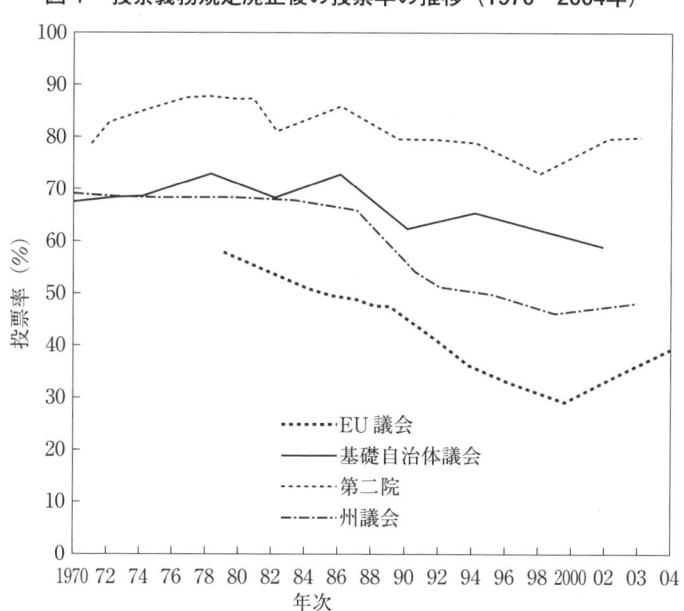

図4 投票義務規定廃止後の投票率の推移（1970—2004年）

出典：Andeweg & Irwin（2005）p. 80 図4.1より

オランダ

　また、地方選挙についてみると、基礎自治体議会選挙の投票率がおよそ70％前後で推移してきたのに比べて、州議会選挙の投票率が1980年代以降低下しているのが目立つ。なお、2005年にオランダで国民投票により、EU憲法条約批准が否決されたことは記憶に新しいが、国内選挙に比べるとEU議会選挙の投票率はこれまで低い水準にとどまっている。その数値は、1999年にはいったん30％台を割ったが、2004年には約40％にやや回復している。

基礎自治体の財政構造

オランダの基礎自治体の財源は、不動産税に代表される地方税や、駐車料金等の地方独自の歳入と、中央政府からの交付金からなる。そして、この中央政府の交付金はさらに、一般交付金と、使途目的が限定される特別交付金とに分けられる。そして、基礎自治体への一般交付金は自治体基金（Gemeentefonds）として支給されるが、その額は、地域の人口規模や地域構造などに関する客観的基準のほかに、地方税の歳入状況も勘案して決定される。

表2は、1985年から2003年にかけての基礎自治体の歳入構造を示したものである。1980年代まで地方税の歳入は1割未満にすぎなかった。他方で使途を明確にした特別交付金が3分の2を占めており、中央集権的な財政システムとなっているようすがうかがえる。

また、2002年の地方自治体法と州法の改正により、それぞれに独立した会計検査機関を設けることが義務づけられた。

最近では分権化政策にあわせて、地方税が増加する傾向があるが、それに対して住民からの反発も大きく、2006年には不動産税の一部を廃止して、その分を一般交付金で補うような改正が行われた。

他方、歳出についてみると、図5に示すように、2005年現在の基礎自治体の歳出合計額434億5100万ユーロのうち、社会福祉サービ

表2　自治体の歳入構成の推移（1985-2003年）

(%)

	地方税	一般交付金	特別交付金	合計	合計実額 (10億ユーロ)
1985	7.0	23.7	69.3	100.0	25.1
1988	9.6	24.5	65.9	100.0	22.6
1990	10.7	26.4	62.8	100.1	22.8
1993	12.8	27.9	59.3	100.0	25.5
1995	16.0	33.2	50.8	100.0	24.1
1997	16.8	36.1	47.1	100.0	25.9
2000	16.4	36.7	46.8	99.9	29.7
2003	17.6	38.7	43.6	99.9	34.6

出典：Andeweg & Irwin（2005）p. 179 表8.2 より

オランダ

スへの支出が最も多く、約3割（126億4800万ユーロ）を占めている。次いで環境・住宅部門が14.8%（64億2800万ユーロ）、教育部門が11.0%（48億ユーロ）の順になっている。

社会保障・社会福祉改革によって、給付が厳しく引き締められる方向にあるが、社会保障・社会福祉へのニーズの高まりは、近年の社会福祉サービス費の比率をわずかずつ高める傾向にある。

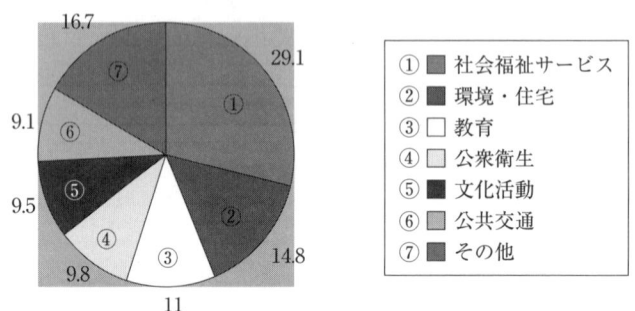

図5　自治体の歳出構造（2005年）（%）

① 社会福祉サービス 29.1
② 環境・住宅 14.8
③ 教育 11
④ 公衆衛生 9.8
⑤ 文化活動 9.5
⑥ 公共交通 9.1
⑦ その他 16.7

出典：Centraal Bureau voor de Statistiek（2007）p. 171 図表15.7より作成

オランダ

社会保障・社会福祉改革

では基礎自治体の役割として重視される社会保障・社会福祉分野では、具体的にどのような改革が行われているのか、以下に公的扶助制度の改正動向と、「社会支援法」の導入についてそれぞれ紹介しておきたい。

公的扶助制度

公的扶助制度は、所得の中断や、失業期間が満了した後も次の職を見つけられない場合、またその他の事情によってみずからで生計を維持できなくなった場合に、税を財源として国の責任で最低生活を保障する制度である（日本の生活保護制度にあたる）。オランダでは、1965年より公的扶助法（Algemente Wet Bijstand：ABW）にもとづいて実施されてきた。

2004年に同制度が改正され、その名称も「就労と扶助制度」（法：Wet Werk en Bijstand）に変更された。改正の目的は、①規則に沿った制度の運営を行うことのほか、②給付受給率を抑え、コストの削減をはかること、そして、③受給者に労働市場へ再統合を促すこととされている。

そのため、新制度は、所得保障給付を行うと同時に、就労復帰のための支援も重視している。そして公的扶助給付と教育・訓練を含めた「再就職プログラム」を実施する責任が、市町村自治体におかれるようになった。

同給付の申請に当たっては、各地に「就労・所得センター（CWI）」が設立されており、申請者に対して求職登録をすることを義務づけており、また、資産調査後8週間以内に申請者に結果が知らされる。

これらの事業の財政基盤として、中央政府から公的扶助給付の補助金と、就労支援を目的として別途、労働市場への再統合のための補助金の2種類が配分されることになった。そして、基礎自治体の裁量の拡大と引き換えに、それまで75％を国庫負担としてきた財源は、基礎自治体に一括補助金として支給されるように変更された。すなわち、同補助金は、中央政府が決定する保護基準と地域の基準

に沿って支給されるが、もしそれが基礎自治体で黒字になれば、一般交付金と同様に他の目的に使用することができる。逆に赤字になった場合は、そのまま自治体の財政負担となるような改正が行われた。

社会支援法の施行

地域をベースにした持続可能な長期医療・介護システムの構築をめざして、2007年に社会支援法（Wet op Maatschappelijk Ondersteuning：Wmo）が施行された。同法は、分権化を通じて基礎自治体が中心になり、住民を巻き込んで、多様なニーズに対応できるように医療・介護・福祉サービス体制を整備することが主なねらいである。

同法は財源を公費として、これまで別々に設立されてきた社会福祉法（Welzijnswet：1987年制定）と、障がい者福祉法（WVG：1994年制定）と、長期医療保険制度である特別医療費（補償）法（AWBZ：1967年制定）の一部を統合してサービスの提供をはかることを目的としている。

障がい者福祉法の対象であった住宅改修や移送サービス、また車椅子の支給などは、そのまま同法に基づいて実施される社会支援制度（Wmo）に引き継がれた。そのほか、同制度の下で、地域でのサービスの連携を密にして住民の生活の質を高めることや、行動に問題のある子どもや若者に対する予防的取り組み、また高齢者や障がい者の自立支援や家族介護者への援助などについて、基礎自治体が幅広く取り組むことが期待されている。

医療・介護については、これまで特別医療費（補償）制度の対象とされてきた在宅介護サービスのなかで、「家事援助」が社会支援制度の対象となり、医療保険制度の給付から公費による給付へと切り替わった。そうすることで、特別医療費（補償）制度は、相対的に重度の医療・介護サービスを対象とし、比較的軽度のサービスについては社会支援制度が行うことになった。また、同給付には現物給付と現金給付（PGB）があり、選択できるしくみとなっている。

そのほか、同法の下で自治体には、4年ごとに地域計画を立てることが義務づけられている。

特定のサービス提供義務のほかは、社会支援法にもとづく制度の

実施はあくまで基礎自治体の裁量に委ねられている。しかし、制度の創設に当たって、各自治体の力量に差があることや、そのために地域格差が生じることに対する不安の声が上がっている。また、今まで長期医療保険制度によりカバーされてきた家事援助サービスが、公費によるサービスに変更されたことにより、サービス利用の権利性が弱まるのではないかという懸念も示されている。同制度が費用抑制につながるかどうかについても、その成果を確認するまでにもう少し時を待つ必要がある。

オランダ

自治体改革をめぐる主な課題

基礎自治体と広域行政

これまで自治体間での協力体制の構築や、州と基礎自治体の中間に広域行政圏域（Region）を創設する試みは、共同規約法（WGR：1950年制定）にもとづいて展開されてきたが、1990年代には、基礎自治体の枠を超えたいくつかの制度的な調整が行われた。

たとえば、1994年には、時限立法である行政改変枠組法（Kaderwet bestuur in verandering）にもとづき、全国の7つの都市圏域に政府主導で臨時の広域政府が設置された。そこでは、経済開発、インフラ整備、国土開発、住宅、環境政策分野における業務を実施することがめざされ、そのために独立した議会と執行機関が設けられた。具体的には、4大都市を中心とした①アムステルダム圏域（ROA）、②ウトレヒト圏域（RBU）、③アーネム・ナイメヘン圏域（KAN）、④エンスヘーデ・ヘンゲロー圏域、⑤ハーグ圏域、⑥ロッテルダム圏域（OOR）、そして⑦アイントホーフェン圏域（SRE）である。

しかしながら、その後これらの地域を発展させて直接選挙による地方政府を設置することは現実的でないという議論が高まり、独立した広域地方制度の実現にはいたらなかった（金井：1998：p.67, Denters & Rose：2005：p.75）。

そして、2005年には、改正共同規約プラス法（Wijziging wet WGP-plus）が施行され、地方政府の独立案を見直して、自治体間の連携により、その機能を高めることがめざされている。しかし、全体的にみると、自治体間の合併が進むいっぽうで、広域行政との連携はそう簡単には進んでいない。

新行政経営の導入

また、自治体内部の改革の具体的な手法として、1980年代より新行政経営（NPM）を通した運営面の「効率化」が注目を集めた。それは、アングロサクソン諸国の影響を受けた改革であり、基礎自治体においてビジネスの手法を取り入れた実験ともいえる。

具体的には、民営化、市場化、分権化、結果重視、質の確保、そして業務の集中的な実施などを重視した改革であるが、ティルブルグ市におけるNPM実践例は、しばしばその成功例として国内外から注目を集めた。繊維産業の衰退などから厳しい財政難に陥っていた同市は、1980年代中期より、アメリカの経営手法をモデルにして、市の行政の計画・管理に徹底的に効率性を追求した改革を実施した。

　しかし他方で、このような財政抑制を優先とするNPMの手法には疑問も投げかけられており、その評価についても賛否両論がある（John：2001：p.104）。また1990年代以降、地域行政への市民参加が論議されるようになったが、市民の新たな役割や地域において組織された機関や団体とのパートナーシップを新行政経営の「効率性」とどのように調整できるかが、目下の課題となっている（Denters & Rose（eds）：2005：pp.78-79.）。

　先に示したティルブルグ市においてもNPMに対して一定の評価がなされたものの、効率性を重視するあまり、市民のニーズに応えていない点などが批判の的となり、1990年代後半には、より市民の要望に対して開放的な政策をとるように組織再編が行われている。

　まさに、アングロサクソン的な効率を重視した改革と、民間団体主導で展開されてきた地域行政の伝統が、オランダの自治体改革に今後どのように新たなかたちを生み出していくのかが注目される。

オランダ

参考文献

Andeweg, Rudy B & Galen A. Irwin (2005), *Governance and Politics of the Netherlands*, Palgrave, New York

Centraal Bureau voor de Statistiek (2007), *Statistisch Jaarboek2007*, CBS, Voorburg

Centraal Bureau voor de Statistiek (2008a), *Regionale Kerncijfer Nederland* (http://www.cbs.nl)

Centraal Bureau voor de Statistiek (2008b) "Number of municipalities remains unchanged in 2008", *Web magazine*, 3, January 2008, (http://www.cbs.nl)

Chorus, J. M. J=P. H. M. Gerver=E. H. Hondus=A. K. Koekkoek (eds.) (1999), *Introduction to Dutch Law*, Kluwer Law International, Den Haag

Denters, Bas & Lawrence E, Rose (eds.) (2005), *Comparing Local Governance*, Palgrave Macmillan

Dussen, J. W. van der (1993), Financial Relations between Central and Local Government in the Netherlands, in John Gibson and Richard Batley (eds.), *Financing European Local Governments*, Frank Cass, London

Gladdish, Ken (1991), *Governing from the Center*, Northern Illinois University Press, Illinois

John, Peter (2001), *Local Governance in Western Europe*, Sage publication, London

Jones, Trevor (1995), *Policing Democracy in the Netherlands*, Policy Study Institute, London

Kam, Flip de=Bob Kuhry=Evert Pommer (2004), *Public Sector Performance*, SCP, Den Haag

Kortmann, Constantijn A. J. M. and Paul P. T. Bovend' Eert (1993), *The Kingdom of the Netherlands*, Kluwer Law and Taxation Publication, Deventer

Netherlands Institute for Multiparty & Instituut voor Publiek en Politiek (2008), *The Dutch Political System in a Nutshell*, Instituut voor Publiek en Politiek, Amsterdam

Sap, John. W. (2000), *The Netherlands Constitution 1848-1998 Historical Reflections*, Lemma, Utrecht

金井利之（1998）「オランダにおける広域行政制度」『比較法学』32巻第1号　早稲田大学比較法研究所

自治体国際化協会（2005）『オランダの地方自治』自治体国際化協会

下條美智彦（1998）『ベネルクス三国の行政文化』早稲田大学出版部

田口晃（1984）「組閣危機と「大連合」」篠原一編『連合政治Ⅰ』岩波書店

廣瀬真理子（1991）「社会福祉行政をめぐるオランダの中央―地方関係」老人保健医療福

オランダ

社に関する理論研究事業の調査研究第二部会『老人保健医療福祉に関する理論研究事業の調査研究報告書』長寿社会開発センター

カナダ

XVII

カナダ

はじめに

　カナダは、日本の国土の26倍という巨大な国土を持ち、人口では日本の4分の1（3,161万人、2006年）という少なさ（日本からみれば）である。ケベック州のフランス系住民の多さが有名であるが（29.6%）、全体的にはカナディアン39%、英系34%、仏系16%、先住民4%、その他7%という多民族国家である。

　カナダは、北米に位置しアメリカ合衆国との対比で議論されることも多い。政治的には類似性とともに、その相違も強調されている。ケベック州を除きイギリスの植民地の経験を共有しているにもかかわらず…、という議論になるのであろう。アメリカ独立宣言の時点で、革命のアメリカ合衆国、反革命のカナダの性格が決まったという評価がその1つである（S. M. リプセット）。独立反対派のイギリス系ロイヤリストが大量に移住してきたという歴史的事実は常に確認すべきことである。しかし、かれらはニューイングランドのタウンミーティング方式に馴染んできた人々であった。植民地政府に従順であったわけではない。イギリス流の代議制を強調する植民地政府の副総督（英国政府から派遣される）とはぶつかることになる。その後も19世紀半ばにかけて、イギリス本国から移民が増大し、都市人口の増大、都市的行政需要の増大が見られた。タウン設立を望む住民と、植民地政府との対立が激化する中で自治制度は確立してきた（ボールドウィン法（1849年））。

　「生命・自由・幸福追求の権利」（アメリカ独立宣言）を目指すアメリカ合衆国に対して、「平和・秩序・良き政治」（1867年憲法）といった安定のイメージが強いカナダで、独特の自治が形成されている。ちなみに、「日本との政治・社会指標の比較をみても、カナダは合衆国と日本の中間に位する国」だという評価もある（日本カナダ学会編『新版　資料が語るカナダ―1535-2007―』有斐閣、2008年、284頁）。多様な自治制度とその運営、選挙制度改革の論点、さらには日本の広域行政にも大きな影響を与えたメトロ・トロントが終結し、その後成立したメガ・シティの自治制度、これらの検討からカナダの地方自治の一端を確認しよう。

カナダの州と地方政府

カナダはイギリス連邦の一員であり、立憲君主国である。国家元首はイギリス国王である。連邦はイギリス国王の任命である総督によって、また州は副総督（州総督）によって統治される。しかし、これはあくまで形式である。カナダは、独立主権を有する州（Province）を単位とする連邦国家である。10の州と3つの準州（Territory）がある。準州は、連邦政府の直轄地である。州の権限は憲法に規定されている。憲法が新たに制定された1982年以前には、カナダの政治は1867年憲法に基づいていた。その1867年憲法

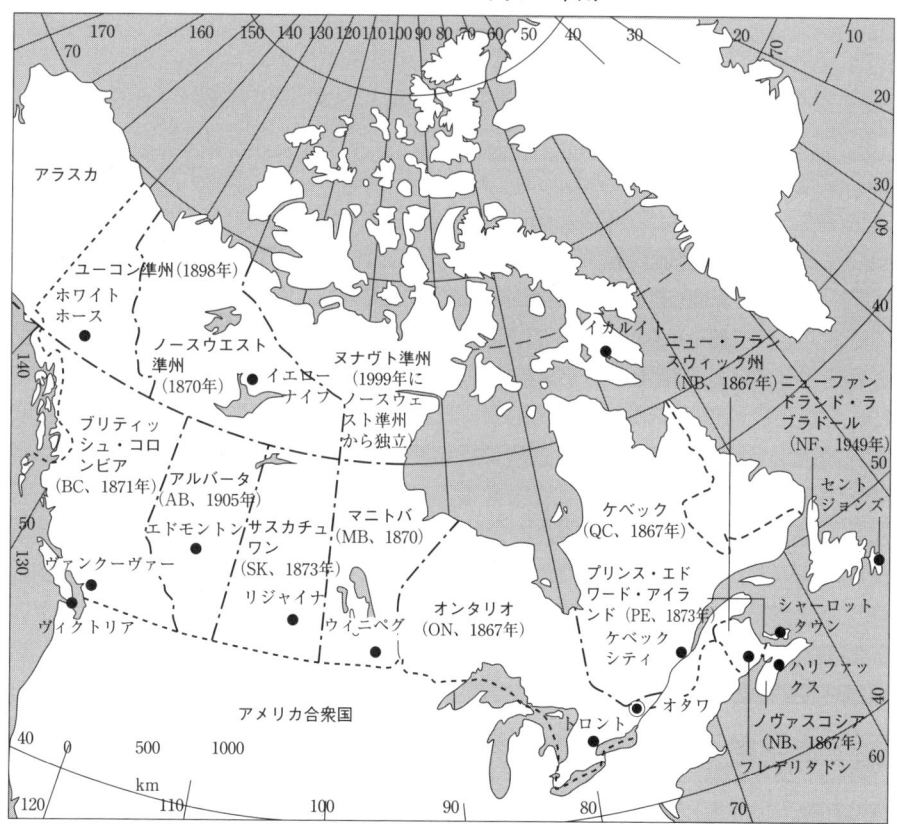

図1　カナダの10州と3準州

479

は、イギリス議会で制定された「1867年イギリス領北アメリカ法」である。当初連邦に加盟したのは、ケベック州、オンタリオ州、ノバ・スコシア州、ニュー・ブランズウィック州の4州だけであった。その後、1世紀以上を経過して今のかたちになっている（図1参照）。

憲法では、連邦政府が圧倒的に優位となっている。連邦政府と州政府の権限を列挙し、残余権は連邦政府に留保される（1867年憲法91条第29項）。これは、連邦政府の権限を列挙し、それ以外は州政府の権限となるアメリカ合衆国とは異なっているというより、アメリカ合衆国の連邦制を反面教師とした1つの結果である。南北戦争という内戦への危惧、仏系国民も多いことによる国家統合の必要性、アメリカ合衆国の軍事的脅威への対抗によるものである。

しかし、現実には「州政府は実態としてスイスと並ぶ世界でも最も分権的な地位を獲得」している（自治体国際化協会　2002：4）。無条件に連邦政府の権限という領域は少なくなった。州の数が少なく、州は議院内閣制を採用しているために州首相のリーダーシップが強力であること、連邦と州では異なる政党が重要な政治的アクターになっていること、司法判断が変わったことなどがその理由である。

全州政府（準州を含む）の財政規模は約2,100億ドル（約21兆7350億円）、全自治体の財政規模は約450億ドル、連邦政府の財政規模約1,900億ドルである（2000年度）。「カナダにおいては州政府が政府活動の重要な担い手となっている」。州政府は「『人』に対するサービス（保健・医療、教育等）」を、自治体は「人々の日常生活空間の維持・経営に関するサービス」を担う（自治体国際化協会 2002）（表1参照）。

憲法上、地方政府の制度を決めるのは、連邦政府ではなく州となっている。このため、地方政府の権限は基本的に州法によって承認されたものだけを持つことが一般的であった。したがって、カナダでは共通の地方自治制度は存在しないことになる。

なお、最近ではアルバータ州やマニトバ州をはじめ、「自治体の自己統治の原則」を承認した州の自治法改正が行なわれている（山崎　1996/6（197号））。アルバータ州は、新「地方自治法」を制定し（1994年）、自治体に地方行政を遂行する権限を大幅に認めた。

表1 連邦政府、州政府、地方政府の主な仕事

連邦政府の主な権限	州政府の主な権限	自治体の主な業務
公債の発行等、公有財産の管理及び売却 通商の規制 租税による金銭の徴収 公の信用に基づく金銭の借入れ 郵便業務 人口調査及び統計 陸海軍の軍務及び国防 通貨及び貨幣の規制等及び度量衡の統制 銀行業務、銀行法人の設置及び紙幣の発行 発明、発見の特許及び著作権の設定等 インディアン及びインディアンのために留保される土地の管理 帰化及び在留外国人の管理 刑事訴訟を含む刑事法の制定 刑務所の設置、維持及び管理	直接税の賦課 当該州の信用のみに基づく金銭の借入れ 州の官職の設置、官吏の任命 州に属する土地の管理及び売却 州内の刑務所及び感化院の設置、維持及び管理 州内の病院、救護院及び慈善施設の設置、維持及び管理 州内の地方団体の制度 州内の商店、バー、居酒屋及び競売人等の免許 州に関係のある事業目的を有する会社法人の設立 州における財産権及び私権 州内の民事及び刑事裁判所の設置、維持及び管理並びに裁判の運営 一般的に州における全ての地方的又は私的性質の事項	（教育）教育（ただしカリキュラム及び教師の免許は州教育省の管轄） （文化・レクリエーション）公園、水泳プール、アイススケート場、図書館、美術館（保健・福祉）保健行政、救急車、福祉行政 （住宅）老齢者向け住宅、低家賃の賃貸住宅、建築基準、建築許可 （土地利用）土地利用計画、区画 （保護）警察、消防、動物管理、土木建築 （交通）公共輸送機関、道路、交通管理 （公益事業）上・下水道、ゴミ収集・処理、配電
	自主財源比率：85.1%（基幹税：所得税と消費税） 歳出に占める主要な支出分野（保健・医療30.5%、教育20.1%、社会福祉15.7%、交通通信4.2%、資源保護・産業開発4.0%、警察3.5%、一般政府サービス1.6%、公債費14.3%）	自主財源比率：82.1%（基幹税：所得税と消費税） 歳出に占める主要な支出分野（交通通信19.8%、警察・消防15.9%、環境14.0%、社会福祉12.6%、文化・レクレーション11.1%、一般政府サービス11.0%、公債費5.9%）

注：自治体国際化協会『カナダの地方団体の概要』（Clair Report No. 227）2002年、より作成。

法律で制限されていない限りで自治体はいかなる地方行政を行なうことができる「自然人としての機能」概念を導入した。また、地域住民の安全、地域保健、地域福祉、治安といった事務に関して、自治体の条例によって包括的権限を有することを認めた（「権限の範囲」概念を導入）。この他自治体に関係がある法律制定の際には自治体との議論の必要性や、合併などでは自治体の承認の必要が導入

カナダ

されるなど地方自治における大転換が起こっている。

　アルバータ州（1996年）のほか、サスカチュワン州（2002年制定）、マニトバ州（1996年制定、制限有）、オンタリオ州（2001年制定）、ノバ・スコシア州（1998年修正）、ニュー・ファンドランド州（1999年制定）、ブリティッシュ・コロンビア州（2003年制定）、などである。「自然人としての機能」概念や「権限の範囲」概念の導入が「重要な2つの特徴」であるが、この他自治体に関係がある法律制定の際には自治体との議論の必要性や、合併などでは自治体の承認が導入される。先端のものは、ブリティッシュ・コロンビア州「コミュニティ憲章自治体法」とウィニペグ市憲章法（2002年制定）である。なお、これらの動向は「歓迎」されるべきものだが、説明責任を増大させる。「オンタリオの場合、少なくともみずからの有権者にとって必要というより、自治体の州への説明責任を増大させている」（Tindal 2003 : Chapter 6）。

　ともかく、自治権は拡充されてきたといってよい。今日の実際の政府間関係は、「ディドロンのルール」（伝来説）と「自治体憲章」（固有説）といった2極には配置されないで、「中間のどろどろ状態（mushy middle）」（Smith and Stewart）という評価になろう。これを「法の支配」の連続性で捉えると、自治の現実を読み違えることになる。

　自治体は、法人として州によって承認されて設立される。1867年憲法制定以前でも、都市が自治体として法人化されていた。セント・ジョン（1785年、NB）は、ロイヤリストが移住し、その住民の自治の要求をイギリス政府が認めたことにはじまる。約50年後の1830年代、モントリオール、ケベック、トロントが法人化された。オンタリオでは、「ボールドウィン（自治体）法」が1849年に、ケベックでは「自治体・道路法」が1855年に制定され、基本的な地方自治の枠組みが整備されてきた。

　パターン1：州内のすべての地方政府に適用される単一の法律、パターン2：大規模な都市については個別の法律、その他の地域については共通の法律、パターン3：自治体の類型ごとに別々の法律、などである。大都市については特別の憲章が付与されている州も多い。すでに指摘した州の自治体法改革により変わりつつある。これらの自治体と、後述する教育委員会などの準自治体とを併せて

地方政府と規定されている。

　州別の自治体数は、約4,000である（表2参照、なお、1951年4.099、1975年4.154団体であったのに対して減少しているのは、ノバ・スコシア州、ケベック州、そして特にオンタリオ州の市町村合併が主な要因である）。ほとんどの自治体はいまだ小規模で農村的である。50万人を超える自治体は13である。これには、市、町、村、農村的自治体（タウンシップ、パリッシュ、農村的地区）、カウンティ、および広域・大都市自治体（カウンティ・リージョナルなど）が含まれる。カナダには、人口100万人以上の6大都市圏があるが、そこに人口の5割弱が居住している（トロント、モントリオール、バンクーバー、オタワ・ガティノー、カルガリー、エドモンド）。

　自治体の創設を追体験しよう（「ブリティッシュ・コロンビア州における自治体—ビクトリア市（1991年）」東京市町村自治体調査会『資料集　カナダの地方自治体—第4回海外共同調査報告書—』1993年、42頁）。たとえば、ブリティッシュ・コロンビア州の自治体法（旧）は、市町村や広域的自治体を統治する原則を定めてい

表2　州別及び人口規模別の自治体の数（2000年現在）

人口	BC	AB	SK	MB	ON	QC	PE	NB	NS	NF	合計
－999	25	169	696	87	105	573	49	33	5	195	1969
－1999	23	42	69	56	92	315	7	35	7	32	689
－4999	32	51	24	32	122	252	1	19	14	22	574
－9999	22	49	4	14	74	77	1	7	12	13	273
－24999	29	19	5	4	93	115	1	6	10	4	288
－49999	15	4	2	1	24	54	1	1	4	1	107
－99999	19	3			29	33		2	1		87
－249999	9		2		24	11			1	1	48
－499999	2				12	3			1		18
500000－	2	2		1	5	3					13
合計	178	339	802	195	447	1436	60	103	55	268	4066

（資料）The Federation of Canadian Municipalities, 2000.
出所：自治体国際化協会『カナダの地方団体の概要』（Clair Report No.227）2002年。
注　：州の略名は、図1を参照。

る。自治体法（旧）は、自治体の創設や、選挙の方法、予算の採択、条例の作成など自治体運営の「あらゆる側面を網羅」している。この法律は、州政府の自治・レクレーション・文化省が所管していた。

　自治体の創設にあたっては、コミュニティ、実際は住民から州政府に自治体を組織することへの援助を求める要求が提出される。州政府は、自治・レクレーション・文化省を通して、自治体設立を援助する。境界線が決まり投票が行なわれる（自治体の設立には50％以上の賛成が必要である）。自治体法では、法人化は副総督の「特許証」によって承認される。

　ノバ・スコシア州では、すべての地域が自治体として組織されている。それに対して、ニュー・ブランズウィック州では、自治体として組織されていない地域（空白地帯）が州面積の9割以上になっている。それは、1967年からはじまった改革によって、農村部の自治体が廃止されたためである。その地域は州の直接管轄下におかれた（自治体国際化協会　2002：7-8）。

　なお、大都市は規模、資源、重要性に適した責任を受け取る個別憲章を必要とする場合が多い。カナダ自治体協会（Federation of Canadian Municipalities）から「モデル自治憲章」が提出されている。10章に分かれている。「目的」から始まり、「総則」「権限」（7つの節、括弧内以下同じ）「住民の権利（The Public）」(11)「境界変更」「統治（Governance）」(6)「財務」「歳入」(19)「運営と手続き（条例）」(4)「政府間関係」となっている。

　自治体に与えられる権限は、州ごとに、州でも自治体ごとに異なるところもある。一般的にいえば、次の権限を有しているといえよう。①教育（ただしカリキュラム及び教師の免許は州教育省の管轄）②文化・レクリエーション（公園、水泳プール、アイススケート場、図書館、美術館）③保健・福祉（保健行政、救急車、福祉行政）④住宅（老齢者向け住宅、低家賃の賃貸住宅、建築基準、建築許可）⑤土地利用（土地利用計画、区画）⑥保護（警察、消防、動物管理、土木建築）⑦交通（公共輸送機関、道路、交通管理）⑧公益事業（上・下水道、ゴミ収集・処理、配電）、といった業務である。

　なお、特定の目的のために設立された地方政府もある（agencies,

boards, and commissions、の頭文字でABCs)。初等・中等教育は、教育委員会（school board）が所管している。ほとんどの教育委員会の委員は、住民による公選である。教育委員会の要請に従い、自治体は教育に必要な租税の徴収を行なっている。このほか、警察委員会、社会資本委員会、公園委員会、などもある。これらは、準自治体とも呼ばれる。州の法律や規則に制限され、自治体の統制下にないものもある（自治体権限の制限）。「多くの人々は、地方政府を自治体と同一視する傾向がある」（Tindal 2003 : 2）。しかし、準自治体も地方政府であることを強調しておきたい。

カナダ

自治体の層と政府形態

自治体の層――一層、二層、そして0層――

　自治体の二層制を採用している州と、一層制を採用している州がある（山下ほか　1992）。なお、ほとんど人が住んでいない地域は、州政府直轄となっている。

　オンタリオ州、ケベック州、ブリティッシュ・コロンビア州では、基礎的自治体と広域的自治体の二層制が採用されている（もちろん州内の地域でも異なる（例えば図2参照））。広域的自治体は、カウンティ（一層制の場合の名称でも用いられている（アルバータ州））やリージョナルあるいは地域ディスクトリクトと呼ばれている。

　基礎的自治体は、州により異なった名称が用いられている。概観すれば、都市的自治体と農村的自治体がある。都市的自治体は、市、町、村である。これらは人口規模によって区分されている。農村的自治体は州によりさまざまな名称が用いられている。タウンシップ（オンタリオ州）、パリッシュ（ケベック州）、地区自治体（ブリティッシュ・コロンビア州）、自治地区（アルバータ州）、農村自治体（マニトバ州とサスカチュワン州）などである。

　なお、住民がまったく住んでいない場所や希薄にしか住んでいない場所は、州政府の直轄地とされ、自治体が存在していない。そうした地域は、改良区といった名称が与えられている。自治体の空白地帯である。

　都市圏自治体（広域的自治体）も生まれている。1953年にメトロ・トロントは北米ではじめて広域的自治体を誕生させた。その後、ウィニペグ都市圏自治体でも生まれ、広がっていった。オタワ、ハミルトン、モントリオール、ケベック、バンクーバーなどの大都市でも採用された。これらは広域的自治体あるいは広域コミュニティとも呼ばれている。ウィニペグ都市圏自治体は1972年に、メトロ・トロントは1998年に単一の一層制の自治体となった。

　イメージを膨らますために、後論との関係で、オンタリオ州の自治体の構造を確認しておこう。州面積の20％しか法人化（自治体の

存在）されていない。そこに人口のほぼすべてが住んでいる。概観すれば、州北部は一層制で（基礎的自治体数174）、州南部は二層制（広域的自治体数36、基礎的自治体数441、合計477）が採用されている（図2参照）。なお、州南部の新トロント市（1998年設立）は一層制である。

図2 オンタリオ州の地方自治体の構造（1998年：自治体数651）

Ⅰ 州北部（一層制：基礎的自治体数174）

| シティ (7) | タウン (39) | タウンシップ (120) | ビレッジ (6) | ディストリクト・ミュニシパリティ (1) | ディベロップメント・エリア・ボード (1) |

Ⅱ 州南部（二層制：広域自治体数36、基礎的自治体数441、合計477）
（1）カウンティ制（広域自治体数26、基礎的自治体数368、合計394）
　①一層制（基礎的自治体数27）

| シティ (17) | ミュニシパリティ (2) | セパレーテッド・タウン (4) | セパレーテッド・タウンシップ (4) |

　②二層制（広域自治体数26、基礎的自治体数341、合計367）

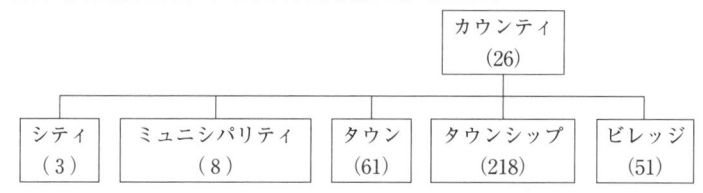

```
                    カウンティ
                      (26)
    ┌─────────┬─────────┼─────────┬─────────┐
  シティ  ミュニシパリティ  タウン   タウンシップ  ビレッジ
   (3)      (8)        (61)     (218)      (51)
```

（2）リージョナル・ガバメント制（広域自治体数10、基礎的自治体数73、合計83）

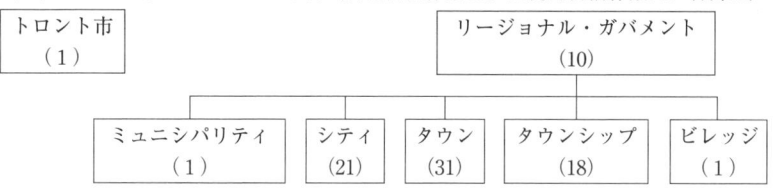

```
トロント市                  リージョナル・ガバメント
  (1)                            (10)
            ┌─────────┬─────────┼─────────┬─────────┐
       ミュニシパリティ シティ   タウン  タウンシップ ビレッジ
          (1)       (21)    (31)     (18)      (1)
```

出所：山崎一樹「海の向こうから（55）」『住民行政の窓』191号（1999年1月号）。

地方政府形態

① 住民、議会、首長の関係

地方政府形態は、さまざまではあるが、広く認められる特徴を確認しておこう。二層制を採用する場合、その二層目、いわば広域的自治体の政府形態も確認しなければならない。一般に、構成する基礎的自治体の代議員（通常は首長や副首長）によって議会が構成さ

れる。カウンティの場合、その行政の長（管理官Warden）を代議員の中から互選によって選出する。最近では、議会が代議員の中から執行委員会を選出し行政を委ねる形態（議会―執行委員会形態）も採用されている。

　基礎的な自治体政府を確認しよう。議会が自治体活動の中心である。自治体にはさまざまな行政活動を行う行政機関がある。その活動の責任を負うのは議会である。議会は立法機能とともに行政機能を担うが、最近では行政機能を独立させる傾向にある。自治体職員の任免権は原則的に議会にある。最近では、市長が執行委員を指名する市もある（ウィニペグ市）。

　基礎的自治体の議員は公選である。3名の議会から、多いところでは51名のモントリオール市議会まである（統一ウィニペグ市は51名だったのが2度削減し15名となっている）。概して、5-15名の議員を有する小さな議会である。議員の選挙は、全地域一括選挙と選挙区選挙がある。大選挙区制と小選挙区制の対立ではないことに注意したい。全地域一括選挙と選挙区選挙の対立は、全地区と選挙区設置との対立である。すべての構成員を全地域から選出する方法（全地域一括選挙（by general vote））と、選挙区を設置して、それぞれの選挙区ごとに同数の定数を割りふる選挙区選挙（on the basis of wards）がある。後者も定数が複数もあるので、その場合は大選挙区制に入る。選挙区選挙も、最近では小選挙区制（地区の定数1）とすることが多い。この場合は、大選挙区制と小選挙区制になるが、明確には言い切れないので、全地域一括選挙と選挙区選挙と記述している。

　任期は、1年とする議会が多かったが、現在では、3年か4年になっている。定数の2分の1あるいは3分の1の部分改正選挙を行なっている議会もある。

　首長（Mayor, Reeve）は、議会の構成員で議長の役割を担う（head of council）。議会を主宰し議長を務め討議を議決へと導く。また、職員を監督し行政執行の総合調整を行なう。首長は概して強力な権限はなく、首長の影響力は威信や人格に基づいている。しかし、最近ではケベック州、マニトバ州、ブリティッシュ・コロンビア州の自治拡充の法律の下で、首長は議会の議決について拒否権（veto）を有している。首長は、重要な執行権限を有するようにな

ってきている。

② 政府形態改革

すでに確認した都市圏自治体の創出は産業化、都市化、人口増といった20世紀半ば時代に対処する地方政府の改革の表れである。それ以前でも、地方政府の改革は進んでいた。アメリカ合衆国の都市改革運動に影響されながら、地方政府形態の改革へと進むことになる。「1900年までに、都市改革論者は、腐敗防止と効率性の改善の手段として、地方政府の構造改革を進めてきた」（Tindal 1995：51）。多くの攻撃にさらされたのは、一般的だった議会─委員会形態である。首長により多くの権限を与え、立法と執行の分離を主張した改革論者に影響を与えたアメリカの構図は、イギリスの伝統によって緩和され、公選ではあるがそれほど強力ではない首長という構図で決着した。

しかし、議会の責任を軽減し実際に効率性が強調される形態をも採用することになった。執行委員会形態や行政管理者形態などの登場である。スタッフレベルにある主席行政管理者形態にせよ、議会レベルの執行委員会形態にせよ、自治体政府のサービス供給に夢中で、その代表制や政治的役割を軽視しているという評価もある（Tindal 1995：149）。今日、大まかには3つの政府形態が一般的である（以下、山下ほか 1992、自治体国際化協会 2002、Tindal 2003, 1995, 1984、を参照した）。最近では地域経営においては、NPM（ニュー・パブリック・マネージメント）の手法が導入され、「地方レベルでは非常に優勢になった」（Tindal 2003：289）。その系列で、1つのモデルが形成されている（新ビジネス統治モデル）。このモデルを併せて、4つを検討しよう（図3参照）。なお、非常に心配なことは「自治体をビジネス（少なくとも、いくつかのビジネス単位の連合）として、そして市民を消費者や顧客として改変する（recast）試みが最近展開されていることである」という指摘には注意しておきたい。民主主義や代表制という政治の側面が軽視されるか排除されるからである（Tindal 2003：297）。

③ 議会─委員会形態（Council-Committee, Standing Committee、図3-1）

議会─委員会形態は、一般的に採用されている形態である。議会には、行政分野に対応して常任委員会が設置される。それぞれの委

カナダ

図3 カナダの地方政府形態

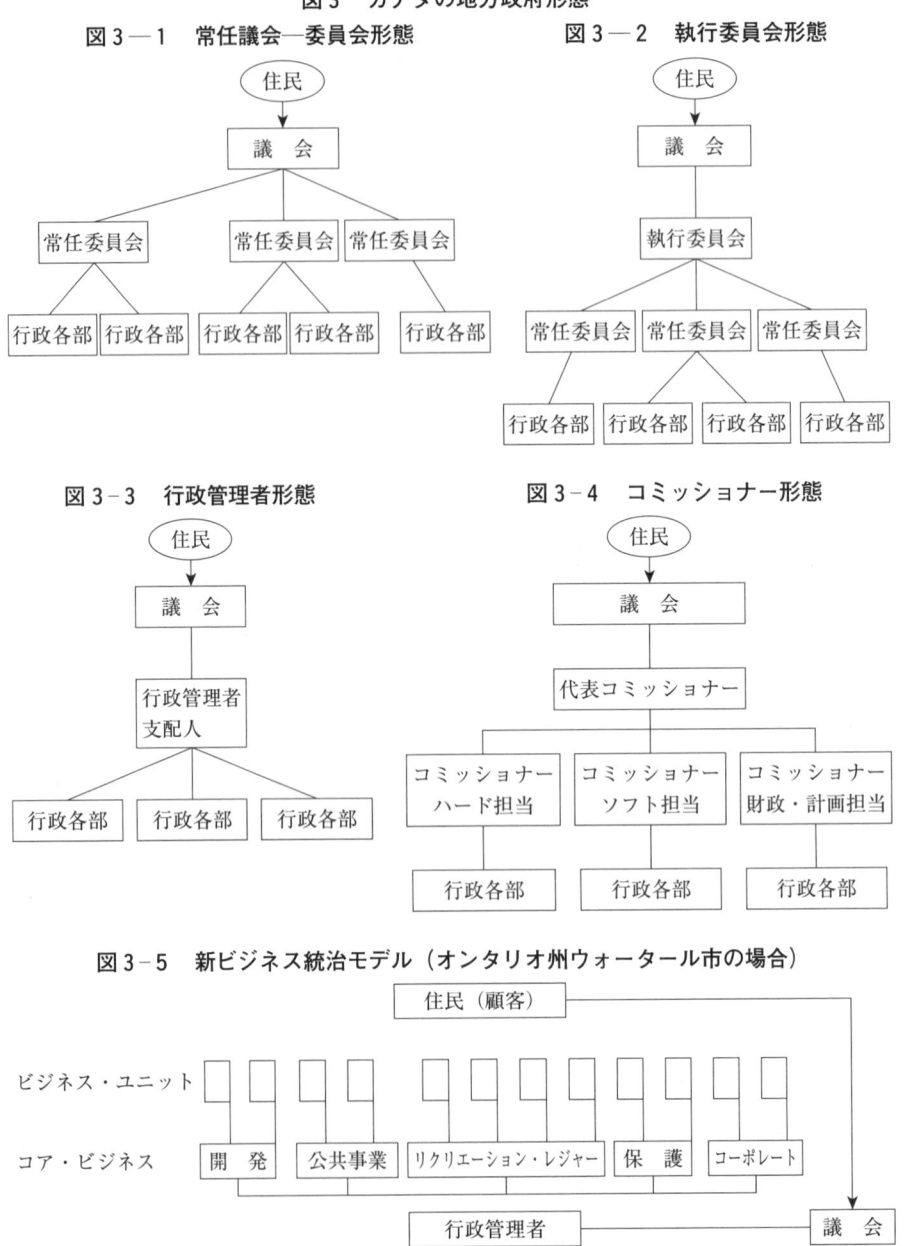

図3-1 常任議会―委員会形態

住民 → 議会 → 常任委員会／常任委員会／常任委員会 → 行政各部

図3-2 執行委員会形態

住民 → 議会 → 執行委員会 → 常任委員会／常任委員会／常任委員会 → 行政各部

図3-3 行政管理者形態

住民 → 議会 → 行政管理者 支配人 → 行政各部

図3-4 コミッショナー形態

住民 → 議会 → 代表コミッショナー → コミッショナー ハード担当／コミッショナー ソフト担当／コミッショナー 財政・計画担当 → 行政各部

図3-5 新ビジネス統治モデル（オンタリオ州ウォータール市の場合）

住民（顧客）
ビジネス・ユニット
コア・ビジネス：開発／公共事業／リクリエーション・レジャー／保護／コーポレート
行政管理者 → 議会

出所：自治体国際化協会『カナダの地方団体の概要』（Clair Report No. 227）2002年、および C. R. Tindal and S. N. Tindal, *Local Government on Canada 6th ed.*, 2003、より作成。

員会が1つまたは複数の部局を監督し、具体的な行政執行にあたる。所管事項を調査し議会に報告する。委員は議員によって構成される。住民が参加する場合もある。委員会の数は、平均6-7である。特別委員会も設置される。

　この形態は、議会と行政部局との関係が密になる。議員以外の住民の知識や技術も導入できる。議員は、常任委員会に所属するということで、特定分野の政策に精通することになる。しかし、議員が特定分野に関心を持ちすぎるために、全体的視点が欠如し、自治体内の総合調整が困難になる。これは、委員会を行政分野に設置して地区から選出された議員に特定の分野の大きな権限を与えるもので、したがって「腐敗にドアを開けている」という批判もある。

④　執行委員会形態（Executive Committee）

ⅰ）理事会形態（Board of Control）

　理事会形態は、執行委員会形態の1つである。議会とは別に選挙される理事そして首長により理事会が構成される。首長と4人の理事が理事会の構成員である。理事会の構成員は議会の構成員でもある。理事会は、予算の調整、契約の裁定、職員の任免など強力な行政権限を持っている。オンタリオ州の自治体で見られた形態である。1986年にトロント市ではじめて導入され、10万人以上の市では義務付けられていたこともある。

　理事会が政策形成を行ない、議会がそれを承認する役割分担のある形態である。この理事会は、議会が権限を委任したものではない。議員と理事は別途選挙される。そのために、政治的対立を生み出しやすい。理事会の決定は、理事を含む議会の議員の3分の2の多数でなければ破棄されない。この制度は徐々に廃止されてきている。

ⅱ）その他の執行委員会形態（Executive Committee、図3-2）

　執行委員会形態は、理事会形態に類似しているが、議会と密接に関係する執行委員会を創設する。執行委員会は首長と主要な常任委員会の委員長（当然議員である）により構成される。執行機関は議会との間に緊密な関係がある。オンタリオ州やケベック州の大都市に普及しつつある。その場合、執行委員会の下に行政管理者・支配人を設置することが多い。

⑤　行政管理者形態（Chief Administrative Officer、図3-3、図

3-4）

議会により任命される行政管理者が、自治体の各部局を監督し議会の決定を実施する。また議会に対して助言，勧告を行う。事務の報告を議会に行い、これによって行政の現状を住民に知らせる。議会による政策決定、行政管理者による行政執行という明確な役割分担である。行政管理者の名称はさまざまであるが、一般にシティ・アドミニストレーター（city administrator）、シティ・マネージャー（city manager）、コミッショナー（commissioner）等である。

ケベック州ウェストマウント市ではじめて導入された（1913年）。その後、ケベック州を中心に広がった。オンタリオ州では、法改正で行政管理者を任命できるようになった（1970年）。コミッショナー形態は、エドモントン州で採用され、サスカチュワン州、アルバータ州で採用されている。コミッショナー形態の特徴は、複数のコミッショナーがコミッショナー委員会を構成することである。首長と、議会が任命したコミッショナーが委員会を構成する。典型的には、代表コミッショナーの下に、1名が道路や公益事業等のハード、1名が健康や福祉のソフト、もう1名は財務等を担う。

④ 新ビジネス統治モデル（New Business Governing Models、図3-5）

従来各部局で構成されていた行政機構を解体し、いくつかのコアビジネス（戦略的コア）を設定する。たとえば、オンタリオ州のウォータールー市では行政管理者の下で、開発、公共事業、レクリエーション・レジャー、保護、コーポレートの5つのコアビジネスを設定している。個々のコアビジネスは、サービス提供の機能と過程を統合したいくつかのビジネスユニットに分けられる。ウォータールー市の場合、公共事業のコアビジネスは、道路・雨水、リサイクル・ゴミ，駐車場，交通等から構成される。いわば、それぞれの単位の透明性を高めることになる。コストと成果を明確にできる。このモデルは「自治体内の組織階層を減らすことでそれぞれの説明責任を明確にし、また、行政評価をより容易にし、サービスの質の向上を図ることを目的としている」（自治体国際化協会　2002：12（最近では変更があるが主旨を理解する意味でこの報告書によった））。

市長や議会が制度上自治体のトップであることは、他の形態と同

様である。議会が任命した行政管理者（CAO）の下で民間の経営手法を採用した組織運営が行なわれていることを強調する意味で、最近では新たな政府形態として位置づけられている。

カナダ

地方議員の選挙制度
―対立している3つの論点―

　地方選挙制度は、今日さまざまである。主要な対立点は、次の3つである（Tindal 1995 : Chapter 6, 2003 : Chapter 9）。①全地域一括選挙か選挙区選挙か、②任期は短期か長期か、③直接選挙か間接選挙か、である。この対立の基本は、地方政府の役割観（代表制や政治的役割を強調するか、あるいはサービス提供という行政的役割を強調するか）によって異なるという見解もある。この見解によれば、社会の複雑性や効率性の重視が政府形態だけではなく選挙制度の多様性をも生み出していることになる。

　代表制や政治的役割を強調する人々は、選挙区選挙、短い任期、直接選挙を支持している。住民と議員・首長との関係を密にし、住民が議員・首長を統制しやすいというのがその理由である。それに対して、サービス提供という行政的役割を強調する人々は、全地域一括選挙、長い任期、間接選挙（基礎的自治体の首長が二層目の自治体の議員となること、および議員から選出され支持され責任のある首長）を支持する傾向がある。住民からの議員・首長の自立性を強調し効率性を目指すためである。実際には、任期は短期か長期か、直接選挙か間接選挙か、については今日決着がついているようである。つまり、任期は長期化で（3年、4年）、直接選挙が広がっている（Tindal 1995 and 2003）。

　全国統計が見当たらないので、全体像を把握することは困難であるが、選挙制度の論点を確認する意味はある。

全地域一括選挙か選挙区選挙か

　直接に選挙された首長は、当然行政区全域から選出される。それ以外の議員は（首長も議会の構成員であるのでこのような表現となる）、選挙区制によって選出されることが一般的だった。候補者の選挙運動は、自治体の区域全体をおおわなくてもよく、「自分の」地区だけでよい。有権者も「自分の」地区の候補者だけから選べばよい。全地域一括選挙か選挙区選挙かどうかは、州法で決められて

いる場合もあるし、地方議会の裁量がある場合もあるし、有権者の賛同により議会が決める場合もある。

選挙区制の支持者は、有権者は限られた候補者に親近性を持ち、候補者も有権者の関心をよく知っている。したがって、議会において自治体のすべての領域が代表されている。コストも少なく、投票率も高くなる。

それに対して、選挙区制への批判がある。それは、自治体内の相違や対立を存続させ際立たせる傾向がある。議会は「偏狭」となる。議員は再選を目指すのであって、自治体全体のことについて考えることをしなくなる。こうして、選挙区制を批判する者は、全地域一括選挙制を支持することになる。これによって、議員は自治体全体から支持されるので、強力で質の高い候補者を持つことになる。また、ある選挙区では当選できる得票数なのにある選挙区では落選するといった不公平な状況も是正できる。全地域一括選挙制は、自治体全体の必要性という全体的観点を持った議会となることができる。

人口規模と選挙の方法との相関関係もある（有名な例外はバンクーバー市）。大規模では全地域一括選挙だと財政的にも時間的にも困難で選挙区制になりやすい。さらに、20世紀の変わり目の改革以来、地方政府の「政治的なもの」に反対している人々は、選挙区制を排除し、自治体の分割的な利害を代表している選挙区の影響を減少させようとしてきた。定数を減らし（40から12）、選挙区を再編した1891年のトロント市がその例である。

その後の歴史的なさまざまな事例が教えるところでは、全地域一括選挙か選挙区選挙を判断するには、定数、選挙区の数、選挙区の定数を考慮に入れなければならない。「政治運動（politicking）」の排除および迅速な決定を合い言葉に小さな議会が目指される。定数を削減しながら、代表制を引き上げる改革もある。具体的には、各選挙区の定数を2から1にすることによって定数削減を行ないながら、選挙区の数を増加させる（7から10のように）。「最終的な結果」は、全体的な議員定数の削減となる。

任期は短期か長期か

短い任期を主張する者は、短い方が民主的だという。議員をコン

トロールしやすい、ダメな議会は取り替えればよい、短い任期の議員は住民の関心に敏感である、といった理由からである。長い任期を主張する者は、短期では仕事を覚えるのも困難で再選のために時間が費やされる。自治体に長期的な計画がないのは、任期が短いためである。

アメリカ合衆国の影響を受けて、19世紀には1年の任期が一般的であった。しかし、最近では3年任期が一般的であるが、4年任期もある。4年任期は、ニュー・ファウンドランド州、ケベック州、ノバ・スコシア州で採用されている。その他の7州は3年任期である（自治体国際化協会　2002：9、少し古いがこれを利用している）。自治体改革を目指す論者は、地方政府のサービス提供の側面を強調して長い任期を支持することが多い。しかし、長い任期が計画や優先順位の改善に結びつくという証拠はない。

住民は、ますます政策決定にかかわりたいし、発言する機会を得たいと思っている。そこで、住民投票やリコールなどが用いられるようになっている。

直接選挙か間接選挙か

一般には、選挙は直接選挙である。間接選挙は、オンタリオ州やケベック州といった二層制の上層のカウンティで見られる（ケベック州は1979年より地域カウンティ自治体）。二層の基礎的自治体で選挙された者が上層の議会の構成員となる。オンタリオ州の場合、タウンシップ、村、町は一層目の自治体である。ここで選出された首長（人口によっては副首長も）が、二層目のカウンティ議会の議員となる。その意味では、間接選挙のほかに「ダブル直接」選挙、「議席をつなぐ」選挙ともいわれている。間接選挙の擁護者は、首長や副首長は「2つの帽子をかぶり」、自治体の事項を関連づけることで、2つの政府の「価値ある関係」を提供しているという。そして、これは地方政府改革の1つの結果でもあった。

カウンティ議会を構成する議員は、「自分の」自治体に関心を持つ「偏狭な」議会となる（選挙区選挙と同様な批判）。こうした批判を考慮して、メトロ・トロント議会の改革（28の選挙区による直接選挙とメトロを構成する6つの自治体の長からの構成に、1988年）、ハミルトン・ウェントワース地域政府とオタワ・カーレトン

地域政府の改革（長を直接選挙に、1994年にはオタワ・カーレトン地域政府は、地域政府議員の直接選挙へ（新たな選挙区による）：長は引き続き直接選挙）。

　二層目の首長（議長）の多くは、全地域一括選挙で直接選挙であるが、間接選挙を行なっているところもある（ノバ・スコティア州、オンタリオ州のカウンティや、ケベック州の地域カウンティ自治体）。「非民主的」という批判はある。しかし、長は議員によって選出されるため、議会の多数派に支持されることにより自治体を効率的に運営できるという強力な擁護者もいる。首長は、有権者の動向に直接には関心を示さなくてよいからである。

カナダ

地域経営の実際
―政策形成過程―

　政策形成過程は、当然それぞれの自治体によって異なっている。自治体の政府形態は、その大きな要因となる。異なったいくつかの政府形態の現実から具体的に振り返ろう。その前に次の点を確認しておきたい（Tindal 1995, 2003）。

　第1は、自治体の権限が減少していることである。すでに何度も指摘しているように、教育委員会をはじめさまざまな委員会といった自治体とは別の政府の設置によるものである（日本の行政委員会とは異なり地方政府）。地域経営主体は多元化されているということである。

　第2は、自治体と住民との関係、具体的には投票率が低下していることである。連邦や州レベルの選挙の投票率は3分の2程度であるが、自治体レベルの選挙は40％かそれより低い。大規模都市より小規模都市が高い、全地域一括選挙より選挙区の方が高い。学歴や住宅所有などの社会的属性、そして、競争率も影響を与えている。そもそも、連邦や州レベルの選挙では政党を重視するが、自治体レベルはさまざまな要因を重視する。多層で多数を選出しなければならないことも低投票率の要因である。5人の市長候補者から1名を、27人の議員立候補者から10名を、27人の教育委員会委員立候補者から9名、29人の公園委員会委員の立候補者から7名を選択しなければならない（たとえば、バンクーバー市、1984年）。それに住民投票の「賛成」「反対」が加わる。さらに二層を有しそれが直接選挙の場合には、その投票も加わる。すでに指摘した自治体権限が少ないと思うことも投票率を下げる要因になっている。マイノリティは、選挙に消極的である。政策形成過程への直接参加を望むようになっている。

　第3は、社会運動が高揚していることである。20世紀初頭の社会運動は経済界の利益を代表し成長志向であった。それに対して、最近の社会運動の多くは狭い地域を重視し、既存の生活の安定・維持志向である。これは、「自治体政治はより直接に政治活動に関わる

であろうし、それができるレベルである地区や近隣に根ざすべきであるという信念」に基づいている（Tindal 1995：250, and 2003：Chapter 9)。

　第4は、自治体とさまざまな地方団体との共同・協働が進んでいることである。ボランタリーセクターが、公共サービスの重要な部分を担うようになってきた。また、企業も自治体との協働から直接に自治体のサービスを提供するようになっている。政府という公的な制度に着目することから、公的な制度と市民社会との関係（自治体だけではなく、NPO、企業、住民との関係）に着目することが必要になっている（最近の言葉ではガバメントからガバナンスへ)。

　こうした地域政治過程上の変化と特徴は、地域政治を自治体の政府形態分析に限定することの問題を指摘することになる。しかし、それにもかかわらず、自治体にスポットを当てるのは自治体が引き続き主要な政策決定の主体だからである。地域政治上の変化を踏まえつつ、自治体の政策形成過程の構造と特徴を概観しよう（以下、全国町村議会議長会『米国及びカナダの州及び自治体の議会制度について』によった。最近の状況はこの報告書とは異なる制度（政府形態や選挙）が見られるが、地域政治の傾向の一断面を知る上で活用した。参考にした報告書の調査以降変化があったので、今日の自治体との混同を避ける意味で略名を使った。

T市の政治過程

① T市の政府形態

　政治過程の検討の前に、T市の政府形態や選挙制度を概観したい。シティ・マネージャー形態を採用している。議会の下に委員会を設置している。6つの常任委員会、4つの委員会などがある。

　議会は44名の議員によって構成されている。議長は市長を兼ねる。議長の権限は、委員会への出席権限、議会の進行を監督する権限、議員に退場を命じる権限、行政機関の長を招き、発言を許す権限、発言の順番を決定する権限、が付与されている。議会が行政府の長となるシティ・マネージャーを指名する。シティ・マネージャーが市の行政府を管理し、市の状況・財政等を市長に報告する。

　選挙区選挙であり、44の選挙区から各1名ずつ議員を選出する

(以前は 2 名ずつ、選挙区数は異なる)。議員選挙は1997年を始めとし、3 年に 1 度実施される。直接選挙である。予備選挙、部分改正選挙は行なっていない。被選挙権は、18才以上のカナダ市民で、T市在住もしくは土地を所有するか、賃借している者およびその配偶者である。立候補時点で、当該州およびカナダ議会の議員を務めている者は立候補資格がない。裁判所の判事と市職員は立候補できない。

② 議会の役割と政策過程

議会の法律上の主な役割と機能は、住民を代表して市政の方向の決定・監視、会議開催予定の計画・発表、委員会開催予定の計画・発表、副議長（Deputy Mayor）の任命である。

会期制度はなく、年間を通じて議会活動が行われる。本会議の開催は月 1 回の定例で第 4 火曜日午前 9 時30分に開催され、午後 7 時30分（休憩時間が12時30分から午後 2 時）に閉会となる。

委員会は平均、月 1－2 回程度開催される。定例日はなく、議会が決定する。会議開会時間は午前 9 時30分、または午後 2 時で、閉会時間は午後12時30分（午前 9 時30分開会の場合）、または午後 6 時（午後 2 時開会の場合）である。

議案提出権は、議員個人、部局、一般市民、利益団体に提出権があり、市長、シティ・マネージャーには提出権はない。可決された議案に対する長の拒否権はない。また、シティ・マネージャーは可決された議案に対する拒否権はない。不信任案・解散制度はない。

条例の立法過程を追ってみよう（図 4 参照）。「市政府の部局、議員個人、もしくは一般市民・利益団体から条例案は提案される。市政府の部局から提案された条例案は、スタッフ・レポートにまとめられ議会に提出される。条例案が議員から提案される場合、条例案は委員会に提出され、公聴会を経て該当の部局に提出され、その後は同様にスタッフ・レポートが議会に提出される。また、一般市民や利益団体は議員に直接議案を提案することができ、議員はその後該当の委員会に議案を提出し、委員会での審議後該当の部局に提出される」。「議会に提出された条例案は議会で審議・投票が行われ、過半数で通過した条例案は市長の承認を受けて条例として定められる」。

図4 T市の立法過程

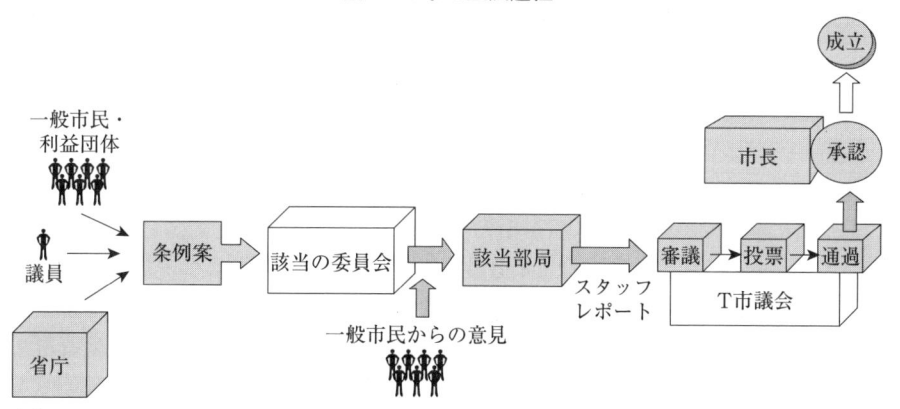

出典：フェイ氏とのインタビューを参考にワシントンコア作成
出所：全国町村議会議長会調査報告書『米国及びカナダの州及び自治体の議会制度について』。

　議案の審議は議会中心となっているが、委員会によるスタッフ・レポートが重要な役割を果たす。読会制度は設けられておらず、質問・答弁は議長の指示に従って進められる。

　立法過程における議会と住民との関係では、すでに指摘したように、住民は議員に直接政策や改正案を書簡等で提案すること、および住民は利益団体を通して議員に働きかけることができる。議案に対する住民の意思表明方法として、直接もしくは利益団体を通して議員に政策提案を行ったり、委員会レベルで審議に参加したりする。条例案が委員会で審議されている段階で公聴会が開かれ、住民は意見を述べることができる。

　また、議会審議に住民が参画することもできる。事務局に事前に届け出て許可を得る。それによって、常任委員会の審議の冒頭で市民（個人及びグループの代表者）にそれぞれ5分程度意見を述べる機会が与えられる。

③　議員の役割
　議員の法律上の権限として、条例案提出権、議案提出権、修正権、動議提出権、発言権、表決権、特別会議招集請求権、質問権がある。
　興味深いのは、発言権である。同じ議題について2回以上発言し

てはならない。議員は、1つの議題について5分以上発言してはならない。ただし、過半数の議員が賛成した場合に限って、5分間の延長を1回できる。

④ 議員活動の支援

市長の年棒142,538カナダドル（約1480万円（1カナダドル＝103.5円で換算））に対して議員の年棒は84,068カナダドル（約870万円）である。市長と議員の年棒は、毎年1月にカナダ統計局が算出する市消費価格指数に合わせてインフレ率と同様に増加する。

議会事務局はない。ただし、各議員が個人で補佐職員を雇用する。各議員には、年間17万ドル（1760万円）が支給されている（フルタイム職員を3名雇うのに十分と考えられる予算）。雇用できる人数、形態（フルタイムまたはパートタイム）は議員が決める。

このほか、年間5万3,100ドル（約550万円）が支給される。消耗品、備品、交通費などに議員が独自に使うことができる。

L市とM町の地域経営

① L市の地域経営

L市は、シティ・マネージャー形態である。直接選挙で、選挙区選挙である。7つの選挙区から2名ずつ選出される。任期は3年で、部分改正選挙は採用していない。定数は14名である（議長が市長となる）。開催は、第1・第3月曜日、もしくは第2・第4月曜日（開会時間は17時から18時）である。

T市との大きな違いを中心に概観しよう。まず、議案提出権である。議員個人、委員会、一般市民に提出権あるとともに、市長やシティ・マネージャーにも提出権がある。議会が要請した場合に限り、部局が条例案を作成し、要請元の議員又は委員会より条例案が提出される。

議長に対する不信任制度がある。

立法過程では、本会議中心の読会制が採用されている（図5参照）。「一般的に議員によって提案された条例案が該当する委員会に提出されるが、内容によっては市民が意見を述べることのできる公聴会が開かれる。条例案が該当の委員会に提出されることになると、委員会で審査・承認が行われ、委員会が承認した条例案は指定

カナダ

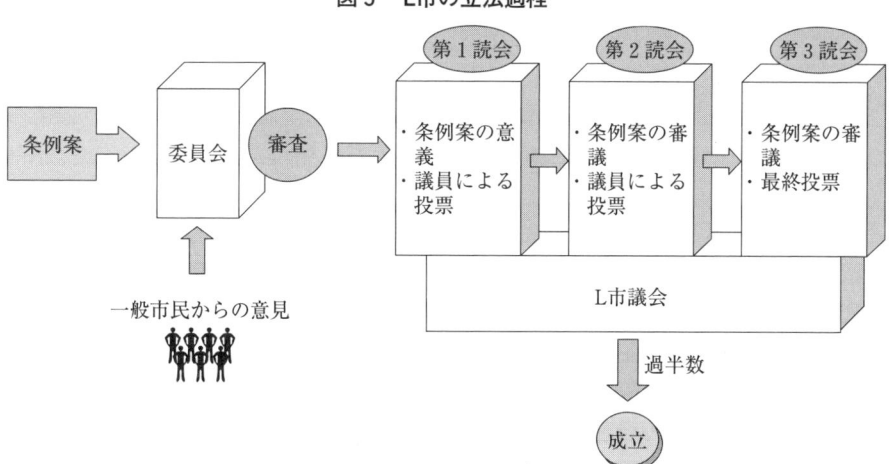

図5　L市の立法過程

出典：L市のウェブサイトとインタビューを参考にワシントンコア作成
出所：全国町村議会議長会調査報告書『米国及びカナダの州及び自治体の議会制度について』。

の法案番号がつけられ、議会に提出される。議会では3度の読会（通常1日で終了）が開催され、各読会で投票が行われ、最終的に条例として制定されることになる。また、住民は市議会クラーク（事務局）を通じて条例案を提出することができる」。

T市で興味深かった議員の発言権は、L市でも同様である。議員は、議長である市長の許可を得て発言することができる。議会の過半数票によって指示されない限り、議員は1つの動議に対して1度のみ発言権を有する。動議の提案者は、他の議員による発言に対し、5分間で答弁することができる。

議員の報酬は生活給である（市長の年棒：9万225カナダドル、議員の年棒：2万8,853カナダドル）。公費による秘書制度はない。議会事務局がある。職員2名と秘書1名の3人体制である。議会の事務処理、調査、会議の予定調整、その他議会・議員が必要とする事務支援を行なう。

議会と住民との関係は、T市と同様に開放的である。議会に対して住民が政策提言をする仕組みとして、市議会クラークに政策を提案、個人的に議員に意見や請願を提出、地元新聞に設けられている専用のコラムに投稿、といったことができる。また、議会審議に住民が参画する仕組みとして、住民個人およびグループの代表者は、

常任委員会（多くは企画委員会）の審議、それ以前の公聴会に参加し、意見を述べる機会が与えられている。

② M町の地域経営

M町の政府形態は、行政管理者形態（Chief Administrative Officer：CAO）である。議会が、行政府の長であるCAOを指名する。そのCAOが市の行政を管理し、すべての部局を管轄し町の状況・財政等を町長に報告する。理事会制度は導入していない。

議員は直接選挙で、8つの選挙区から各1名ずつ議員を選出し、さらに町全体から地域議員4名（全地域一括選挙）を選出する。任期は3年で、部分改正選挙は採用していない。定数は12名である（議会の構成はそれに町長が加わる）。本会議は月2回（定例日：第2・第4火曜日）で、会議開会時間は午後7時である。委員会制度を採用し、5つの常任委員会と10の諮問委員会がある。

M町の政治過程は次のように描写されている（図6参照）。「議員以外に、町の職員や一般市民もしくは民間企業が条例案を議会に提出することができる。これらの条例案は、該当の部局においてレポート（Staff Report）としてまとめられ、該当の委員会に提出される。委員会では提出された条例案の審議が行われ、決議案の提案が本会議に提出される。本会議での審議と表決を通過して承認された

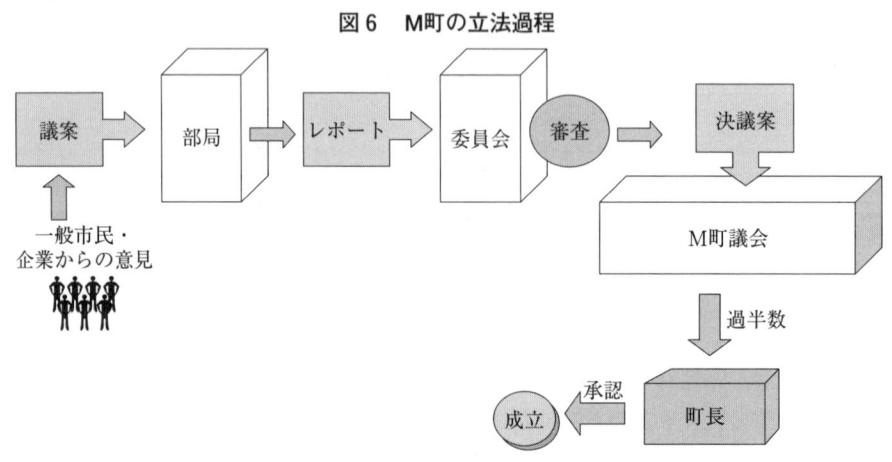

図6　M町の立法過程

出典：M町のウェブサイトとインタビュー調査を参考にワシントンコア作成
出所：全国町村議会議長会調査報告書『米国及びカナダの州及び自治体の議会制度について』。

条例案は、町の条例として成立し、市長の署名を経て執行に移される」。審議は、委員会中心で、読会制は設けられていない。

発言権、動議提出権、特別会議招集権は、M町規定で規定されている。それ以外の重要な事項、たとえば、議案提出権、修正権、発言権、議案否定権など、「詳しい会議進行についての規則は設けておらず、ロバート会議運営規則に準拠する」。

報酬は生活給である（議員の年棒：5万3,012カナダドル、地域議員の年棒：9万889カナダドル）。議会事務局は存在しない。公費による秘書制度がある。選挙区民への対応、イベント・スピーチ等の調整、メディア対応、そしてリサーチ等を担当する。最高額6,500ドルが補われる。さらに、議員全員の下で活動する5から10名の補佐職員（人事権は議会）がいて、給与管理等を行っている。

議会と住民との関係では、議員やクラーク、部局職員に文書で住民が政策を提言できる。議会審議に住民が参画する仕組みとしては、委員会審議に参加し5分以内の発言を行うことができる。

カナダ

広域的自治体からメガ・シティへ
―自治体内分権としてのコミュニティ議会の設置―

メトロ・トロントの廃止の衝撃

　　　　　オンタリオ州のメトロ・トロントを構成する6自治体が合併して1つの市（トロント市）になった（1998年）。自治体の構造は、すでに確認した図2のようになった。

　　　　　新トロント市の成立は、たしかに、市町村合併を強行に進めた州政府（ハリス保守党政権、1995年）の意向があった（表3参照）。1996年から2001年までに間に、自治体数は815から447に激減した。自治体議会の議員数は、4,586から2,804に減少している。

　　　　　しかし、それとともにこの合併は、広域的自治体のその後に1つの結論を提出したことでも重要な意義がある。メトロ・トロントは、北米で初めて広域的自治体を誕生させ、それが大きな成功を収めているとして日本だけではなく世界の都市の注目を集めていた。それが、44年間で終結し、1つのメガ・シティとして誕生したので

表3　オンタリオ州内の自治体の区分及び数（2001年1月1日現在）

区分	上層自治体		下層自治体				合計	（合併前）
			市	タウン	村	タウンシップ		
二層自治体	リージョン	8	13	24	0	20	65	106
	カウンティ	22	4	48	6	123	203	509

区分			市	タウン	村	タウンシップ	合計	（合併前）
単一層自治体	南方		23	6	0	1	30	22
	北方		8	36	5	100	149	178
合計			30	48	114	11	244	447	875

出所：自治体国際化協会『カナダの地方団体の概要』（Clair Report No. 227）2002年。

ある。

　さまざまな理由が紹介されている。まず、社会経済的要因として、メトロ・トロント地域内のトロント市の影響力が低下するだけではなく、その周辺の4つの地域と比較してメトロ・トロントの地位が低下してきたことである。人口も経済も周辺化してきた。次に財政的要因として、自治体への財政移転が減少し、膨大な政治行政機構の「行政改革」を進めざるをえなくなったことである。そして、政治的要因として、地域間調整が困難になったことである。1つの地域政府（メトロ・トロント）、6つの基礎的自治体、106人の地方政治家、7つの計画部局、7つの公園部局、7つの人事部局、6つの消防部局があり、自治体内部の調整が困難であった。また、間接選挙によって地域利害が調整されていたメトロ・トロント議会が直接選挙に変わったため、地域利害とメトロ・トロントとの「対立」が生まれ、地域間調整が困難になったこともあげられている。

　こうした現状を踏まえて、グローバル化された世界経済の中で、メトロ・トロント地域を打ち出すための手法として開発されたのがメガ・シティといえよう。その周辺の4つの地域政府とともに、法人格を持たない（したがって政府ではない）広域的調整機構としてグレイター・トロント・サービス委員会（GTSB）を設置することになった。

　経済界は当初から賛成していたが、6市長、メトロ・トロント政府（途中から妥協）、さらには住民の反対があった。それにもかかわらず、修正が行なわれているとはいえ、大合併が進められることになる。ちなみに、住民の反対を検証することは容易ではない。合併対象の6市が共同で住民投票を行なった結果は反対が多かった（76.1%、1997年）。住民投票の結果にもかかわらず合併推進というと驚くが、「法的拘束力のない」住民投票であったこと、投票率が30%であったことを考慮する必要がある。ちなみに、投票方法は、投票所が1市（エトビコー）、郵送が4市（トロント、ヨーク、イーストヨーク、スカボロー）、そして電話が1市（ノースヨーク）であった（山崎1998/11（189号））。

自治体内分権のゆくえ

　　　市町村合併により規模が大きくなると、旧自治体のアイデンティ

カナダ

ティが薄らぐことや、住民と自治体が疎遠になるといった問題点が指摘されてきた。メガ・シティも例外ではない。そこで、コミュニティ議会（Community Council）の設置と、近隣住民委員会

表4　カナダのコミュニティ

自治体名	議員数（含市長）	選挙制度（1人当議員数）	コミュニティ議会（カッコ内は設置数）
エドモントン（アルバータ州）	637,422人口	13	6選挙区（2人区）＋1市長（53,120）	なし
ハリファクス（ノバスコシア州）	330,000	24	23選挙区＋1市長（14,348）	Community Council (5) 1996年～（ハリファックス市の大合併を契機に設置）
ウィニペグ（マニトバ州）	606,790	16	15選挙区＋1市長（40,453）	Community Commu-nittee (5) 1971年～（ウィニペグ市の大合併を契機に設置）

出所：山崎一樹「海の向こうから (53)」『住民行政の窓』189号（1998年11月号）から抜粋。

（neighborhood committee）が構想された。前者は、旧自治体のアイデンティティが薄らぐことを防ぎ、旧自治体の代表性を確保しようというものである。後者は、住民が自治体の政策決定に直接参加

議会と近隣住民委員会の事例

近隣住民委員会 （カッコ内は設置関係）	備考
Community League （約140） 1917年～ Area Council　（12） 1964年～ Community Adovisory	・Community Leagueは独立性の高い住民による自治組織であり、レクリエーション施設や都市公園の管理運営、コミュニティ・サービスの供給、土地利用計画への意見提出などを行う。市役所に対するロビー活動の主体にもなる。 ・Community Leagueは市からの財政援助を受ける。 ・Area CouncilはCommunity Leagueの連合体として設置され、市役所とCommunity Leagueの関係の調整を行う。
Committee　　　（23） 1996年～	・23市議によってCommunity Councllを構成する。 ・Community Councilは3選挙区以上の地域で構成する。 （旧自治体の区域を意識して地域選定を行う。） ・Community Councilの権限は以下のとおり。 ①当該地域に関する予算編成権及び市議会の承認の範囲内での予算執行権（課税権、起債権限は有さず） ②コミュニティ・サービス供給のモニタリング及び改善要望 ③Community Advisory Committeeの委員の選任 ④コミュニティ地域内に係わる条例・規則等の制定勧告 ⑤コミュニティ地域内の土地利用計画変更、開発許可などへの意見提出権 ・Community Advisory CommitteeはCommunity Councilに対してコミュニティの行政全般に対する助言を行う。
Residents Acvisory Group（RAG） 　　　　　　　（5） 1971年～	・制度発足当初はCommunity Committeeの数は13であり。合併前の旧自治体の区域を想定して設置し、各地域の市議会議員により構成。 ・Community CommitteeはRAGの助言を得て地域住民の市政への参加を促進する目的で設置し、以下の権限を有する。 ①各地域に係る土地利用計画、開発許可の決定、変更の検討 ②各地域の行政全般に係る市議会への意見提出 ③各地域に係る行政全般に対する地域住民の意見聴取 ④各地域住民の中からRAGの委員を選任 ・1992年に制度改正が行われ、Community Committeeの数を5に減ずると同時に、地域内における調整権限を市議会に移管。 ・RAGは地域に係る行政に関してCommunity Committeeに対して意見を提出することを通じて市政への住民参加を促進。

する機会を増大させようとするものである。

① 世界では珍しいコミュニティ議会の設置

コミュニティ議会は、議員によって構成されるものである。議会に設置される機能別・分野別の常任委員会とならんで、地理的な区域にそった委員会である。正式にはコミュニティ議会と規定されるが、実質的にはコミュニティに責任を持つ議会の委員会である。コミュニティ議会は、「地方自治体の区域内のあらかじめ定義された地域において、公選の自治体議会議員によって構成される地理的な基盤を有する自治体議会の委員会」である。

コミュニティ議会は、計画や開発といった市全体の問題、交通、駐車規制、条例の緩和（標識、塀、木の条例）といったコミュニティの問題について市議会に意見表明を行なう責務がある。

コミュニティ議会は、合併法案の修正で登場したものである。議員が委員会の構成員という点で、カナダ以外では「あまり見られない」制度である。ハリファックス市やウィニペグ市のコミュニティ議会の経験がある（表4）。トロント市も含めて、合併前の旧市町村ごとにコミュニティ議会を設置する。議会の構成メンバーは、その区域内から選出された議員である。なお、トロント市の場合、6つのコミュニティ議会を4つに再編している（現行は2003年から）。

トロント市議会は、コミュニティ議会で議論され提案されたコミュニティ事項に審議の時間の多くを費やし、本来集中すべき全市的な問題についての議論が軽視されているという指摘もある（Tindal 2003：314）。

② 近隣住民委員会の構想

近隣住民委員会は、公選の議員ではない住民によって構成される。これは、住民が直接自治体の政策形成にかかわる機会を増大させ、住民に対して市政の一定の権限を「付与」することも目的としている。

オンタリオ州の自治体には、住民参加の伝統があるが、それはいわば「上からの住民参加」であった。自治体側の提案の承認を求めるような参加であった。それに対して、近隣住民委員会は、土地利用計画の策定、行政サービスの供給や予算編成などに関して、地域から発言する「ボトム・アップの住民参加」を構想している。

近隣住民委員会は、コミュニティ議会の経験を経た「第2段階のスケジュール」の中で検討すべきだと提言されている。

むすび

　カナダでは、都市化、スプロール化にとどまらず、グローバリゼーションに対応するさまざまな改革を行なっている。すでに本文で指摘したように、地方政府形態の改革とともに、自治体自体の広域化が進んでいる。1つは、自治体の領域を超えた問題を解決するためにフォーラムを提供する「自治体連合協議会」の設置を進めている（本章で取り上げたGTSBやモントリオール・メトロポリタン・コミュニティなどを想起するとよい）。もう1つは、リージョナルあるいはメトロポリタンといった第二層の広域的自治体の設立である。そしてもう1つは、合併による単一自治体の設立である（メガ・トロント市など）。

　こうした改革とともに、「自然人としての機能」概念や「権限の範囲」概念を導入した州法も広がり、自治権の充実は確実に広がっている。今後の地方自治を考える上で、2つの未来図を想定しておこう（Tindal 2003:20-22）。

　1つは最善の時代の想定である（楽観論からの見解）。自治体の自立性は高まった。それは、1990年代の各州の法律制定、裁判所の判断、財政的援助等によってである。グローバリゼーションの中で、経済の優位性を保つには、都市および都市地域が重要な「鍵」となる。この機会に「乗ずる」ことによって、自治はますます発展するというシナリオである。

　それに対して、最悪の時代の想定である（悲観論からの見解）。自治体は引き続き「州の脅威の下にあり言いなりになっている」。自治体の排除を想定するとよい。1990年代には、たとえばオンタリオ州だけで、約400（45%）の自治体が合併のために消滅した。少数の自治体だけが成功している。州は引き続き改革を強いている。すでに指摘した自治権の拡充は、実際には不確実で変化しやすい州政府には対抗できるわけではない。グローバリゼーションは、自治体の動向を規定し、国際貿易の合意は自治体にそれに適した政策を強要する。悲観論の理由には、地方政治よりサービス提供に自治体が夢中にならざるをえないことがあげられる。

> カナダ

　　　　日本にも適合するこの2つの未来図を今後とも見届けることは必要だろう。

参考文献

自治体国際化協会『カナダの地方団体の概要』(Clair Report No. 227) 2002年（同『トロント地域の現状と変革の動き』(Clair Report No. 159) 1998年、同『トロント首都圏の広域合併問題』(Clair Report No. 184) 1999年、も参照）。

全国町村議会議長会調査報告書『米国及びカナダの州及び自治体の議会制度について』（この成果の一部は、第2次地方（町村）議会活性化研究会『分権時代に対応した新たな町村議会の活性化方策—あるべき議会像を求めて—』2006年（赤版）、にまとめられ掲載されている）。

山崎一樹「海の向こうから」『住民行政の窓』(「オンタリオ州の地方自治制度」178号 (1998年1月号)～190号 (1998年12月号)「アルバータ州の地方自治制度」197号 (1999年6月号)～226号 (2001年8月号)、「カナダにおける自治体間の協調体制について」228号 (2001年10月号)～234号 (2002年3月号) など）。カナダの地方自治について、この連載から多くを学んでいる。引用・参照については、たとえば山崎 1999/6（197号）と略記する（197号（1999年6月号））。

同「カナダ各州における住民投票制度の概要について」『地方自治』586号 (1996年9月号)～593号 (1997年4月号))。

山下茂・谷聖美・川村毅『増補改訂版　比較地方自治』第一法規、1992年。

C. Dunn, *Provinces : Canadian Provincial Politics 2nd ed.*,Broadview Press, 2006.

C. R. Tindal and S. N. Tindal, *Local Government in Canada 6th ed.*, Nelson, 2003（取り上げている対象が異なるため、その都度第2版 (2nd ed., McGraw-Hill Ryerson, 1984) および第4版 (4th ed., McGraw-Hill Ryerson, 1995) も活用している）。

監修者　竹下　譲

著者

竹　下　　　譲（たけした　ゆずる）

・イギリス

　四日市大学地域政策研究所長・自治体議会政策学会会長。
　政治学博士。専門はイギリス政治。東京市政調査会研究員、拓殖大学教授、神奈川大学教授などを経て現職。全国の自治体議員の研修にあたる。三重県教育委員会委員長など歴任。自治体議会が本来持つ権限とチェック機能、日本の議会の歴史とイギリスの現状から改革を説く。2008年11月から拓殖大学地方政治行政研究所客員教授（予定）。
　著書に、『イギリスの政治行政システム』（ぎょうせい）、『新版世界の地方自治制度』（イマジン出版）、『パリッシュに見る自治の機能』（イマジン出版）、『市場化テストをいかに導入するべきか－市民と行政』（公人の友社）など。

山　﨑　榮　一（やまざき　えいいち）

・スイス

・フランス

　独立行政法人森林総合研究所監事。
　東京大学工学部都市工学科卒、旧自治省（現総務省）入省。1995年～2000年まで自治体国際化協会パリ事務所長として出向。
　著書に、「フランスの憲法改正と地方分権」（日本評論社、2006年9月）など。

江　藤　俊　昭（えとう　としあき）

・アメリカ

・カナダ

　山梨学院大学法学部政治行政学科教授・山梨学院大学ローカ

著者紹介

ル・ガバナンス研究センター長。

1979年中央大学法学部卒業。中央大学大学院法学研究科博士後期課程満期退学。博士（政治学：中央大学）専攻：地域政治論。

著書に『図解　地方議会改革』（学陽書房）『増補版　自治を担う議会改革』（イマジン出版）、『新しい自治のしくみづくり』（共著　ぎょうせい）、『協働型議会の構想—ローカル・ガバナンス構築のための一手法—』（信山社）など。

交告　尚史（こうけつ　ひさし）
・デンマーク

東京大学大学院法学政治学研究科教授。

1979年神戸大学法学部卒業。1985年神戸大学大学院法学研究科博士後期課程単位取得退学。神奈川大学法学部教授などを経て現職。横須賀市専門委員（〜2008年3月）、東京都食品安全審議会委員、神奈川県建築審査会委員、東京都薬事審議会専門委員、内閣府原子力委員会専門委員、国土交通省社会資本整備審議会専門委員など歴任。

著書に処理理由と取消訴訟』（勁草書房）、『ホーンブック新行政法』（北樹出版共著　改訂版2004年）、『環境法入門』（有斐閣共著　補訂版2007年）など。

住沢　博紀（すみざわ　ひろき）
・ドイツ

日本女子大学教授・自治体議会政策学会事務局長。

1972年京都大学法学部卒業。1973年J．W．ゲーテ大学（フランクフルト）社会科学群入学、1988年同大学博士課程修了、博士号取得　Dr.Phil。帰国後、立命館大学法学部・文学部非常勤講師などを経て現職。

著書に、『自治体議員の新しいアイデンティティ——持続可能な政治と社会的共通資本としての自治体議会』（イマジン出版）、『市民自立の政治戦略——これからの日本をどう考えるか』（朝日新聞社共著）、『グローバルと政治のイノベーション』（ミネルヴァ書房、編著）、『EU経済統合の地域的次元』（ミネルヴァ書房、

共著）

藪　長　千　乃（やぶなが　ちの）

・ノルウェー

文京学院大学人間学部准教授。

一橋大学社会学部卒業。1993年　東京都主事（職員共済組合、総務局行政部、衛生局総務部、財務局主計部）。早稲田大学大学院社会科学研究科博士課程（修了）。東京都退職後、文京学院大学人間学部専任講師を経て現職。

著書に、「フィンランド情報福祉社会の構築と国民性」『北欧世界のことばと文化』（成文堂共著）、『演習ノート　政治学（第4版）』（法学書院共著）「在住外国人の生き方」『スウェーデン－自律社会の試み』（早稲田大学出版部共著）、「分権化社会と地方自治」『ノルウェーの政治』（早稲田大学出版部共著）など。

星　野　　　泉（ほしの　いずみ）

・スウェーデン

明治大学政治経済学部教授。

明治大学大学院博士前期課程修了、立教大学大学院博士後期課程単位取得。

明星大学人文学部助教授、明治大学政治経済学部助教授を経て現職。専修大学大学院経済学研究科非常勤講師。2005年・2006年、スウェーデンヨーテボリ大学客員研究者。専攻は財政学、地方財政論。

著書に『分権型税制の視点』（ぎょうせい）、『現代の地方財政（第3版）』（有斐閣、共編著）、『予算・決算　すぐわかる自治体財政』（イマジン出版、共著）、『世界の財政再建』（敬文堂共著）、『スウェーデン高い税金と豊かな生活』（イマジン出版）など。

山　田　眞　知　子（やまだ　まちこ）

・フィンランド

北海道地方自治研究所専門研究員。

1949年東京生まれ。1971年国際基督教大学卒業。2001年北海道

著者紹介

大学大学院法学研究科博士課程修了。法学博士（公共政策）フィンランドに30年在住する。2002年〜2007年浅井学園大学（現在の名称；北翔大学）人間福祉学部教授。

著書に、『フィンランドを世界一に導いた100の社会改革―フィンランドのソーシャル・イノベーション』（公人の友社　2008年訳書）「フィンランド福祉国家の形成　社会サービスと地方分権」（木鐸社　2006年）「働き方で地域を変える」（公人の友社　2005年）「世界の介護事情」（中央法規　2002年共著）「高齢者福祉論」（高菅出版　2002年共著）など。

伊　藤　　　武（いとう　たけし）

・イタリア

専修大学法学部准教授。

東京大学法学政治学研究科修士、同社会科学研究所助手、同法学政治学研究科特任講師を経て、現職。専攻は現代イタリア政治・ヨーロッパ政治。

著書に、「『領域性（territoriality）』概念の再検討―近代国民国家の変容と連邦主義的改革の中で」宮島・若松・小森編『地域のヨーロッパ−多層化・再編・再生』（人文書院、2007年）「ヨーロッパ地域政策と『ヨーロッパ化』：イタリアにおける構造基金の執行と政策ガバナンスの変容」廣田功編『現代ヨーロッパの社会経済政策』（日本経済評論社、2006年）

林　　　敬　鎬（いむ　きょんほ）

・韓国

韓国地方議会発展研究院長。

1940年生まれ。延世大学行政学科卒業。ソウル大学行政大学院。檀国大学大学院（行政学博士）。京畿道知事、韓国地方行政研究院院長、京畿開発研究院院長、大統領直属地方移譲推進委員会委員など歴任。

韓国の地方分権、議会の発展に力を尽くし、現在も日本の有数な大学に客員教授として在籍しながら自治体研究を続けている。

著者紹介

稲　沢　克　祐（いなざわ　かつひろ）

・オーストラリア

　関西学院大学専門職大学院経営戦略研究科教授。博士（経済学）。

　1959年生まれ。1983年東北大学大学院教育学研究科中退。2001年まで群馬県庁（財政課。自治体国際化協会ロンドン事務所派遣等）等勤務。2001年から2005年四日市大学総合政策学部。2005年から現職。

　現在、名古屋市行政評価委員長。内閣府官民競争入札等監理委員会専門委員。外務省政策評価アドバイザリー委員。秩父市行政経営アドバイザー。ほか公職多数。

　著書は、『行政評価の導入と活用』（イマジン出版　2008年）、『自治体の市場化テスト』（学陽書房　2006年）、『英国地方政府会計改革論』（ぎょうせい　2006年）、『公会計』（同文館出版　2005年）、『イギリスの政治行政システム』（ぎょうせい　2002年、竹下譲ほかと共著）ほか。

和　田　明　子（わだ　あきこ）

・ニュージーランド

　東北公益文科大学公益学部准教授。

　1966年東京都生まれ。慶應義塾大学経済学部卒業。北海道東北開発公庫（現日本政策投資銀行）、神奈川県庁勤務を経て、現職。ニュージーランド・ヴィクトリア大学行政大学院修了（公共政策学修士）。

　著書に、『ニュージーランドの市民と政治』（駐日ニュージーランド大使賞受賞）、『ニュージーランドの公的部門改革—New Public Managementの検証—』など。

横　田　正　顕（よこた　まさあき）

・スペイン

・ポルトガル

　東北大学大学院法学研究科・法学部教授。

　東京大学大学院法学政治学研究科、単位取得退学。川崎地方自

治研究センター研究員、立教大学法学部助手などを経て現職。専門はヨーロッパ政治史。比較政治学。

著書に、『アクセス地域研究』共著（日経評論社、2004）、『ポスト代表制の比較政治』共著（早稲田大学出版部、2007）、『EUスタディーズ3　国家・地域・民族第6章　スペイン　』（勁草書房、2007）、『汚職・腐敗・クライエンテリズムの政治学』共著（ミネルヴァ書房、2008）など。

廣瀬真理子 (ひろせ　まりこ)

・オランダ

東海大学教養学部教授

日本女子大学文学研究科社会福祉学専攻博士課程前期修了。（社会学修士）オランダ・ナイメヘン大学、アムステルダム自由大学に留学。昭和女子大学専任講師、東海大学准教授を経て現職。専門は社会保障論。

著書に、『オランダの社会福祉』（共著）（全国社会福祉協議会、1989）、『国際化時代の福祉課題と展望』（共著）（一粒社、1992）、『世界の社会福祉』（共著）（学苑社、1994）、『現代世界と福祉国家』（共著）御茶ノ水書房　1997、『医療保障法・介護保障法』（共著）（法律文化社、2001）『21世紀における社会保障とその周辺領域』（共著）（法律文化社2003）、「EU社会政策とオランダ福祉国家の変容」『福祉社会学研究』No.2　東信堂　2005　など。

よくわかる　世界の地方自治制度

発　行　日	2008年10月21日
監修・著者代表	竹下　讓
編　　　集	イマジン自治情報センター
発　行　人	片岡幸三
印　刷　所	株式会社　シナノ
発　行　所	イマジン出版株式会社©

〒112-0013　東京都文京区音羽1-5-8
TEL 03-3942-2520　FAX 03-3942-2623
HP http://www.imagine-j.co.jp

ISBN978-4-87299-493-3　C2031　¥3500E